数字经济

制度创新

马　骏　袁东明　马　源　高太山　马淑萍　马晓白　等著

中国发展出版社
CHINA DEVELOPMENT PRESS

图书在版编目（CIP）数据

数字经济制度创新/马骏等著.—北京：中国发展出版社，2022.7

ISBN 978-7-5177-1303-6

Ⅰ.①数…　Ⅱ.①马…　Ⅲ.①信息经济—经济制度—研究—中国　Ⅳ.①F492

中国版本图书馆 CIP 数据核字（2022）第 100032 号

书　　　名： 数字经济制度创新
著作责任者： 马　骏　袁东明　马　源　高太山　马淑萍　马晓白　等
责 任 编 辑： 葛　伟　梁婧怡
出 版 发 行： 中国发展出版社
联 系 地 址： 北京经济技术开发区荣华中路 22 号亦城财富中心 1 号楼 8 层（100176）
标 准 书 号： ISBN 978-7-5177-1303-6
经　销　者： 各地新华书店
印　刷　者： 北京市密东印刷有限公司
开　　　本： 710mm×1000mm　1/16
印　　　张： 22.5
字　　　数： 320 千字
版　　　次： 2022 年 7 月第 1 版
印　　　次： 2022 年 7 月第 1 次印刷
定　　　价： 88.00 元

联 系 电 话：（010）68990535　68990692
购 书 热 线：（010）68990682　68990686
网 络 订 购： http：//zgfzcbs.tmall.com
网 购 电 话：（010）68990639　88333349
本 社 网 址： http：//www.develpress.com
电 子 邮 件： 271799043@qq.com

前　言

以制度创新引领数字经济创新

生产力的每一轮创新突破必然引发生产关系的重大变革，数字技术革命已经开始对工业经济时代形成的制度体系形成全方位挑战，抓紧建立与数字经济发展规律相适应的新规则已经迫在眉睫。

数字技术加速渗透、集成创新，成为塑造未来产业体系、牵引未来经济发展的核心引擎。当今时代，互联网广泛渗透、移动通信技术快速演进，网络基础设施广泛普及、计算能力大幅提升，人工智能飞速进步，催生出一大批创新程度高、带动能力强、成长空间广阔的数字经济新业态，包括网络搜索、电子商务、在线社交、数字创意等已深刻改变了人们的工作生活方式和消费习惯。世界银行（The World Bank）数据显示，数字经济已相当于全球 GDP 的 15.5%，过去 15 年中，其增长速度是全球 GDP 增速的 2.5 倍。更重要的是，数字技术与经济各领域的深度融合正掀起一场产业数字化变革新浪潮，呈现出从三产、二产再到一产，依次拓展、不断加深的态势，特别是制造业正加速引入工业机器人、3D 打印、数字设计等技术，衍生出以工业互联网、智能制造、先进制造等代表的制造新模式，大幅提高了全要素生产率，这已成为全球产业升级的共同选择。世界经济论坛（WEF）研究指出，数字化转型在 10 年内合计给全球经济和社会发展带来约 100 万亿美元的价值，蕴含着巨大的增长机遇和潜力。

数字经济重塑经济发展的底层逻辑、内在机理和增长范式。作为当今时代最重要的通用目的技术（GPT），数字技术与各垂直行业领域的深度融合创新，正颠覆传统商业和运营模式，产生深远影响。从要素构成看，工业时代以资本、劳动、技术、管理等要素为主，进入数字时代，数据开始成为新的生产要素，其潜在经济价值难以估量。从基础设施看，工业时代以铁路、公路、机场、电力、管网等传统基础设施为主，数字经济要求加快布局5G、物联网、数据中心、超算中心、工业互联网、充电桩等新型基础设施，全面扩充了基础设施的概念和内涵。从生产制造看，引入数字孪生、虚拟现实、仿真设计等技术让设计周期大幅压减；引入柔性制造、移动机器人等技术让小批量、个性化、低成本定制成为可能；嵌入传感器、无线连接等技术让产品变得更加智能，也让预测性维护、远程升级和捆绑服务成为现实。从交易流通看，电子商务、智慧物流、移动支付等新模式打破了时空限制，拓展了交易边界，大幅降低了市场搜寻成本，交易的个性化、长尾化和便捷度空前提高。可以说，数字技术正对传统产业体系进行全方位、全链条改造，其对经济的放大、叠加和倍增作用前所未见。

数字化转型正向社会治理、政府治理领域全方位迈进。利用数字技术提升治理能力，已成为各方顺应时代潮流，推进经济社会全方位转型、提升综合竞争力的关键之举。建设数字政府，打造一批跨部门、跨地域、多业务协同应用，“让数据多跑路、群众少跑腿”，实现“掌上办”“指尖办”“一网通办”，正空前提升政务服务效率。建设城市数字大脑，让数字技术与城市规划、建设管理等深度融合，有力提升了城市的精细化、全局化、科学化管理水平，为推动城市高质量发展、高效解决各类新问题提供了全新视角和工具。有序开放公共部门掌握的数据资源，吸引社会力量挖掘利用公共数据，可释放公共数据价值，孕育数据驱动新业务，丰富社会信用体系，夯实信用监管基础。实际上，数字技术在解决数据共享、资源配置、诉求表达、风险研判、应急管理等方面的潜力还有很大空间，是未来提升治理能力、优化政务服务体系的有力依托和关键手段。

促进数字经济发展要求加快制度调整，打造相辅相成的新型制度框架。数据要素的独特性要求加快健全数据从采集到交易流通、开放共享、跨境流动、安全保护等一揽子治理规则。数字平台催生不同于传统劳务用工的灵活就业新形态、健全配套劳动者权益保障制度已是各方期盼。随着嵌入的计算模块、联网模块越来越多，传统产品开始由“哑设备”变为“智能设备”，加快更新技术标准、认证认可、质量管理等要求已迫在眉睫。数字经济新模式融合性强，旧的准入监管、属地监管、现场监管等制度明显不适应，如何厘清部门边界，重塑跨部门协同机制，是亟须解决的关键议题。数字平台提升了供需精准匹配效率，强化了市场竞争，但市场结构也变得日趋集中，如何既促进创新又防范垄断，要求创新竞争政策。数字技术还改变了国际贸易的结构和方式，尤其是云计算、个人隐私、数据保护和内容监管等开始对数字贸易产生重大影响。普惠发展则要求加快弥合城乡间、区域间、群体间、性别间的数字鸿沟，提升全民数字素养成为实现共同富裕的关键之一。此外，线下物理世界和线上虚拟世界已经打通，网络和数据安全的影响范围空前扩大，强化个人信息保护的呼声高涨，如何拿捏好合理开发利用与强化安全保障之间的平衡点也是亟待回答的重大政策关切。

我们提出“以制度创新引领数字经济创新”，主要基于以下几点考虑。一是数字经济是当前和未来经济发展的主战场。数字经济是继农业经济、工业经济之后的主要经济形态，成为重组全球要素资源、重塑全球经济结构、改变全球竞争格局的关键力量。二是数字经济给我国现代化发展带来前所未有的历史性机遇。从数字经济发展的历史周期角度看，我们与西方国家都还处在刚刚起跑阶段，机会稍纵即逝，抓住了就是机遇，抓不住就是挑战，必须超前部署、超前考虑。三是数字经济相比工业经济具有更加显著的先发优势特征。由于强大的规模效应和网络效应（需求方规模经济），数字经济具有“强者恒强、赢者通吃”的规律，后发者追赶难度很大。四是制度创新有利于形成先发优势。制度创新为新技术、新模式、新业态提供了从试用到应用的机会，由此数字经济才得以在快速迭代中走向领先，并依靠跨越全球的信息通信网络迅速占领全球市场，锁定国际竞争优势。因此，制度创新是数字经济创新的关键之门，打开了此门才能争取无穷的机会，关闭了此门就会扼杀技术创新的火苗。我们必须将制度创新放在关乎数字经济发展、关乎国家经济未来竞争力的关键位置。

根据我国数字经济的实践和全球数字经济未来发展趋势，本书重点分析了15个数字经济领域的制度创新问题，涉及生产要素、产品质量、行业监管、市场竞争、消费者保护、国际贸易、数字税等领域。主要内容如下。

数据要素：结合场景促进数字要素利用。建议从场景入手探索数据产权制度和数据流通规则，在具体场景下由相关权利人协商数据的使用方式和权利范围，通过技术创新和商业模式创新建立激励数据生产和使用的价值链。

公共数据：扩大开放释放经济社会价值。政府在进行社会管理和提供公共服务的过程中采集和储存了大量与日常生产生活息息相关的数据，建议将公共数据开放作为政府的基本服务，完善开放制度和协调机制，增强开放平台功能，推动各部门进行数据分级分类，扩大数据开放范围，提升数据开放质量，更要激励社会力量参与，完善数据开发再利用生态，充分释放蕴含的巨大经济社会价值。

线上就业：数字经济时代的新趋势。互联网平台利用数字技术实现劳动力供给与需求的实时精准匹配，可以跨时空协调和组合生产力，形成新的就业形态，对传统制度提出了挑战。建议根据灵活就业的特点，试点探索劳动和社会保障、职业技能培训、线上就业和创业服务、商事登记、税收制度和监管、平台责任和算法监管等相关制度，加快适应线上就业的新趋势。

金融科技：监管认知的演进与发展。金融科技渗透金融体系的各个角落，对金融市场、金融机构及金融服务产生了前所未有的影响，中、美、英等各国都在积极探索监管方式，努力将其纳入宏观审慎、微观审慎与行为监管三位一体的金融监管框架，监管实践也越来越呈现出不同于传统金融监管的特征。监管认知演进是一个渐进过程，反映出了相关部门对金融科技理论与实践的深刻认识，有助于推动金融科技实现更高质量发展。

智能网联汽车：构建车路云网图的新体系。智能网联汽车不仅是产品的革命，还重构了产业生态和商业模式。我国要实现换道超车，必须尽快构建“聪明的车、智慧的路、实时的云、可靠的网、精确的图”的完整体系，以制度创新引领技术创新，以先发优势形成竞争优势。

“互联网＋医疗健康”：重构新业态的监管体系。“互联网＋医疗健康”服务可跨越时空限制，精准匹配医患供需，有利于促进优质医疗资源均等化，促进解决群众就医难、就医贵问题，但也对传统上以线下医院为中心的属地化监管体系形成挑战。建议在医生、医疗、医药、医保等各个环节开展监管探索，扩大诊疗范围和覆盖面，健全医保支付政策，完善定点零售药店协议管理，守住诊疗质量和数据安全红线，赋予更大创新空间。

共享出行：优化网约车新模式的全链条监管。共享出行具有精准匹配、服务多样、绿色集约、安全便捷的特点，我国已经基本建立起一套针对网约车新模式的全链条监管制度。下一步要针对平台经济遇到的共性问题，加强反垄断和反不正当竞争执法，治理“大数据杀熟”，推动平台合理降低综合收费水平，维护驾驶员合法劳动权益，强化公平竞争审查，守住网络安全红线，加强政企合作提升治理能力。

人工智能算法：透明度和可解释性逐步成为先行条件。透明性与可解释性，是决定人工智能安全感、信任感、认同度的前提条件，是人工智能发展中无法回避的重要科技伦理问题。建议综合考虑受众需求、应用场景、技术与经济可行性、时空等因素，推进人工智能的透明度和可解释性，做好效率、安全、隐私、知识产权保护等目标平衡。

工业互联网：打造智能制造新平台。工业互联网是数字经济时代的新型基础设施，是制造业数字化转型的关键支撑。目前尚处于发展培育期，需要从供给侧和需求侧共同发力，稳妥推进工厂内网和外网建设，重点解决工业物联标准缺失、数据安全保障滞后等问题，注重提升平台运营能力，培育制造新模式新业态，增强企业使用能力，强化复合型人才供给，建议建立多方参与、开放共赢的合作创新体系。

市场竞争：建立数字时代的公平竞争秩序。数字经济时代的市场竞争逻辑发生了深刻变化，面对新问题新现象新挑战，我们要在理论层面重新认识数字经济市场竞争的新规律，依照新规律建立新规则、新秩序。在未知大于已知的情况下，需要继续坚持包容审慎原则，加快完善数字经济竞争监管的制度规范，建立高效协作的精准监管机制，倡导公平竞争和培育竞争合规文化。

用户权益：健全多元化的保护机制。新的商业模式、技术应用和消费形态，放大了原有权益保护缺陷，并不断催生新的消费纠纷类型。建议以提高消费环境安全度、经营者诚信度和消费者满意度为目标，持续优化数字经济消费环境，从规则体系、管理机制、支撑能力等方面全面提升数字经济下的消费者权益保护水平。

网络安全：为数字经济健康发展保驾护航。安全是发展的前提，重要性日益突出。建议把握发展规律，坚持问题导向，处理好安全和发展、监管和创新关系，完善网络安全监管体制机制，充分落实相关主体的责任；强化关键基础设施安全保障，加强供应链安全管理；健全数据安全治理体系，健全细化数据安全保护义务；结合新应用场景建立安全机制，积极防范新技术新应用可能引发的安全风险。

数字营商环境：公平、透明、稳定、可预期。数字经济遵循不同于传统经济的发展规律，需要特定的营商环境予以保障。建议加大数字经济领域的“放管服”改革力度，加快数字基础设施建设，提高市场准入便利性，建立公平竞争的市场秩序，加强网络安全和用户权益保护，提升政府监管和服务能力。当前要从简化市场准入、降低市场壁垒入手，着力解决准入许可数量多、手续繁的问题。

数字贸易：共商共建的规则与路径。数字贸易快速发展，开放合作意义重大，成为全球贸易规则的新重点。国际社会重点关注贸易便利化、市场准入、关税及数字税、跨境数据流动、数字知识产权保护、网络安全和消费者保护、公平竞争市场环境等重点议题。我们要求同存异，强化数字基础设施合作，完善数字贸易发展制度环境，促进企业合作和智库交流，增强商业源动力。

数字税：系统性挑战与我国改革。数字经济的快速发展对国家税收管辖权、税源税基确认、税制税种适应性、税负公平性、国家征税能力、税收分享分配提出了新的挑战。我们要借鉴国际数字经济税收新理念，基于我国的实际发展情况，提前谋划新型税制，主动参与国际税收规则重塑，构建“智慧税收”体系，推动国家税收能力从工业时代向数字时代转变。

数字经济刚刚拉开发展的大幕，技术进步一日千里，商业创新层出不穷，制度创新既迫切又充满挑战。国务院发展研究中心企业研究所组织力量开展研究，同样面临巨大挑战，由于知识能力、时间精力的限制，难免存在不当之处，欢迎大家提出宝贵意见。

目　录

第一章

数据要素：结合场景促进数据开发利用

我们正在加速迈入数字时代，数据开始成为关键生产要素。2019 年 10 月，党的十九届四中全会首次将数据列入新型生产要素。2020 年 4 月，中共中央、国务院发布《关于构建更加完善的要素市场化配置体制机制的意见》提出，要加快培育数据要素市场。数据要素具有不同于传统要素的特殊性质，在传统制度框架下难以真正实现市场化配置，需要依靠技术创新和商业模式创新建立新的市场机制和规则，激励数据的生产和使用。

一、结合场景探索数据要素的产权

（一）数据要素产权界定的困境

相比传统生产要素，数据要素产权界定的困境主要体现在以下三个方面。

1. 难以明确产权人

平台企业是数据的主要收集者和控制者，但无论将数据产权配置给平台或个人，还是平台与个人共有，抑或是设为公共产品，都存在严重缺陷。

将数据产权完全配置给个人，将产生极高的交易成本，甚至大量的商业模式无法运营，如搜索引擎的网络爬虫可能属于违法行为。

将数据产权完全配置给平台，将对公民的权利造成损害。即使是网络上公开的数据，也并不意味着平台可以随意使用。例如，用户在微信、微博、小红书等社交媒体上发布的文字、图片可能涉及该用户及第三人的隐私或著作权。

将数据产权配置给个人和平台共有，交易成本将更加高昂，无论个人还是平台使用数据都需要对方同意，收益分配也是难题。

将数据认定为公共产品，虽然可以促进数据共享，但无法激励平台投入资金和劳动去生产数据，还可能侵害数据中包含的隐私、版权、商业秘密等权利。

2. 难以划分权利范围

传统的产权表现为对财产的占有、使用、收益、处分等权利的集合。数据主要来自市场主体对客体的记录，理论上收集数据的市场主体和被记录者都可以对数据主张权利，市场主体为记录数据付出了劳动，自然可以主张一定的权利，如数据控制权、使用权和收益权；被记录的个人或企业可以就涉及的隐私、商业秘密提出权利要求，甚至可以要求一定的控制权、使用权和收益权。政府部门从公共政策角度，也对数据行使较大范围的监管权。平台、个人、政府如何划分权利，现有规则还不完善。

目前世界各国都在纷纷出台个人数据保护的法规，规定了平台企业保护个人信息的义务，也在不同程度上赋予个人对数据的权利，如知情权、修改权、被遗忘权等，但主要是出于保护个人隐私目的，其他权利则未涉及，但这并不表明平台企业拥有其他全部权利，如控制数据的平台并不能随意处分数据。即使法律规定了个人数据保护的原则，实践中又高度依赖具体场景，如信息收集的“最小化”原则，在不同类型应用中需要不同的解释。导航类应用软件一般需收集用户的实时定位信息，外卖平台软件需收集用户的联系方式和地址信息，社交媒体类软件希望利用通信录信息。

有人建议对数据按照“个人、企业、政府”进行分类管理，将企业数据设为私有财产，将政府数据设为公共产品，将个人数据单独处理。但是，这种简单的分类无法解决问题，因为“个人数据”和“非个人数据”很难划分，企业数据和政府数据可能包含大量个人信息，即使进行匿名处理，匿名数据关联起来可能又形成“个人数据”。无论是企业还是政府，最感兴趣的还是“个人数据”，可以说智能化的服务都是建立在“个人数据”的基础之上。在规则不清的情况下，控制数据的平台很容易触碰法律的红线。

3. 难以确定保护权利的法律工具

尽管实践中已经开始采取各种法律工具保护利益相关者的权利，但相关的法律工具都存在一定的局限性，很难找到统一的法律框架。

有人提出采取版权法保护数据库的方式，但我国将数据库纳入汇编作品范畴予以保护，保护对象是数据库对内容的选择和编排，判断标准是“对数据库内容的选择或编排上”是否具有独创性，而不延及数据库的内容和操作数据库的计算机程序。而企业数据收集往往不存在选择或编排上的独创性，在多数情况下难以被版权法的保护范围覆盖。

有人提出利用合同法对数据开发的权利和产生的经济利益予以明确，此方式在实践中确实发挥了重要作用，但面对大量自动化的数据工作存在较大难度，例如网络爬虫等自动化工具时刻都在收集数据，绝大多数情况下无法形成合同。

有人提议利用反不正当竞争法，实践中也有判例，如新浪微博诉脉脉不正当竞争案①、大众点评诉百度不正当竞争案②等，但适用范围仍然存在限制。比如利用“商业秘密”保护数据的范围过窄，大部分数据并不符合条件；利用“商业道德”保护虽然范围较宽，但至今仍缺乏刚性的规则，裁判的不确定性较大。

---

① 参见北京淘友天下技术有限公司等与北京微梦创科网络技术有限公司不正当竞争纠纷案，民事判决书（2016）京73民终588号。

② 参见大众点评诉百度不正当竞争案，民事判决书（2016）沪73民终242号。

（二）产权困境来自数据要素的特殊性质

数据要素的特殊性质主要体现在以下几点。

1. 从内在价值角度，数据具有原始性和复杂性

数据是对客观事物进行记录并可以鉴别的符号，数据不同于信息，也不同于知识，数据可以承载信息、知识、个人隐私、商业秘密等有价值的内容。绝大多数数据是原始性材料，并不直接反映价值。有些数据因承载关键信息，由此存在一定的直接价值。因此，数据价值的复杂性客观要求多层次的保护。一般原始性数据，权利诉求可能是必要的劳动回报。经过深度加工的创造性成果，权利诉求可能是知识产权保护。承载敏感信息的数据，权利诉求可能涉及隐私保护、商业秘密等。正是因为数据包含价值的复杂性，所以很多法定权利都可以应用到数据产权界定中，但同时也很难用一种法定权利全面准确界定数据产权。

2. 从来源角度，数据具有伴生性和多方参与性

数据用来记录客观事物，伴随真实世界而生，不可避免涉及被记录客体的权利。比如，被记录的客体如果是个人，为保护个人隐私法律赋予个人知情权、修改权、被遗忘权等，至于个人是否有权分享数据使用产生的价值，目前还存在争议；如果被记录的客体是企业机器运行的工业数据，虽然是非个人数据，目前法律也没有明确赋权，但属于企业的内部信息，甚至可能涉及商业秘密和知识产权，企业至少在一定条件下可以提出权利要求。

大型互联网平台都掌握海量数据，绝大部分数据是平台上多边参与方互动形成的，比如交易平台记录了交易双方关于商品、价格、成交、评价等各个环节的详细数据，社交平台记录了人群交流、交易的详细记录。互联网平台用户是数据的重要贡献者，按理也可以提出一定的权利要求。

3. 从生产角度，数据的投入差异巨大

所有的数据都需要一定的投入，包括收集和存储成本，但不同情景差异很大。例如，电商平台在交易中同时完成数据收集，搜索平台需要设计网络爬虫抓取信息并进行结构化处理，工业互联网平台需要投入传感器获取机器数据，人工智能平台需要对数据进行清洗、标识等加工处理。不同场景下，数据的投入不同，有些是简单收集和存储，有些是进行了深度加工，有些是创造性活动，因此数据控制人主张的权利也应有所区别。

4. 从经济属性角度，数据具有非竞争性和一定的可排他性

数据的非竞争性体现在共享上，不管多少人拷贝和使用数据，并不会造成或加剧数字资源的稀缺性并降低其他人使用该数据的价值。技术进步还在不断降低共享的成本，数据拷贝、存储和传输的成本越来越低，甚至可以忽略不计。从静态角度看，合理的制度安排是不要产权保护，不要妨碍数据的共享，最大限度发挥数据的价值。但是，从动态角度看，数据的生产需要一定的成本，有些甚至需要巨大成本投入，为此需要设立一定的排他性，激励企业不断生产和加工数据。

数据的排他性实施起来是有条件的。数据的排他性可以通过技术手段实现，如通过设置密码等技术措施限制他人访问网站或爬取网站数据，或者采用“可用不可见”的技术提供有偿服务，也可以像知识产权保护一样依靠法律制度，也可以采取二者结合的方式。数据不同于物质要素的特性决定了其排他性本身是有限度的，数据的共享性和网络的便捷性，很容易导致数据成果被他人获取。网络上大量的数据是无法实现排他的，比如大量公开发布的来源不明的共享信息。网络上有些数据虽然试图设立排他权，但执行成本较高，比如有些网站在网页中明示禁止爬虫访问，但对违禁访问的爬虫难以维权。因此，维护数据资源的排他性需要付出一定的成本。

非竞争性与排他性是界定数据产权时必须综合考虑的一对矛盾，既不能为了促进数据共享将数据简单界定为公共产品，也不能为了激励生产在制度上对数据设置过强的排他性，需要综合平衡才能实现社会福利最大化。

（三）结合场景探索数据产权

面对数据产权界定的复杂矛盾，建议采取分场景探索的方式，化繁为简，循序渐进，在实践中逐步探索破解之道。国外实践同样也采用场景化思路，如《欧盟通用数据保护条例》前言就十分明确地规定："个人数据的保护权并非绝对权利，必须放在其社会功能的语境下考量，根据比例性原则平衡于其他基本权利。"分场景探索数据产权，就是要根据场景确定权利人，并由权利人共同协商权利的范围和比例。当前我们无法像物质要素那样统一赋予数据要素明确的权利，只能本着化解矛盾的现实目标，推动各类数字应用场景不断向前发展。

1. 界定数据产权的几个原则

数据安全与数据开发的平衡。界定数据产权的出发点，是要在保障基本安全的条件下，促进数据要素的生产和使用。数据安全包括个人隐私安全、国家主权安全等，是数据开发的前提条件，但不是最终目标，促进数据要素的生产和使用才是我们的最终目标，为此数据安全管理部门和产业促进部门应充分协商和权衡。我们正在加速跨入数字时代，建立安全利用数据的制度，已经成为数字经济竞争的关键点。

激励生产与鼓励共享的平衡。数据具有非竞争性，因此天然具有共享的特性，数字技术的发展更加速了数据共享的速度。从法律上赋予数据生产者一定的排他权，在一定程度上会限制数据的共享，但有利于激励数据生产。没有生产环节的激励，数据源头受到抑制，共享环节会面临无源之水的困境。因此，界定数据产权，必须合理平衡排他与共享的关系，实现长期动态福利最大化。

权利与投入的匹配。基于数据的固有性质，数据资源不像其他物质要素那样容易获得比较彻底的产权，数据生产者获得的权利可能是其中的部分权利，而且实际的权利还会随场景变化。数据生产者获得的权利应该大致与其投入相匹配，以真正激励企业增加数据生产的投入。大型平台企业具有很强的市场力量，很容易从过度排他权中获利。数据的过度排他权还会强化大型平台的市场力量，弱化市场竞争。因此，界定数据产权，是一件非常具有挑战性的工作。

2. 明确分场景探索数据产权的基本思路

分场景探索数据产权，就是要进一步细化问题的相关条件，寻找可能的解决方案。

分场景可明确相关的利益主体。不同应用场景的利益主体不同，明确利益主体，就可以实现利益协商或博弈，通过市场化的合同达成利益平衡。例如，在电商平台上，有些人群愿意提供个人信息接收智能推送，有些人员则拒绝提供个人信息，平台通过协议比较好地解决了这个复杂问题，合同法可以充分发挥作用。当然，电商平台上个人数据的应用场景还在不断创新，需要进一步补充或完善平台与个人之间的协议。对于市场力量失衡的领域，政府相关部门有必要从保护消费者角度介入。对于涉及公共利益的领域，如关系国家安全的敏感信息，政府也需要进行监管。

分场景可明确相关参与者的具体权利。数据权利不仅涉及数据的收益，还涉及相关主体的其他权利，场景越具体，相关主体的权利就越清晰。就个人数据权而言，个人对电商平台与医疗平台在个人隐私方面的要求程度完全不同，《中华人民共和国个人信息保护法》的原则性条款就可以进一步细化实施。就企业平台的权利而言，有些平台企业希望获得平台交易数据的使用权，有些企业希望从数据交易中获利，有些工业企业在提交工业数据后希望共享数据的收益，有些人工智能平台企业希望像保护知识产权一样保护经过清洗、标识和重新组织的数据库。由此，可以分别采用不同的法律工具确定相应权利，可以借鉴知识产权制度设计的思路，针对不同类型的创造性活动分别采取专利、版权、商标和商业秘密等不同的形式及差别化的保护政策，在一定程度上体现出基于贡献的产权制度特征。

分场景可明确技术路径和执行成本。数据权利的保护，一定程度可以参照知识产权保护制度，可以预料制度的执行需要一定的技术支持，还需要较高的执行成本。例如，网站在网页中声明“允许爬虫”或“禁止爬虫”，是一种主张权利的技术手段，也是一种自动化的契约。对于违反契约的行为，同样也会存在取证难、执行难的问题。如果维权的成本远超收益，法律赋予的权利就会形同虚设，赋予权利也可能没有太大实际意义。因此，结合具体场景才能探索具体的技术手段和权利保护措施。

3. 建立分场景探索数据产权的机制

数字经济会产生无穷无尽的应用场景，而且各种应用场景还在快速迭代，这对传统的制度形成机制产生巨大的挑战，有限的资源根本无法应对无限的需求。当前的制度形成机制主要是国家立法确定基本原则，司法部门根据诉讼案件形成判例，但司法部门已经开始面临案件数量快速增长的压力，如过去几年一线城市互联网上的纠纷持续保持 30% ~50% 的增长速度。

建议借鉴互联网治理的经验，采取开放共治、多元创新的治理模式，加快数据产权制度的创新。第一，充分发挥市场的作用，通过市场合同和技术手段解决一部分问题，如当前一些手机应用的用户在“告知同意”规则下允许平台企业使用个人信息提供智能推送服务。第二，充分发挥各种社会组织的协商功能，鼓励利益相关方建立对话机制，探索可行的权利制度。如近期上海、深圳等地方出台的数据条例均支持数据相关行业组织制定团体标准和行业规范。第三，鼓励地方政府开展探索试点。国家数字经济试点省市、国家自贸港自贸区、国家营商环境创新试点城市等都可以承担一定的试点探索任务，在试点中形成经验。第四，行业主管部门应发挥积极作用。行业主管部门了解本行数字化的场景，具有一定的信息优势，比较容易作出有利于行业创新发展的制度安排。第五，逐步充实专业队伍，大幅提升数字领域的司法能力，应对不断高涨的数字化浪潮。提升数据权利纠纷的处理速度，加强案例的指导作用。

二、促进数据要素的交易和服务

（一）我国积极探索数据交易模式

我国数据要素资源极为丰富，利用空间巨大。《国家数据资源调查报告（2020）》显示，2019 年，我国数据产量总规模为 3.9ZB，同比增加 29.3%，占全球数据总产量（42ZB）的 9.3%。近年来，国内多地打造数据开放平台或数据交易中心，探索多种数据交易模式，旨在加速培育数据要素市场发展。

1. 数据交易平台主要类型

实践中看，当前数据交易平台大致可分为三类。

一是政府主导的数据交易所或交易中心。2014 年以来，我国各地政府批准成立了一批数据交易平台或数据交易所，包括贵阳大数据交易所、武汉东湖大数据交易中心、西咸新区大数据交易所等。据不完全统计，截至 2021 年年底地方已经成立了 43 家数据交易平台。上述机构根据本地数据开放共享的实际情况，分别采取了适宜于本地数据市场的运营模式和定价机制，在数据交易规则尚不明确的情况下，对数据交易进行了有益探索，但目前尚未形成成熟的商业模式，导致交易频次低、交易混乱等现象产生，远没有达到预期的活跃程度，难以充分发挥数据交易中心的功能优势。

二是企业主导的交易平台。该类平台以提供数据产品或数据服务为主，一般是由自身拥有大量数据资源或者本身以技术为优势的企业主导建立，比如数据堂、数粮、优易、数多多等数据服务商，以及中国电信、国家电网、阿里巴巴等大型企业，其原始业务积累了大量数据资源，包括用户个人的信息数据、用户自身发布的数据、企业采集的数据集合、衍生数据等资源。

三是具有产业联盟性质的交易平台。比如，中关村大数据产业联盟、黑龙江省大数据产业协会等，其服务和商业模式更为综合，涵盖数据汇聚、开发共享、投资等多种服务。

2. 数据交易主要模式

由于数据资源丰富、类型众多，且包含复杂的权利主体信息等内容，现有的数据交易大多限于特定范围内，并遵循特有的规则规范。从交易模式来看，可大致分为直接交易、单边交易和多边交易三种方式。

一是原始数据直接交易模式。数据产品根据市场需求生成，交易内容与形式较为开放，交易双方就数据类型、购买期限、使用方式、转让条件等均由供需双方自行商定，属于“一对一”的交易方式。这种交易模式虽然简单直接，但数据交易不透明、产品质量不可控，对数据也较少进行脱敏处理，存在侵犯隐私等法律风险，且不利于市场监管，容易滋生数据贩卖等黑市交易。《“十四五”数字经济发展规划》提出，严厉打击数据黑市交易，营造安全有序的市场环境。2022 年 1 月 19 日，国家发展改革委等九部门联合发布《关于推动平台经济规范健康持续发展的若干意见》，也提出从严管控非必要采集数据行为，依法依规打击黑市数据交易、大数据杀熟等数据滥用行为。

二是“一对多”的单边交易模式。数据交易机构以数据服务商身份，对自身拥有的数据或通过购买、网络爬虫等收集来的数据，进行分类、汇总、归档等初加工，并将原始数据变成标准化的数据包或数据库再进行出售，一般采用会员制、云账户等形式，为客户提供数据包或数据接口（API 接口），属于“一对多”的单边交易方式。这种模式有利于数据的专业化开发和规模化应用，也相对便于监管，是当前最主流的数据交易模式，约占整个交易市场的 85%。但是由于数据集中在少数企业手中，存在会员门槛高、定价不透明、个性化需求无法满足等不足，也容易造成数据过于集中，最终不利于数据要素价值的充分释放。

三是平台化多边交易模式。数据交易机构作为完全独立的第三方，为数据供应方、需求方提供撮合服务，属于多边交易方式。这种模式下存在两种情况：一种是平台仅提供供需撮合服务，平台本身不存储和分析数据，仅对数据进行必要的实时脱敏、清洗、审核和安全测试，也不参与供需双方的数据交易、定价等过程；另一种是数据交易机构不只简单地将买方和卖方进行撮合，而是根据不同用户需求，围绕数据资源进行分析、建模、可视化等操作，形成定制化的数据产品，然后再提供给需求方，通过API接口形式为各类用户提供出售、购买数据的使用权服务，实现交易流程管理。这一交易模式有利于数据监管，保护相关方利益，但灵活性较低，交易合约难以达成。

上述三种数据要素交易模式的协同发展，是推动数字经济高质量发展的重要基础。总体上看，直接交易模式的灵活性更强，适合用户需求明确、内容复杂的数据内容，例如数据定向挖掘等；服务商主导的交易模式便于大规模开发利用，增加数据资源的杠杆效应，降低数据重复处理的成本；平台型交易模式的规范性更强，可以有效地避免供需双方的信息不对称问题，透明可靠的平台可以良好地平衡交易灵活性与规范性的要求，数据交易相对规范，降低监管难度（见表1）。

表1　我国数据要素交易模式对比分析

交易模式	标的形式	优点	缺点	举例
直接交易	原始数据	1. 灵活性高 2. 需求导向明显 3. 交易容易达成	1. 交易风险高 2. 定价不透明 3. 不利于市场监管 4. 容易侵犯隐私	—
数据服务商的单边交易	会员制	1. 利于专业数据开发 2. 利于数据规模效应 3. 利于数据监管	1. 会员门槛高 2. 产品缺乏个性化 3. 容易造成数据集中	数据堂、数粮、优易、中国电信、国家电网、阿里巴巴、京东万象等
	云账户			
第三方平台多边交易	数据交易所（中心）	1. 利于数据监管 2. 利于数据规模效应 3. 保护相关方利益 4. 满足个性化需要 5. 避免数据垄断	1. 灵活性较低 2. 交易形式局限 3. 定价难、合约难达成	北京国际大数据交易所、上海数据交易所等

资料来源：笔者根据公开资料整理。

（二）数据交易面临的三个重要制约因素

一些城市和企业在数据流通方面开展了大量探索创新，但效果几乎都未达到预期目标，主要是受到三个因素的制约。

一是数据权属不清。数据是对客观事物进行记录并可以鉴别的符号，可以承载信息、知识、个人隐私、商业秘密等有价值的内容，并涉及不同的权利，如收益权、处理权、隐私保护、商业秘密等。数据来自多元化主体，数据产生、加工和使用相关方都可能拥有一定的权利，导致数据交易很容易产生侵权现象。例如，个人和企业可以授权平台收集和使用相关数据，但其固有的隐私权、知识产权、商业秘密是不容侵犯的，而且可以主张一定的数据增值分享权。收集数据的平台可以获得数据在一定范围内使用的授权，但很难获得数据转让的授权。平台转让出的原始数据，一旦流入市场就会失去约束，产生严重的侵权现象。目前的技术和商业模式还不能厘清相关参与方的权利，影响了相关主体分享、收集、加工和交易数据的积极性，成为当前数字经济发展的一个重要堵点。

二是数据安全与隐私监管的约束。《中华人民共和国网络安全法》《中华人民共和国数据安全法》《中华人民共和国个人信息保护法》三部数字经济基础性法律对网络安全、数据安全和个人隐私制定了全面的监管框架。如《中华人民共和国网络安全法》要求数据交易主体按照等级保护制度履行网络运行安全保护义务；《中华人民共和国数据安全法》要求建立分类分级保护制度，在数据收集、存储、使用、加工、传输、提供、公开等各个环节，遵守制度管理、风险监测、风险评估、事前许可等方面的义务，按照采取合法、正当的方式获取数据；《中华人民共和国个人信息保护法》要求对个人信息实行全生命周期保护，遵守敏感个人信息处理规则，维护个人知情决定、查阅复制、更正补充、撤回同意、请求删除以及要求解释等方面权利。为落实三大法律，相关部门出台了实施细则，工业、电信、交通运输、金融、自然资源、卫生健康、教育等行业管理部门也对行业数据交易作出了监管要求。实践中，由于数据爆炸性增长以及非结构化带来的复杂性，大量中小企业在合规方面能力不足，很容易触碰监管红线。

三是数据集中在少数平台。根据工业和信息化部信通院的报告，我国是数据生产第二大国，个人存储数据与机构存储数据之比大约为 2∶1。个人数据单独使用价值不大，需要收集使用才能产生商业价值。政府部门和互联网平台是数据收集和使用的主要机构，如公安、交通、海关、财政、税务、统计等政府部门以及电信、电力等公用事业部门都拥有海量数据，这些数据已经成为部门运转不可或缺的要素。又如，互联网平台年处理数据量巨大。中国互联网络信息中心数据显示，2021 年我国移动互联网接入流量达 2216 亿 GB，比上年增长 33.9%。数据的集中化趋势削弱了数据交易的动力。政府公共机构和互联网平台拥有大量数据，都倾向于内部使用，没有转让和共享的积极性。

（三）结合应用场景促进数据交易和服务

数据要素的有效利用是数字经济发展的关键，当前探索表明，单纯的数据交易模式难以为继，未来的方向是通过技术和商业模式创新，在具体场景下实现数据的有效利用，既要满足合规性要求，又要建立完整的激励机制，形成真正有效的数据市场。

一是依靠技术创新和商业模式创新建立激励数据生产和使用的价值链。技术进步将帮助解决数据交易的产权、隐私和安全问题，建立完整的数据使用和服务的价值链，形成有效的激励机制，促进数据要素的利用，包括：利用区块链技术，明确数据控制者的权限；用区块链、隐私计算和人工智能等技术，将数据所有权与使用权分离，实现“数据可用不可见，用途可控可计量”，为供需双方提供可信的数据服务交易；在具体场景下，相关方协商数据的使用方式，按一定比例分享数据使用增值的收益，形成全链条的激励机制。在当前实践中，鼓励利用自主可控的多方安全计算、联邦学习、区块链等技术，在保证数据不泄露的前提下，实现数据的安全互换、联合分析、联合建模等，有效限制敏感数据被无限复制，防止数据泄露和滥用，技术上保障数据交易的合法合规。在数据确权方面，可利用区块链技术为数据主体签发证书，在确权登记、访问、分析、计算、交易过程中，保障数据的来源可追溯、内容防篡改、主权可确认、利益可分配。要利用人工智能、机器学习等技术，提高数据采集、清洗、组织、建模、标签、加工等智能化数据加工处理能力，实现数据要素的高效配置和深度利用。在商业模式方面，鼓励在医疗、电商等领域开展数据使用激励机制创新，探索相关方分享数据使用增值收益。新的机制就是要激励个人和平台参与数据的生产和交易，充分释放数据要素的价值。

二是结合场景开展数据交易试点。抓紧在农业、工业、交通、教育、安防、城市管理、公共资源交易等领域，探索开发规范化的数据开发利用场景，比如以监管沙盒的方式，推进智能汽车自动驾驶数据服务先行先试，相关部门可在人才引进、制度创新、数据中心建设等方面提供便利，保障相关数据交易快速落地。

三是打造数据交易生态系统。进一步完善数据交易平台的行为规则，平衡平台的权利与责任，提升数据的交易服务质量。鼓励数据采集、清洗加工、增值服务、交易流通等方面的企业聚集，吸引更多的研究院所、金融机构、数据需求方等入驻。鼓励平台在合规性方面为交易者提供更多服务，如对数据的合规性进行审核，对数据生产加工服务主体、数据流通过程、数据流通应用规则开展审核及登记认证，建立以信息充分披露为目标的数据登记系统，明晰数据权利取得方式及范围，明确数据产品的所有权、使用权交易和收益权。同时，要防止不正当竞争及侵犯消费者权益等行为，打造公平竞争、良性循环的数据交易生态系统。

四是推动完善数据交易法规体系。数据交易的持续稳健运行离不开法律法规的保障。相关部门要完善数据要素产权制度和数据交易安全标准规范，出台促进数据资产化的政策，完善数据要素市场的监管细则。同时，要积极对接国际数字贸易规则，深入研究数据的法律权属和使用权交易问题，为促进和规范数据要素流动提供更好的法规保障。对政务数据和社会数据采取分类施策思路，对于政务数据资源，通过完善制度规范促进开放共享；对于社会数据资源，则重在培育数字经济新产业、新业态和新模式，以此提升社会数据资源价值。

马　骏　高太山

参考文献

[1] 2019 年数字经济报告［R］. 联合国贸发会，2019
[2] 2020 年世界贸易报告：数字时代促进创新的政府政策［R］. 世贸组织，2020
[3] 2021 年数字经济报告［R］. 联合国贸发会，2021
[4]［美］加布里埃尔·雷内，［美］丹·马普斯著；徐锷，孙亚洛译. 智慧空间：揭秘 Web3.0 将如何连接人类、机器和人工智能，改造世界［M］. 北京：清华大学出版社，2020
[5] 陈舟，郑强，吴智崧. 我国数据交易平台建设的现实困境与破解之道［J］. 改革，2022 (2)：76 ~ 87
[6] 戴昕. 数据界权的关系进路［J］. 中外法学，2021，33 (6)：1561 ~ 1580
[7] 丁晓东. 数据交易如何破局——数据要素市场中的阿罗信息悖论与法律应对［J］. 东方法学，2022 (2)：144 ~ 158
[8] 方芳，张蕾. 欧盟个人数据治理进展、困境及启示［J］. 德国研究，2021，36 (4)：49 ~ 66 + 157 ~ 158
[9] 国家数据资源调查报告［R］. 中国信通院，2021
[10] 李爱君. 数据要素市场培育法律制度构建［J］. 法学杂志，2021，42 (9)：17 ~ 28
[11] 李海舰，赵丽. 数据成为生产要素：特征、机制与价值形态演进［J］. 上海经济研究，2021 (8)：48 ~ 59
[12] 刘吉超. 我国数据要素市场培育的实践探索：成效、问题与应对建议［J］. 价格理论与实践，2021 (12)：18 ~ 22
[13] 马骏，丁晓东. 界定数据要素产权可采取分场景探索方式［R］. 国务院发展研究中心《调查研究报告》(2022 年第 3 号)
[14] 马骏，司晓，袁东明，马源，闫德利. 数字化转型与制度变革［M］. 北京：中国发展出版社，2020
[15] 梅夏英. 数据的法律属性及其民法定位［J］. 中国社会科学，2016 (9)：164 ~ 183 + 209
[16] 欧阳日辉，杜青青. 数据要素定价机制研究进展［J］. 经济学动态，2022 (2)：124 ~ 141
[17] 欧阳日辉，龚伟. 基于价值和市场评价贡献的数据要素定价机制［J］. 改革，2022 (3)：39 ~ 54
[18] 彭辉. 数据权属的逻辑结构与赋权边界——基于“公地悲剧”和“反公地悲剧”的视角［J］. 比较法研究，2022 (1)：101 ~ 115

[19] 王璟璇，窦悦，黄倩倩，童楠楠. 全国一体化大数据中心引领下超大规模数据要素市场的体系架构与推进路径［J］. 电子政务，2021（6）：20～28

[20] 王伟玲，吴志刚，徐靖. 加快数据要素市场培育的关键点与路径［J］. 经济纵横，2021（3）：39～47

[21] 姚前. Web3.0：渐行渐近的新一代互联网［J］. 中国金融，2022（6）：14～17

[22] 张铭慎. 完善我国数据开放、流通和交易制度［J］. 宏观经济管理，2022（4）：32～39

第二章

公共数据：数据开放释放经济社会价值

开放政府数据供社会进行增值开发利用有利于促进数字经济的深入发展。政府在进行社会管理和提供公共服务的过程中，采集和储存了大量与经济社会生产生活息息相关的数据，加快政府数据开放，提升公共数据资源的社会化再利用水平已是大势所趋。2021 年《中华人民共和国国民经济和社会发展第十四个五年规划和 2035 年远景目标纲要》提出，要加快公共数据开放共享，扩大基础公共信息数据安全有序开放，优先推动企业登记监管、卫生、交通、气象等高价值数据集向社会开放，鼓励第三方深化对公共数据的挖掘利用。

截至 2021 年 10 月，我国已有 193 个省级和城市的地方政府上线了政府数据开放平台。但目前我国仍有大量政府数据尚未向社会充分开放并得到有效利用。本章将梳理政府数据开放的内涵与外延，阐述政府数据开放的意义与价值，回顾全球政府数据开放的缘起与现状，分析我国政府数据开放的问题与挑战，并在此基础上提出政策建议，以助力我国政府数据开放和数字经济发展。

一、政府数据开放的内涵与外延

（一）政府数据开放的定义

2007 年 12 月，30 位开放数据倡导者聚集在美国加利福尼亚州，首次提出了政府数据开放的8项基本原则：第一，完整（Complete），除非涉及国家安全、商业机密、个人隐私或其他特别限制，所有的政府数据都应开放，以开放为原则，不开放为例外。第二，一手（Primary），开放从源头采集到的一手数据，尽可能保持数据的细颗粒度，而不是开放被修改或加工过的数据。第三，及时（Timely），数据尽可能以最快速度对外发布，以保持数据的价值。第四，可获取（Accessible），尽可能地拓宽开放数据的用户范围和利用目的。第五，可机读（Machine-readable），对数据进行合理的结构化处理，使之可被计算机自动处理。第六，非歧视（Non-discriminatory），数据对所有人都平等开放，无须登记。第七，非专属（Non-proprietary），数据以非专属格式存在，从而使任何实体都不能独占和排他。第八，免授权（License-free），数据不受版权、专利、商标或贸易秘密规则的约束，除非有合理的隐私、安全和特别限制。

《2016年联合国电子政务调查报告》将开放政府数据定义为“主动在网上公开政府信息，使任何人都能不受限制地获取、再利用和再分发”。而根据世界银行的定义，开放数据是“能被任何人出于任何目的不受限制地进行自由利用、再利用和分发，并最大程度保持其原始出处和开放性的数据”。开放定义（The Open Definition）指出“开放”意味着任何人都可以出于任何目的自由地访问、使用、修改和共享数据。“开放性”应具备两个维度的特性：一为技术性开放，即数据应为可机读、非专属性的电子格式，从而能被任何人使用通用、免费的软件获取和利用。数据还应被置于公共服务器上供大众获取，不设密码和防火墙。二为法律性开放，即这些数据必须被置于公共领域，或处于自由利用条款下，受到最低程度的限制。

2010年，万维网的发明人、语义网和关联数据的创建者和倡导者蒂姆·伯纳斯－李（Tim Berners-Lee）提出了一个开放数据五星标准：一星是指基于开放授权在网络上开放数据，用户可以查看、搜索、存储和修改数据，还可以与任何人分享这些数据，但对数据格式不做要求，可能采用

PDF、JPEG 等格式。二星是指以可机读、结构化格式开放数据，例如 Excel 电子表格的形式，但不包括表格的图像扫描件。三星是指在二星标准的基础上，以非专属开放格式对外开放数据，如采用 CSV 格式而不是 Excel 格式，使用户无须使用专属的、付费的软件就可以分析数据。四星是指在满足上述要求的基础上，采用 W3C 开放标准的数据（如 RDF 和 SPARQL 格式），为每一个数据集设置固定的 URL 链接，便于使用者发现和链接到数据集的具体位置。五星是指在满足前述要求的基础上，借助 W3C 标准和关联数据原则，使数据之间实现关联，提供数据的背景。

2015 年，八国集团（G8）共同签署的《开放数据宪章》将开放数据界定为具备必要的技术和法律特性，从而能被任何人、在任何时间和地点进行自由利用、再利用和分发的电子数据。该宪章还提出了政府数据开放所应遵循的六大原则：一是默认开放（Open By Default），政府应该开放除涉及国家安全、商业机密以及个人隐私之外的所有数据，对于不开放的数据必须说明不能开放的理由。二是及时和全面（Timely and Comprehensive），政府应尽最大可能开放原始的、未经修改过的数据，这是实现数据价值的关键。三是可获取和可利用（Accessible and Usable），确保数据可被机器读取，容易被发现和利用。四是可比较和互操作性（Comparable and Interoperable），数据具有一种乘数效应（Multiplier Effect），获取的数据质量越高，越有助于用户之间进行数据交流，进而有利于数据实现其价值，所以采用通用的数据标准至关重要。五是致力于改善治理和公民参与（For Improved Governance and Citizen Engagement），开放数据能够使公民更好地了解政府在干什么，提升透明度有利于改善公共服务质量，并使政府更加负责。六是致力于包容性发展和创新（For Inclusive Development and Innovation），开放数据有利于促进经济包容发展，有利于提高农业生产效率，应对气候变化，让创业者获益。

纽约大学治理实验室（The Governance Lab）对国际上具有代表性的 11 个研究机构、评估指标、政府部门和咨询公司界定的“开放数据”定义进行梳理后发现，最多被提及的开放数据标准包括免费、公开提供、非排他性、可利用结构、开放授权和可再利用等要求。

在默认开放之外，目标驱动的开放（Publish with Purpose）模式也引起越来越多的注意。在开放数据政策实验室（Open Data Policy Lab）界定的三次开放数据浪潮中，依申请开放是第一次浪潮，默认开放是第二次浪潮，而目标驱动的开放则是第三次浪潮。乌克兰等国的实践则在公共采购、药品消费、司法透明度、学生择校等领域显示出以问题为中心来开放政府数据的潜力。

我国对于政府数据开放的政策要求也与国际标准相吻合。2017 年 2 月，中央全面深化改革领导小组第三十二次会议审议通过的《关于推进公共信息资源开放的若干意见》指出，要保证开放数据的“完整性、准确性、原始性、机器可读性、非歧视性、及时性，方便大众在线检索、获取和利用”。2018 年 1 月，中央网信办、发展改革委以及工业和信息化部联合印发的《公共信息资源开放试点工作方案》要求试点地区“研究制定公共信息资源开放技术规范，明确开放数据的完整性、机器可读性、格式通用性等要求”。2020 年 4 月，中共中央、国务院发布的《关于构建更加完善的要素市场化配置体制机制的意见》提出要“推进政府数据开放共享。优化经济治理基础数据库，加快推动各地区各部门间数据共享交换，制定出台新一批数据共享责任清单。研究建立促进企业登记、交通运输、气象等公共数据开放和数据资源有效流动的制度规范”。

政府数据有狭义和广义之分。狭义上的政府数据仅指由各级政府部门在依法履行职责过程中制作或获取的，以一定形式记录、保存的各类数据资源。根据《开放数据宪章》的定义，广义上的政府数据不仅包括国家、区域和地方政府，国际政府组织以及广义的公共部门所掌握的数据，还包括外部机构为政府所创建的数据，以及掌握在外部机构手中，但与政府项目和服务相关，并具有重大公共利益的数据（例如采掘行业数据和交通基础设施数据等）。为保证所有这些由政府生成或为了政府而生成的数据具有默认开放属性，政府应在委托服务合同中列入相关条款，以保证这些服务项目可能产生的新数据或对原有数据修正后生成的数据，其产权要归政府所有，然后再将这些数据开放出来。

（二）政府数据开放是一个生态体系

政府数据从被开放、被利用到产生创新应用是一个动态循环的过程。政府作为数据的供给方向社会开放数据，数据利用者作为需求方对政府开放出来的数据进行加工再利用，并将其开发的创新应用服务于社会大众。社会大众则作为消费者和合作者获得服务，参与社会协同，并向数据利用者反馈使用体验，引导数据利用者更好地开发数据。同时，政府开放数据的利用者也可向政府提出新的数据开放需求，进一步推动政府开放数据。

通过这一过程，政府部门不必再由自己来生产（Produce）全部的公共服务，而是可以通过与数据利用者的合作来提供（Provide）公共服务，在解决问题和创造价值的同时，还能节省财政资金。由此，政府部门与数据利用者之间实际上形成了一种合作伙伴关系，共同为社会大众服务；而数据利用者与社会大众之间也是一种相互依赖的关系，前者开发的应用服务于后者，后者则成为前者的用户；数据利用者则成为政府和社会大众之间的中介。在这个生态系统中，政府部门、数据利用者和社会大众之间既有分工，又有合作，形成一种合作众创的关系。

苹果公司的应用商店——苹果店（App Store）上有几百万个应用程序（App）供用户下载，但这些应用绝大多数都不是苹果公司自己开发的，苹果公司所做的是搭建平台、吸引应用的开发者和维护生态系统的秩序。同理，政府部门通过开放数据，也可以建立起一个“政府店”，让各种社会主体在平台上利用政府开放数据来开发创新应用。

在过去的模式下，政府提供公共服务的方式就像一台“自动售货机”，完全依靠自身的力量来提供公共服务，虽然投入了大量的人力、物力和财力，但服务的数量和质量不尽如人意，甚至经常卡壳，大众也并不满意。

而在“数据开放 + 合作众创”的模式下，政府的主要作用不再是生产服务，而是成为一个平台的组织者和赋能者，召集各方在平台上利用开放数据进行协作生产。这样，政府就从“自动售卖机”模式下的生产者转型为一个“购物中心”的管理者，其主要职责是维持平台运转，激发平台活力，并界定规则、管理秩序和营造环境。

数据是一种基础要素资源，政府是一个平台。正如 Web2.0 和“政府即平台”概念的首创者蒂姆·奥莱利（Tim O'Reilly）所言，在互联网时代，“市民从没像今天这样互相连接起来，并具备技能和热情来解决他们遇到的问题”，政府应该建立一个开放的平台，让政府内外部的人都能进行创新，从而打造一个“集市”，让社区成员互相交换商品和服务。

（三）政府数据开放和政府数据共享的区别

政府数据开放和政府数据共享这两个概念经常被混为一谈。2015 年 8 月，国务院印发的《促进大数据发展行动纲要》中分别提出要“大力推动政府部门数据共享”和“稳步推动公共数据资源开放”。对于前者，要求推进国家基础数据资源和信息系统的跨部门、跨区域共享；对于后者，则要求推进公共机构数据资源统一汇聚和集中向社会开放。2017 年 3 月，贵州省第十二届人民代表大会常务委员会第二十七次会议批准的《贵阳市政府数据共享开放条例》，将政府数据共享界定为“行政机关因履行职责需要使用其他行政机关的政府数据或者为其他行政机关提供政府数据的行为”；而将政府数据开放界定为“行政机关面向公民、法人和其他组织提供政府数据的行为”。由此可见，“数据共享”是在政府内部进行的，而“数据开放”则是政府面向外部社会进行的。

（四）政府数据开放和政府信息公开的区别与联系

政府数据开放和政府信息公开都是开放政府理念的具体实践，而政府数据开放是政府信息公开在数据时代的深入发展，它将政府信息公开在深度和广度上都提升到了一个新的阶段。

在开放内容上，政府信息公开侧重于信息层面的公开，公开的对象主要是文本形式的文件，或者是经过汇总分析后的统计报告；政府数据开放则将开放的层面推进到了原始数据层。“数据”是一手的原始记录，未经加工与解读，不具有明确意义，而“信息”已经过分析加工被赋予特定意义，数据比信息具有更大的再利用和分析空间（见图1）。

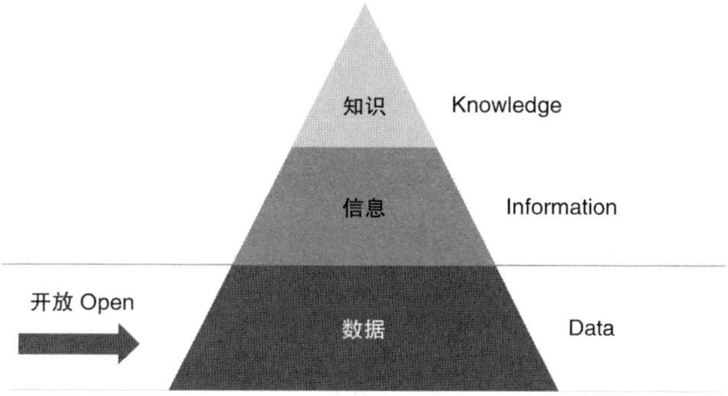

图1 数据与信息

伴随着新一代信息技术的发展，社会对于信息公开的期望和定义发生了巨大变化，与收到一大堆纸质文件相比，大众更期待获得电子的、可机读格式的数据，以便于进行决策和分析。目前，在各国数据开放实践中，数据通常是以结构化的、可机读的、电子化的数据集形式开放。数据集是指由数据组成的集合，通常以表格形式出现。

在目的上，政府信息公开的首要目标是保障大众的知情权，提高政府透明度，更侧重于其政治和行政意义，信息公开是政府的一种责任。政府数据开放强调赋予社会再利用政府数据的权利，更侧重于其经济与社会价值，开放数据本质上是政府提供的一项公共服务。

在推行过程中，政府信息公开的重心在于政府，政府公开信息后即已基本完成目标，而政府数据开放则要同时关注政府和利用者两方，以及两者之间的互动，不仅要推动政府数据开放，还要推动数据的有效利用和价值创造，关注数据开放的效果和进一步的需求。

二、政府数据开放的意义与价值

数据作为底层的原材料，开放之后被社会开发成各种应用，这些应用又能带来一系列的经济价值、社会价值和政治价值（见图2）。因此，政府数据开放本身并不是目的，通过数据开放创造公共价值才是根本目的。

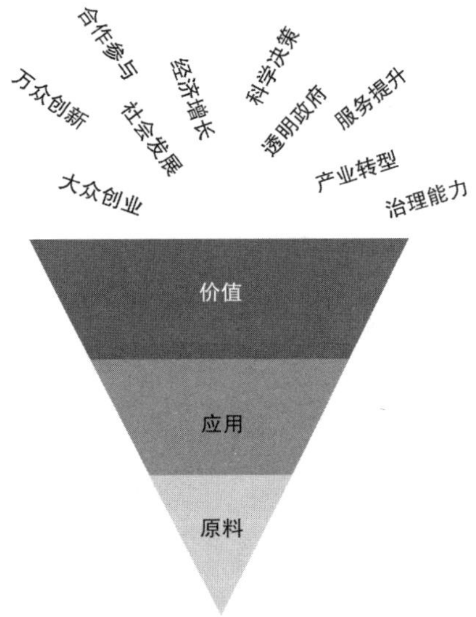

图2　数据开放释放公共价值

大数据的融合利用需要来自政府、企业、社会组织和大众等多方面的数据，而政府掌握的数据是其中不可或缺的部分。在大数据时代，数据成为一种基础设施。就像道路基础设施能帮助我们到达目的地那样，数据基础设施能帮助我们作出更好的决定。

（一）经济价值

政府数据开放能够创造经济价值。麦肯锡公司的相关研究显示，开放政府数据能够带来巨大的经济价值，创造新的商业模式，提高生产效率和商品服务质量，助力教育、运输、消费品、电力、石油和天然气、医疗保健和消费金融等7个领域产生每年30000亿～50000亿美元的经济价值，而消费者的获益甚至要比企业更大。在英国，伦敦交通管理局委托的一份报告也显示，2012 年伦敦的乘客由于获得了更好的信息服务而节省的时间价值为 1500 万 ~ 5800 万英镑。而普华永道的一项研究则预估，英国的开放数据创新比赛系列活动（Open Data Challenge Series）投资回报率高达 10 倍，即每投入 1 英镑，在 3 年内可以获得 10 英镑的收益回报。经济合作与发展组织（OECD）报告也指出，数据免费开放所带来的额外收益远超过政府出售数据所获得的收益。

政府数据开放能为商贸发展注入新动能，并使增长动能在不同主体间传递。例如，市值近百亿美元的在线房产交易公司 Zillow，创建了一个供房屋业主、买方、中介、出租方、承租方等发现和分享房产房贷信息的平台。整个平台建立在一个开放的数据库基础之上，这个数据库拥有超过 1.1 亿处美国房产的数据。美国政府开放的土地交易记录、房屋交易记录、房屋整修记录、社区治安状况等数据也被整合进这个平台，基于海量的房屋交易数据，开发出更为合理的房屋估值模型。

估值 10 亿美元的气候公司（Climate Corporation），其主打产品“全气候保险”，可以在系统预测有恶劣天气时自动赔付农民的损失而不需要农民举证，而这一产品的基础就是美国政府免费开放的 60 年农作物收成数据、超过 100 万个气象监测站的气象数据以及 14TB 的土壤质量数据。

开放数据还可被用来检验创新创意的可行性、发现潜在市场、减少因缺少标准化数据而额外付出的应用开发时间。推进器健康公司（Propeller Health）就受益于美国疾病控制和预防中心开放的数据。这家公司开发出了一种基于 GPS 技术的追踪器，用来监测哮喘患者吸入器的使用情况。相关信息被传输到一个中央数据库，用于识别个人、群体和总体人口的使用规律，然后再把这些信息与美国疾病控制和预防中心开放的有关哮喘激发环境因素的数据相整合，从而帮助医生制订更为个性化的治疗方案和预防计划。但需要强调的是，创业者对于开放数据的应用并不一定都受经济价值所驱动，也未必就一定会产生经济价值，至少在创业的早期阶段是如此。

（二）社会价值

开放数据还能创造社会价值，提升大众生活品质、公共服务质量、整体福利水平和大众满意度。

首先，开放数据拓展了市民获取信息和知识的渠道，缓解了知识的不对称，提供了共享的知识基础和信息来源，使人们可以携手发现更多的客观规律，并对数据进行增值利用而产生效益。

其次，政府数据开放还能转变公共行政的运行模式，节省开支，提升服务质量和公私部门间的合作，推动公共部门以数据为中心，赋权于民，产生创新性服务。根据凯捷咨询公司（Capgemini）对欧洲数据门户（European Data Portal）所做的研究，到2020年，开放数据将使欧盟28国的公共行政成本降低17亿欧元。近年来，世界各地涌现出了许多利用政府开放数据创造公共价值和社会效益的创新应用。例如，上海“青悦”是一家利用环境数据来推动环境保护的民间组织，其将政府发布的环境数据与基础地理数据相结合，开发出“危险地图”，根据用户定位显示周边的危险化学品、固体废弃物污染、水源污染等危险因素。“青悦”还整合了各级政府公开的原始环境数据，向社会提供空气质量、水质、污染源排放等环境数据的下载及API接口。

作为一种赋能型的基础设施，开放数据赋予了市民参与解决社会问题的能力，市民不再只是服务的消费者，还成为提供服务的合作者。过去，由政府单方面提供的公共服务由于受到技术与资源的限制，只能考虑大多数人的基本需求，而在开放数据的助力下，更多组织和个人能够参与到开发和提供公共服务的过程中，从而更好地关注和满足少数人的个性化需求。例如，美国“编程马拉松”①（Hackathon）创新活动中一个叫作坦途

---

① 编程马拉松，又译为黑客松，又称黑客日（hack day）、黑客节（hackfest）或编程节（codefest），是一个流传于黑客（hacker）当中的新词语。编程马拉松是一种活动。在该活动当中，电脑程序员以及其他与软件发展相关的人员，如图形设计师、界面设计师与项目经理，相聚在一起，以紧密合作的形式去进行某项软件项目。编程马拉松的灵魂是合作编写程序和应用。编程马拉松的时长一般在几天到一周不等。编程马拉松的精髓在于：很多人在一段特定的时间内，相聚在一起，以他们想要的方式，去做他们想做的事情——整个编程的过程几乎没有任何限制或者方向。

（Hackcessible）的创新应用，就利用政府开放的数据设计出一个能够显示道路上的障碍物和海拔高差的地图，从而帮助使用轮椅或拐杖的残障人士设计更加便捷易行的路线，也可帮助其他腿脚不便的人避开市区内的大斜坡和高地。

三、全球政府数据开放的缘起与现状

（一）政府数据开放的缘起

1. 开放政府与数据开放

政府数据开放与开放政府运动密切相关，更确切地说，政府数据开放是开放政府运动发展到新阶段的产物。20 世纪 50 ~ 60 年代，一股政府改革的浪潮席卷世界，这其中就包括开放会议（Open Meeting）和信息自由（Freedom of Information）法案在各国的广泛推行。这类法律又被称作“阳光法律”，旨在建立一种透明、参与和负责的政府文化，其中较有代表性的法案包括 1966 年美国颁布的《信息自由法案》和 1968 年英国出台的《富尔顿报告》。

近年来，随着政府数字化水平的不断提升，政府不再仅仅以纸质文件的方式生成和保存信息，而是越来越多地以电子化的形式采集和储存结构化的数据。“数据”是一手的原始记录，未经加工与解读，不具有明确意义，而“信息”是经过连接、加工或解读之后被赋予了意义的数据。信息可供大众阅读，而数据不仅能被阅读，还能被开发再利用。与此同时，大众对政府信息公开的要求也已不仅限于获知文件形式的信息，而是希望能获得政府数据并进行再利用。传统方式的政府信息公开已无法满足大众需求，亟须拓展和深化，政府数据开放也由此登场。

2. 从开放源代码到开放数据

从印刷术到互联网，信息技术的进步始终伴随着政府自身的转型发展，近年来兴起的开源软件运动也与政府数据开放密切相关。1998 年，受理查德·斯托曼（Richard Stallman）发起的“自由软件运动”（Free Software Movement，FSM）的影响，埃里克·雷蒙德（Eric Raymond）等人发起了“开源倡议”（Open Source Initiative，OSI）。开放软件源代码作为一种新的软件开发方法，利用分布式同行评议和流程透明的力量，可使软件开发更优质、更可靠、更灵活和更省钱，并防止委托方被供应商剥削和套牢。埃里克·雷蒙德把传统大型软件公司的开发模式形容为艰难而缓慢的大教堂建造过程，认为它采用了严密的管理方式和封闭的集中式结构，却在创新度、生产力和缺陷控制方面落后于开源软件的集市模式。与大教堂模式不同，集市模式是一种并行的、对等的、扁平化的开发结构，其参与者大多是来自互联网上的志愿者，结构松散，来去自由，看起来像一个乱糟糟的集市，却取得了令人惊叹的成功。开源的操作系统 Linux 和网页服务器 Apache 就是开源运动的成果。

得益于开源软件运动的成功，人们认识到了“开放”作为一种高效组织模式的巨大潜力，从而为开放文化在其他领域的广泛扩散打下了基础。这种开放文化也对政府治理方式产生了深刻影响，Web2.0 概念的首创者蒂姆·奥莱利（Tim O'Reilly）就认为，埃里克·雷蒙德关于“大教堂与集市”的比喻也适用于政府治理。在开源运动影响下，开放政府理念也超越了信息公开和知情权范畴，而更加强调在开放数据基础上的参与和协作。政府开放数据给社会，供其进行增值开发和协作创新，正是政府数据开放的核心目标。开源运动的效用追求与开放政府的协作精神融汇并流，成为政府数据开放的重要源泉。

3. 大数据建立在开放数据的基础上

进入大数据时代，人类获取、管理和利用数据的能力空前提升，社会各界对数据的价值愈加重视，希望政府开放数据的呼声也日益高涨。大数据技术的发展一方面为政府数据的生成、开放和利用创造了更好的条件；另一方面，政府数据开放也将进一步推动大数据发展。大数据发展需要整合和利用各种来源的数据，而政府数据是其中不可或缺的重要组成部分。

政府部门在履职过程中生成、获取和保存了大量基础性、关键性的数据资源，是一个国家最重要的数据保有者。在不涉及国家秘密、商业秘密、个人隐私的前提下，把政府数据开放给社会进行融合利用，将有力促进大数据发展。可以说，没有数据开放就没有大数据，大数据建立在开放数据的基础上。

（二）全球政府数据开放的兴起、现状与挑战

自2009年美国联邦政府数据开放平台上线运行以来，政府数据开放在许多国家和地区迅速推进。同时，政府数据开放运动也得到了一些国际组织的关注和支持，针对政府数据开放的评估项目和研究报告不断涌现。

1. 全球政府数据开放的兴起与典型实践

2009年1月21日，奥巴马在就职的第一天即签署了“透明和开放政府备忘录”（Memorandum on Transparency and Open Government），其中就包括政府数据开放方面的内容，该备忘录揭开了美国政府数据开放的大幕。同年，白宫又发布了具有开创性的“开放政府指令”（Open Government Directive），要求联邦行政部门和机构采取切实的行动来落实总统备忘录中确立的“透明”（Transparency）、“参与”（Participation）和“协作”（Collaboration）三大基本原则。为实现开放政府的目标，该指令要求各行政部门和机构采取以下措施：第一，在线开放政府信息，要求各政府机构深化政府信息公开，将政府信息以开放格式在线开放，开放格式是指数据不受平台的制约、可机读、对大众开放，并对其再利用不设限制；第二，提高政府信息质量，各机构领导人应确保信息遵循联邦预算管理局的指导规范；第三，建立开放政府文化并将其制度化，要求部门高层领导将透明、参与和协作的价值观念融入日常工作当中去；第四，打造能推动开放政府的政策框架，不断出现的新技术为政府和公民提供了一种新的沟通方式，需要及时调整政策来充分利用新技术推动开放政府。

2009年5月21日，美国联邦政府数据开放平台（Data. gov）上线运

行，成为世界上第一个国家级政府数据开放平台。该网站使公民可自由检索并获取联邦政府数据，是美国开放政府计划中最重要的一项成果，各联邦政府机构都需要向该平台提供数据。时至今日，美国联邦政府数据开放平台已经从一个中央元数据目录转型为数据汇集中心，前者是指每个机构只能向平台逐个提交数据集，而后者则会每天自动汇集来自各部门的数据集。美国联邦政府数据开放平台应用开源技术来运行网站，运用全面知识档案网络（Comprehensive Knowledge Archive Network，CKAN）来开发数据目录。开源技术允许来自全球的开发者输入代码，并使用这些代码，而这也有利于州、市、县三级目录更好地整合。

继美国之后，政府数据开放运动在其他国家和地区也蓬勃发展。

2010 年 1 月，英国政府数据开放平台（Data. gov. uk）上线运行，开放的数据涵盖交通、健康、教育、国防、政府支出、商业与经济等 12 个领域。该平台同样应用了 CKAN 开源技术来运行数据目录，它最初是由开放知识基金会（Open Knowledge Foundation）创建，致力于使开放内容和数据更容易被发现、分享和再利用。2018 年 3 月，网站经历了重新设计，重点推出了“Find Open Data”功能，允许政府之外的主体将自己持有的公共数据发布到平台上。

2011 年 3 月，加拿大政府数据开放门户也上线运行，并于 2014 年年底进行了改版以统一到开放政府门户中。该门户的内容也进行了简约化，分为综合开放门户（用于发布与共享加拿大政府已开放的数据，提供多种分类与检索路径）和专业性数据开放门户（用于查询与获取加拿大的地理空间信息）。2016 年，加拿大制定了《开放政府合作伙伴的第三次两年计划（2016—2018）》，既代表着加拿大政府开放数据的方向，也提供了直接与全面的指导，以解决国际组织开放政府合作伙伴提出的四大挑战：优化公共服务、推进公共廉正、更加有效管理公共资源、提升企业责任感。

2011 年 11 月，欧盟委员会提出“开放数据战略”，并于 2012 年上线欧盟开放数据门户。2019 年 7 月，欧盟修订了《公共部门信息再利用指令》（2003 年通过，2013 年第一次修订），而后将其更名为《开放数据与公共部门信息再利用指令》。修订后的指令纳入了一系列新规定，将适用范围扩大至公共事业数据和公共资金资助产生的研究数据，推动建立高价值数据集，保持数据再利用的低费用，并且防止公共部门与私营机构达成排他性协议。

2. 全球政府数据开放的现状与挑战

随着越来越多的国家加入到政府数据开放的行列，一些针对政府数据开放的国际评估项目也不断涌现，这些评估项目的结果展示了国际政府数据开放的发展现状和面临的挑战。

（1）联合国电子政务调查：政府数据开放与可持续发展。

自 2014 年起，联合国电子政务调查报告（United Nations E-Government Survey）将政府数据开放纳入评估范围内。2020 年的调查显示，拥有政府数据开放门户的国家和地区数量从 2014 年的 46 个（24%）已跃升至 2020 年的 153 个（80%）。同时，在接受调查的成员国中，59% 的国家和地区制定了政府数据开放政策，62% 的国家和地区拥有元数据或数据字典，57% 的国家和地区接受大众对新数据集的请求，52% 的国家和地区提供了帮助大众利用开放政府数据的指导，49% 的国家和地区开展了宣传活动。可见，世界各国对政府数据开放的重视程度越来越高。然而，报告也特别提出，在 153 个拥有数据开放门户的国家和地区中，只有 114 个国家和地区制定了政府数据开放政策。

联合国电子政务调查报告还指出，仅仅关注政府数据开放利用可能带来的好处而忽视相关的风险是不对的。政府数据开放面临着诸多挑战：从政府内部来看，主要包括数据领导力的不足、数据基础设施薄弱、缺乏资源和专门知识、数据质量差、数据差异和安全等问题；对大众和非政府组织来说，主要包括数据隐私、伦理、数据可用性、数据应用背后的技术以及数据政策知识的缺乏等问题。

（2）开放数据晴雨表：数据开放的范围、质量和持续性。

开放数据晴雨表（Open Data Barometer）由万维网基金会（World Wide Web Foundation）和开放数据研究院（Open Data Institute）合作完成，致力于评估开放数据的全球发展情况。开放数据晴雨表主要从准备度（Readiness）、执行度（Implementation）和产生的影响（Emerging Impact）三个方面对各国的政府数据开放实践进行评估。其中，准备度是指各国各地区开放数据所需具备的各方面条件，执行度是指各国各地区开放数据的执行情况，产生的影响是指开放数据对于商业、政治和社会带来的影响。

2018 年的开放数据晴雨表对全球在政府数据开放领域中处于领导地位的 30 个国家和地区进行了评估。结果显示，加拿大、英国、澳大利亚、法国和韩国依次名列前五。报告指出，政府数据开放有助于优化政府资源的利用，提升透明度、问责制和参与度，扩大公共决策的包容性，并产生积极的经济效果。报告提出，应将数据开放作为一种治理方式，并从三个方面给出政策建议：一是落实“默认开放”的原则，二是建设和整合数据基础设施，三是有目的地开放数据以满足实际需求。

总体而言，全球政府数据开放在 10 多年时间内取得了显著成果和进展，已经从萌芽阶段进入到快速发展阶段，但仍有很多方面需要不断完善和提升，各国政府数据开放依然任重而道远。

四、我国政府数据开放的现状、挑战与建议

（一）我国政府数据开放的现状

中国内地的政府数据开放始于地方政府层面的主动探索。2012 年 6 月，“上海市政府数据服务网”（datashanghai. gov. cn）上线运行，标志着中国内地也加入全球政府数据开放实践的潮流之中。随后，北京、无锡、武汉、青岛等城市也陆续推出各自的政府数据开放平台。截至 2021 年 10 月，我国已有 193 个省级和城市的地方政府上线了数据开放平台，其中省

级平台 20 个（含省和自治区，不包括直辖市和港澳台），城市平台 173 个（含直辖市、副省级与地级行政区）。与 2020 年下半年相比，共新增 51 个地方平台，其中包含 3 个省级平台和 48 个城市平台，平台总数增长超三成。从地域分布来看，所有直辖市以及浙江省、广东省、山东省、四川省与广西壮族自治区等地的省（自治区）本级和下辖所有地市都已上线了数据开放平台。同时，黑龙江省、山西省和内蒙古自治区等省（自治区）内已有部分下辖地市上线了数据开放平台，但省（自治区）本级平台尚未上线。甘肃省、福建省、河北省、河南省和陕西省虽已上线了省本级平台，但省内绝大多数地市尚未上线平台。吉林省、辽宁省和云南省的省本级和下辖地市均未上线任何数据开放平台。从整体上看，东南沿海省域的政府数据平台已经基本相连成片，而平台的上线则呈现出从东南部地区向中西部地区不断延伸扩散的趋势。可以说，自 2017 年中国开放数林指数首次发布以来，全国各地的政府数据开放平台已蔚然成林。

我国政府数据开放工作也得到了中央和地方政府多项政策文件的重视与支持。2015 年国务院印发《促进大数据发展行动纲要》，要求稳步推动公共数据资源开放，首次提出要建成国家统一政府数据开放平台。2017 年中央全面深化改革领导小组第三十二次会议审议通过《关于推进公共信息资源开放的若干意见》，要求着力推进重点领域公共信息资源开放，释放经济价值和社会效应。2017 年贵阳市颁布《贵阳市政府数据共享开放条例》，从数据采集汇聚、数据共享、数据开放、保障与监督、法律责任等方面，对数据共享开放工作作出了规定，这是我国在政府数据开放地方立法方面的首次尝试。2019 年上海市颁布了《上海市公共数据开放暂行办法》，从基本原则、开放机制、平台建设、数据利用、多元开放、监督保障、法律责任等方面进行了规范，这是我国首部针对公共数据开放的地方政府规章。2020 年浙江省颁布了《浙江省公共数据开放与安全管理暂行办法》，主要确立了数据开放、数据利用、数据安全、监督管理、法律责任等方面的基本规范，这是我国首部省域公共数据开放与安全管理立法。

2021 年《中华人民共和国国民经济和社会发展第十四个五年规划和 2035 年远景目标纲要》提出，要加快公共数据开放共享，扩大基础公共信息数据安全有序开放，优先推动企业登记监管、卫生、交通、气象等高价值数据集向社会开放。2022 年山东省颁布了《山东省公共数据开放办法》，进一步拓展了公共数据的适用范围。

（二）我国政府数据开放面临的问题与挑战

近年来，我国政府数据开放工作取得了显著进展，但总体而言，我国政府数据开放尚处于起步阶段，仍存在数据开放利用不充分、不平衡、不协同和不可持续等问题。

1. 开放利用不充分

一是数据开放平台覆盖率不足。国家层面的政府数据开放平台尚未上线，地方政府层面虽已有 193 个地级以上的地方政府上线了数据开放平台，但仍有近三成的省级行政区域和近一半的地级市尚未上线数据开放平台。

二是开放数据的数量少、容量低、颗粒度粗。地方政府开放的有效数据集总数偏少，数据集容量也较低，多数已开放数据字段少、条数少、颗粒度较粗，以 API 接口形式开放的实时、动态、高容量数据在全国更是寥寥无几。

三是开放数据质量较低。各地开放的数据普遍存在碎片化、高缺失、可机读率低等质量问题。

四是开放数据被利用程度低。各地开放数据创新利用大赛产出的成果落地转化比例不高，社会主体利用政府开放数据所产出的优质成果数量较少，对开放数据的利用程度也不够深入。

2. 开放利用不平衡

一是开放平台数量、开放数据集数量和容量的地区分布不平衡。目前我国大多数地方政府数据开放平台集中于东南与中部地区，而北部与西部地区上线的平台数量较少。东中部地区的开放数据集在数量和容量上远高于北部和西部地区。

二是数据开放方式不平衡。各地开放数据的方式更多侧重于普遍开放，但这类数据往往价值不高，而数据价值更高的数据因往往具有更高的敏感性，更适合以有条件开放和授权营运方式开放，但目前以这类方式开放的数据还很不充分。

三是数据开放主题和部门分布不平衡。在经贸工商、机构团体、资源环境等主题领域下开放的数据集较为丰富，而在信用服务、公共安全等主题领域下开放的数据集较少；在部门分布上，住房和城乡建设、市场监管、交通运输、民政等部门参与开放数据的程度相对较高，而知识产权、档案、民族宗教、林业园林绿化市容等部门的参与度相对较低。

四是开放数据利用水平地区分布不平衡。东部地区的开放数据利用水平相对高于西部地区。

五是开放数据利用主体和利用成果分布不平衡。利用开放数据的市场主体（企业）远多于高校、科研机构、社会组织、个人等社会主体。交通出行、金融财税等领域的利用成果较为丰富，其他主题的成果均较少。

3. 开放利用不协同

一是开放平台跨层级跨地域不联通。部分省市的数据开放平台之间缺乏统筹协同和互联互通，许多地方平台在功能设置上不一致，在账号上互通性差，只有少数地方接入了统一的账号系统。

二是开放数据的内容与标准跨层级跨地域不一致。各地开放的数据在内容上缺乏协同，部分省市平台开放的数据集在内容上互不相同或互相矛盾，各地都普遍开放的数据集较少，即使是各地都普遍开放的数据集，其字段数量和名称也不一致。地方开放的数据在标准规范上也不一致，缺乏协同，具体体现为格式不统一、元数据不规范、在开放协议中授予用户的权利不一致等。

三是数据利用成果跨地域不协同。各省市单独举办的开放数据创新利用较多，但大赛及其利用成果的地域联动存在不足，利用跨层级、跨地域数据产出的有效成果数量很少。

4. 开放利用不可持续

一是数据开放平台的运营服务不稳定。部分地方平台上线后，后续的运维服务未能到位，缺少常态化运营，对于用户的互动需求没有回应，甚至出现个别平台突然下线中断服务的情况。

二是数据更新不及时。多数平台在上线后数据更新频率低或不更新，甚至出现数据中断供给的现象。

三是数据利用促进活动未实现常态化。数据供需对接会、政企交流会等引导赋能活动尚未实现常态化，缺乏有力的赛后孵化与落地机制。

四是数据开放侧与利用方之间未形成价值共创闭环。部分地方平台的数据请求、意见建议、数据纠错、成果提交展示、权益申诉等功能尚未设置或形同虚设，未能有效打通数据供给侧和数据利用方之间的互动协同与价值共创闭环。企业和社会主体利用数据开放后新产生的数据也未能向政府部门反馈形成闭环，不利于提升政府部门持续开放数据的积极性和信任度。

尽管存在以上不足，我国政府数据开放仍然潜力巨大，我国政府数据开放正从起步阶段走向快速发展阶段。

五、对我国政府数据开放的建议

结合我国政府数据开放的现状和面临的主要挑战，可从以下四个方面改进相关工作，以加快数据开放，进一步释放数据蕴含的经济社会价值。

一是制度供给与组织保障。制定和完善有关数据开放的法规、政府规章或规范性文件，并对数据开放、数据利用、全生命周期安全管理和保障机制等作出明确规定；同时，应加强组织领导，建立数据开放工作的统筹协调机制，完善工作规划与方案。

二是平台优化与持续运营。各地应进一步完善平台基础功能，为用户提供流畅、稳定的服务体验，并根据地方实际和大众需求进行功能创新；同时，应加强平台维护与运营，重视与用户的互动反馈，真正发挥平台的枢纽作用。

三是数量提升与质量保证。各地要持续开放更多有效数据集，重点提升数据容量和数据质量，保持开放数据集的不断增长和动态更新；同时，还要着力完善数据规范，推进数据的分级分类开放，并扩大开放范围，提高开放数据集的主题覆盖面和部门覆盖面，开放更多常见数据集和关键数据集。

四是数据利用与生态培育。各地应结合自身特色常态化举办开放数据创新利用比赛，以提高社会利用开放数据的积极性；同时，应积极组织多样化、常态化、专业性的引导赋能活动，推动高校、社会组织、公民等主体参与，以提高开放数据利用者类型的多样性，营造有利于政府数据开放利用的生态体系。

郑　磊①　马　源

参考文献

[1] Annex, B.. Reaping the Benefits of Cloud Computing, Web2.0 and Open Data: OECD Country Experiences [R] //OECD. Denmark: Efficient e-Government for Smarter Public Service Delivery, Paris: OECD Publishing, 2010: 172 ~ 185.

[2] Bartenberger, M., Grubmüller, V.. The Enabling Effects of Open Government Data on Collaborative Governance in Smart City Contexts [J]. *JeDEM-eJournal of eDemocracy and Open Government*, 2014, 6 (1): 36 ~ 48.

[3] Bellinger, G., Castro, D., Mills, A.. Data, Information, Knowledge, and Wisdom [EB/OL]. http://www.systems-thinking.org/dikw/dikw.htm, 2004 - 02 - 14/2021 - 09 - 08.

[4] Center for Technology in Government. Open Government and Public Value: Conceptualizing a Portfolio Assessment Tool [EB/OL]. http://www.ctg.albany.edu/publications/online/pvat/PVAT_ConceptualizingtheTool.pdf, 2011 - 04 - 15/2021 - 11 - 02.

[5] Chui, M., Farrell, Diana, Jackson, K.. How government can promote open data and unleash over

① 郑磊，复旦大学国际关系与公共事务学院，复旦大学数字与移动治理实验室。

$3 trillion in economic value [EB/OL] . https://www.mckinsey.com/~/media/mckinsey/industries/public%20and%20social%20sector/our%20insights/how%20government%20can%20promote%20open%20data/how_govt_can_promote_open_data_and_help_unleash_over_$3_trillion_in_economic_value.pdf, 2014-04-01/2018-05-13.

[6] Department of Economic and Social Affairs. United Nations E-Government Survey 2016 [R] . New York: United Nations, 2016: 28.

[7] Department of Economic and Social Affairs. United Nations E-Government Survey 2020 [R] . New York: United Nations, 2020: 151.

[8] Department of Economic and Social Affairs. United Nations E-Government Survey 2020 [R] . New York: United Nations, 2020: 160.

[9] Djoko Sigit Sayogo, Theresa A. Pardo. Exploring the Motive for Data Publication in Open Data Initiative: Linking Intention to Action [C] . Proceeding of 45th Hawaii International Conference on System Sciences, Maui, HI, USA, 4~7 January 2012: 2623~2632.

[10] Iryna, S., Åke, G., Marijn, J.. Driving factors of service innovation using open government data: An exploratory study of entrepreneurs in two countries [J] . *Information Polity*, 2015, 20 (1): 19~34.

[11] Ivan, B., Feroz, F., David, L., Juan, P., Ivan, T., Stefano, L.. Open Government Data: Fostering Innovation [J] . *JeDEM-eJournal of eDemocracy and Open Government*, 2014, 6 (9): 69~79.

[12] Janssen, M., Charalabidis, Y., Zuiderwijk, A.. Benefits, Adoption Barriers and Myths of Open Data and Open Government [J] . *Information Systems Management*, 2012, 29 (4): 258~268.

[13] Kassen, M.. A promising phenomenon of open data: A case study of the Chicago open data project [J] . *Government Information Quarterly*, 2013, 30 (4): 508~512.

[14] Lakomaa, E., Kallberg, J.. Open Data as a Foundation for Innovation: The Enabling Effect of Free Public Sector Information for Entrepreneurs [J] . *IEEE Access*, 2013 (1): 558~563.

[15] McKinsey & Company. Open data: Unlocking innovation and performance with liquid information [EB/OL] . https://www.mckinsey.com/business-functions/digital-mckinsey/our-insights/open-data-unlocking-innovation-and-performance-with-liquid-information, 2013-10-01/2021-09-08.

[16] Medium. The economic impact of open data: what do we already know? [EB/OL] . https://medium.com/@ODIHQ/the-economic-impact-of-open-data-what-do-we-already-know-1a119c1958a0, 2015-11-02/2021-09-08.

[17] Ontotext. What is Five-Star Linked Open Data? [EB/OL] . https://ontotext.com/knowledgehub/fundamentals/five-star-linked-open-data, 2017-02-20/2021-09-08.

[18] Open Data Barometer. Global Report [EB/OL] . https://opendatabarometer.org/leadersedition/report/, 2018-09-24/2021-09-25.

[19] Open Data Barometer. The Open Data Barometer [EB/OL] . https://opendatabarometer.org/barometer/, 2016-11-02/2021-09-25.

[20] Open Data Chapter. Principles [EB/OL] . https://opendatacharter.net/principles, 2015-12-20/2021-09-08.

[21] Open Data Institute. Data is critical national infrastructure-let's make it open and secure [EB/OL].

https：//theodi. org/article/data-is-critical-national-infrastructure-lets-make-it-open-and-secure，2016－11－09/2021－09－08.

[22] Open Data Institute. Principles for strengthening our data infrastructure [EB/OL]. https：//theodi. org/article/principles-for-strengthening-our-data-infrastructure，2016－08－31/2021－09－08.

[23] Open Data Policy Lab. Third Wave of Open Data [EB/OL]. https：//opendatapolicylab. org/third-wave-of-open-data/，2020－10－31/2021－09－23.

[24] Open Definition. The Open Definition [EB/OL]. https：//opendefinition. org，2007－06－28/2021－09－08.

[25] Open Source Initiative. About the Open Source Initiative [EB/OL]. https：//opensource. org/about，2007－06－07/2021－09－08.

[26] Open source. What is Open Government? [EB/OL]. https：//opensource. com/resources/open-government，2014－07－17/2021－09－08.

[27] Taylor Soper. App that helps people in wheelchairs plan travel routes wins first place at civic hackathon [EB/OL]. https：//www. geekwire. com/2015/app-that-helps-people-in-wheelchairs-plan-travel-routes-wins-first-place-at-civic-hackathon/，2015－04－30/2021－11－03.

[28] The Annotated 8 Principles of Open Government Data. Open Government Data Principles [EB/OL]. https：//public. resource. org/8_ principles. html，2007－12－14/2018－05－04.

[29] The Gov Lab. Open Data Definitions-What's in a Name? [EB/OL]. http：//odimpact. org/resources. html，2016－03－28/2021－09－08.

[30] The ODI. Publishing data with purpose in Serbia [EB/OL]. https：//theodi. org/article/publishing-data-with-purpose-in-serbia/，2020－02－03/2021－09－23.

[31] The White House. About Open Government [EB/OL]. https：//obamawhitehouse. archives. gov/open/about，2017－01－21/2021－09－08.

[32] The World Bank. Open Data Essentials [EB/OL]. http：//opendatatoolkit. worldbank. org/en/essentials. html，2015－03－04/2021－09－08.

[33] Tim O'Reilly. Government as a platform [EB/OL]. https：//www. mitpressjournals. org/doi/pdf/10. 1162/INOV_ a_ 00056，2011－01－01/2021－09－08.

[34] Viale，P. G.，Macadar，M. A.，Luciano，E. M.，Testa，G. M.. Delivering public value through open government data initiatives in a Smart City context [J]. *Information Systems Frontiers*，2016，19（2）：213～229.

[35] World Bank. 2017. World Bank support for open data：2012－2017（English）. Washington，D. C.：World Bank Group [EB/OL]. http：//documents. worldbank. org/curated/en/760871509531665876/World-Bank-support-for-open-data－2012－2017，2021－04－22/2021－11－02.

[36] 付熙雯，郑磊. 政府数据开放国内研究综述 [J]. 电子政务，2013（6）：8～15

[37] 高丰. 开放数据：概念、现状与机遇 [J]. 大数据，2015，1（2）：9～18

[38] 华劼. 欧盟公共部门信息再利用制度修订——兼评2019年《开放数据与公共部门信息再利用指令》[J]. 重庆理工大学学报（社会科学），2021，35（10）：113～120

[39] 贾开. 从“开源软件”到“开放政府”：互联网影响下的政府治理变革 [J]. 经济社会体制比较，2016（2）：104～112

[40] 雷蒙德. 大教堂与集市 [M]. 卫剑钒译. 北京：机械工业出版社，2014：8

[41] 陆健英，郑磊. 美国的政府数据开放：历史、进展与启示 [J]. 电子政务，2013 (6)：26~32
[42] 上海青悦. 首页 [EB/OL]. http：//www. epmap. org/，2013-04-19/2021-09-08
[43] 杨东谋，罗晋，王慧茹，项靖. 政府开放数据与信息增值：台湾的经验与启示 [J]. 图书情报工作，2013，57 (10)：63~69
[44] 郑磊. 开放政府数据的价值创造机理：生态系统的视角 [J]. 电子政务，2015 (7)：2~7
[45] 郑磊. 开放政府数据研究：概念辨析、关键因素及其互动关系 [J]. 中国行政管理，2015 (11)：13~18
[46] 周文泓，夏俊英. 加拿大政府开放数据的特点研究及启示 [J]. 情报理论与实践，2018，41 (4)：150~154+138

第三章

线上就业：数字经济时代的新趋势

互联网平台运用数字技术实现劳动力供给与需求的实时精准匹配，可以跨时空协调和组合生产劳动，形成了新的灵活就业形态，不同于传统的企业内部固定劳动关系。本文研究的线上灵活就业新形态，既可以是线上接单、线上完成，也可以是线上接单、线下完成。当前全国约有7000万人通过互联网平台提供劳动，在线就业已经成为就业的重要渠道。传统劳动制度和属地化监管体系难以适应就业新业态，需要加快制度创新步伐。

一、线上灵活就业的主要方式及特点

线上灵活就业新形态产生于互联网平台，但具体方式受到企业制度、劳动制度和税收制度的影响。目前主要有自然人劳务、劳务外包与劳务派遣、线上自雇三种方式，各有其适用范围。

（一）自然人劳务

自然人劳务是最简单的线上灵活就业方式，用工单位通过互联网平台将工作交给自然人完成。例如大量机构在猪八戒平台上发布创意设计、网站建设、网络营销、文案策划、生活服务等任务需求，通过多种方式完成交易，如先将赏金完全托管到猪八戒网再从服务商交稿中选出中标稿件的比赛模式，按一个合格需求支付一份服务商酬金的计件模式，需求方根据服务商报价选择交易对象的报价模式等。

劳动者个人所得税一般由用工单位代扣代缴，对于低价、高频的工作任务，劳动者个人所得税的税率执行3% ~45%的七级超额累进税率；对于高价、低频的工作任务，按一次性劳务所得缴纳20%的所得税。

（二）劳务外包与劳务派遣

劳务外包与劳务派遣的基本特点是，需求企业与供给企业签订商业合同，供给企业与劳动者签订劳动合同。劳务外包的合同标的是相对具体的“工作任务”，用工单位买的是“劳务”，强调的是劳动结果。劳务派遣的合同标的是“人”，用工单位买的是“劳动力”。劳务派遣单位与用工单位之间构成劳动力租赁合同关系，按照派遣人数、时间和费用标准结算费用。劳务派遣相比劳务外包更加接近劳动合同，在劳务派遣中劳动者遭受损害的，用工单位承担赔偿责任；劳动者因履职对第三人侵权，用工单位要与劳动者按照过错程度承担连带赔偿责任。例如美团、UU跑腿等互联网企业，与第三方劳务公司签订商业合同，劳务公司与美团专送骑手签订劳动合同。

用工企业选择劳务外包与劳务派遣方式，既可以获得用工的巨大灵活性和一定的稳定性，又可以用供给方开出的劳务费增值税专用发票抵扣增值税。供给方给劳动者发放工资，按照规定缴纳社保和个税。各地“五险”标准有所差别，单位和个人缴纳金额占工资总额的将近40%。

（三）线上自雇

线上自雇模式是近年来兴起的一种灵活就业形态，劳动者在中介平台注册成个体工商户，将自然人这一民事主体转化成个体工商户的商事主体，用工单位将其业务外包给中介平台，中介平台再众包给个体工商户，三者之间都是商业合同关系。如好活科技作为中介平台不仅开展了线上自雇新模式的创新，还与地方政府的工商、税务、人社等职能部门合作开展线上注册和线上监管。

线上自雇模式进一步弱化了劳动关系，从而增加了用工灵活性和降低了用工成本。中介平台为用工单位开出的劳务费增值税专用发票可以抵扣增值税，个体工商户向中介平台开具增值税发票。相比劳务外包与劳务派遣，线上自雇模式进一步降低了用工成本，除了用工更加灵活，还源于个体工商户税费水平相对较低，包括：个体工商户一般为小规模纳税人，月销售额15万元（季度45万元）以下免增值税；个人所得税基本采用核定征收，多数城市对月生产经营收入2万元以下的免征个人所得税，一些地方将免征额提高到3万元。另外，个体工商户社保水平相对较低，有的参加农村社保，有的参加城镇居民养老和医疗保险，有的甚至不参加社保。

总体上看，线上灵活就业对企业和劳动者都创造了巨大价值。企业在劳动要素使用上获得了巨大的灵活性，极大提升了市场适应能力；劳动者可以更多、更快地获得就业和劳动机会，充分发挥个人的价值。在三种方式中，线上自雇方式发展迅猛，正在快速替代劳务外包与劳务派遣方式，其原因是得到各参与方的支持：对于用工单位而言，可以更加灵活地协调劳动力，回避了劳动关系，降低了用工成本；对于中介平台而言，通过注册、记账、报税、年检和匹配需求等服务获得了发展机会；对于劳动者而言，既可以享受个体户工商户的政策优惠，还可以获得灵活就业平台提供的套餐服务；对于中介平台所在地政府而言，既发展了新经济，又可以实现在线监管。因此，线上就业新形态是技术和制度共同作用的结果。

表1　三类线上就业模式的主要特点

方式	特点	劳动者	用工单位	政府
自然人劳务	·劳动者在互联网平台上交易劳务	·自然人身份，适合兼职或专业工作者 ·除劳务费外无其他保障	·灵活性高，但劳动力流动性大 ·税负相对较重	·非正式就业 ·监管难

续表

方式	特点	劳动者	用工单位	政府
劳务外包与劳务派遣	·用工单位与劳务外包或劳务派遣公司签订商业合同 ·劳务外包或劳务派遣公司与劳动者签订劳动合同	·正式雇用 ·社会保险	·较高的灵活性与一定的稳定性 ·税费相对较重	·监管外包和派遣公司的社保、纳税等 ·监管用工单位，重点是互联网企业用工的规范性
线上自雇	·用工单位与中介平台签订商业合同 ·劳动者在中介平台注册个体户，签订商业合同	·自雇 ·享受小微企业税收优惠 ·自己解决社保	·较高的灵活性与一定的稳定性 ·劳动成本相对较低	·重点监管中介平台上个体户的注册、纳税等

二、线上就业新形态对传统制度的挑战

线上就业是数字化转型的重大趋势，但也对传统的制度提出了挑战，体现在工商、税收、社保、劳动就业、平台监管等各个方面。

个体户管理制度。随着线上自雇模式的快速发展，灵活就业平台上注册的个体工商户越来越多，服务与监管也面临新的挑战。一是对个体户注册制度的挑战。劳动者分散在全国各地，一些灵活就业平台与平台所在地市场监管部门共建全程电子化登记集群注册系统，由劳动者上传身份证正反面信息，拍摄视频声明个人自愿注册个体工商户，再通过公安部门人脸识别系统校验后，实现“不见面”注册，其注册地址为平台所在地的市场监管部门许可的集群注册物理地址。但是，一些司法判决文书显示，对于缺少书面签名的个体户注册，法院不予认可。另外，在这一模式下，平台所在地新注册个体户数量激增，如某平台 3 年来新注册个体户 60 多万户，这种集群注册模式对地方市场监管部门形成较大压力。二是个体户注销费时费力。个体户注销需要走线下程序，有的平台高峰情况下每日需要注销 300 家个体户，中介平台和属地管理部门根本忙不过来。三是对市场主体监管的挑战。平台上注册的工商个体户存在注册地与就业地分离现象，给

市场监管带来一定的难度。线上个体户的经营活动灵活性高，劳动者经常调换工作或切换网上平台，很容易被当作“僵尸户”予以注销。

税收制度。交易地、注册地、劳动地三者的分离，给税收制度带来了挑战。一是纳税方式存在一些模糊地带。个人通过电商平台销售服务，如按“经营所得”征收个人所得税则只能由个人自行申报，个人由于未办理税务登记加之意愿不足，自行申报效果不好。若按“劳务报酬所得”纳税又不符合专职人群，且平台不是实际支付人。个体户通常按“经营所得”征收个人所得税，核定征收与查账征收的边界不太清晰，委托代征模式即平台方代为扣缴税款并获得税务局开具的完税证明，还需要进一步明确相关标准。二是集中办税的难度大。中介平台集中办税方便了劳动者，但平台需要代为办理个体户报税事务，且需要线下提交盖章报表，仅每月盖章一项就任务繁重，亟须采取电子签章和自动报税方式。三是税源向平台集中的现象。由于平台通常实行代征代扣制度，劳动者应缴纳的税款都流向了平台所在地，劳动者实际劳动所在地却无法分享税收。一些平台所在地对平台企业、线上劳动者提供了税收优惠政策，进一步加剧了税收向平台所在地集中的“洼地现象”。

劳动与社会保障制度。新就业形态改变了劳动者与企业之间的关系，模糊了制度边界，对劳动和社会保障制度带来巨大的冲击。一是劳动者与企业的关系难以确定。以线上自雇为例，用工单位、中介平台、个体户名义上是商业合同，但实际上差异巨大，有些用工单位与个体户之间的紧密工作关系被法院认定为“事实劳动关系”。二是对社会保障制度提出新要求。现有的社会保障制度主要针对有劳动合同的职工，对于非标准工作、灵活就业人员可以自愿缴纳养老和医疗保险，但不同类型社保保障水平差异很大，线上就业到底适用什么类型的社会保障成为当前热点问题。比如：哪些线上就业属于“事实劳动关系”，这些类型应按照什么方式缴纳社保？一些参加农村社保的劳动者保障水平较低，在一些易出工伤的职业如外卖骑手，出现工伤事故后如何提高保障水平？

就业与创业服务制度。在数字化转型的大潮中，职业变动越来越频繁，我国也越来越重视职业培训和再就业工作，如近年来国家滚动修订《中华人民共和国职业分类大典》，完善国家职业技能标准，加强对新职业、新技能的培训工作。但是，现行职业培训制度以属地化管理为主，依托地方培训机构针对地方人员展开培训，培训补贴也由属地来分配；平台的兴起打破了地域分割，就业人员在户籍地、注册地、劳动地、交易地等方面相互分离，传统的课堂培训形式已难以适应网络时代的在线灵活学习等。

对平台和算法的监管。一是中介平台作为就业的重要桥梁直接关系到就业人员的权益，成为监管重点。中介平台掌握关于劳动者的海量数据，保障网络和数据安全日益重要。中介平台承载了线上个体户的服务，需要防范平台停运或破产造成大量线上个体户失去记账、报税、年检等服务，波及自然人信用。中介平台还是劳动收入结算的中间机构，应及时办理劳动者工资支付和合法纳税。二是用工平台的算法需要制定监管规则。一些互联网企业利用劳动者的上线时间、工作时长、位置数据、驾驶行为、经营所得等信息对“就业人员”进行精准画像，拥有完全不对称的信息优势，利用算法在工作安排、劳动定价、抽成、奖惩等方面获得绝对交易优势，让劳动者处于不利的交易地位。

三、创新制度促进线上就业新形态健康发展

适应数字化转型的大趋势，加快就业制度的全面创新，促进线上就业新形态健康发展，既有利于提高就业水平和质量，也有利于提升我国企业的综合竞争力。

建立线上个体户的管理制度。一是规范中介平台开展远程注册服务的程序和要件，明确远程注册的有效性。二是为集群注册提供便利，加强政企数据对接。三是建立个体户休眠制度，允许暂不经营的个体户停办报

税、年报等事宜。四是简化个体户注销制度，允许符合条件的个体户实行线上批量注销。五是完善线上监管制度，加强与中介平台的合作，建立大数据协同监管，提高对个体工商户在事中、事后的监督监管能力。目前，一些地方率先探索建立了全程电子化的登记注册系统，批准线下集群注册的物理地址，并通过线上远程验证来开展集群化、批量化的市场主体注册，为制度建设提供了实践经验。

积极探索适应数字经济的税收制度。一是完善线上就业的纳税方式。不管是个人通过电商平台销售服务，还是个体户在平台上开展经营，都应该给予鼓励，在纳税方式上提供便利。建议明确平台为个人和个体户提供服务的方式，包括代征代扣、委托代征等，并进一步落实小微企业的优惠政策。二是建立线上批量办税的机制。中介平台为线上个体户提供记账、报税等服务，为劳动者提供了便利，也有利于加强税务监管。为此，税务部门可以加强与中介平台的合作，完善电子签名制度，减少纸质文档存档，实施数据接口互通，实现自动批量办税，甚至可以委托部分信用好的平台代征，现有的税收征收管理办法已经提出税务机关可以委托有关单位和人员代征零星分散和异地缴纳的税款。三是完善线上监管机制。监管部门可以加强与平台企业的合作，进一步规范记账和办税程序，防止洗钱、虚开发票，实现更加高效的税务监管。四是加快研究数字经济的税收规则，在交易地、注册地、劳动地相互分离，且税源不平衡的情况下，合理安排各地的税收分配。

建立适应线上就业新形态的劳动与社保制度。一是进一步明确和细化劳动关系的认定。总结现有的司法判决案例，对劳动关系提出明确的认定标准，并在社会保险、工作时间、假期、解雇保护等方面制定出适合新就业形态的规则。二是建立适应新就业形态的社保制度。现行以单位制和户籍制为基础的社会保障制度，无法适应数字经济时代出现的进出自由、工时灵活、兼职普遍、平台不固定等新特点，需要不断完善。建议城镇社保扩大范围，如允许劳动者单独参加城镇养老、医疗或工伤保险，设立更多参保档次；引导平台企业开展商业保险，为参加农村社保的低水平保险劳动者提供更多保障。

加强线上就业与培训服务。数字化转型将带来劳动岗位的剧烈变动，就业与培训服务的作用更加凸显。在属地化管理难以全面有效覆盖就业与培训服务的情况下，应加强与平台的合作。平台掌握着注册人员的动态信息和工作情况，对工作所需知识也较为了解，但平台跨地域覆盖，为此需要从国家层面优化就业和职业培训安排，支持若干平台企业，充分发挥其在劳动培训方面的优势。另外，还要发挥平台支持创业的作用，平台兼有市场主体孵化器功能，掌握着市场主体日常流水、工作状态等数据，具备为中小微市场主体增信、融资支持的能力。

探索对平台和算法的监管制度。建议在数字平台比较集中的地区开展试点，逐步探索建立相关制度。一是探索对线上就业中介平台的监管，提升数据安全和服务质量。二是探索对用工平台的监管，防止平台过度利用数据和算法对劳动者造成不利影响。三是制定平台向政府部门开放业务数据的规则，如资金、合同、业务和发票等数据向有关政府部门开放接口，提升智慧监管能力。这些都是线上就业发展中出现的新问题，需要在探索中逐步解决。

马　骏　马　源　高太山

参考文献

[1] World Employment and Social Outlook: The role of digital labour platforms in transforming the world of work [R]. International Labour Office, 2021.
[2] 2019年世界发展报告：工作性质的变革 [R]. 世界银行，2019
[3] 2019年数字经济报告 [R]. 联合国贸发会，2019
[4] 2020年世界贸易报告：数字时代促进创新的政府政策 [R]. 世贸组织，2020
[5] 2021年数字经济报告 [R]. 联合国贸发会，2021
[6] 贺欣悦. 灵活用工法律风险防范问题研究 [J]. 劳动保障世界，2018 (17)：8+20
[7] 李怡然. 困住骑手的是系统吗？——论互联网外卖平台灵活用工保障制度的完善 [J]. 中国劳动关系学院学报，2022，36 (1)：67~79

［8］林艳琴，林禛雨．共享用工的性质认定及法律规制［J］．中国劳动，2020（6）：53～67
［9］罗文丽．灵活用工社保制度亟待建立健全［J］．中国物流与采购，2021（12）：5
［10］马骏，司晓，袁东明，马源，闫德利．数字化转型与制度变革［M］．北京：中国发展出版社，2020
［11］涂永前．应对灵活用工的劳动法制度重构［J］．中国法学，2018（5）：216～234
［12］王春蕊．平台灵活就业劳动者社会保障调查［J］．法治与社会，2021（5）：48～51
［13］王强．新规则　自由人的梦——积极就业政策与灵活用工国际研讨会记略［J］．中国人力资源社会保障，2006（8）：29
［14］张舜栋．技术进步对于灵活用工的思考——以网约车行业为视角［J］．劳动保障世界，2019（33）：2～3
［15］中国数字经济就业发展报告［R］．中国信通院，2021

第四章

金融科技：监管认知的演进与发展*

近年来，“金融科技”（FinTech）作为一个独立词语跃入大众视线，意味着将其归类于传统金融或新兴科技，已不能表达特性。根据金融稳定理事会（FSB）、国际证监会组织（IOSCO）等相关国际组织，以及美国、英国、新加坡等国家金融监管部门的定义，金融科技是一种能够带来新商业模式、应用场景、生产流程和产品，同时对相关金融服务产生实质影响的科技创新活动。当前，金融科技已经渗透金融体系的各个角落，并随着技术发展与应用场景的不断丰富，持续地迭代。

一、金融科技对监管的挑战

金融科技是技术驱动的金融创新，科技是推动力，场景是落地的关键要素，金融创新是其本质，由于创新主体的不同，产生了差异化的金融科技业态。

一是传统金融线上化。由金融企业主导创新，以金融拥抱科技为主，银行、证券、保险、基金和信托等传统金融机构利用技术开展数字化转型，体现在传统业务线上化、生活服务场景拓展及产品线上销售等方面。

---

* 本章根据《对金融科技监管的认知：变化、差异与方向》一文改编；参见：张扬，“对金融科技监管的认知：变化、差异与方向”，载《国际经济评论》2022 年第 2 期，第 6～7、88～110 页。

二是新兴金融科技业态。由科技企业主导创新，在商业模式上区别于传统金融，主要借助互联网技术进行模式创新，包括第三方支付、网贷、众筹等新业态。

三是监管科技。随着ABCD（人工智能AI、区块链Block Chain、云计算Cloud、大数据Big Data）技术在金融领域的深度应用，传统金融应用场景的重心开始从前台向中后台转移，监管科技开始应运而生。监管科技是科技与金融监管全方位融合的产物，同时也是金融科技的一个分支，主要由科技企业主导，利用新技术更有效地解决监管合规问题，减少不断上升的合规费用。2017年5月15日，中国人民银行成立了金融科技委员会，旨在积极利用大数据、人工智能、云计算等技术丰富的金融监管手段，提升跨行业、跨市场交叉性金融风险的甄别、防范和化解能力，强化监管科技应用实践。现阶段，我国监管科技发展仍处于起步阶段，许多方面的应用尚在探索阶段。

总体上看，金融科技整体上可分为两块：传统金融机构的创新与科技公司的创新。前者对于监管的挑战主要在于业务模式的识别上，以及伴随而来的监管风险；后者对于监管的挑战则更加多元，包括是否应该纳入监管范畴、平台外部性、数据保护、消费者保护等问题。我国作为全球金融科技规模最大的市场，行业发展呈现出两大特征：一是互联网金融暴露出的行业性风险，P2P平台倒闭事件频发；二是以ABCD为核心技术驱动的金融创新异常活跃，金融科技投融资规模在全球占比过半。如何在降低互联网金融风险的同时，又不扼杀合理的金融科技创新活动，是金融监管部门面临的挑战。

二、监管的认知变化

从构词上来看，“金融科技监管”由“金融”“科技”“监管”三个独立概念构成，因为立场与认知视角的不同，往往会产生认知差异。从逻辑上来说，对“金融科技监管”中的三种概念两两结合时，会产生以下认知。

当“金融”+“监管”时：

认知1：金融科技监管=金融监管。

认知2：金融科技监管≠金融监管，科技是主要影响变量。

当“金融”+“科技”时：

认知3：金融科技监管=金融科技，监管的必要性存疑。

认知4：金融科技监管≠金融科技，监管是主要影响变量。

当“监管”+“科技”时：

认知5：金融科技监管=监管科技。

认知6：金融科技监管≠监管科技，金融是主要影响变量。

我们从金融科技监管实践的角度，沿着时间维度与空间维度，来观察以上基于逻辑的认知假设是否存在。其中，时间维度侧重观察变化，空间维度侧重观察差异。

从时间维度来观察“金融科技监管”的认知变化，除了关注事实呈现之外，还需关注相关变量。其中，技术冲击是非常重要的外部影响变量，需求偏好是不可忽视的内部影响变量。另一个变量则是重大事件，如1929年大萧条与1971年布雷顿森林体系的瓦解，都对金融监管产生了深远影响。

（一）金融危机（重大事件）的影响

2008年金融危机的影响极其深远，引发了各方对于传统金融体系的深刻反思，对于概念三角认知的影响主要体现在“金融+监管”之上。

2008年11月1日，中本聪通过电子邮件声称，正在研发一个新的电子现金系统，“完全点对点，无须任何可信的第三方”，清晰表达了去中心化的货币思想。2009年1月3日，中本聪在挖出比特币的创世区块中写下“财政大臣站在第二次救助银行的边缘”，生动描述了货币自治将对传统金融体系产生强烈冲击。

一是用自治取代监管。金融危机动摇了中心化体系的信仰根基，主要表现为对第三方金融机构与监管机构的不信任。解决信任危机，不是帮助第三方建立信任，而是彻底去中心化。20 世纪 90 年代兴起的社会生物学进化论，提出了“分布式”“去中心”与“自组织”等概念，奠定了比特币的思想基础。比特币本身作为一个重大的经济事件，被认为通过强大的叙事传播了自治思潮，其独特之处在于，选择了普遍被认为最需要监管的金融领域进行自治实践，对传统金融思想的冲击堪称颠覆性。

二是用共识实现有效市场。产权理论被视为主张金融无须监管的理论源头，其基本逻辑是产权清晰能够最大程度实现有效市场，一旦市场失灵，可以通过法律诉讼来维持市场有效性。公共利益理论最早解释了金融监管的合理性，认为诉讼存在事后性，无法提前控制金融风险扩散，因而主张事前监管。监管执行机制理论认为，为了实现有效市场，共有市场自律、法院诉讼、政府监管和国有化这四种机制可供选择。比特币跳出了关于法院诉讼与政府监管的争议框架，在国有控制与市场自律上选择了后者。它构建了规则、历史记录与比特币价值三种共识共生机制，形成了基于信任共识之上的弗里德曼意义的货币价值，同时利用规则共识和历史记录共识来防止市场失灵。从理论层面来说，规则共识否定了公共利益理论主张的监管合理性，历史记录共识则弥补了产权理论只重视物质占有而忽视历史记录的缺陷。比特币通过共识机制来实现的市场自律，并未表现出监管执行机制理论所断言的“市场无序”成本增加的现象，更是为金融能够去监管化提供了现实佐证。

三是用代码执行合约。公共管理理论用合约失灵来解释监管部门存在的意义，自动执行并强制履约的智能合约，被视为解决合约失灵的重要思路。比特币的出现使智能合约真正落地，其特点是物理结构、计算结构和信用结构的三维去中心化。对于金融市场的意义在于，计算结构去中心化意味着信息不可篡改，信用结构去中心化意味着信息公开透明，物理结构去中心化意味着没有监管外挂。由此，智能合约帮助比特币脱离传统金融体系，进入代码执行合约空间。

比特币的出现引申出货币自治观念，投射到金融科技监管之上，显示的是认知 2，即金融科技监管不同于金融监管，科技能够帮助金融实现自我监管。

（二）需求偏好的影响

根据创新扩散理论，创新的采纳与扩散受制于创新接受者的需求偏好。监管部门对金融科技的需求偏好，同其对后者的认知密切相关。

1. 态度中性

在 FinTech 作为一个独立概念出现之前，金融科技并未受到广泛关注，监管部门也并未对其进行明显价值判断，总体持态度中性，反映至监管行为中，形成两类监管方式：一类是行业自律，通过制定行业标准与自律公约来实现自我监管，英国是典型代表；另一类是被动型监管，依托原有金融监管框架，按照金融业务属性对金融科技进行归口监管，美国是典型代表。

尽管行业自律与被动型监管对金融科技皆持态度中性，但对监管的认知差异巨大。行业自律将金融科技视为一种普通新生业态，并未归类到金融之中，因而无须金融监管，属于认知 3 的范畴。被动型监管则把金融科技视为金融活动，但从监管角度并不认同其特殊性，而将金融科技监管等同于金融监管，故属于认知 1 的范畴。

2. 态度积极

2015 年，英国的 FinTech 头部企业数量已位居全球前列，借助金融科技巩固英国在全球金融业的领先地位，构成了其对金融科技持积极态度的最直接动因。2015 年，英国政府发布报告，宣称将制定金融科技发展战略，以确保英国未来成为该领域的世界领导者。此后，全球 FinTech 高速发展，主要国家纷纷认为发展金融科技与国家竞争力挂钩，对于金融科技监管的认知也较之前发生了较大变化。

一是视同高科技业。参照发展高科技业的通行做法，监管部门直接介入对金融科技的扶持。英国金融行为管理局（FCA）定期发布年度商业计划（Business Plan），定义优先发展领域指引金融科技创新，并安排专项资金支持年度重点创新方向。新加坡金管局（MAS）推出“金融部门科技与创新计划”（FSTI），资助金融科技项目的早期技术试验。

二是纳入金融业。监管是金融业的基本特征。2014 年，英国监管部门开始将金融科技纳入金融监管范围，结束了金融科技只有行业自律的治理格局。2017 年，美国发布《金融科技框架》白皮书，明确把金融科技纳入金融生态系统，提出金融科技的发展能够促进普惠金融，由原来把金融科技按照功能拆分成具体金融业务来看待，转而将金融科技看成一个整体金融业态。

三是主动创新型监管。2015 年，英国监管部门首创监管沙盒，一方面通过提供安全的测试环境来支持创新，另一方面借助空间隔离防范创新风险外溢。区别于传统被动型监管，监管沙盒呈现出主动创新型监管动机：主动调整监管方式以追求金融科技创新与风险控制的平衡。监管部门既认为金融科技作为金融业需要接受监管，又担心传统监管方式扼杀金融科技创新，认知 2 在这一阶段再次出现，但区别于货币自治思想，前者强调监管创新，后者追求自我监管。此外，因为认识到监管是影响金融科技创新的主要因素，认知 4 作为认知 2 的副产品也同时出现。

3. 态度审慎

2016 年，金融稳定理事会（FSB）发布《金融科技的全景描述与分析框架报告》，首次正式讨论了金融科技的系统性风险及监管问题，国际社会对金融科技的态度由积极转向审慎。FSB 着眼于金融稳定，给出了金融科技创新评估框架：对创新产品与服务进行评估，防范单个机构创新风险；对创新动机进行评估，防范监管套利与不当行为；对创新可能产生的金融稳定问题进行前瞻性评估，防范系统性风险。FSB 对金融科技的审慎态度，完全基于金融危机后所形成的“宏观审慎 + 微观审慎 + 行为监管”的三位一体监管理念框架，因而对金融科技监管的认知属于认知 1 的范畴，即金融科技监管 = 金融监管，与态度中性时期美国被动型监管的认知基本一致，但二者在如何看待金融科技问题上存在差异，前者将金融科技视为全新金融业态，后者则并不认为金融科技与传统金融有本质区别。

（三）技术冲击的影响

技术既能通过改造金融影响监管，也能直接对监管产生冲击。因此，技术对金融科技监管认知的影响，既体现在“科技 + 金融”层面，也体现在“科技 + 监管”层面。

1. “科技 + 金融”

科技对金融的改造普遍遵循以下逻辑：以信息技术作为切入点，以“To C”作为创新着力点，以平台化运营作为核心竞争力来源。从逻辑来看，在信息应用、C 端与运营三个层面存在风险。国际监管组织的相关研究证实了以上风险的存在，并发现科技的不当应用还会强化非法融资风险，进而推动了监管机构对相关风险的监管。

一是数据保护监管。金融科技 1.0 被认为以互联网和移动互联网技术驱动，金融科技 2.0 则聚焦于云计算、大数据、区块链和人工智能等技术的应用，相较传统金融业态，技术风险、数据风险、信息安全风险被认为是金融科技的典型风险特征。2018 年 5 月，欧盟史上最严格的《通用数据保护条例》（GDPR）正式生效，规定保证数据的安全性、可访问性和准确性是数据控制方和处理方的主要义务，旨在限制互联网及大数据企业对个人信息和敏感数据的处理，为欧盟区域内的数据保护提供了基础性法律框架，从而开启了全球数据保护监管序幕。

二是消费者保护监管。2008 年以后，消费者保护是全球金融监管的重心之一，随着金融科技的快速发展，金融消费者保护的内涵与外延皆有变化。从内涵来说，因为金融科技产品的多样性与快速创新性，导致消费者风险识别能力不足。2014 年，美国金融消费者保护局（CFPB）首次向消费者警示比特币的投资与交易风险，体现了监管部门对金融消费者内涵变化的警惕；从外延来说，互联网金融的普惠特性，使其消费者覆盖面远超传统金融，消费者保护的范围也急剧扩大。2016 年 3 月，CFPB 宣布接受消费者网络贷款投诉，监管部门开始积极应对消费者保护的外延扩张现象。

三是市场结构监管。金融科技 1.0 利用互联网的平台优势提高了资金的对接效率，因为双边市场特有的网络外部性特征，当互联网巨头沉淀大量用户及数据之后，便会具备垄断性。反垄断原本是市场监管的任务，并非金融监管涵盖的重点范畴，但由于关注电子支付领域中隐现的寡头垄断问题，2015 年欧盟通过支付服务法令 2（PSD 2），要求银行与相关支付机构开放应用程序接口（API），试图通过“开放银行”方式来防范市场垄断。2020 年，中美两国陆续展开对大型互联网金融平台的反垄断监管，体现了监管部门对金融科技领域不公平竞争现象的关注。

四是公共利益监管。公共利益监管主要包括反洗钱（AML）、反恐融资（CTF）、反贿赂腐败（ABC）和政治曝光者（PEP），在传统金融体系中普通金融机构的业务范围一般无法触及这些领域。但随着新型支付手段与虚拟货币的出现，非法融资行为的隐匿性变强，覆盖面变广，融资规模迅速放大。2015 年 6 月，G7 反洗钱金融行动特别工作组（FATF）发布报告，要求各国对利用虚拟货币及其他新型支付手段进行洗钱、恐怖融资等非法行为实施强力监管。2019 年，美国国会通过《金融科技保护法案》，要求“重点调查使用包括数字货币在内的新金融科技的非法及恐怖行为”，反映出国际社会对金融科技非法融资现象的空前重视。

金融科技向纵深发展所产生的金融科技监管认知，同样属于认知 2 的范畴。但它在监管自我实现、创新与监管平衡之外，认为金融科技拓展了监管外延并丰富了监管内涵，为金融科技监管与金融监管之间的差异提供了第三种解释。

2. “科技 + 监管”

2008 年之后，金融机构利用新技术来降低监管趋严后不断上升的合规成本，开启了科技与监管融合的开端。关于科技如何影响监管，总体存在两种判断：一是科技提升监管效率；二是科技会全面改造金融监管。监管实践也基本根据这两种判断展开。

第一，监管科技。2016 年，英国监管部门宣布大力发展监管科技（RegTech），认为其能够更高效达成监管目标。对于监管科技的认知存在着两种观点：一是认为监管科技是金融科技的子集，国际清算银行（BIS）金融稳定研究所（FSI）的报告明确指出，监管科技是金融监管领域的科技创新，属于科技而非监管范畴；二是认为监管科技是“在审慎监管、行为监管等传统监管维度之外增之以科技维度，形成双维监管体系”，属于科技驱动型监管。监管科技所存在的认知差异并不妨碍其迅速成为主流概念，实践中看，在金融科技监管还未以整体概念出现的情况下，被频繁提及的 RegTech 在很大程度上被视作金融科技监管，故认知 5 在此阶段存在。

第二，金融科技基础设施。FSI 对监管科技的应用场景进行了系统描述，认为其在合规端可以实现数据自动搜集与管理，在监管端的应用则体现在四个方面：市场监管、不端行为监测、微观审慎监管、宏观审慎监管。从技术角度来判断，机器学习能够识别大型数据集中的非线性关系，制定更加准确的风险模型，适用于微观审慎监管；数据分析技术不仅能够监测异常交易，还能监测异常网络与异常关系，适用于市场监管与不端行为监测；而宏观审慎要求监管方能够对金融市场进行全面、及时、准确的观察，目前科技本身并不能有效满足宏观审慎监管的要求。近几年，监管科技实践基本证实了以上判断。2008 年金融危机之后，主要发达国家通过增设监管机构、法律协调、综合监管等方式实施金融科技的统一监管，来实现宏观审慎目标。2017 年，我国监管部门提出要充分利用监管科技，“提升跨行业、跨市场交叉性金融风险的甄别、防范和化解能力”，并进一步提出“金融科技基础设施”是实现宏观审慎目的的重要工具。金融科技基础设施概念的出现，赋予金融科技监管两层新的含义：其一，通过金融科技基础设施而非监管架构建设来实施宏观审慎监管，从而为认知 2 添加第四种解释；其二，如果监管科技的重心是基础设施建设而非科技创新，则金融科技监管显然无法与现有的监管科技认知画等号，应该归类至认知 6 的范畴。

（四）认知变化分析

将关于金融科技监管的认知变化放在一张图中进行观察，能够发现以下现象（见图 1）。

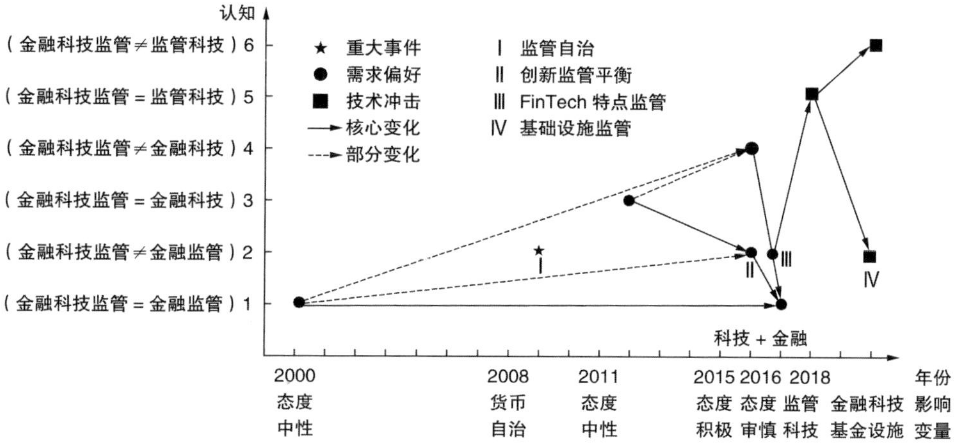

图 1　金融科技监管认知变化

资料来源：笔者整理。

第一，金融科技监管≠金融监管是最主流认知。认知 2 在图 1 中一共出现 4 次，且在 3 种影响变量下皆出现，说明各方在此认知上能够达成原则性共识，但关于认知背后的解释，则存在明显不同，从最初认为金融科技监管的特点是监管自治，到追求鼓励创新与监管的平衡，再到针对金融科技的风险独特性实施特别监管，最后是借助金融科技基础设施来实施监管。

第二，对金融科技的监管态度收敛于金融监管框架。从早期对金融科技持监管中性态度，到积极探索适合金融科技的监管方式，最后还是回归审慎监管，监管部门认为金融科技监管并不能脱离金融监管的基本框架。

第三，在科技对监管影响的认知上存在分歧。技术对监管认知的冲击在图 1 中呈现发散状态，并且 2016 年之后发散加速，说明技术对于监管的影响还有很大未知空间，各方在认知上尚不能达成共识。

第四，三位一体的监管框架具有包容性。2008 年金融危机之后所形成的三位一体监管框架，呈现出对认知 1 与认知 2 的包容性特征。当强调科技特点时，可以认为金融科技监管 ≠ 金融监管。但从具体的监管实践来看，金融科技监管又全部置于三位一体的监管框架下，金融科技监管 = 金融监管也成立。

第五，监管自治思想没有认知更新与实践推进。在所有具体认知中，只有监管自治没有实质性的理论与实践推进。造成此现象的原因，一方面是区块链从技术层面还无法真正满足金融自治监管的要求；另一方面是已经被国际社会广泛接受的金融监管框架与监管自治理念并不兼容。

三、中国、美国、英国金融科技监管的认知差异

当前主要国家对金融科技的发展给予政策支持的同时，也积极探索对金融科技的监管，很多国家在试验监管沙箱、创新中心和创新加速器等新机制，确保金融科技创新与监管协调发展。实践中看，2008 年金融危机使宏观审慎从审慎监管中独立出来，同时在审慎监管之外增添了行为监管，经过理论界与相关部门的互动融合，全球在监管目标上逐渐达成共识，包括金融稳定、机构安全与稳定、消费者保护，分别映射宏观审慎、微观审慎与行为监管，构成了各国金融科技监管的理念背景。

金融科技监管对金融监管模式存在着一定程度的路径依赖，三十人小组（G30）把全球金融监管模式划分为机构型监管、功能型监管、综合型监管和双峰型监管，中国、美国与英国分别是典型代表，构成了三国金融

科技监管的模式背景。从全球范围来看，中、美、英三个国家又是金融科技创新最活跃的地区，各自秉承自身的金融科技发展战略，构成了三国金融科技监管的动机背景。

（一）美国的金融科技监管

美国监管部门对金融科技的基本认知是，金融科技是以科技为手段的金融创新，并未单独设立新机构来实施金融科技监管，而是按照金融业务属性对金融科技进行归口监管。

美国在监管架构上体现出机构型监管特征，但实际上对金融科技实施的是功能型监管：网贷（P2P）被认定为投资业务，交由证券交易委员会（SEC）监管；第三方支付则由货币监理署（OCC）监管。面对全新业务模式对传统监管方式的挑战，监管部门尽量以沿袭原有法律为原则，例如针对网贷业务，适用的监管法律依然是1934年的《证券交易法》、1940年的《投资公司法案》与《投资顾问法案》，2010年以后，添加了《多德—弗兰克法案》作为补充，充分体现了监管部门把金融科技视为金融创新的基本认知。

在相当长时间里，美国监管部门对金融科技业务实施微观审慎监管。一方面，尽量将金融科技业务纳入监管范畴，防范影子银行风险。2014年，美国国税局（IRS）发布全球首份加密货币税收指南，规定替代真正货币使用的虚拟货币要被征收营业税。在既有金融监管体系暂时无法对虚拟货币实施监管情况下，美国监管部门动用了税收工具来填补监管空白。另一方面，对既有金融监管体系打补丁，防范金融科技企业经营风险。例如美国针对互联网保险，从风险资金监管要求、现金流要求、市场准入条件等方面都进行了补充立法，充分贯彻了微观审慎的监管理念。

2016年以后，美国的金融科技监管理念开始由微观审慎逐渐向三位一体理念过渡。一是重视金融科技的宏观审慎监管。2019年3月，《金融科技法案2019》正式提交美国国会审议，提出要建立一个“金融科技委员会”（FinTech Council）来负责指定法定金融科技监管机构。法案同时制定了防止监管冲突的法律规范，为统一实施金融科技监管提供法律保障。二是重视针对金融科技的行为监管。2021 年 1 月，金融消费者保护局建议国会准许其获得颁发金融科技公司特许证权力，标志着美国试图从行为监管角度设置准入门槛。

2017 年，美国在发布的《金融科技框架》白皮书中，给出了发展金融科技的 10 条总体原则，包括：广泛考虑金融生态系统；首要考虑消费者；促进安全的普惠金融和健康金融；认识并克服潜在的技术偏见；最大化透明度；努力实现互操作性并统一技术标准；建立网络安全、数据安全和隐私保护；提高金融基础设施效率；维护金融稳定；持续并加强跨部门合作。10 条原则体现了美国对于金融科技监管的认知发生了变化，试图针对金融科技特点进行监管创新。但从后续的监管实践来看，因为受制于既有的监管框架，监管部门并未作出大规模实质性的创新行为。

（二）英国的金融科技监管

英国对于金融科技的基本认知是，金融科技是科技创新，从而决定了最初的监管方式选择：行业自律而非金融监管。随着金融科技的不断发展，英国试图借助金融科技构建国家竞争优势的意愿强烈，试图探索一条更加符合金融科技特点的监管之路。

1. 统一监管

2008 年金融危机之后，英国在统一监管上的改革最为激进，英格兰银行、金融服务管理局、财政部三方监管体制被废除，成立了金融行为监管局（FCA），统一实施金融科技监管。FCA 是对金融危机深刻反思的产物，因而客观上就存在着监管创新的动机。

第一，在宏观审慎监管中注重前瞻指引。前瞻指引（Forward Guidance）一般作为非常规货币工具，用以引导市场对未来利率的预期。FCA 创新性地将前瞻指引运用在金融科技监管之中，在年度商业计划中设立

“优先事项”（Priorities），通过发布应用场景与技术创新方向白名单，引导市场创新，降低随机创新带来的金融风险。在2019～2020年度计划中，针对金融科技的跨界融合特征，在跨行业与细分行业中分类设置优先事项；在2020～2021年度计划中，为了应对新冠肺炎疫情带来的监管挑战，FCA设置了未来1～3年的优先发展事项，彰显出监管中的预期管理目的。

第二，在微观审慎监管中注重互动监管。FCA于2014年10月设立创新项目（Project Innovate）计划，增设创新中心（Innovation Hub）负责金融科技创新与监管，构建出了一种互动监管方式，帮助金融科技企业理解监管框架，适应监管体系。互动监管与金融科技的契合度较高，一方面因为强调事前监管，抑制了金融科技的创新风险扩散；另一方面借助监管互动，降低了监管方与被监管方之间的信息不对称程度。监管部门试图在风险审慎之外为创新审慎预留空间，互动监管便是该动机的实践注脚。

第三，在行为监管中将消费者保护与创新保护结合。英国于2001年建立全球首个金融服务补偿计划（FSCS），逐渐形成了行为监管中的消费者保护传统。2019年，FCA发布P2P平台监管新规，并未将呼声甚高的P2P纳入FSCS消费者保护范畴，而是在规则中强化了P2P平台对消费者进行充分的信息披露与必要的消费者教育，体现了监管部门针对金融科技的创新特点，试图在行为监管中寻求消费者保护与创新保护的平衡。

2. 监管沙盒

2015年，英国开始设立监管沙盒，为金融科技项目提供“安全空间”，在控制风险外溢的前提下，适度合理地放宽监管、激励创新。监管沙盒虽然只是工具层面的创新，仍能在理念上呈现出对审慎监管的有限跳脱。首先是柔性监管。针对创新项目的风险差异性，没有沿袭审慎理念主导的刚性监管方式，而是在监管标准上保持多样性，提供特别指导、规则豁免、无异议函等一系列工具选项。其次是容错机制。审慎监管以控制风险为目的，构建的是纠错机制。监管沙盒以鼓励有效创新为目的，创新了一套容错机制，包括提供容错空间，允许创新试错；设置分类门槛，既允许不同类型项目进入容错空间，又防止无门槛导致的劣币驱逐良币。最后是监管生态。审慎监管强调监管方的权威性，以确保风险控制的高效。因为认识到金融科技监管的不确定性，监管沙盒通过构建监管生态，监管部门、产业组织、企业、消费者共同参与监管过程，监管权力一定程度上被分散化。

3. 监管科技

2017 年，英国财政部发布监管创新计划（Regulatory Innovation Plan），宣告监管科技代表金融科技监管的未来。FCA 在 2017 ~ 2018 年度工作计划中，指出监管科技的重要作用在于自动生成监管与合规报告、降低监管成本、赋能反欺诈反洗钱等方面，分别对应宏观审慎、微观审慎与行为监管，完全置于三位一体监管理念框架下。虽然从认知层面而言，监管部门愿意相信监管科技就是金融科技监管的全部，但从实践层面来看，监管部门的监管科技（RegTech）实践依然在既有金融监管理念框架下展开。

（三）我国的金融科技监管

我国对金融科技的初始认知是从互联网金融开始的，因为互联网金融被理解为是互联网公司的业务创新，金融监管部门最初并未介入监管。随着风险不断暴露，从 2015 年开始，互联网金融被纳入金融监管范畴，监管部门也开始探索具有中国特色的金融科技监管模式。

1. 行业监管

2015 年 7 月，我国发布了《关于促进互联网金融健康发展的指导意见》，对互联网金融业务的监管主体进行了明确，开启了金融科技行业的监管序幕。其中中国人民银行负责互联网支付业务监管，银监会负责网络借贷业务、互联网信托业务、互联网消费金融业务的监管，保监会负责互联网保险业务监管，证监会负责股权众筹融资业务、互联网基金销售业务的监管。机构监管体现了监管部门已将互联网金融视为金融业态，但并未全面了解其风险独特性的认知状态。除了金融监管部门以外，地方政府、科技部门也介入互联网金融的治理之中，通过政策工具促进产业发展，体现了监管部门鼓励创新的做法。

2. 审慎监管

2017 年，我国设立国务院金融稳定发展委员会，强化宏观审慎管理和系统性风险防范。在宏观审慎监管框架下，监管部门对金融科技的认知发生了明显改变，由关注创新转向关注风险与不正当行为。2019 年，银保监会陆续在各省、市设立派出机构，监管部门开始实施监管下沉，建立全流程监管链条和多部门联动机制，通过调整架构来填补监管空白。2020 年年底，银保监会发布《中国影子银行报告》，按照监管覆盖范围和强度、产品结构复杂性及杠杆水平、信息披露充分性与全面性以及集中兑付压力四项标准，将包括网络借贷 P2P 贷款在内的金融产品列入狭义影子银行范畴，认为互联网金融游离于监管视野之外，放大了系统性风险；在监管空白地带追逐监管套利，放大了信用风险。除了关注风险之外，监管部门也开始对互联网金融的创新能力有了重新认知，认为互联网金融大部分都是通道业务模式，创新只停留在渠道层面的优化，但产生巨大的风险成本。基于以上认知，相关部门开始对互联网金融实施强监管，并且做到了知行合一：2018 年，开启了 P2P 行业整顿，至 2020 年，P2P 基本上完成行业清退。到 2020 年年底，相关部门提出要加强对互联网金融平台的规制，提升监管能力，坚决反对垄断和不正当竞争行为。这反映了政府对互联网金融监管的两个认知变化：对于互联网金融平台的监管，不仅是有关风险的金融监管问题，还涉及有关公平竞争的市场监管问题；垄断竞争不只属于市场监管范畴，因为涉及消费者保护，也纳入了行为监管范畴。

3. 创新监管

在对金融科技 1.0——互联网金融实施严格监管之后，监管部门同步推进了针对大数据、云计算、人工智能以及区块链技术驱动的金融科技 2.0 的监管创新，

一是地区监管沙盒。2019 年 12 月，以英国的监管沙盒为蓝本，中国

人民银行启动金融科技创新监管试点工作，体现了监管部门已关注金融科技 2.0 的创新特征，希望借鉴柔性监管模式来实现鼓励创新与风险控制之间的平衡。我国监管沙盒的特点在于：在监管设计上，入盒项目的机构主体必须持牌，产品出盒后，要纳入正常的金融监管，不再作为金融科技创新产品来监管；在监管模式上，沿袭传统“行业监管 + 机构自治”的模式，反映了相对审慎的态度。

二是主权数字货币。中国人民银行早在 2014 年就开始布局主权数字货币的研发，并于 2020 年 9 月展开了主权数字货币试点。主权数字货币的意义不仅在于 M0 替代，还在于其在金融科技监管上的价值：因为能够对虚拟货币、非法代币产生挤出，在一定程度上降低对虚拟货币与代币的监管难度；借助交易可追溯特征，在反洗钱、非法融资监管等方面发挥独特作用。

三是金融科技基础设施。2018 年，监管部门开展了区域性大数据安全平台建设，在风险识别、预警与处置方面取得了超越人工监管的效率，确认了监管科技对金融监管的赋能作用。2019 年，中国人民银行提出了金融科技基础设施概念，涵盖信息基础设施、支付清算基础设施和监管基础设施三个部分，从宏观审慎角度诠释了金融科技基础设施的作用，将监管科技重新拉回到传统金融监管框架下。

（四）认知差异比较

总体上看，主要国家对金融科技的监管集中在几个方面，包括制定中心规则消除监管套利，鼓励各种技术、商业模式进行平等竞争，加强消费者保护，推动金融数据共享与标准化建设，确保金融科技网络安全，但不同国家的监管也的确存在差异（见图 2）。

第一，对金融科技的初始认知，决定了各国的初始监管方式。美国认为金融科技是金融创新，2000 年前后就将其纳入金融监管；英国认为金融科技属于新兴科技创新产业，2011 年开始通过设立行业协会进行自律监

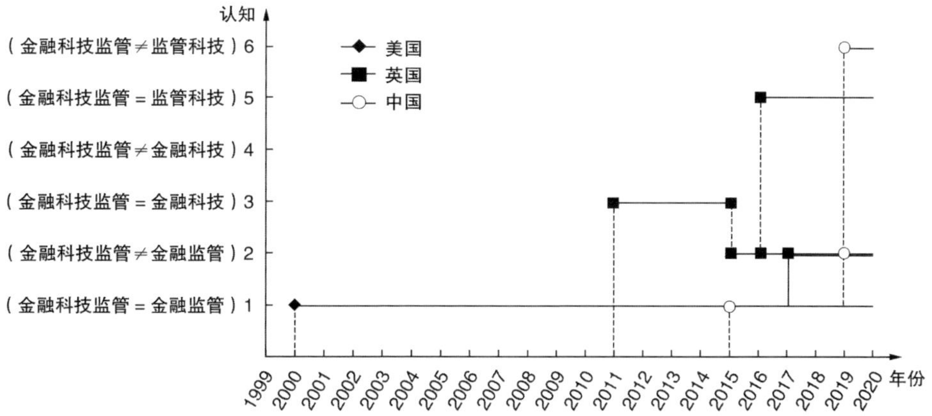

图 2　美、英、中金融科技监管认知差异

资料来源：笔者整理。

管；我国最初把金融科技理解为互联网企业的业务创新，2015 年，监管部门将互联网金融认定为金融创新并纳入金融监管。

第二，2016 年之前，既有金融监管模式差异，决定了各国的金融科技监管实践差异。中、美两国分别沿用既有的分业监管与功能监管模式对金融科技实施监管，英国则在监管改革后形成的双峰监管模式下，实施金融科技监管。

第三，2016 年之后，金融科技需要监管创新的认知逐渐获得共识。一方面，针对金融科技的创新特点，中、美两国开始关注并借鉴英国经验，探索主动监管来鼓励金融科技创新；另一方面，随着新型风险的暴露，中、美两国在审慎监管理念下重视金融科技的风险监管创新。

第四，2019 年之后，金融科技监管的认知分歧变大，主要体现在监管科技层面。随着技术创新与应用的加速，各方在监管科技与金融科技监管的关系上产生了认知分野。英国秉承认知 5，继续探索有别于传统监管的监管科技创新。美国一方面继续坚守认知 1，按照功能监管实施对金融科技的监管；另一方面也开始接受认知 2，针对金融科技的特点去创新监管方式。我国则倾向于认知 6，在宏观审慎理念框架下，研究监管科技对金融监管的赋能。

四、未来金融科技监管的发展方向

基于对当前监管实践的观察，我们发现金融科技监管呈现出以下特征：在实践上没有脱离既有金融监管的框架；在倾向上有意探索适合金融科技特点的监管方式；在趋势上关注监管科技的可能性作用。面向未来，金融科技监管亟须解决几个方面的理论与实践认知问题。

（一）三位一体监管理念框架与金融科技监管的兼容

2008 年后形成的三位一体监管理念框架，在全球范围内已经取得了广泛共识。主要国家的金融科技监管都在此框架下实施，但针对金融科技的特殊性，如何有效落实三位一体监管理念框架，还有很多问题需要进一步厘清。

第一，统一监管问题。统一监管被视为宏观审慎的最主流监管方式，但因为对既有金融监管模式存在一定程度的路径依赖，各国实现金融科技统一监管的程度不一。因为金融科技的交叉性特征，美国的功能监管模式会产生多头管理、效率低下问题。我国的分业监管模式则无法完全填补监管空白，从而杜绝监管套利问题。因此，如何在既有监管模式下，寻求合理的统一监管方式，是金融科技监管面临的首要现实问题。在通过监管机构调整来实现统一监管之外，英国将前瞻指引引入统一监管实践，取得了不错的效果。针对金融科技特点，是否还有其他适用的统一监管工具？这将是未来的重要议题之一。

第二，差别监管问题。微观审慎的目标是控制单个机构的经营风险，常规监管方式是通过制定统一风险标准来实施监管，比如巴塞尔协议规定了详细的银行资本和风险监管标准。但因为金融科技创新主体之间的差异性，微观审慎应该向差别监管方向发展，包括如何在科技公司与传统金融机构之间实施差别监管？如何对不同发展阶段的金融科技公司实施差别监管？如何在综合业态与单一业态的金融科技公司之间实施差别监管？

第三，行为监管问题。2008 年以后，行为监管才进入主流监管理念框架，其具体内容、工具、方法尚在不断探索中。相比传统金融机构，针对金融科技的行为监管，其外延与内涵皆有扩充，不仅涵盖数据保护、技术公正、风险救助等消费者保护内容，还包括数字时代的反洗钱与非法融资监管问题，更涉及科技公司与金融机构的合作模式、平台公司的垄断竞争等市场结构监管问题，这些都将是学术界与监管部门未来面临的重要议题。

（二）创新监管的深化

实际中看，创新监管还有巨大的可探索空间。

第一，监管沙盒的适用性问题。监管沙盒的推广，存在着创新主体与监管主体两个维度的适用性障碍。从全球范围来看，跟进采纳监管沙盒的主要是监管体量相对较小的国家，中、美虽然做了一定程度的尝试，但并未大范围铺开监管沙盒，说明监管沙盒的主体适用性问题还有待深入研究。

第二，互动监管的扩展性问题。互动监管比较适用于帮助初创型金融科技企业快速适应监管要求，柔性监管是其主要特征。但一旦脱离上述监管场景，互动监管的扩展性问题就会显现：一是针对成熟型金融科技企业，如何保证互动监管的效率；二是如果初创型企业进入传统金融监管场景，如何适应刚性监管。

第三，监管的治理问题。监管深度介入金融科技创新活动中，从理论层面来说，必然会衍生出新的监管治理议题，包括：监管立场，究竟是站在监管的角度还是创新的角度来实施监管？标准问题，实现鼓励创新与控制风险之间平衡的标准是什么？尺度问题，如何在柔性监管中针对不同金融科技项目维持相同尺度？以上问题又会汇集到监管治理的基本问题——腐败治理。

（三）监管科技的未来趋势

2019 年以来，关于监管科技的研究与实践突然加速，各国监管部门非常重视监管科技创新，但对其认知存在一些分歧。未来，监管科技的主要议题也会主要围绕着这些认知差异展开。

第一，监管科技的范围与边界问题。监管科技刚出现时，被认为能够赋能金融监管。但从实际情况来看，过去几年的监管科技创新主要集中在利用数字化提高监管与合规效率、行为监控与辅助监管决策等方面。金融科技基础设施概念出现之后，监管科技的应用边界也被修正，认为能够应用于宏观审慎监管。随着技术与场景创新的加速，关于监管科技范围与边界问题的研究将会往纵深发展。

第二，监管科技应用的思想创新问题。目前关于监管科技应用的讨论，主要集中在寻找科技的监管场景上。主权数字货币的出现，其背后的理论基础可部分追溯到监管自治思想。面向未来，监管科技究竟有多大应用空间，不仅取决于技术进步，还取决于基础性的思想创新。基础性的思想创新，有可能使技术应用脱离三位一体的监管理念框架，从而从根本上解决监管落后于金融创新的问题。

第三，监管科技与传统金融监管的冲突问题。监管科技一旦全面取代传统金融监管，将可能引发一系列冲突，例如监管科技的信任问题、监管科技对监管腐败治理的冲击问题、人工智能与机器学习对人的取代所引发的伦理危机问题等。金融科技监管将不再是被框定在利用科技改善监管效率范围内的狭窄议题。

总体来看，金融科技对金融市场、金融机构及金融服务产生了前所未有的影响，包括监管部门、学术界、金融科技公司以及消费者在内的相关各方，对如何开展金融科技监管仍然存在不少分歧。对于金融科技监管的认知，在时间维度是一个渐进发展的过程，在空间维度是相互影响并存在差异的状态。对金融科技监管认知的研究，不仅是理论观察，也是实践观察，还是思想与技术的观察，能够帮助我们深刻理解金融科技监管，实现监管的高质量发展，引导科技向善。

张　扬[①]　高太山

参考文献

[1] Broeders D. and Prenio J.. Innovative Technology in Financial Supervision (suptech): The Experience of Early Users [J], *FSI Insights on policy implementation*, Bank for International Settlements, July 16, 2018.

[2] FCA. Regulatory sandbox [R] (last accessed 1 October 2016), November 15, 2015, https://www.fca.org.uk/publication/research/regulatory-sandbox.pdf/ [2021-08-23].

[3] FSB. Fintech, Describing the Landscape and a Framework for Analysis [R], March 2016. Main ideas available at: https://www.fsb.org/work-of-the-fsb/financial-innovation-and-structural-change/fintech/ [2021-08-23].

[4] NEC. A Framework for FinTech [R], White House, January 13, 2017, https://obamawhitehouse.archives.gov/sites/obamawhitehouse.archives.gov/files/documents/A%20Framework%20for%20FinTech%20_FINAL.pdf/ [2021-08-23].

[5] Staikouras P. and Triantopoulos C., Financial Supervision after the Crisis: The Structure, the Lessons, and the Way Forward [J], *European Business Law Review*, 27 (1): 85~135, 2016.

[6] 郭树清.金融科技发展、挑战与监管——郭树清在2020年新加坡金融科技节上的演讲 [N].2020-12-08

[7] 米尔顿·弗里德曼著.货币的祸害——货币史片段 [M].安佳译.北京：商务印书馆，2006

[8] 乔安妮·凯勒曼，雅各布·德汗，费姆克·德弗里斯.21世纪金融监管 [M].张晓朴译.北京：中信出版集团，2016

[9] 孙国峰.金融科技时代的地方金融监管 [M].北京：中国金融出版社，2019

[10] 杨东.监管科技：金融科技的监管挑战与维度建构 [J].中国社会科学，2018 (5)

[11] 张晓朴.如何打造高质量的金融监管 [J].经济导刊，2016 (1)

[12] 张扬.Libra与数字货币国际化 [N].中国社会科学报，2021-01-27

[13] 张扬.科学构建金融科技监管体系 [N].人民日报，2019-10-18

① 张扬，深圳大学。

第五章

智能网联汽车：构建车路云网图的新体系

汽车的数字化是工业产品数字化转型的典型代表。汽车不仅仅是当今世界最流行的交通工具之一，更被称为现代工业的明珠。汽车产业的发展水平是一国工业实力的综合体现，没有强大的汽车产业几乎不可能成为工业强国。人类正在从工业经济向数字经济转变，汽车也从工业产品向数字产品转型，成为“智能网联汽车”，汽车上搭载先进的车载传感器、控制器、执行器等装置，并融合现代通信与网络技术，实现车与人、路、后台等智能信息交换共享，实现安全、舒适、节能、高效行驶，最终可替代人来操作的新一代汽车。智能网联汽车的发展，还带来了产业链的重构和商业模式的变革，整车企业主导的产业链开始松动，软件平台、出行平台快速崛起，网约车、共享汽车、无人配送、智慧物流等新业态新模式蓬勃发展，提供安全、便捷、绿色的交通服务，同时带动产业转型升级。

汽车的数字化离不开制度创新。汽车的兴起和发展需要质量、安全、环保等系列制度保障，智能网联汽车对这些制度提出了全新的要求。智能网联汽车的发展推动了智能交通的革命，这不仅仅是产品层面的变革，更是一项涉及车、路、网、云等各方面系统工程，因此对制度创新在广度和深度上提出了更多的需求。

一、智能网联汽车发展的政策法规体系

（一）政府管理职能

智能交通涉及汽车产品管理、交通管理、基础设施、网络安全等领域的管理要求，需要多个政府部门协作。目前，包括国家发展改革委、工业和信息化部、交通运输部、公安部、市场监管总局、自然资源部、住房和城乡建设部、科技部、能源局、财政部、网信办等在内的10余个政府部委，均在智能交通管理中承担了一定的管理职责（见表1）。

表1 政府管理职能

序号	政府部门	职能	职能覆盖领域
1	国家发展改革委	从产业整体角度协调制定顶层战略和配套规划，并承担外商投资指导工作	产品管理、交通管理、基础设施、网络安全
2	工业和信息化部	汽车领域：汽车生产企业准入和产品准入（《道路机动车辆生产企业及产品公告》）管理； 通信领域：电子信息技术开发及应用示范、通信网建设管理、网络准入及市场管理、频谱管理； 信息安全领域：软件、信息服务管理以及网络安全管理	产品管理、网络安全
3	交通运输部	道路基础设施管理及相关标准制定、车辆营运和车辆维修管理	产品管理、交通管理、基础设施
4	公安部	交通管理领域：车辆登记、驾驶员管理、交通执法和车辆保险； 道路设施领域：智能化道路交通信号设施管理； 信息安全领域：网络安全评估、执法以及病毒防御	交通管理、基础设施、网络安全
5	网信办	统筹协调网络安全工作和相关监督管理工作，重点监管网络安全、个人信息保护、数据安全等内容	网络安全
6	市场监管总局	产品质量安全监管	产品管理
7	自然资源部	高精地图管理	基础设施（高精地图）
8	住房和城乡建设部	道路标准制定、道路规划及建设	基础设施
9	科技部	制定及推动科技专项规划和关键技术攻关，在高精地图及信息通信领域主要负责科技保密（含军民融合）	科研支持：产品管理、交通管理、基础设施、网络安全

续表

序号	政府部门	职能	职能覆盖领域
10	能源局	道路设施领域的充电设施科研及管理工作	基础设施
11	财政部	出台相关的财政支持政策、税收政策	财税调节：产品管理、交通管理、基础设施、网络安全

（二）政策法规体系

1. 政策法规框架

我国智能交通发展过程中涉及的政策法规内容复杂，根据智能交通车—路—网—云各部分，大致分为四大领域 13 个方面，如图 1 所示。

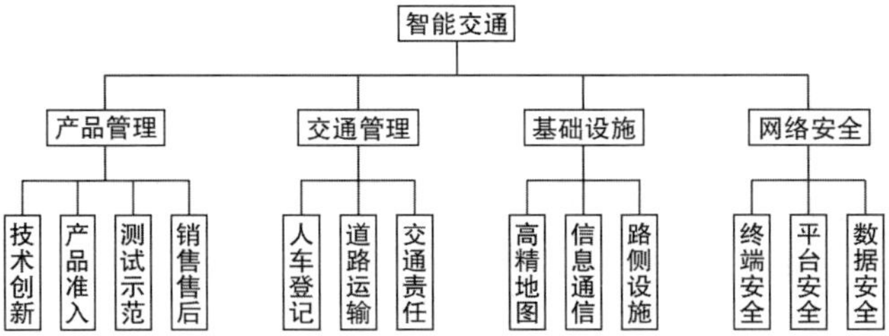

图 1　智能交通政策法规体系框架

现行政策法规内容在产业智能化程度不断加深的影响下持续补充、更新，初步形成支撑产业发展的政策法规框架，具体内容如表 2 所示。

表 2　智能交通领域主要政策法规梳理

管理内容	政策法规
产品管理	技术创新：《中华人民共和国标准化法》、《中华人民共和国标准化法实施条例》、《中华人民共和国国家车联网产业标准体系建设指南》（智能网联汽车、电子产品与服务、信息通信、车辆智能管理、智能交通相关）
	产品准入：《道路机动车辆生产企业及产品准入许可管理办法》《车辆生产企业及产品生产一致性监督管理办法》《中华人民共和国行政许可法》《强制性产品认证管理规定》《强制性产品认证实施规则　汽车》《关于加强智能网联汽车生产企业及产品准入管理的意见》
	测试示范：《中华人民共和国道路交通安全法》《中华人民共和国道路交通安全法实施条例》《中华人民共和国道路运输条例》《中华人民共和国公路法》《公路安全保护条例》《智能网联汽车道路测试与示范应用管理规范（试行）》《智能汽车创新发展战略》《新能源汽车产业发展规划（2021—2035 年）》
	销售售后：《中华人民共和国产品质量法》《中华人民共和国消费者权益保护法》《缺陷汽车产品召回管理条例》《汽车销售管理办法》《报废机动车回收管理办法》

续表

管理内容	政策法规
交通管理	人车登记：《中华人民共和国道路交通安全法》《中华人民共和国道路交通安全法实施条例》《机动车登记规定》《机动车驾驶证申领和使用规定》
	道路运输：《中华人民共和国道路运输条例》《道路运输车辆动态监督管理办法》《道路货物运输及站场管理规定》《道路运输从业人员管理规定》《出租汽车驾驶员从业资格管理规定》
	交通责任：《中华人民共和国侵权责任法》《中华人民共和国产品质量法》《中华人民共和国刑法》《最高人民法院关于审理交通肇事刑事案件具体应用法律若干问题的解释》《中华人民共和国保险法》《机动车交通事故责任强制保险条例》
基础设施	高精地图：《中华人民共和国测绘法》《中华人民共和国保密法》《中华人民共和国测绘成果管理条例》《基础测绘条例》《地图管理条例》《外国的组织或者个人来华测绘管理暂行办法》《地图审核管理规定》《公开地图内容表示若干规定》《测绘地理信息管理工作国家秘密范围的规定》《国务院关于加强测绘工作的意见》《关于导航电子地图管理有关规定的通知》《关于加强互联网地图管理工作的通知》《关于加强涉密测绘地理信息安全管理的通知》《国务院办公厅关于促进地理信息产业发展的意见》《测绘资质管理规定》《测绘资质分类分级标准》《关于加强自动驾驶地图生产测试与应用管理的通知》《测绘资质管理办法》《自然资源部关于规范重要地理信息数据审核公布管理工作的通知》
	信息通信：《中华人民共和国电信条例》《电信业务经营许可证管理办法》《中华人民共和国无线电管理条例》《中华人民共和国无线电频率划分规定》《电信设备进网管理办法》《通信建设工程质量监督管理规定》《外商投资电信企业管理规定》《规范互联网信息服务市场秩序若干规定》《电信服务规范》《车联网（智能网联汽车）直连通信使用 5905—5925MHz 频段管理规定（暂行）》《国家车联网产业标准体系建设指南（信息通信）》《国家信息化发展战略纲要》《工业和信息化部关于推动 5G 加快发展的通知》《5G 应用“扬帆”行动计划（2021—2023 年）》
	路侧设施：《中华人民共和国公路法》《公路安全保护条例》《收费公路管理条例》《路政管理规定》《中华人民共和国道路运输条例》《道路运输车辆技术管理规定》《公路水运工程质量监督管理规定》《公路水运工程试验检测管理办法》《公路水运工程监理企业资质管理规定》《道路旅客运输及客运站管理规定》《公路建设监督管理办法》《道路运输车辆动态监督管理办法》《交通强国建设纲要》《推进综合交通运输大数据发展行动纲要（2020—2025 年）》《交通运输部关于促进道路交通自动驾驶技术发展和应用的指导意见》《交通运输部办公厅关于推进交通运输信息化智能化发展的指导意见》
网络安全	《中华人民共和国网络安全法》《中华人民共和国数据安全法》《中华人民共和国个人信息保护法》《计算机信息系统安全保护条例》《电信设备进网管理办法》《信息安全等级保护管理办法》《商用密码管理条例》《互联网信息服务管理办法》《网络安全审查办法》《关键信息基础设施安全保护条例》《网络产品安全漏洞管理规定》《汽车数据安全管理若干规定（试行）》《新一代人工智能发展规划》《网络安全产业高质量发展三年行动计划（2021—2023 年）》《关于加强车联网（智能网联汽车）网络安全工作的通知（征求意见稿）》

2. 政策法规适用性分析

我国在《新能源汽车产业发展规划（2021—2035 年）》《交通强国建设纲要》等政策中鼓励和支持自动驾驶及智能交通体系发展。同时，根据产业发展需求逐步推出了《车联网网络安全和数据安全标准体系建设指南》《智能网联汽车道路测试与示范应用管理规范（试行）》等新政策支撑和推进技术创新及产业化应用。但原有政策法规在部分环节仍存在与产业发展的不适应性，影响了新产品应用和产业发展。

在产品管理方面，部分法规对高级别自动驾驶车辆测试示范和产品准入工作形成制约。一方面，高速公路和城市快速路路线单一、划线清晰，是智能网联汽车商业化落地的重要场景，但根据《中华人民共和国道路交通安全法实施条例》，我国禁止在高速公路和城市快速路上试车，《中华人民共和国公路法》则禁止企业在公路上检验车辆的制动性能。另一方面，部分传统汽车标准完全基于人类驾驶制定，智能网联汽车在系统操作阶段不能满足相关要求，在产品的生产、准入、销售和进口环节会受到限制。另外，OTA 升级等新技术作为汽车发展的重要趋势，但我国尚未建立相关监管制度，其涉及的政策法规仍需进一步完善。

在交通管理方面，现行法规政策体系未能兼顾未来自动驾驶场景的监管需求。我国交通管理的目的是维护道路交通秩序，预防和减少交通事故，保护人身安全，保护公民、法人和其他组织的财产安全及其他合法权益，提高通行效率。现行交通管理法律体系基于“驾驶人执行驾驶任务”这一基础原则构建，部分条款会对智能网联汽车产生限制。如汽车只能由取得机动车驾驶证的人驾驶，客货运输必须具备符合条件的驾驶人员，交通违章责任和交通事故责任界定并未考虑到自动驾驶系统作为驾驶主体的部分等。

在基础设施方面，数字设施尚不能支撑智能交通大规模应用。现行地图审核方式效率低、耗时长，禁止表达高程、曲率、坡度等信息，且有偏转加密的要求，不能满足未来智能交通环境中高精地图的数据量和时效性要求。现阶段我国智能交通涉及的部分电信新设备标准正在制定过程中，缺少标准的产品现均处于进网试验阶段，尚未开展大规模进网许可，有待相关技术标准完善。

在网络安全方面，现行政策法规对智能交通的网络及数据安全监管能力不足。《中华人民共和国网络安全法》提出我国实行网络安全等级保护制度，网络运营者应当按照网络安全等级保护制度的要求履行安全义务，保障网络免受干扰、破坏或者未经授权的访问，防止网络数据泄露或者被窃取、篡改，但我国尚未出台针对智能交通及相关组成部分的网络安全等级保护的实施文件。另外，针对数据跨境业务的政策法规尚不完善，在智能交通环境下的数据主权问题仍待解决。

二、国内外经验借鉴

（一）国内典型城市经验借鉴

各地方紧抓智能化发展新机遇，把握近年来产业布局窗口期，在智能网联汽车、智能交通等领域积极开展先行先试，为集聚产业优势资源、形成未来经济发展新引擎积累了丰富经验。上海、北京、深圳等地均有值得借鉴的政策措施，可为后续广州持续完善政策环境提供参考。

1. 顶层设计定位明确，引领地方产业高质量发展

上海在数字化城市建设中出台的顶层设计文件数量在全国领先，注重通过顶层设计明晰产业发展定位和方向，引领带动产业整体高质量发展。早在 2017 年 1 月上海市就发布《上海市智能网联汽车产业创新工程实施方案》，提出“到 2020 年努力建成全国领先、世界一流的智能网联汽车产业集群”的城市产业发展定位。2020 年 2 月发布《上海市关于进一步加快智慧城市建设的若干意见》，提出“到 2022 年，将上海建设成为全球新型智慧城市的排头兵，国际数字经济网络的重要枢纽；引领全国智慧社会、智慧政府发展的先行者，智慧美好生活的创新城市”。2020 年 5 月发布《上海市推进新型基础设施建设行动方案（2020—2022 年）》，提出“到 2022 年，全市新型基础设施建设规模和创新能级迈向国际一流水平”。2021 年 12 月颁布《上海市智能网联汽车测试与应用管理办法》，为“完全自动驾驶”的商业化运行制定规则。以上政策均有明确发展定位、量化发展目标、具体推进举措，其中车联网领域作为智慧城市、新基建的重要载体，在各政策措施中均是重点推进的新方向。

2. 指导意见前瞻性强，先行先试逐步完善监管环境

北京市为探索智能网联汽车商用化路径，提出“政策先行区”概念，前瞻谋划产业落地推广路径。2021 年 4 月北京市经济和信息化局印发《北京市智能网联汽车政策先行区总体实施方案》（以下简称《方案》），通过限定区域、逐步开放的形式，探索政策法规推进方向，从示范区域、营运许可、监管制度、保险产品等多方面优化产业应用环境，探索针对智能网联新技术、新产品、新模式应用推广的创新性监管措施。《方案》提出政策先行区的适用范围，包括亦庄新城 225 平方千米规划范围，北京大兴国际机场，以及京台高速公路北京段、京津高速北京段、大兴机场高速公路等 6 条路段，在区域内将支持开展智能网联场景试运行及商业运营服务，适用范围将顺应产业发展趋势有序开放。该概念在我国智能网联及智能交通领域是首次提出，体现了地方发展智能网联汽车的决心和能力。2021 年 10 月 15 日，北京市智能网联汽车政策先行区正式开放无人化道路测试，百度、小马智行两家企业获得了首批无人化道路测试的 15 张牌照，即此前 L4 级自动驾驶测试必须在主驾配置的安全员，现在可以坐在副驾。

3. 政策体系系统性高，逐步深入部署车路协同

长沙市较早着眼智慧城市建设，以智能网联为契机，打造智慧城市新名片。自 2020 年 10 月长沙市出台《关于加快建设新型智慧城市示范城市的决定》后，后续印发了《长沙市新型智慧城市示范城市顶层设计（2021—2025 年）纲要》和《长沙市新型智慧城市示范城市建设三年（2021—2023 年）行动计划纲要的通知》，形成“决定 + 顶层设计 + 行动计划”的新型智慧城市建设体系，为“十四五”时期建设新型智慧城市示范城市指明前进方向、提供根本遵循。

其中智能交通作为智慧城市的重要组成部分，长沙市着力推进车联网先导区建设、部署车路协同基础设施，协同提升城市交通数字化水平。2020 年 11 月，湖南（长沙）国家级车联网先导区揭牌，是全国第三个获批的国家级车联网先导区。早在 2019 年 9 月，长沙市湖南湘江新区就着手部署"双一百"项目（100 千米智慧高速和 100 千米城市智慧开放道路），开展车路协同基础设施建设，并陆续推进城市公交车辆车路协同终端设备的部署。

4. 善用特区立法权，探索新兴领域监管新模式

深圳经济特区具备特区立法权，特区法规由深圳市人大或其常务委员会审议通过公布后即可实施，且适用于变通原则，因此可以突破现有上位法的制约内容。深圳市善用特区立法权，为推进产业应用，突破现有法规对智能网联汽车的制约内容，于 2021 年 3 月公布《深圳经济特区智能网联汽车管理条例（征求意见稿）》，提出智能网联汽车在道路测试和示范应用、准入和登记、使用管理、网络安全和数据保护、车路协同基础设施、道路运输、交通事故及违章处理、法律责任等方面的管理方式，基本涵盖目前智能网联汽车产业化存在障碍的各个监管环节。待正式版政策出台后，将采用"1 + 1 + N"的推进模式，即"1 部特区法规 + 1 部政府规章 + N 部规范性文件"的模式，陆续配套出台具体实施细则，推动政策切实作用于智能网联汽车和智慧交通的产业化。

5. 推陈出新创新举措，适应新产品新业态发展需求

地方政府着力创新监管手段，以匹配新形势下智能网联汽车产业发展需求。在《深圳经济特区智能网联汽车管理条例（征求意见稿）》的具体内容方面，深圳市提出了设立地方产品准入目录、颁发智能网联专属号牌等创新举措，有助于探索智能网联产品管理新模式，为国家产品准入等环节提供监管新思路。其中在产品准入方面，符合产品地方标准或者团体标准的智能网联汽车产品，列入深圳市智能网联汽车产品目录并向社会公布，允许在特区范围内销售、登记、上牌，颁发样式独立的深圳智能网联汽车地方专属号牌。在营运许可方面，明确了由市交通运输部门为符合条件的企业及车辆，颁发道路运输经营许可证及道路运输证，并建立道路运输经营运力规模动态调整机制，鼓励开展多样化的运输服务，允许合法收取服务费用，开展道路运输商业经营活动。在交通事故及违章处理方面，不配备驾驶人的智能网联汽车发生交通违法行为的，由公安机关交通管理部门依法对该车辆的控制人或者所有人进行处罚，承担相应损害赔偿责任，由于智能网联汽车质量缺陷造成交通事故的还可向智能网联汽车的生产者、销售者追偿。无驾驶人车辆在动态驾驶任务接管等过程中发生的交通违法行为及事故，由车辆的控制人承担相应的法律责任；上述情形以外，因车辆管理、使用、维护不当引发的交通违法行为及事故，由车辆的所有人承担相应的法律责任。

6. 示范应用各有侧重，依托区域特色探索服务模式

上海市在测试示范工作开展时充分注重与当地产业基础、地方特色相结合，不同区域示范应用也注重差异定位。上海市内拥有“国家智能网联汽车（上海）试点示范区”和“上海临港智能网联汽车综合测试示范区”两大示范区，截至2020年，上海市是我国测试示范牌照颁发最多的城市，累计颁发牌照超过150张。两个示范区各有侧重。国家级测试区以测试场为依托，建设时间早，功能场景较全面，是我国最早提出“封闭＋半开放＋开放”三级测试体系的示范区之一，侧重为企业提供测试服务。临港示范区充分运用地理特征和区位优势，主要面向智能网联商用车示范应用进行探索，采用智能化港口和集装箱无人驾驶物流车等技术，探索在封闭区域内的产业服务新模式。

7. 供给侧与需求侧同时发力，推动汽车产业数字化转型

从供给侧看，完善的汽车产业基础是推进智能交通发展的主要基石。广州市实行“链长制”，从研发方向引领、技术攻关支持、研发成果等技术创新全过程重点推进智能网联汽车产业发展，整车制造龙头企业广汽集团、东风日产等均已布局自动驾驶领域，造车新势力包括小鹏汽车、恒大汽车等注重科技创新，自动驾驶领域文远知行、小马智行等发展态势良好，汽车电子零部件企业采埃孚、马瑞利、高新兴等也已有智能化相关产品。产业链关键环节诸如整车制造、智能驾驶、车路协同、关键零部件和网联应用等核心能力在不断深化，推动广州市汽车制造业产业链整体能力稳步提升。从需求侧看，广州市发布了《关于智能网联汽车道路测试有关工作的指导意见》《关于逐步分区域先行先试不同混行环境下智能网联汽车（自动驾驶）应用示范运营政策的意见》《在不同混行环境下开展智能网联汽车（自动驾驶）应用示范运营的工作方案》，在应用示范领域走在全国前列，为智能网联汽车的提升成熟度创造良好条件。

（二）国外经验借鉴

1. 产品准入方面，美国拟通过出台法案推动建立自动驾驶汽车安全标准豁免制度

美国在《智能网联汽车法案》《美国安全愿景法案》中均提出了安全标准豁免制度，授权美国高速公路安全管理局（NHTSA）对汽车制造商的自动驾驶汽车产品进行豁免。被豁免的自动驾驶汽车可以不用严格遵守现有的汽车安全标准和相关规定，比如要求汽车具有方向盘和油门踏板以及4年的安全标准测试时间等，并对豁免的自动驾驶汽车进行数量限制，如《自动驾驶汽车法案》允许汽车制造商第一年豁免2.5万辆自动驾驶汽车，第二年豁免5万辆，第三、第四年增加至10万辆。

2. 交通管理方面，日本、德国等通过修订法律明确自动驾驶系统驾驶权及交通责任

在自动驾驶系统合法驾驶权方面，日本《道路交通法》修正案于2020年4月1日正式实施，对L3级自动驾驶汽车驾驶人应满足的条件作出说明：当自动驾驶功能开启时，驾驶人可以接通、拨打手持电话，并注视手机屏幕、车载导航仪屏幕等，但驾驶人应随时保持警惕，在紧急时必须切换为人工驾驶状态。德国于2017年5月发布的《道路交通法》（第八修正案），规定了自动驾驶汽车驾驶人的特殊权利、义务和责任：在自动驾驶系统接管状态下，驾驶人可以不对交通状况和车辆进行监控，但驾驶人必须保持警觉状态，准备随时接管汽车。当自动驾驶系统向驾驶人发出接管请求，或驾驶人意识到自动驾驶系统不再具备工作条件时，驾驶人有义务立即接管驾驶。

在交通责任界定方面，日本在《道路交通法》修正案中指出，因驾驶人使用错误，驾驶人需要承担责任。德国在《道路交通法》（第八修正案）中提高了自动驾驶汽车交通事故赔偿限额，但并未更改现有的赔偿责任分配模式：当事故发生在人工驾驶过程中，相关责任由驾驶人承担；如果事故的发生由自动驾驶系统失灵等原因所致，则需要自动驾驶汽车制造商来承担责任。但针对自动驾驶事故的赔偿数额，修正案提高了责任人的最高赔偿金额：自动驾驶汽车造成人员伤亡的，最高赔偿额由500万欧元提高到1000万欧元；自动驾驶汽车造成财产损失的，最高赔偿限额由100万欧元提高到200万欧元。

3. 基础设施方面，韩国计划到2024年在全国主要道路完成自动驾驶所需的通信设施建设

2019年11月，韩国政府发布《未来汽车产业发展战略》指出，到2024年在全国主要道路建成完全自动驾驶所需的通信、高精地图、交通管制、道路四大基础设施。具体到通信设施领域，包括以下规划：一是在全国主要道路构建车—车、车—路V2X无线通信网络，完善车辆传感功能；二是参考国际标准和主要国家的政策动向，决定国内通信方式，为确立WAVE/5G－V2X等标准，政府和业界将建立合作研究小组；三是基于道路社会和交通等要素，确定通信设施的优先建设区间，如汽车专用道路、自动驾驶安全区等，2024年扩大到全国主要道路。

4. 网络安全方面，英、美、日全面打造自动驾驶汽车网络安全保障体系

美国交通运输部在《确保美国在自动驾驶汽车技术中的领导地位：自动驾驶汽车4.0》（2020年4月）中明确了网络安全重要性。此外，美国各政府部门也在自动驾驶汽车网络安全领域推进了多项工作。其中，能源部集中开展了关于汽车、充电设备、建筑物等互联的网络安全研究；国土安全部提供了网络安全工具、事件响应服务和评估功能以保护当地网络；交通运输部则针对软件漏洞及其他威胁导致机动车辆发生碰撞或安全降级这一问题，建立了车辆网络安全响应程序。日本《网络安全战略》明确将汽车列入物联网系统安全领域，提出要创造安全的物联网系统环境，调整形成整体性、步调统一的工作体制，对汽车领域中的物联网系统安全开展综合性指导。英国交通运输部与国家基础设施保护中心于2017年8月制定《联网和自动驾驶汽车网络安全的关键原则》，提出系统设计应采用纵深防御的方法，包括在系统边界进行安全防护、具有访问接口的远程系统和后端系统具备适当的保护措施等内容。

三、加快制度创新的建议

智能网联汽车需要“聪明的车、智慧的路、实时的云、可靠的网、精确的图”五位一体协调推进，需要构建新的规则体系，主要包括以下内容。

1. 持续推进车联网标准体系建设

贯彻落实《国家车联网产业标准体系建设指南（智能网联汽车）》《2020年智能网联汽车标准化工作要点》工作要求，加快基础通用和行业急需标准制定，加强标准关键技术研究和试验验证工作，及时开展标准宣贯与实施，确保各类标准项目有序推进。由于智能网联汽车技术横跨汽车、通信、道路交通等多个领域，相关职能分布于多个产业部门，在标准制定过程中要充分发挥标准化的跨界融合作用，通过标准化框架合作推动技术跨界融合发展。

2. 加快推动智能网联汽车产品准入创新

加快推动智能网联汽车准入机制的建立，进一步细化《关于加强智能网联汽车生产企业及产品准入管理的意见》相关思路，形成具有可操作性的准入办法。在具体操作层面，可参考美国《智能网联汽车法案》和《美国安全愿景法案》中的做法，限定制造商的豁免汽车数量，将智能网联汽车上路行驶带来的安全风险控制在一定范围内。同时，管理部门可依据技术发展水平及时调整豁免数量。

3. 加快推进符合要求的中高级别智能网联汽车上路行驶

公安部2021年3月发布的《道路交通安全法（修订建议稿）》提出，具有自动驾驶功能的汽车经测试合格的，可申领机动车号牌，驾驶人应当处于车辆驾驶座位上，监控车辆运行状态及周围环境。发生道路交通安全违法行为或者交通事故的，应当依法确定驾驶人、自动驾驶系统开发单位的责任。《道路交通安全法（修订建议稿）》为L3级智能网联汽车上路行驶提供了通道，建议加快推动其正式出台。后续还应持续研究和落实L4、L5无驾驶员情况下的管理办法，持续完善智能网联汽车交通管理体系。

4. 建立OTA升级的监管规则

软件定义产品已经逐步成为现实，智能网联汽车通过OTA升级软件，一方面加快了产品创新的步伐，另一方面也带来了安全隐患。国家市场监督管理总局发布《市场监管总局办公厅关于进一步加强汽车远程升级（OTA）技术召回监管的通知》，对采用OTA方式对已售车辆开展技术服务活动实施备案管理，并将组织相关单位加强汽车OTA安全监管技术研究，探索建立OTA监管数据平台，组织开展OTA安全技术评估。如何建立一套适合“软件定义产品”“快速迭代”“自我学习”等特性的新规则，成为当前产品创新的迫切需求。

5. 加快建设自动驾驶汽车的仿真测试体系

自动驾驶汽车在上市前需要经过严格测试，采用路测来优化自动驾驶算法耗费的时间和成本太高，且世界各国交通环境也大相径庭，极端交通条件和场景复现困难，测试安全存在隐患。基于场景库的仿真测试是解决自动驾驶研发测试挑战的主要路线。为了适应“软件定义汽车”和产品快速迭代的需要，应将自动驾驶算法测试工作中的90%以上工作量交给仿真平台完成。为此，我们需要进一步明确仿真平台在自动驾驶产品测试中的重要作用和有效性，加快发展适合中国市场和交通环境的自动驾驶虚拟仿真测试技术，建立支持中国汽车产业快速发展的虚拟仿真测试基地。

6. 建立符合智能交通需求的高精地图管理流程

一方面，加强高精地图审核模式创新研究，明确高精地图审图流程，包括审核方法、审核内容等，进一步缩短审图周期，保障地图产品及时发布更新；加快开展高精地图自动化审核技术研究，创新高精地图行政审批制度，满足快速审图需求。另一方面，由于高精地图供系统使用，各类数据不直接向用户展示，建议将其定义为非出版属性，免去出版环节的审查，简化审查流程。

7. 推动落实智能交通网络安全保护工作

出台指导开展智能交通网络安全等级保护工作的具体实施文件，定期组织开展安全监督检查，完善安全事件通报、应急处置和责任认定等安全管理制度。同时完善网络安全技术标准，保障智能交通系统运行过程中的网络安全。加快搭建完善的数据跨境流动法律体系，尽快出台符合我国国情现状、符合国际数据流动需求的管理条例，研究制定车联网领域数据跨境传输的安全监管制度。

黎宇科[①]　马　骏

---

① 黎宇科，中汽中心政策研究中心。

附表1　《深圳经济特区智能网联汽车管理条例（征求意见稿）》创新点

监管环节	政策创新点
测试和示范	1. 认可异地测试结果；2. 允许开展无驾驶人测试；3. 可开展区级（行政区）全域开放测试和示范应用
产品准入	1. 符合地方标准或者团体标准的智能网联汽车产品，列入深圳市智能网联汽车产品目录并向社会公布，允许在特区范围内销售、登记、上牌；2. 市工业和信息化部门可以对准入的智能网联汽车产品设置明确的准入有效期、自动驾驶等级、应用场景等限制性措施
使用管理	高度自动驾驶（L4）和完全自动驾驶（L5）的智能网联汽车可不配备驾驶人
网络安全和数据保护	1. 市互联网信息部门对智能网联汽车产品、服务及其供应链存在的网络安全风险进行监督管理；2. 智能网联汽车企业应按市互联网信息部门的要求取得网络安全检测认证，建立网络安全评估及管理机制；3. 智能网联汽车运营企业申请并经同意，可以获取与其智能网联汽车产品相关的道路违法、交通事故等脱敏数据
车路协同基础设施	1. 市、区人民政府应统筹规划、配套建设车路协同基础设施，企业可以向主管部门申请在公用基础设施上搭建车路协同设施，相关主管部门应当予以支持；2. 智能网联汽车通行路段可以设置特有的交通信号；3. 市、区人民政府应当统筹建设深圳智能网联汽车大数据云控平台
道路运输	1. 使用智能网联汽车从事道路运输经营活动可以收取相关费用；2. 鼓励智能网联汽车提供定制出行、社区出行、夜间出行、应急保障等多样化服务
交通事故及违章处理	1. 不配备驾驶人的智能网联汽车，在运用自动驾驶系统持续执行全部动态驾驶任务和动态驾驶任务接管过程中发生的交通违法行为及事故，由车辆的控制人承担相应的法律责任；上述情形以外，因车辆管理、使用、维护不当引发的交通违法行为及事故，由车辆的所有人承担相应的法律责任；2. 智能网联汽车车载设备、路侧设备、监管平台等记录的车辆运行状态及周边环境的客观信息可以作为认定智能网联汽车交通事故责任的重要依据

参考文献

[1] 范煜君．国外推动车辆自动驾驶发展情况研究［J］．交通世界（下旬刊），2019（4）：9～11

[2] 高柯夫，孙宏彬，王楠，等．“互联网＋”智能交通发展战略研究［J］．中国工程科学，2020（4）：101～105

[3] 工业和信息化部，国家标准化管理委员会．国家车联网产业标准体系建设指南（智能网联汽车）［Z］．2017－12－27

[4] 工业和信息化部．工业和信息化部关于加强智能网联汽车生产企业及产品准入管理的意见［Z］．2021－07－30

[5] 刘骏．制度创新如何面对自动驾驶——基于道路测试制度的观察与反思［J］．中国科技论坛，2019（7）：44～51，60

[6] 刘宇，黎宇科，白文岭．我国智能汽车产业形态探究［J］．汽车与配件，2019（11）：30～31

[7] 刘宇，黎宇科，刘洋洋，秦志媛．对自动驾驶汽车数据分类分级的思考［J］．汽车与配件，2021（18）：40～42

[8] 刘宇，秦志媛，黎宇科．中国智能汽车政府管理职能分析、多头管理成因及建议［J］．汽车与配件，2019（21）：67～69

[9] 刘宇，申杨柳，贾宁．智能网联汽车商用化的市场准入路径［J］．汽车纵横，2020（11）：

54 ~ 56
［10］秦志媛，黎宇科，刘宇，刘洋洋，张怡凡．2021 年智能汽车网络安全与数据安全政策法规综述［J］．汽车与配件，2021（18）：29 ~ 33
［11］秦志媛，黎宇科，刘宇．高精度地图众包更新合规问题初探［J］．汽车与配件，2020（16）：62 ~ 64
［12］秦志媛，张怡凡，贾宇，白文岭，刘宇．我国智能汽车管理及政策法规体系研究［J］．汽车工业研究，2019（2）：16 ~ 21
［13］申杨柳，朱一方．日本自动驾驶汽车管理体系研究及对我国的启示［J］．汽车与配件，2019（22）：62 ~ 63
［14］申杨柳，朱一方．我国现行法律法规对自动驾驶汽车的适用性分析［J］．汽车纵横，2019（7）：59 ~ 61
［15］申杨柳，朱一方．自动驾驶汽车测绘管理政策法规问题及优化建议［J］．汽车与配件，2020（5）：66 ~ 68
［16］杨立新．自动驾驶机动车交通事故责任的规则设计［J］．福建师范大学学报（哲学社会科学版），2019（3）：75 ~ 88
［17］杨帅．汽车产业重点领域分析及地方发展建议［J］．汽车工程师，2019（1）：13 ~ 15
［18］张露予．自动驾驶“风险困局”的行政法回应——美国经验的借鉴与启示［J］．电子科技大学学报（社科版），2021（2）：18 ~ 25
［19］张怡凡，刘宇，王金明．自动驾驶汽车产业何时迈入关键节点？［J］．汽车与配件，2022（7）：47 ~ 49
［20］赵佳，申杨柳，刘洋洋，黎宇科，刘宇，秦志媛．智能网联汽车违法与事故处理法律障碍及建议［J］．中国汽车，2022（3）：30 ~ 35

第六章

“互联网＋医疗健康”：重构新业态的监管体系

“互联网＋医疗健康”服务是在数字技术加速创新、信息网络广泛普及、传统医疗健康行业亟须升级的背景下，涌现出的一类融合型新业态新模式，它有助于打破地域时空限制，促进医疗资源均衡配置，对于推动公共服务均等化、降低患者就医成本具有重大意义。近年来，我国高度重视“互联网＋医疗健康”服务发展，加快制度重塑步伐，基本形成了涵盖互联网＋医疗、医药、医保、护理以及智慧医院等在内的政策体系，各地也加快制度创新探索，总体上看“互联网＋医疗健康”发展态势良好，但还面临着信息化支撑不够、医疗服务范围缺乏细化、收费类型不明确、医保支付范围窄、处方流转细则不健全、安全保障需求突出等新情况。本章在全面梳理国家政策体系基础上，提出要坚持问题导向，进一步扩大“互联网＋医疗健康”覆盖面，加快明确服务范围、医疗价格和医保支付政策，细化定点零售药店协议管理，以健全的“互联网＋医疗健康”监管体系引领新业态健康发展。

一、“互联网＋医疗健康”服务蕴含着重大发展机遇

“互联网＋医疗健康”服务方兴未艾、模式创新活跃，拥有诸多潜在的发展方向，蕴含着极大的发展机遇，是当前国内外产业界关注的重点赛

道，也是政府监管制度创新的关键领域。

（一）从技术发展看，新一代信息技术正在推动医疗健康服务模式和管理体系发生深刻变革

近年来，以移动互联网、云计算、大数据、物联网、人工智能、5G、虚拟现实等为代表的新一代信息技术迅猛发展，为优化医疗服务流程、提高服务效率提供了条件和可能。例如，5G 网络和虚拟现实技术，让远程诊疗、在线诊疗犹如身临其境，使优质医疗服务可以跨越时空限制、辐射全国城乡；可穿戴设备可动态实时监测个体健康波动状况，助力疾病预防和诊后康复管理服务；大数据技术为研究分析医师诊治效果、开展创新药物研发以及传染病的精准防控提供了有力支持。快速推进的数字化革命，对于推动医疗健康服务的均等化、普惠化和便捷化是一次重大机遇，也凸显出传统医疗监管体制的不适应性，亟须针对融合业态加快重塑监管体系，既可促进新模式的创新发展，又能守住医疗安全和诊疗质量底线。

（二）从医患需求看，“互联网+医疗健康”是满足群众个性化、全周期医疗健康需求所必需的服务选项

作为线下医疗服务的有益延伸和补充，“互联网+医疗健康”服务的突出优势体现在分级诊疗、常见病和慢性病的复诊，以及线上咨询、健康教育和慢病管理等多个方面。例如，自 2020 年新冠肺炎疫情暴发以来，全国各地纷纷基于数字技术，创新提供线上医疗健康服务，为支撑疫情精准防控、避免聚集交叉感染、促进复工复产等发挥了重要作用。从现实需求看，我国医师总量不足，2020 年每万人拥有执业医师数 29 人［澳大利亚 41.3 人、德国 44.4 人、法国 32.7 人（2019 年）①］；而且区域城乡分布不

---

① 数据来自世界卫生组织（WHO），检索自 WHO 官方网址：https：//www.who.int/data/gho/data/indicators/indicator－details/GHO/medical－doctors－（per－10－000－population）。

均，2020 年城市每万人拥有执业医师数 43 人，是农村同口径执业医师数 21 人的两倍多。破解医疗资源供给不足这一难题，促进优质资源在更大范围内实现均等化配置，“互联网 + 医疗健康”服务大有作为。而且，在便民惠民方面，“互联网 + 医疗健康”还极大地方便了患者预约诊疗、就诊提醒、移动支付、结果查询、信息推送等，有利于提高患者就医满意度。

（三）从投资态势看，“互联网 + 医疗健康”领域正成为全球资本争相投入的重点领域

“互联网 + 医疗健康”蕴含着极大的发展机遇，拥有众多的潜在发展方向。一方面，智慧医院建设提速带动医疗信息化领域的技术创新，对数字化、智能化解决方案的需求猛增。例如发展可穿戴设备，向消费者提供日常心电监测、血糖监测等服务，或者将软件算法、医学知识等植入医疗装备，辅助医师读取医学影像（如 CT 片）、提高诊疗效率。另一方面，还大大拓展了医疗健康服务创新空间。例如，在线提供健康咨询、预约转诊、慢性病随访、健康管理、延伸处方等服务；再如“互联网 + 护理”为出院患者提供全流程、无缝隙、专业便利的护理服务。近年来，全球面向医疗健康领域的投融资活动更加活跃。CB insights 显示，2020 年全球在健康医疗领域至少达成了 5500 笔交易，融资总规模 806 亿美元。受新冠肺炎疫情的影响，北美、亚洲和欧洲三地的融资增速都创下历史新高。

（四）从业务类型看，涌现出互联网医院、网上诊疗、远程诊疗、健康教育、指尖服务、“互联网 + 护理”等新模式

从国内来看，“互联网 + 医疗健康”服务新模式新业态不断涌现、蓬勃发展。目前各方面高度关注的主要包括以下方面。一是网上诊疗服务。医疗机构以实体医院为依托，通过“互联网 + 技术”，接入省级互联网医院监管平台，联合社区和连锁药店，积极发挥“互联网 + 医疗”服务的独特优势，为患者提供线上线下“一站式”医疗服务。二是远程诊疗服务。

医疗机构积极利用远程医疗平台开展远程问诊、远程会诊、远程示教、病例讨论、药物使用讨论等，使患者不再受时间、空间限制；或者使用远程平台对基层医务人员开展培训。三是医疗健康教育。不少医疗机构用好新媒体渠道，开通互联网医院微信视频账号，定期向患者发布互联网诊疗、医疗科普、防疫热点相关小视频及直播，答复患者健康咨询。四是便民惠民服务。广大群众可通过手机App、公众号等实现挂号预约、报告查询、移动支付、健康教育等，体验指尖上的便捷服务，引导居民有序就医。五是“互联网+护理”。主要是为患者提供出院后延续性护理和居家护理服务。

总体上看，“互联网+医疗健康”服务空前打破了医疗服务半径，可提供覆盖诊前咨询、诊中诊疗、诊后续方和护理等服务，既有利于优化区域和城乡医疗资源配置，也极大地方便了群众看病就医，是未来医疗健康领域发展的重大方向。需要高度重视这一数字化变革趋势，加快监管制度体系创新，适应和引领变革方向，充分释放其发展潜力。

二、国家“互联网+医疗健康”监管创新进展

习近平总书记指出，“要高度重视新一代信息技术在医药卫生领域的应用，重塑医药卫生管理和服务模式，优化资源配置、提升服务效率”[①]。李克强总理强调，发展“互联网+医疗”，让群众在家门口能享受优质医疗服务[②]。为促进“互联网+医疗健康”健康发展，近年来，国务院及各主要管理部门针对互联网医院、互联网诊疗、“互联网+医保”、“互联

① “习近平主持召开中央全面深化改革委员会第十四次会议强调：依靠改革应对变局开拓新局 扭住关键鼓励探索突出实效”，中国政府网2020年6月30日，http://www.gov.cn/xinwen/2020-06/30/content_5522993.htm。

② “国家卫生健康委员会介绍‘互联网+医疗健康’发展等有关情况”，中国政府网2018年4月26日，http://www.gov.cn/xinwen/2018-04/26/content_5286067.htm#1。

网+护理”等新业态，以及便民惠民服务、智慧医院建设等新需求，陆续出台了一揽子政策体系，主要内容及政策要点可概括为以下五大方面。

（一）加强顶层设计，促进“互联网+医疗健康”发展

“互联网+医疗健康”服务方便了群众看病就医，提升了医疗服务质量效率，也增强了发展新动能，但需要注意的是，作为新事物，“互联网+医疗健康”服务参与主体多、涉及领域广，关乎医疗安全和数据安全等红线。对其在突出鼓励创新、支持发展的基础上，还需要加强创新，健全监管政策框架，护航新模式健康发展。近10年来，国家加大制度供给步伐，开展了一系列探索和政策创新。

一是发展分级诊疗和鼓励互联网模式创新。2014年之前，工作着力点是推动健康服务信息化，包括网上预约挂号、在线咨询、远程会诊等服务。2015年3月，《全国医疗卫生服务体系规划纲要（2015—2020年）》[①]提出启动“健康中国”云服务计划，发展基于互联网的医疗卫生服务，支持第三方机构建设医疗信息共享服务平台，探索电子处方等医疗应用。7月，《国务院关于积极推进“互联网+”行动的指导意见》又提出“推广在线医疗卫生新模式”[②]，积极利用移动互联网提供在线预约诊疗、候诊提醒、划价缴费、诊疗报告查询、药品配送等便捷服务。2016年10月，中共中央、国务院印发《“健康中国2030”规划纲要》[③]，要求推动分级诊疗、家庭医师签约服务、医疗健康大数据应用等。在此期间，在线问诊、“互联网+”手术、互联网医院等模式不断涌现，但政策较为分散，主要以尝试性探索为主。

---

① “国务院办公厅关于印发全国医疗卫生服务体系规划纲要（2015—2020年）的通知”，中国政府网2015年3月30日，http：//www.gov.cn/zhengce/content/2015-03/30/content_9560.htm。

② “国务院关于积极推进‘互联网+’行动的指导意见”，中国政府网2015年7月4日，http：//www.gov.cn/zhengce/content/2015-07/04/content_10002.htm。

③ “中共中央 国务院印发《‘健康中国2030’规划纲要》”，中国政府网2016年10月25日，http：//www.gov.cn/zhengce/2016-10/25/content_5124174.htm。

二是明确“互联网+医疗健康”顶层设计。鉴于互联网医疗健康领域创新活跃，2018 年以来国家密集出台了一揽子政策，搭建起贯穿诊前诊中诊后全流程，覆盖市场准入、医师资质、诊疗行为、医保支付、隐私保护和信息安全等要点，融线上线下于一体的监管政策框架。其中，2018 年 5 月印发的《国务院办公厅关于促进“互联网+医疗健康”发展的意见》（国办发〔2018〕26 号）[①] 涵盖了医疗、医药、医保等领域，明确支持“互联网+”医疗服务、公共卫生服务、家庭医生签约服务、药品供应保障服务、医保结算服务、医学教育和科普服务、人工智能应用服务等 7 类服务。按照国办发〔2018〕26 号文件要求，国家卫生健康委随即出台了《互联网诊疗管理办法（试行）》《互联网医院管理办法（试行）》和《远程医疗服务管理规范（试行）》3 部规范性文件[②]。各省市也因地制宜，纷纷出台本地细化方案，由此形成了自上而下的“互联网+医疗健康”顶层设计框架。

三是进一步推进互联网医疗服务发展和规范管理。面对突如其来的新冠肺炎疫情，2020 年 2 月国家卫生健康委连续下发《关于加强信息化支撑新型冠状病毒感染的肺炎疫情防控工作的通知》[③]《关于在疫情防控中做好互联网诊疗咨询服务工作的通知》[④]《关于在国家远程医疗与互联网医学中心开展新冠肺炎重症危重症患者国家级远程会诊工作的通知》[⑤]，要求各地

---

① “国务院办公厅关于促进‘互联网+医疗健康’发展的意见”，中国政府网 2018 年 4 月 28 日，http：//www. gov. cn/zhengce/content/2018－04/28/content_ 5286645. htm。

② “卫生健康委 中医药局关于印发互联网诊疗管理办法（试行）等 3 个文件的通知”，中国政府网 2018 年 7 月 17 日，http：//www. gov. cn/gongbao/content/2019/content_ 5358684. htm。

③ “国家卫生健康委办公厅关于加强信息化支撑新型冠状病毒感染的肺炎疫情防控工作的通知”，中国政府网 2020 年 2 月 5 日，http：//www. gov. cn/zhengce/zhengceku/2020－02/05/content_ 5474692. htm。

④ “国家卫生健康委办公厅关于在疫情防控中做好互联网诊疗咨询服务工作的通知”，中国政府网 2020 年 2 月 7 日，http：//www. nhc. gov. cn/yzygj/s7653p/202002/ec5e345814e744398c2adef17b657fb8. shtml。

⑤ “国家卫生健康委办公厅关于在国家远程医疗与互联网医学中心开展新冠肺炎重症危重症患者国家级远程会诊工作的通知”，中国政府网 2020 年 2 月 21 日，http：//www. nhc. gov. cn/yzygj/s7658/202002/69b24672365043 eebc379c8bab30c90d. shtml。

充分发挥互联网医院、互联网诊疗的独特优势，鼓励在线开展部分常见病、慢性病复诊及药品配送服务，大力开展预约挂号、预约检查，合理分布预约时段，减少人群聚集，降低交叉感染风险。同时，为守住医疗质量和患者安全底线，2020 年 4 月国家卫生健康委下发《关于进一步推动互联网医疗服务发展和规范管理的通知》，重申要求在开展任何试验探索时，不得突破现有法律法规和国办发〔2018〕26 号文件有关规定，要严格按照《互联网诊疗管理办法（试行）》等 3 个文件要求，规范互联网诊疗和互联网医院的准入和执业管理，加强监管。

四是健全“互联网 + 医疗服务”项目技术规范、财务管理和诊疗规范细则。为促进“互联网 + 医疗服务”长远发展，维护患者与医疗机构权益，2020 年 5 月国家卫生健康委、中医药管理局印发《关于做好公立医疗机构“互联网 + 医疗服务”项目技术规范及财务管理工作的通知》（国卫财务函〔2020〕202 号）①，要求省级卫健部门要按照全国统一的“互联网 + 医疗服务”项目技术规范，制定医疗服务价格项目成本测算指导意见，建立健全成本测算管理办法，并加强会计核算及财务管理。为规范互联网诊疗活动，加强诊疗监管体系建设，2021 年 10 月国家卫生健康委出台《关于互联网诊疗监管细则（征求意见稿）公开征求意见的公告》②，就医疗机构监管、人员监管、业务监管、质量安全监管、监管责任等内容给出详细规定，例如诊疗过程中的图文对话、音视频资料等应当全程留痕、可追溯，并向省级监管平台开放数据接口，保存时间不得少于 15 年。

（二）明确“互联网 +”医疗服务价格和医保支付政策

做好“互联网 + 医保”支付工作，合理确定并动态调整价格、医保支

① “关于做好公立医疗机构‘互联网 + 医疗服务’项目技术规范及财务管理工作的通知”，中国政府网 2020 年 5 月 15 日，http：//www. gov. cn/zhengce/zhengceku/2020 - 05/15/content_5511869. htm。

② “关于互联网诊疗监管细则（征求意见稿）公开征求意见的公告”，中国政府网 2021 年 11 月 23 日，http：//www. gov. cn/hudong/2021 - 11/23/content_ 5652641. htm。

付政策，对于支持“互联网+医疗健康”发展，促进医疗服务降本增效和公平可及、改善患者就医体验、重构医疗市场竞争关系等具有关键作用。按照《国务院办公厅关于促进“互联网+医疗健康”发展的意见》（国办发〔2018〕26号）关于适应“互联网+医疗健康”发展，进一步完善医保支付政策的要求，国家医保局等部门针对“互联网+”医疗服务价格和医保支付、疫情期间“互联网+”医保支付、门诊费用跨省直接结算、医保领域便民服务等4方面出台细化监管文件。主要规定如下。

一是明确“互联网+”医疗服务价格和医保支付的总体政策框架。2019年8月国家医保局印发《关于完善“互联网+”医疗服务价格和医保支付政策的指导意见》（医保发〔2019〕47号），总思路是将“互联网+”医疗服务价格纳入现行医疗服务价格政策体系，进行统一管理，符合条件的“互联网+”医疗服务，按照线上线下公平的原则配套医保支付政策。首先，在项目管理上①，明确非营利性医疗机构的“互联网+”医疗服务按项目管理；营利性医疗机构可自行设立价格项目。省级医保部门根据医疗技术发展和本地区实际，负责设立适用本地区的医疗服务价格项目；明确远程教育培训等不作为医疗服务价格项目的情形。其次，价格机制上②，要求对于公立医疗机构，由省级医保部门制定医疗服务价格，新开展的“互联网+”医疗服务可制定试行价格，个性化、高层次需求的医疗服务，可落实特需医疗规模控制和市场调节价政策；非公立医疗机构价格实行市场调节；公立医疗机构开展互联网复诊，由不同级别医务人员提供服务，

① 明确不作为医疗服务价格项目的情形：仅发生于医疗机构与医疗机构之间、医疗机构与其他机构之间，不直接面向患者的服务；医疗机构向患者提供不属于诊疗活动的服务；以及非医务人员提供的服务，不作为医疗服务价格项目，包括但不限于远程手术指导、远程查房、医学咨询、教育培训、科研随访、数据处理、医学鉴定、健康咨询、健康管理、便民服务等。

② 省级医保部门负责制定调整公立医疗机构提供的“互联网+”医疗服务价格。新开展的“互联网+”医疗服务，价格可由省级医保部门制定或与医疗机构协议确定试行价格。医疗机构申请立项时，应按省级医保部门的规定，同步提交价格建议、成本测算结果、经济性评估报告、与线下同类项目的比较分析等资料。试行期满（一般不超过两年），在评估服务效果和成本收入等情况的基础上，进一步明确价格政策。

一律按普通门诊诊察类项目价格收费。最后，医保支付上，明确对线上线下项目实行平等支付政策，由省级医保部门综合考虑临床价值、价格水平、医保支付能力等因素，确定医保支付范围，并要求各地根据新业态特点，完善总额控制、支付方式、协议管理以及结算流程等。

二是积极推进“互联网+”医疗服务医保支付，满足疫情防控诊疗需求。为方便群众就医购药，减少聚集交叉感染疫情风险，2020年2月国家医保局、国家卫生健康委联合出台《关于推进新冠肺炎疫情防控期间开展“互联网+”医保服务的指导意见》（国医保电〔2020〕10号）[①]，规定医保定点医疗机构，自愿与统筹地区医保经办机构签订补充协议后，为参保人员提供的常见病、慢性病“互联网+”复诊服务可纳入医保基金支付范围；参保人员凭定点医疗机构在线开具的处方，可以在本医疗机构或定点零售药店配药。2020年11月，国家医保局进一步出台《关于积极推进“互联网+”医疗服务医保支付工作的指导意见》（医保发〔2020〕45号）[②]，规定参保人在本统筹地区“互联网+”医疗服务定点医疗机构复诊并开具处方发生的诊察费和药品费，可以按照统筹地区医保规定支付；其中，个人负担的费用，可按规定由职工医保个人账户支付。提供药品配送服务的费用不纳入医保支付范围。各地可从门诊慢特病开始，逐步扩大医保对常见病、慢性病“互联网+”医疗服务支付的范围。支持“互联网+”医疗复诊处方流转。提供“互联网+”医疗服务的定点医疗机构，其总额预算纳入实体定点医疗机构统一管理。

三是加快推进门诊费用跨省直接结算工作。为解决群众在跨省异地就医结算中的“急难愁盼”问题，2020年9月国家医保局、财政部印发《关

---

① “国家医保局 国家卫生健康委关于推进新冠肺炎疫情防控期间开展‘互联网+’医保服务的指导意见”，中国政府网2020年3月3日，http://www.gov.cn/zhengce/zhengceku/2020-03/03/content_5486256.htm。

② “国家医疗保障局关于积极推进‘互联网+’医疗服务医保支付工作的指导意见”，中国政府网2020年11月3日，http://www.gov.cn/zhengce/zhengceku/2020-11/03/content_5556883.htm。

于推进门诊费用跨省直接结算试点工作的通知》（医保发〔2020〕40 号），决定完善国家异地就医管理系统，指导 12 个试点省（区、市）接入国家异地就医管理系统①，进一步扩大试点统筹地区、试点医药机构和直接结算范围，规范异地就医结算流程和待遇政策，明确门诊慢特病费用跨省直接结算从高血压、糖尿病等涉及人群较多、地方普遍开展的门诊慢特病起步，逐步扩大到其他门诊慢特病病种。2021 年 4 月又印发《关于加快推进门诊费用跨省直接结算工作的通知》（医保发〔2021〕27 号），要求 2021 年年底前，各省份 60% 以上的县至少有 1 家普通门诊费用跨省联网医疗机构，各统筹地区基本实现普通门诊费用跨省直接结算；对 5 个群众需求大的门诊慢特病②，每个省份至少有 1 个统筹地区实现相关治疗费用跨省直接结算，探索将更多门诊慢特病的相关治疗费用纳入跨省直接结算，或通过线上报销途径提供便捷高效的政务服务。2021 年 9 月出台的《国务院办公厅关于印发“十四五”全民医疗保障规划的通知》（国办发〔2021〕36 号）进一步要求建设智慧医保，加强国家异地就医结算能力建设，实现全国统一的异地就医备案，扩大异地就医直接结算范围，逐步实现住院、门诊费用线上线下一体化的异地就医结算服务③。

四是强化“互联网+”医疗服务的医保支付监管。为提升医保基金使用效率，保障医保资金安全，不断改进和完善医保管理工作，国家医疗保障局《关于积极推进“互联网+”医疗服务医保支付工作的指导意见》（医保发〔2020〕45 号）要求，医保机构要综合运用大数据、互联网等技术手段，使用医保智能审核监控系统对“互联网+”医疗服务费用结算明细、药品、耗材、医疗服务项目和门诊病历等信息进行实时监管。运用音

---

① 北京、天津、河北、上海、江苏、浙江、安徽、重庆、四川、贵州、云南、西藏 12 个省（区、市）为门诊费用跨省直接结算试点地区。

② 高血压、糖尿病、恶性肿瘤门诊放化疗、尿毒症透析、器官移植术后抗排异治疗等。

③ “国务院办公厅关于印发‘十四五’全民医疗保障规划的通知”，中国政府网 2021 年 9 月 29 日，http://www.gov.cn/zhengce/content/2021-09/29/content_5639967.htm。

频、视频等多种形式，查验“互联网+”医疗服务接诊医生真实性。掌握参保人就诊信息和医疗机构核查复诊行为的有关记录。对不符合规定的诊察费和药品费予以拒付，并按协议约定进行处理。2021年9月《国务院办公厅关于印发“十四五”全民医疗保障规划的通知》（国办发〔2021〕36号）要求全面建立智能监控制度[①]，提升智能监管能力，积极探索将“互联网+医疗健康”等新模式等纳入智能监控范围，实现智能审核全覆盖，实现基金监管从人工抽单审核向大数据全方位、全流程、全环节的智能监控转变。

（三）规范引导“互联网+护理服务”健康发展

近年来，我国人口老龄化进程明显加快。《2020年度国家老龄事业发展公报》显示[②]，截至2020年11月1日，全国60周岁及以上老年人口2.64亿人，占总人口18.70%，比2010年提高了4.63个百分点。失能、高龄、空巢老人不断增加，对上门护理服务需求激增。为适应这一趋势，通过“线上申请、线下服务”方式，由护士上门提供护理服务应运而生，国家也将其纳入政策视野。

一是鼓励医疗机构开展移动护理等新业态。《国务院办公厅关于促进“互联网+医疗健康”发展的意见》（国办发〔2018〕26号）提出精准对接群众多样化健康需求，“有条件的医疗卫生机构可以开展移动护理、生命体征在线监测、智能医学影像识别、家庭监测等服务，鼓励新业态发展，保障医疗质量和安全”。2018年6月，国家卫生健康委等11部门印发《关于促进护理服务业改革与发展的指导意见》（国卫医发〔2018〕20号），提出“医院要充分利用信息技术，创新护理服务模式，为患者提供

---

① “国务院办公厅关于印发‘十四五’全民医疗保障规划的通知”，中国政府网2021年9月29日，http://www.gov.cn/zhengce/content/2021-09/29/content_5639967.htm。

② “2020年度国家老龄事业发展公报”，中国政府网老龄健康司官网2020年10月15日，http://www.nhc.gov.cn/lljks/pqt/202110/c794a6b1a2084964a7ef45f69bef5423.shtml。

全流程、无缝隙、专业便利的智慧护理服务”。2018年7月，《关于深入开展“互联网+医疗健康”便民惠民活动的通知》（国卫规划发〔2018〕22号）重申“鼓励有条件的医疗机构要进一步开展移动护理、生命体征在线监测、家庭监测服务”。

二是试点开展“互联网+护理服务”工作。为探索适合国情的“互联网+护理服务”管理制度，2019年1月国家卫生健康委印发《关于开展“互联网+护理服务”试点工作的通知》（国卫办医函〔2019〕80号）①，确定北京市、天津市、上海市、江苏省、浙江省、广东省作为“互联网+护理服务”试点省份，着力在管理制度、服务模式、服务规范、风险防控以及价格支付政策等方面积极探索，先行先试。试点要求：提供主体是医疗机构，派出的注册护士应当至少具备5年以上临床护理工作经验和护师以上技术职称。服务对象重点是高龄或失能老年人、康复期患者和终末期患者等行动不便的人群，提供慢病管理、康复护理、专项护理、健康教育、安宁疗护等方面的护理服务。护理服务价格参照当地医疗服务价格收费标准，综合考虑交通成本、信息技术成本、护士劳务技术价值和劳动报酬等因素，探索建立价格和相关支付保障机制。2020年12月国家卫生健康委办公厅下发《关于进一步推进“互联网+护理服务”试点工作的通知》（国卫办医函〔2020〕985号）②，要求其他省份至少确定1个城市开展“互联网+护理服务”试点，制定管理制度、服务规范和技术标准，确定辖区内试点项目，建立相关医疗服务价格政策和医保支付政策。

三是加强医疗机构护理工作。护理工作直接服务于患者，关系到医疗质量和患者安全，关系到人民群众的身体健康和就医感受。为进一步加强

---

① “国家卫生健康委办公厅关于开展‘互联网+护理服务’试点工作的通知”，中国国家互联网信息办公室官网2019年2月13日，http://www.cac.gov.cn/2019-02/13/c_1124107507.htm。

② “国家卫生健康委办公厅关于进一步推进‘互联网+护理服务’试点工作的通知”，中国政府网2020年12月16日，http://www.gov.cn/zhengce/zhengceku/2020-12/16/content_5569982.htm。

医疗机构护理工作，2020 年 8 月国家卫生健康委印发《关于进一步加强医疗机构护理工作的通知》（国卫办医发〔2020〕11 号）[①]，其中明确要求完善医疗机构护理组织管理体系、建立护士岗位培训、不良事件报告等制度。在提高医疗机构护理服务质量方面，强调要积极发展“互联网 + 护理服务”，鼓励有条件的医疗机构开展“互联网 + 护理服务”，为出院患者或行动不便、高龄体弱、失能失智、生命终末期患者提供便捷、专业的医疗护理服务。鼓励大型医疗机构，通过医联体、对口支援、进修学习、远程培训等方式，帮扶带动基层医疗机构提高护理服务能力，让基层机构在“互联网 + 护理服务”中发挥更大作用。

（四）开展“互联网 + 医疗健康”便民惠民服务

不断提升患者满意度，增强人民群众获得感，是一项长期任务。为进一步应用新技术、新理念，创新医疗服务模式，促进提高医疗服务质量，保障医疗安全，国家开展各类便民惠民专项行动推进落实。

一是连续实施 3 年改善医疗服务行动计划。针对人民群众看病就医“瓶颈”问题，国家卫生计生委[②]、中医药管理局联合下发了《关于印发进一步改善医疗服务行动计划实施方案（2015—2017 年）的通知》《关于印发进一步改善医疗服务行动计划（2018—2020 年）的通知》[③]，以 3 年为周期，连续 2 次开展改善医疗服务行动计划，提出以“互联网 +”为手段，优化医疗服务流程，为患者提供预约诊疗、移动支付、床旁结算、就诊提醒、结果查询、信息推送等便捷服务；加强以门诊和住院电子病历为核心的综合信息系统建设；应用智能导医分诊、智能医学影像识别、患者

---

① “国家卫生健康委办公厅关于进一步加强医疗机构护理工作的通知”，中国政府网 2020 年 9 月 2 日，http：//www. gov. cn/zhengce/zhengceku/2020 – 09/02/content_ 5539428. htm。

② 2018 年国务院机构改革，设立中华人民共和国国家卫生健康委员会，不再保留国家卫生和计划生育委员会。

③ “卫生计生委 中医药局关于印发进一步改善医疗服务行动计划（2018—2020 年）的通知”，中国政府网 2017 年 12 月 29 日，http：//www. gov. cn/gongbao/content/2018/content_ 5299607. htm。

生命体征集中监测等新手段，提高诊疗效率；应用可穿戴设备提供远程监测和远程指导，实现线上线下医疗服务有效衔接，不断改善人民群众就医感受。同时，还提出加强政策效果后评估，例如2021年1月国家卫生健康委通报表扬了改善医疗服务先进典型医院、科室、个人等①。

二是深入开展“互联网＋医疗健康”便民惠民活动。为不断提升公共服务均等化、普惠化、便捷化水平，2018年4月《国务院办公厅关于促进“互联网＋医疗健康”发展的意见》提出，要围绕群众日益增长的需求，利用信息技术，优化服务流程，提升服务效能，提高医疗服务供给与需求匹配度。2018年7月国家卫生健康委、中医药管理局下发《关于深入开展“互联网＋医疗健康”便民惠民活动的通知》（国卫规划发〔2018〕22号），要求立足改造优化诊疗流程，贯通诊前、诊中、诊后各环节，改善患者就医体验，从就医诊疗、结算支付、患者用药、公共卫生、家庭医生、远程医疗、健康信息、应急救治、政务共享、检查检验等10个方面作出详细部署。明确到2020年，二级以上医疗机构普遍提供分时段预约诊疗、智能导医分诊、候诊提醒、检验检查结果查询等线上服务，让患者少排队、少跑腿。

三是深入推进“互联网＋医疗健康”“五个一”服务行动。为进一步解决群众看病就医的“急难愁盼”问题，推广疫情防控期间涌现出的服务模式创新，推动“互联网＋医疗健康”便民惠民服务向纵深发展，2020年12月国家卫生健康委、国家医保局、中医药管理局联合下发《关于深入推进“互联网＋医疗健康”“五个一”服务行动的通知》（国卫规划发〔2020〕22号）②，着力推进“一体化”共享服务，提升便捷化智能化服务水平，例如提供线上线下衔接服务，优化智慧医疗服务流程，推动区域信

---

① “国家卫健委关于通报表扬2018—2020年改善医疗服务先进典型的通知”，正保医学教育网2021年2月4日，https：//www. med66. com/yishizigekaoshi/jiaodian/mu2102047240. shtml。

② “关于深入推进‘互联网＋医疗健康’‘五个一’服务行动的通知”，中国政府网2020年12月10日，http：//www. gov. cn/zhengce/zhengceku/2020－12/10/content_ 5568777. htm。

息共享互认。推进“一码通”融合服务，破除多码并存互不通用信息壁垒，例如行业内“一码通用”，跨部门“多码融合”，健康码“一码通行”。推进“一站式”结算服务，完善“互联网+”医疗在线支付工作，例如提供多种在线支付方式，落实“互联网+”支付政策。推进“一网办”政务服务，化解办事难、办事慢、办事繁问题。推进“一盘棋”抗疫服务，加强常态化疫情防控信息技术支撑。同时，还推荐了11个省市便民惠民服务经验做法。

（五）加强信息化支撑和建设智慧医院

信息化手段在疫情监测分析、病毒溯源、防控救治、资源调配等方面具有重要支撑作用。近年来，国家大力强化信息化建设标准、智慧服务和管理分级标准、网络信息安全保障工作，同时推进“5G+医疗健康”应用试点。

一是推出公共卫生信息化建设标准与规范。新一代信息技术与医疗健康领域融合日益深化，加快明确信息化建设标准有助于引领行业发展。为促进和规范医院信息化建设，2018年4月国家卫生健康委员会发布《全国医院信息化建设标准与规范（试行）》[①]，分“业务应用、信息平台、基础设施、安全防护、新兴技术”5个章节，提出22类262项内容，要求二级及以上医院信息化建设中，须符合电子病历基本数据集、电子病历共享文档规范以及基于电子病历的医院信息平台技术规范等卫生健康行业信息标准。2020年12月，国家卫生健康委、中医药管理局发布《全国公共卫生信息化建设标准与规范（试行）》[②]，针对公共卫生信息化的短板和不足，

---

① “关于印发全国医院信息化建设标准与规范（试行）的通知”，国家卫健委官网2018年4月13日，http：//www. nhc. gov. cn/cms-search/xxgk/getManuscriptXxgk. htm? id = 5711872560ad4866a8f500814dcd7ddd。

② “关于印发全国公共卫生信息化建设标准与规范（试行）的通知”，中国政府网2020年12月12日，http：//www. gov. cn/zhengce/zhengceku/2020 - 12/12/content_ 5569035. htm。

明确了疾病预防控制中心、二级及以上医院等机构的公共卫生服务和管理业务范围，涉及管理服务业务、信息技术业务2个部分，其中一级指标21项、二级指标125项、三级指标421项，全面规范了我国公共卫生信息化建设要求。此外，自2013年以来，还开展年度医疗健康信息互联互通标准化成熟度测评，2020年度有10个区域的92家医院通过了测评[①]。从各地区医院过级情况来看，2020年浙江、广东两省通过测评医院数量名列前茅，通过五级乙等测评的医院都是8家[②]，医疗健康信息互联互通的平均水平相对高于其他区域。

二是强化智慧医院服务分级和管理分级。智慧服务是智慧医院建设的重要内容，指医院应用信息技术改善患者就医体验，提升医疗服务智慧化水平的新模式。为指导医疗机构科学、规范开展智慧医院建设，建立适合国情的医疗机构智慧服务分级评估体系，2019年3月国家卫生健康委组织制定了《医院智慧服务分级评估标准体系（试行）》（国卫办医函〔2019〕236号）[③]，从诊前服务、诊中服务、诊后服务、全程服务、基础与安全等5个方面设置17个业务项目，对医院提供的智慧服务和患者感受效果2个方面进行评估，分为0级至5级。2020年5月，为适应疫情常态化防控需要，又出台《关于进一步完善预约诊疗制度加强智慧医院建设的通知》（国卫办医函〔2020〕405号）[④]，持续推动预约诊疗、智慧医院、互联网诊疗和互联网医院健康发展。2021年3月，组织制定《医院智慧管理分级

① “2020年度国家医疗健康信息互联互通标准化成熟度测评结果（第二批）公示名单”，国家卫健委官网2021年11月15日，http：//www.nhc.gov.cn/cms-search/downFiles/ea967aa716924dd1901b7677cbe3187b.pdf。

② 目前，医院（区域）互联互通标准化成熟度测评共分为七个等级，其中五级乙等是目前我国医疗健康信息互联互通标准化成熟度测评的最高等级，也是目前国内医院中在该测评中取得的最好成绩。

③ “国家卫生健康委办公厅关于印发医院智慧服务分级评估标准体系（试行）的通知”，医政医管局官网2019年3月18日，http：//www.nhc.gov.cn/yzygj/s3593g/201903/9fd8590dc00f4feeb66d70e3972ede84.shtml？from=timeline。

④ “国家卫生健康委办公厅关于进一步完善预约诊疗制度加强智慧医院建设的通知”，中国政府网2020年5月22日，http：//www.gov.cn/zhengce/zhengceku/2020-05/22/content_5513897.htm。

评估标准体系（试行）》（国卫办医函〔2021〕86号）[①]，着重从医疗护理、人力资源、财务资产、设备设施、药品耗材、运营管理、运行保障、教学科研、办公、基础与安全等10个方面设置33个业务项目要求，从智慧管理功能和效果2个方面评估，同样分为0级至5级。

三是保障网络安全和医疗健康信息安全。医疗健康信息涉及患者个人隐私，从全流程入手保障系统安全和数据安全至关重要。2018年4月，《国务院办公厅关于促进“互联网+医疗健康”发展的意见》就明确要求保障数据信息安全，包括严格执行信息安全和健康医疗数据保密规定，建立个人隐私信息保护制度，严格管理患者信息、用户资料、基因数据等，加强平台安全防护，定期开展隐患排查、监测和预警，强调患者信息等敏感数据应当存储在境内。2019年3月，国家卫生健康委、中医药管理局印发《关于落实卫生健康行业网络信息与数据安全责任的通知》（国办卫规划发〔2019〕8号），明确“谁主管谁负责、按属地管理”，并就健全领导责任制、细化各方责任、严明责任追究制度等作出要求。此后，国家卫生健康委等部门印发《关于加强信息化支撑新型冠状病毒感染的肺炎疫情防控工作的通知》[②]《关于做好信息化支撑常态化疫情防控工作的通知》[③]《关于印发三级医院评审标准（2020年版）的通知》[④]《互联网医疗健康信息安全管理规范（征求意见稿）》，反复强调要切实保障个人信息和网络安全。此外，国家卫生健康委还在2020年5～12月，举办全国卫生健康行业

① “国家卫生健康委办公厅关于印发医院智慧管理分级评估标准体系（试行）的通知”，正保医学教育网2021年3月18日，https://www.med66.com/yishizigekaoshi/jiaodian/su2103189901.shtml。

② “国家卫生健康委办公厅关于加强信息化支撑新型冠状病毒感染的肺炎疫情防控工作的通知”，中国政府网2020年2月5日，http://www.gov.cn/zhengce/zhengceku/2020-02/05/content_5474692.htm。

③ “国家卫生健康委办公厅关于做好信息化支撑常态化疫情防控工作的通知”，中国政府网2020年6月29日，http://www.gov.cn/zhengce/zhengceku/2020-06/29/content_5522612.htm。

④ “国家卫生健康委关于印发三级医院评审标准（2020年版）的通知”，中国政府网2020年12月28日，http://www.gov.cn/zhengce/zhengceku/2020-12/28/content_5574274.htm。

网络安全技能大赛[①]，以推动各地增强安全意识，提升安全技能水平。

四是开展“5G + 医疗健康”应用试点。5G 技术具有速率快、时延短等突出优势，在医疗健康行业具有巨大应用潜力。为充分运用 5G 技术丰富应用场景，2020 年 11 月，工业和信息化部、国家卫生健康委员会联合印发《关于组织开展 5G + 医疗健康应用试点项目申报工作的通知》（工信厅联通信函〔2020〕270 号），着重围绕急诊救治、远程诊断、远程治疗、远程重症监护（ICU）、中医诊疗、医院管理、智能疾控、健康管理等 8 个重点方向，鼓励各地、各单位创新 5G 应用场景，并面向全国征集遴选一批技术先进、性能优越、效果明显的“5G + 医疗健康”标志性应用。目的是通过试点项目，来推动运用 5G 技术改造提升卫生健康网络基础设施，开展智慧医疗健康设备和应用创新，培育可复制、可推广的 5G 智慧医疗健康新产品、新业态、新模式。2021 年 9 月，公布了首批“5G + 医疗健康”应用试点项目合计 987 个，其中浙江、北京、上海、广东、四川位列前 5 位。

三、“互联网 + 医疗健康”监管需着力解决的问题

按照国家层面关于“互联网 + 医疗健康”的总体监管要求，各地积极引导各医疗机构大胆创新，不断深化“互联网 +”技术在医疗领域的应用，推进分级诊疗制度、医联体建设等工作，不断提高优质医疗资源覆盖面、可及性。但从地方政府部门和代表性企业的座谈情况看，“互联网 + 医疗健康”服务发展也遇到不少新情况、新问题，除了数字“新基建”能力不足以外，在医疗、医药、医保等方面还有不少制度空白，实施细则还不够明晰，亟须加快监管制度创新和供给步伐。主要体现在以下 6 个方面。

---

① “工业和信息化部办公厅 国家卫生健康委员会办公厅关于公布 5G + 医疗健康应用试点项目的通知”，中国政府网 2021 年 9 月 30 日，http://www.gov.cn/zhengce/zhengceku/2021-09/30/content_5640341.htm。

（一）数字基础设施支撑能力不强，人力和财政投入还有待加大

“互联网+医疗健康”是个新事物，要高质量地提供互联网医疗服务，就必须有数字医疗基础设施、高水平的专业技术人员队伍，这不但要求加大投入，而且对医师多点执业等制度提出了新要求。从调研情况看，即便是全国领先的南方城市，也需要加大投入。

一是医疗数字基础设施的建设投入还不够。调研发现，医疗系统的软硬件费用往往涉及定制化开发，费用比较昂贵，投入成本巨大，而且数字技术进步快，需要不断滚动投入开发。目前，我国区域、城乡的数字基础设施有较大差距，无论东中西部地区，在乡村卫生院、卫生站层面，不少还未接通高带宽网络，也未安装医疗相关的专用信息系统，讨论“互联网+医疗健康”服务的前提条件还不具备。据了解，目前医疗数字基础设施的建设主要依靠政府投入，由于各地财政投入相对有限，缺乏持续性和多渠道的投入机制，在这方面还需要统筹考虑、持续加大力度。

二是专业型技术人才还不足。按照国家卫生健康委 2018 年发布的《互联网诊疗管理办法（试行）》要求，医师要开展互联网诊疗活动，须依法取得相应执业资质，具有 3 年以上独立临床工作经验，并经其执业注册的医疗机构同意。从调研来看，符合以上要求的医师特别是公立医疗机构的专家教授，日常科研和线下诊疗任务本就十分重，基本上没有过多的精力去投入到互联网诊疗活动中去。对于在公立医疗机构的医师来讲，若要申请多点执业，按照规定须从事同一专业工作满 5 年，还面临与原单位的工资、福利待遇、人事管理、晋升等管理难题。到 2020 年年底，全国执业（助理）医师总数为 408.6 万人，而到 2021 年 8 月，全国多机构执业的医师数量为 30.4 万人，只占到 7.4% 左右。总体上，医师从事多点执业的意愿不强、机制不顺。

（二）互联网医疗服务范围有待细化，缺乏清晰的指导方案

一是互联网医疗业务审批制度有待完善。按照《互联网医院管理办法

（试行）》，“申请设置互联网医院，应当向其依托的实体医疗机构执业登记机关提出设置申请”。目前，例如何为实体机构、何为独立设置互联网医院，座谈中发现有些公立医院也不太清楚；有些患者也分不清楚互联网医院是独立类别的机构，还是在实体机构之上挂个第二名称。目前多数地方已将互联网医院的批准权下放到地市，主要模式是在原来的实体医疗机构上，加挂一个互联网医院的名字。

二是对于在线复诊患者的定义以及具体可开展的线上诊疗服务还没有明确的范围界定。互联网诊疗与线下诊疗方式不同，医疗机构利用互联网平台可为患者提供更加多元化的诊疗服务，优化诊疗质量。为满足患者疾病预防、健康保健等就医需求，是否可以由互联网医院在线上开展付费科普课程、全生命周期健康管理、慢病管理套餐等量身定制的特色服务，尚需进一步明确。

三是能否提供和规范慢性病、常见病目录，以及不同疾病可以开展的服务范围。国家卫生健康委 2018 年发布的《互联网诊疗管理办法（试行）》规定，不得对首诊患者开展互联网诊疗活动；医疗机构在线开展部分常见病、慢性病复诊时，医师应当掌握患者病历资料，确定患者在实体医疗机构明确诊断为某种或某几种常见病、慢性病后，可以针对相同诊断进行复诊。有些医疗机构反映，关于复诊的范围，可否允许根据不同级别医院的技术实力，采取差异化的管理要求，例如允许在大型三甲医院率先创新探索。此外，中医关注病人的个性化情况，需要望闻问切、看舌苔等，互联网医疗的病种目录也需要进一步明确。

四是可否允许为疑难病症初诊患者开立诊疗必须的检验检查。对于疑难病症初诊患者，目前需挂线下门诊，然后开立检验检查，然后再找专家确定治疗方案，可否允许大型三甲医院试点优化此类患者的诊疗流程，例如允许在线咨询→开立检验检查→来院检查→门诊/线上沟通治疗方案→住院或手术，目前也尚无明确规定。

（三）互联网医疗收费标准不明确，难以调动医务人员积极性

一是全部按普通诊查类项目来收费，付出成本和收益不对等。根据目前政策，公立医疗机构提供“互联网＋”医疗服务，实行政府调节价①，由医保部门对项目收费标准的上限给予指导；公立医疗机构开展互联网复诊，由不同级别医务人员提供服务时，一律按照普通诊查类项目来收费。座谈中，医疗机构认为以上条款对定价标准、复诊定价均做了严格限定，但没有明确不同级别医院、不同级别医生、成人儿童等不同类别人群的收费问题。在缺乏有效激励的前提下，很难调动医师参与“互联网＋”诊疗服务的积极性。目前，互联网医院还是要依靠名医资源作为招牌，但名医通过网络平台对患者进行诊疗，只能收取较线下诊疗更低的挂号费，例如广州统一为10元/次（线下专家收取的挂号费是39元/次），北京统一为50元/次（线下副主任医师挂号费60元/次，主任医师80元/次），这与医院耗费巨资建设线上问诊平台、与医生劳务付出相比，都不成比例。

二是有的诊疗未纳入医保，有的尚无收费标准。为规范“互联网＋医疗服务”价格行为，国家卫生健康委2020年5月出台了《关于做好公立医疗机构“互联网＋医疗服务”项目技术规范及财务管理工作的通知》（国卫财务函〔2020〕202号），就互联网诊察、远程监测、远程会诊、远程诊断等4类服务收费作出规定。据调研，目前各地落实情况不一，有的地方对远程会诊、院外影像学会诊有指导价格，但尚未纳入医保支付范围之内。对于远程病理、远程心电、远程检验诊断等，则无相应收费标准，也未出台劳务分成规定。对于基层与大医院的远程医疗服务，基本都建立在免费帮扶关系上，上级医院医生的工作积极性缺乏，医务人员开展互联

---

① 非公立医疗机构开展的“互联网＋”医疗服务价格项目，实行市场调节价。实行市场调节价的医疗服务，由医疗机构综合考虑服务成本、患者需求等因素自主定价，并按规定做好价格公示。见“广东省医疗保障局转发国家医疗保障局关于完善‘互联网＋’医疗服务价格和医保支付政策指导意见的通知”，广东省医疗保障局官网2019年12月31日，http：//hsa. gd. gov. cn/gab/tzgg/content/post_ 3514815. html。

网诊疗服务的积极性也有待提高。

三是健康咨询和医学咨询目前不得收费。网上咨询包括健康咨询、医学咨询，网上咨询与网上诊疗服务的区别就是咨询之后是否要开具处方。目前，网上咨询定义为非提供诊疗服务，因此没有医疗收费标准。各种社会化健康咨询服务平台收费标准更是参差不齐，差异较大，在一定程度上也增加了监管难度。按照国家医疗保障局《关于完善“互联网+”医疗服务价格和医保支付政策的指导意见》（医保发〔2019〕47号）①，医疗机构向患者提供不属于诊疗活动的服务，以及非医务人员提供的服务，不作为医疗服务价格项目，包括但不限于远程手术指导、远程查房、医学咨询、教育培训、科研随访、数据处理、医学鉴定、健康咨询、健康管理、便民服务等。但从实质意义上讲，健康咨询和医学咨询这两项也是医疗服务的一种，加之不得设置药事服务费的规定，对于互联网医院提供网上诊疗服务的医务人员来说，劳动付出更加得不到价值体现。由于以上诸多原因，部分医院“互联网+医疗服务”实际以免费咨询为主，对参与的医护人员未能计算绩效奖金，导致医院在线医务人员数量下降，难以提供优质线上服务。

（四）医保支付范围窄，异地医保报销难

2020年10月，国家医疗保障局印发《关于积极推进“互联网+”医疗服务医保支付工作的指导意见》，规定“参保人在本统筹地‘互联网+’医疗服务定点医疗机构复诊并开具处方发生的诊察费和药品费，可以按照统筹地区医保规定支付。其中个人负担的费用，可按规定由职工医保个人账户支付”。目前，多地已上线互联网医院，但主要惠及自费病人，医保、公费医疗患者难以实现互联网线上支付，在一定程度上制约了其发展。医

① “国家医疗保障局关于完善‘互联网+’医疗服务价格和医保支付政策的指导意见”，中国政府网2019年8月30日，http：//www.gov.cn/zhengce/zhengceku/2019-08/30/content_5456428.htm。

疗机构反映，一方面，有些地方目前互联网线上诊疗仅支持一类门诊特定病种互联网复诊患者享受医保报销服务，不利于在线上推广复诊业务，期望进一步明确线上业务的医保目录，例如能否线上线下同步、将线上报销病种范围与线下保持一致；另一方面，考虑到互联网医院患者来自全国各地，目前在全国范围内尚未打通医保报销服务（例如优化医保信息化接口、精准识别患者身份、可报销诊断及药品目录等），这不利于全面共享优质医疗资源。总之，普通医保报销未能放开，患者还需要自费，很大程度上影响了互联网医疗业务的发展。

（五）处方流转细则不健全，药品配送供应链不完善

一是互联网慢病续方药品的标准目录缺失。受政策影响，很多慢病患者的所需药品尚无法在互联网医院开立，增加了不必要的往返医院挂门诊活动，医疗机构期望对互联网医院的药品目录及供应优先级有所明确。针对大型三甲医院，在严格管控、可记录可回溯的情况下，是否可以允许试点复诊患者的二精类药物续方。

二是药品未能网上支付医保费用，医保患者一般由院内药房配送，自费患者药品由第三方药房配送，为维护患者切身利益，医院要求第三方药房配送的药品必须与医院同品同规同价。但医药品实施国家集采后，部分药品价格在医院价格低，在第三方药房价格高，出现“价格倒挂”现象，导致第三方药房无法按照处方要求，来提供该部分药品配送，部分患者无法在互联网医院进行续方。

三是互联网医院药品配送未实现全流程流转。由于涉及药品发放资质审核问题，“云药房”模式延伸处方还无法直接允许医药配送公司将药品送至患者手中。加上药品目录未统一，基层医疗机构药品种类不全，不能开具药品电子发票等问题，互联网医疗行为和药品配送未能衔接，患者仍然需要到医疗机构拿药后才能完成诊疗行为。

四是药品配送的相关规范需要明确。目前尚无清晰的药品配送流程及

细节，比如在哪些环节需要给患者发送短信、收取药品是否需要验证码确认、贵重药品冷链配送的标准及收费等。药品配送还涉及报销、发票等问题，例如由第三方配送，按照医保发〔2020〕45号文规定“提供药品配送服务的费用不纳入医保支付范围”，物流费还需要医疗机构来支付，医疗机构没有积极性，部分患者同样也不愿意支付这部分额外费用。

（六）监管手段不完善，存在互联网诊疗安全风险

一是存在潜在的医疗风险。线上诊疗由于物理距离阻隔，医患之交流，望、闻、问、切、医学检验检查等确实无法与医患面对面一样真切，对诊断准确性存在一定影响，不可避免会出现误诊。作为新型诊疗服务业态，目前，尚未正式出台对互联网医院诊疗质量和行为监管的具体法律法规、管理办法，例如新型医疗纠纷如何处理、线上问诊病历如何进行标准化、如何进行质控等。

二是互联网医疗的跨域服务与属地监管责任亟须明确。互联网医院涉及多地、多人、多机构、多行业，医师可通过多点执业跨区或跨市进行互联网诊疗活动，一旦出现医疗纠纷，在相关法律法规未明确的情况下，可能会出现医师不知去向、责任归属划分难、行政干预监管难等问题。此外，由于人脸识别等人体特征识别技术并未在所有互联网医院全面铺开，难免有不法分子盗取医师账号进行非法行为，或者不具备互联网诊疗资质的医师或使用人工智能机器人冒充执业医师进行诊疗活动，这些都需要进一步规范。

三是互联网医疗监管规则并不明晰。《互联网医院管理办法（试行）》规定，首先需要省级建立互联网医院监管平台，之后才可批准互联网医院准入。虽然多地已经搭建互联网医院监管平台，但对实际监管内容、监管方式都不是很明晰，互联网诊疗行为均产生在线上，而互联网诊疗的规范、要点与线下又不尽相同，还有线上处方和电子病历的格式并不明确，配套的法律法规及监管政策相对滞后，这对医疗质量、医疗安全监管是一

个挑战。

四是存在网络和数据安全风险。互联网医疗服务承载在网络信息系统之上，涉及软硬件等设施，而且医疗机构在开展互联网医疗服务过程时，除了验证执业医师身份外，还需要采集、存储、传输患者的个人信息，如视频、音频、病患历史等；在此基础上进行诊断、开具电子处方等，还需要将相关诊疗信息传输到监管平台上，目前是按照网络安全三级等级保护制度执行。医疗机构提出有些企业想开发利用这些数据，但又担心存在风险，如何深化数据开发利用是个亟待破解的命题。这里边，既涉及网络安全风险，如系统漏洞、病毒入侵、网络攻击等，还可能存在数据安全风险，如尚未脱密的个人身份信息、生物识别信息等如何进行保护和防止泄露。

四、进一步完善“互联网＋医疗健康”监管制度的建议

立足促进“互联网＋医疗健康”新业态的长远健康发展，建议国家层面进一步试点扩大医疗服务范围，推动各地抓紧明确医疗服务收费规范，推动完善医保支付政策，加强定点零售药店协议管理，优化“互联网＋”医疗综合监管，以制度创新赋予“互联网＋医疗”更大的创新探索空间。

（一）稳步扩大“互联网＋医疗”诊疗范围和覆盖面

要充分释放“互联网＋医疗健康”服务的潜力，关键是积极稳妥、逐步扩大医疗覆盖面。

一是推动各地出台“互联网＋医疗”病种目录。重点是推动各地结合线下诊疗的病种范围，梳理复诊频次高的病种类型，在保证医疗质量和安全前提下，加快制定允许通过互联网医院诊疗的慢性病、常见病目录，并动态及时更新目录；针对各不同类别的疾病，进一步细化可以开展的医疗服务范围。对于中医，因无法现场望闻问切，尤其需要出台可线上诊疗的

病种目录。与此同时，建议实施差异化管理，对于技术实力强、科研能力突出的高等级医疗机构可以在报备试点基础上适当扩大病种范围，如允许在大型三甲医院开展创新探索，如优化诊疗流程，先行开立检验检查，然后待结果出来再商定治疗方案。

二是加大“互联网＋医疗”和社区医生对接服务力度。缓解大医院看病扎堆，关键是推进分级诊疗。目前，社区医疗机构配备全科医生，全科医生除进行日常诊治外，还提供健康咨询、预约诊疗、健康维持、与大医院双向转诊等服务。通过互联网医院、云诊室对接社区全科医生，既可以远程协助提供首诊意见和手术指导，还可以对慢性病、常见病等提供指导，让大部分病患在社区解决，避免来回跑；同时，患者在大医院做完手术后，留在社区看护，也可通过“互联网＋医疗”进行复诊，获得术后康复指导。社区医疗机构也可通过直播手段实现义诊服务和专科健康教育，高效对接群众，为签约居民提供健康咨询、健康教育等多元服务。

三是坚持包容审慎，争取探索开放互联网医疗首诊。从诸多互联网业态看（例如移动支付、网约车），借助大数据、人工智能、人脸识别等数字化手段，可对身份信息、医师资质、执业类别实施严格审核，对诊疗全流程做到监测、预警和事后追溯，医疗风险总体上是可控的。在保证医疗质量和安全前提下，可进一步放宽互联网诊疗范围，例如通过“屏对屏”即可实现“望闻问”，或者依靠医学影像、标本检验结果即可明确病因诊断的病种，可在限定病种范围内，争取支持探索开放部分首诊。

（二）加快完善“互联网＋医疗”服务价格和医保政策

“互联网＋医疗健康”发展得好不好，关键在于医师激励机制健全不健全，对患者医疗费用的医保支付到位不到位，两者缺一不可。建议比照线下医疗服务，加快健全线上医疗服务价格和医保支付政策。

一是加快出台“互联网＋”医疗服务项目价格目录。《关于做好公立医疗机构“互联网＋医疗服务”项目技术规范及财务管理工作的通知》

（国卫财务函〔2020〕202 号）已明确由省级卫健部门按照全国统一的“互联网 + 医疗服务”项目技术规范，制订医疗服务价格项目成本测算指导意见。《国家医疗保障局关于完善“互联网 +”医疗服务价格和医保支付政策的指导意见》（医保发〔2019〕47 号），则明确将“互联网 +”医疗服务价格纳入现行医疗服务价格政策体系，进行统一管理。据不完全整理，截至目前，山东、江苏、海南、江西、宁夏、重庆、云南等省市均已出台了“互联网 +”医疗服务价格和医保支付政策文件。

建议推动各省级有关部门抓紧理顺线上线下同类服务比价关系，在测算“互联网 + 医疗服务”项目综合成本基础上，健全价格形成机制，加快出台医疗服务项目价格目录。首先，明确互联网医疗复诊收费，建议可考虑按医院级别、医师级别进行分类分级定价，且定价标准应略高于线下，普通续方业务可设置均价，例如江苏、宁夏和云南均是如此，以激励名医参与互联网医疗活动。对于特需服务，可进一步提高限价水平。提高医院可支配绩效分配比例，提高医护人员线上诊疗的积极性。其次，明确更多诊疗服务的收费标准，建议借鉴山东、海南、云南等经验做法，抓紧明确远程病理、远程心电、胎心监测、远程检验诊断等收费标准，以及邀请方和受邀方的费用分成指导意见。最后，研究推动将注册医师的网上咨询活动纳入监管范畴，可考虑出台指南或限价意见，以允许健康咨询、医学咨询等可以收费，改变过去“一刀切”要求免费的做法，例如允许患者自费，以激励提供优质咨询服务。

二是不断扩大“互联网 + 医保”覆盖范围。继续坚持线上线下同等待遇、统一管理的原则，让线上医保患者能享受同等医保待遇。建议将更多常见病、慢性病线上复诊服务纳入医保支付范围，将药品、检验、检查等费用纳入职工医保、居民医保的支付范围，由医保负担的部分要实现在线直接结算，完善“互联网 +”医疗服务的医保支付政策。对互联网医疗试点企业要加快开放医保定点，力争将支付单位和额度单独预留出来。考虑互联网医院患者来自全国各地，建议参照线下医保打通做法，尽快明确支付标准和依据、支付路径和医保安全，推动医保跨地域（如东中西部、城乡）之间直接结算。互联网医疗健康服务具有诊疗数据留痕、行为可追溯等独特特点，可运用大数据、人工智能、区块链等技术构建智能化的医保监管平台，提高控费和反诈能力，确保医保资金安全使用。

（三）完善“互联网＋药品”管理制度

患者通过“互联网＋医疗健康”服务进行诊疗、拿到处方后，还需要取得药品。建议推动“互联网＋”复诊患者在定点医疗机构和定点零售药店开取药品时均可医保报销，以拓宽药品供应渠道，提高药品可及性。

一是抓紧明确互联网医院药品目录和供应优先级。针对当前慢病患者通过互联网医院复诊，却无法开具所需药品的情况，建议对照“互联网＋医疗”病种目录，结合各病种的诊疗规范要求，制定互联网医院药品目录，允许技术实力强的医院或者专科医院，在做好医疗安全防范和监管措施的情况下，开具更多病种所需药物。考虑到患者通过互联网诊疗后希望就地取药，但社区医疗机构的药品种类并不齐全的情况，建议挖掘利用好复诊患者大数据，推动社区医疗机构按需配备常见病、慢性病药物，减少患者来回奔波之苦。

二是统筹开展线上处方流转及区域医药服务。互联网医院催生了线上处方，为保障患者用药安全，目前多数医疗机构均从门诊药房配送线上处方，这一方面增加了院内药房工作压力，另一方面增加了门诊患者次均费用。在带量采购及取消药品加成大背景下，建议由医保部门牵头在区域内建设处方流转平台，统一监管可配送药品目录。部分院内自制药剂处方允许各家医院独自开具。

三是明确药品配送的相关规范。推动互联网医疗取得更好的实效，还可以考虑让互联网医院外配处方能够在定点药店取药或配送。针对目前药品配送流程及细节尚不清晰的问题，建议细化配送规范要求，例如患者验证、贵重药品的保费、冷链配送标准、药品配送退货处理等，还有药品配送相关的配送费分担意见、发票开具管理等，让患者便捷取药。

（四）加强“互联网+医疗”综合监管

扩大运用“人工智能+大数据分析”等手段，制定违规行为预警监控指标和监控规则，实现全流程智能监管，进一步规范“互联网+”诊疗行为。

一是加快明确互联网医疗质控指引及管理规定。互联网医院作为新型诊疗服务业态，在诊疗行为和质控方面有其特殊性。建议按照2021年10月国家卫生健康委出台的《关于互联网诊疗监管细则（征求意见稿）公开征求意见的公告》要求，推动省有关部门尽快完善互联网医疗业务规范、服务流程等，重点是明确医疗机构、人员、业务、质量安全、监管责任等，包括线上线下一体化的服务评级（复诊检验检查、手术、治疗、康复、宣教、随访的服务水平与质量），为互联网医疗业务开展提供保障。

二是对接和利用好省级互联网诊疗服务监管平台。建议重点加强对互联网诊疗服务的事前、事中和事后的动态监管，加强医务人员资质、诊疗行为、处方流转的监管，保障互联网医疗健康服务规范有序，确保医疗安全和质量，对不合规范的诊疗咨询行为进行预警和跟踪处理，对不良事件和患者投诉进行受理，确保群众健康权益。此外，要扩大医责险覆盖范围，将互联网医院相关业务纳入其中，以分担医疗风险，激励医务人员提供服务。

三是做好技术支撑和安全保障。重点包括三个方面。首先，要加大医疗部门数字基础设施建设投入，强化医疗信息系统建设，补齐乡村和基层医疗基础设施短板，加大人员培训，提升医师数字技能和素养。其次，做好技术支撑，加快出台诊疗数据采集规范、实现互联互通和信息共享、满足安全保障要求、完善互联网医院运行机制，对病人健康信息、就诊信息进行全程数据化管理，推进线上线下、院际共享数据，打破线上诊疗服务相关环节的数据壁垒。最后，制定医疗数据安全管理和开发利用办法，落实数据分级分类管理要求，依法保护数据安全。

马　源

参考文献

［1］马源，高太山，周健奇，马骏．数字经济营商环境：互联网医疗仍需包容审慎监管［R］．国务院发展研究中心《调查研究报告》（2020 年第 214 号）
［2］马源，马骏．从互联网医疗看监管制度改革创新［R］．国务院发展研究中心《调查研究报告》（2018 年第 74 号）

附表 1　我国“互联网＋医疗健康”主要文件及政策要点

发文单位	发文日期	文件名称	文号	政策要点
国务院办公厅	2015 年 3 月 30 日	《国务院办公厅关于印发全国医疗卫生服务体系规划纲要（2015—2020 年）的通知》	国办发〔2015〕14 号	1. 开展健康中国云服务计划，积极应用移动互联网、物联网、云计算、可穿戴设备等新技术，推动惠及全民的健康信息服务和智慧医疗服务，推动健康大数据的应用，逐步转变服务模式，提高服务能力和管理水平。 2. 积极推动移动互联网、远程医疗服务等发展。普及应用居民健康卡，积极推进居民健康卡与社会保障卡、金融 IC 卡、市民服务卡等公共服务卡的应用集成，实现就医“一卡通”。 3. 建立完善人口健康信息化标准规范体系。加强信息安全防护体系建设。实现各级医疗服务、医疗保障与公共卫生服务的信息共享与业务协同
国务院	2015 年 7 月 4 日	《关于积极推进“互联网＋”行动的指导意见》	国发〔2015〕40 号	1. 发展基于互联网的医疗卫生服务，支持第三方机构构建医学影像、健康档案、检验报告、电子病历等医疗信息共享服务平台，逐步建立跨医院的医疗数据共享交换标准体系。 2. 积极利用移动互联网提供在线预约诊疗、候诊提醒、划价缴费、诊疗报告查询、药品配送等便捷服务。 3. 引导医疗机构面向中小城市和农村地区开展基层检查、上级诊断等远程医疗服务。 4. 鼓励互联网企业与医疗机构合作建立医疗网络信息平台，加强区域医疗卫生服务资源整合，充分利用互联网、大数据等手段，提高重大疾病和突发公共卫生事件防控能力。 5. 积极探索互联网延伸医嘱、电子处方等网络医疗健康服务应用。鼓励有资质的医学检验机构、医疗服务机构联合互联网企业，发展基因检测、疾病预防等健康服务模式
中共中央、国务院	2016 年 10 月 25 日	《“健康中国 2030”规划纲要》		1. 发展基于互联网的健康服务。 2. 规范和推动“互联网＋健康医疗”服务，创新互联网健康医疗服务模式，持续推进覆盖全生命周期的预防、治疗、康复和自主健康管理一体化的国民健康信息服务。 3. 加强互联网健康服务监管

续表

发文单位	发文日期	文件名称	文号	政策要点
国务院办公厅	2018 年 4 月 28 日	《国务院办公厅关于促进“互联网 + 医疗健康”发展的意见》	国办发〔2018〕26 号	发展“互联网 +”医疗服务、创新“互联网 +”公共卫生服务、优化“互联网 +”家庭医生签约服务、完善“互联网 +”药品供应保障服务、推进“互联网 +”医保结算服务、加强“互联网 +”医学教育和科普服务、推进“互联网 +”人工智能应用服务等七方面，推动互联网与医疗健康服务融合，涵盖医疗、医药、医保“三医联动”
国务院办公厅	2019 年 5 月 23 日	《国务院办公厅关于印发深化医药卫生体制改革 2019 年重点工作任务的通知》	国办发〔2019〕28 号	1. 组织开展“互联网 + 医疗健康”省级示范区建设，支持先行先试、积累经验。 2. 继续推进全民健康信息国家平台和省统筹区域平台建设。改造提升远程医疗网络。 3. 指导地方有序发展“互联网 + 医疗健康”服务，确保医疗和数据安全
国家卫生健康委、中医药局	2018 年 7 月 17 日	《关于印发互联网诊疗管理办法（试行）等 3 个文件的通知》	国卫医发〔2018〕25 号	1.《互联网诊疗管理办法（试行）》。 ——互联网诊疗活动应当由取得《医疗机构执业许可证》的医疗机构提供。批准设置并同意其开展互联网诊疗的，在《设置医疗机构批准书》中注明同意其开展互联网诊疗活动。 ——医疗机构在线开展部分常见病、慢性病复诊时，医师应当掌握患者病历资料，确定患者在实体医疗机构明确诊断为某种或某几种常见病、慢性病后，可以针对相同诊断进行复诊。当患者出现病情变化需要医务人员亲自诊查时，医疗机构及其医务人员应当立即终止互联网诊疗活动，引导患者到实体医疗机构就诊。 ——医疗机构开展互联网诊疗活动应当严格遵守《处方管理办法》等处方管理规定。医师掌握患者病历资料后，可以为部分常见病、慢性病患者在线开具处方。在线开具的处方必须有医师电子签名，经药师审核后，医疗机构、药品经营企业可委托符合条件的第三方机构配送。 ——不得对首诊患者开展互联网诊疗活动。 2.《互联网医院管理办法（试行）》。 ——国家按照《医疗机构管理条例》《医疗机构管理条例实施细则》对互联网医院实行准入管理。

续表

发文单位	发文日期	文件名称	文号	政策要点
				——实施互联网医院准入前，省级卫生健康行政部门应当建立省级互联网医疗服务监管平台，与互联网医院信息平台对接，实现实时监管。 ——互联网医院应当严格遵守《处方管理办法》等处方管理规定。在线开具处方前，医师应当掌握患者病历资料，确定患者在实体医疗机构明确诊断为某种或某几种常见病、慢性病后，可以针对相同诊断的疾病在线开具处方。 3.《远程医疗服务管理规范（试行）》
国家卫健委、中医药管理局	2019 年 12 月 26 日	《关于印发医疗机构内部价格行为管理规定的通知》	国卫财务发〔2019〕64 号	1. 医疗机构应当设立价格管理委员会，委员会成员应当由医疗机构分管领导、价格管理部门及财务、医务、护理、医保、信息、药事、物资管理、医技、质控、设备、纪检监察等职能科室负责人组成，负责全院价格管理工作的领导、组织和决策。 2. 医疗机构要建立医疗服务成本测算和成本控制管理制度，在不断完善医疗机构和科室成本核算的基础上，建立健全医疗服务项目的成本测算制度。医疗机构要密切监测医疗服务成本和收入结构变化，主动向相关部门提出调整医疗服务价格的意见和建议。 3. 医疗机构要建立新增医疗服务价格项目管理制度，按照《医疗技术临床应用管理办法》（国家卫生健康委员会令第 1 号）及其他相关管理规范的规定，坚持新增医疗服务价格项目以技术准入（许可）为先的原则，进行新增医疗服务价格项目立项和价格申报
国家卫生健康委办公厅	2020 年 2 月 3 日	《国家卫生健康委办公厅关于加强信息化支撑新型冠状病毒感染的肺炎疫情防控工作的通知》	国卫办规划函〔2020〕100 号	1. 积极开展远程医疗服务。 ——充分发挥各省份远程医疗平台作用，鼓励包括省级定点救治医院在内的各大医院提供远程会诊、防治指导等服务，借助信息技术下沉专家资源，提高基层和社区医疗卫生机构应对处置疫情能力，缓解定点医院诊疗压力，减少人员跨区域传播风险。 ——充分发挥中国继续医学教育网等平台作用，通过远程教育方式开展新型冠状病毒自我防护、诊疗救治等培训，提高基层医务人员医疗服务和个人防护能力。 2. 规范互联网诊疗咨询服务。

续表

发文单位	发文日期	文件名称	文号	政策要点
				——依托各省级卫生健康委网站等公开规范渠道，集中汇聚已经注册审批的互联网医院、互联网诊疗平台及相关医院网站的服务链接并及时发布，便于群众及时获取相关疫情防控和诊疗服务信息。国家卫生健康委在委网站集中汇聚各省份服务链接。 ——积极组织各级医疗机构借助“互联网+”开展针对新型冠状病毒感染的肺炎的网上义务咨询、居家医学观察指导等服务，拓展线上医疗服务空间，引导患者有序就医，缓解线下门诊压力。 ——充分发挥互联网医院、互联网诊疗的独特优势，鼓励在线开展部分常见病、慢性病复诊及药品配送服务，降低其他患者线下就诊交叉感染风险
国家卫生健康委办公厅	2020 年 2 月 7 日	《国家卫生健康委办公厅关于在疫情防控中做好互联网诊疗咨询服务工作的通知》	国卫办医函〔2020〕112 号	1. 建立互联网诊疗服务平台。各省级卫生健康行政部门要统一建立全省的互联网医疗服务平台和新型冠状病毒肺炎防控服务管理平台，或依托各省级卫生健康行政部门官方网站等公开规范渠道，集中整合发布已经注册审批的互联网医院、互联网诊疗平台，便于群众及时获取相关诊疗服务信息。 2. 加强对各医疗机构开展互联网诊疗咨询服务的组织工作。各省级卫生健康行政部门组织动员省内具备条件的医疗机构，根据疫情防控工作的需要，针对发热患者，组织呼吸科、感染科、急诊医学科、重症医学科、精神卫生科及全科医生开展互联网诊疗咨询服务。 3. 具备条件的医疗机构应当充分利用本单位的互联网医院平台、互联网医疗服务平台、官方网站、官方新媒体平台等平台，开设新型冠状病毒肺炎、发热门诊等就诊咨询快速通道，开展针对新型冠状病毒肺炎的网上免费咨询、居家医学观察指导与健康评估等服务，引导患者有序就医、精准就医
国家卫生健康委办公厅	2020 年 2 月 21 日	《国家卫生健康委办公厅关于在国家远程医疗与互联网医学中心开展新冠肺炎重症危重症患者国家级远程会诊工作的通知》	国卫办医函〔2020〕153 号	1. 由国家远程医疗与互联网医学中心（中日友好医院，以下简称国家远程中心）承担新冠肺炎重症、危重症患者国家级远程会诊平台任务。 2. 各省级卫生健康行政部门要按照《远程医疗服务管理规范（试行）》和本通知要求，指导辖区内定点医院规范开展新冠肺炎重症、危重症远程会诊工作，进一步提高重症、危重症患者治愈效果

续表

发文单位	发文日期	文件名称	文号	政策要点
国务院应对新型冠状病毒肺炎疫情联防联控机制综合组	2020 年 2 月 26 日	《关于开展线上服务进一步加强湖北疫情防控工作的通知》	联防联控机制综发〔2020〕85 号	规范网上诊疗服务。依托国家卫生健康委网站等官方渠道，集中汇聚并发布已经注册审批的互联网医院、互联网诊疗平台及相关医院网站的服务链接。鼓励各地充分发挥互联网医院、互联网诊疗的独特优势，重点面向湖北患者在线开展部分常见病、慢性病复诊及药品配送服务，及时回应和满足当地群众基本就医需求。鼓励优质互联网医疗平台对接湖北省需求，协调在固定社区门口集中投放药品，解决群众居家观察期间买药不便问题
国家卫生健康委办公厅	2020 年 2 月 26 日	《关于进一步落实科学防治精准施策分区分级要求做好疫情期间医疗服务管理工作的通知》	国卫办医函〔2020〕162 号	1. 各地区要充分利用“互联网＋医疗”的优势作用，在疫情防控中积极做好互联网诊疗咨询服务。 2. 大力开展预约挂号、预约检查，合理分布预约时段，减少人群聚集，降低交叉感染风险。 3. 积极提供线上健康评估、健康指导、健康宣教、就诊指导、慢病复诊、心理疏导等服务，精准指导患者有序地去实体医院就诊。 4. 卫生健康行政部门要加强对互联网诊疗服务的监管，确保诊疗服务规范、科学、合理开展
国务院应对新型冠状病毒肺炎疫情联防联控机制	2020 年 3 月 20 日	《关于进一步推进分区分级恢复正常医疗服务工作的通知》	联防联控机制发〔2020〕35 号	1. 充分发挥互联网医疗优势。利用“互联网＋医疗健康”，大力推行预约挂号、预约检查、分时段就诊。 2. 探索开展先线上后现场的两次预检分诊模式，合理分流患者，引导有序就医、分时段就医。加强远程医疗服务，开展远程会诊、远程辅助诊断，为异地患者在当地看病就医提供技术支持。 3. 鼓励已注册审批的互联网医院开展线上慢性病复诊、诊疗咨询等服务，加强慢性病药品配送保障
国家卫生健康委办公厅	2020 年 5 月 8 日	《国家卫生健康委办公厅关于进一步推动互联网医疗服务发展和规范管理的通知》	国卫办医函〔2020〕330 号	各地要坚守医疗质量和患者安全底线，在开展任何试验探索时，不得突破现有法律法规和《国务院办公厅关于促进“互联网＋医疗健康”发展的意见》明确的有关规定，按照国家卫生健康委《关于印发互联网诊疗管理办法（试行）等 3 个文件的通知》要求，不断规范互联网诊疗和互联网医院的准入和执业管理，加强监管

续表

发文单位	发文日期	文件名称	文号	政策要点
国家卫生健康委、国家中医药管理局	2020 年 5 月 8 日	《关于做好公立医疗机构“互联网 + 医疗服务”项目技术规范及财务管理工作的通知》	国卫财务函〔2020〕202 号	1. 规范收费项目。省级卫生健康行政部门要按照全国统一的“互联网 + 医疗服务”项目技术规范，向社会公布允许在本地区实施的项目技术规范。各级公立医疗机构按照属地原则，严格执行本地区允许实施的项目技术规范（包含互联网诊察、远程监测、远程会诊、远程诊断 4 部分，共计 10 项）。在全国“互联网 + 医疗服务”项目技术规范外，医疗机构新增的“互联网 + 医疗服务”项目，须经省级卫生健康行政部门确认并公布，否则医疗机构不得申报价格和开展相关收费服务（特需医疗服务除外）。 2. 加强项目成本测算。省级卫生健康行政部门要研究制订医疗服务价格项目成本测算指导意见，建立健全成本测算管理办法，加强对医疗机构互联网价格项目成本测算工作的指导。医疗机构要加强项目成本测算能力建设，为“互联网 + 医疗服务”项目价格标准的制订和调整提供依据。 3. 规范收费行为。医疗机构应当根据患者的病情，优先在本省域内组织开展“互联网 + 医疗服务”，并向患者说明项目内容、收费标准等情况，征得患者同意。“互联网 + 医疗服务”由接诊医疗机构（指互联网诊疗活动中向患者提供诊疗服务的医疗机构和远程医疗服务活动中的邀请方）向患者收取医疗服务费用。接诊医疗机构按照协议向其他参与的机构（指远程医疗服务活动中的受邀方或提供第三方平台的机构等）支付费用。 4. 确定分配关系。开展“互联网 + 医疗服务”过程中涉及的医疗机构应当在不增加患者整体费用的前提下，自行协商确定医疗收入分配比例，签署约定协议。开展“互联网 + 医疗服务”过程中涉及医疗机构与提供第三方平台机构之间合作的，属于市场主体之间的行为，应当按照相关法律法规，以协议的形式约定相关主体间的权利和义务
国家卫生健康委办公厅	2020 年 5 月 21 日	《国家卫生健康委办公厅关于进一步完善预约诊疗制度加强智慧医院建设的通知》	国卫办医函〔2020〕405 号	1. 各省（区、市）要加快建立互联网医疗服务监管平台，优先建设具备监管和服务功能的平台，并依法依规加快对互联网诊疗和互联网医院的准入，推动互联网诊疗服务和互联网医院健康、快速、高质量发展。要进一步完善远程医疗制度建设，提高远程医疗服务利用率，推动远程医疗服务常态化，充分发挥远程医疗服务在下沉医疗资源、方便群众就近就医方面的积极作用。

续表

发文单位	发文日期	文件名称	文号	政策要点
				2. 各医院要进一步建设完善医院互联网平台，发挥互联网诊疗和互联网医院高效、便捷、个性化等优势，打通线上线下服务，在线开展部分常见病、慢性病复诊，积极联合社会力量开展药品配送等服务，不断丰富线上服务内涵，满足人民群众就医需求，缓解线下诊疗压力，为疫情防控和改善人民群众就医体验创造有利条件
国家卫生健康委办公厅、国家中医药管理局办公室	2020 年 12 月 17 日	《国家卫生健康委办公厅 国家中医药管理局办公室关于加强老年人居家医疗服务工作的通知》	国卫办医发〔2020〕24 号	1. 通过医联体、“互联网＋医疗健康”、远程医疗等将医疗机构内医疗服务延伸至居家，创新居家医疗服务方式。 2. 各地要充分借助云计算、大数据、物联网、智慧医疗、移动互联网等信息化技术，创新居家医疗服务模式，优化服务流程，实现服务行为全程追踪，为发展居家医疗服务提供技术支撑，实现“信息多跑路、患者少跑腿”
国家卫生健康委、国家医保局、国家中医药管理局	2020 年 12 月 4 日	《关于深入推进“互联网＋医疗健康”“五个一”服务行动的通知》	国卫规划发〔2020〕22 号	1. 互联网医院要与线下依托的实体医疗机构之间实现数据共享和业务协同，提供线上线下无缝衔接的连续服务。 2. 推进互联网诊疗服务，充分发挥互联网医院在基层医疗服务中的作用，引导重心下移、资源下沉，有序促进分级诊疗
国家卫生健康委办公厅	2021 年 6 月 15 日	《国家卫生健康委办公厅关于实施进一步便利老年人就医举措的通知》	国卫办医函〔2021〕311 号	1. 鼓励医疗机构发展互联网医疗服务，不断优化互联网医疗服务平台的界面设计和服务功能，简化网上办理流程，为老年人提供语音引导、人工咨询等服务。 2. 在发展互联网医疗服务的同时，结合老年人就医需求，保留挂号、缴费、打印检验报告等人工窗口。 3. 推动通过身份证、社保卡、医保电子凭证等多介质办理就医服务，鼓励在就医场景中应用人脸识别等技术。 4. 鼓励医疗机构通过医联体、互联网等手段将服务延伸至老年患者家中，按照《关于加强老年人居家医疗服务工作的通知》要求，通过家庭病床、上门巡视、家庭医生签约等方式，根据《居家医疗服务参考项目（试行）》结合实际优先开展需求量大、医疗风险低、适宜居家操作实施的技术和服务项目

续表

发文单位	发文日期	文件名称	文号	政策要点
国家卫生健康委医政医管局	2021 年 11 月 23 日	《关于互联网诊疗监管细则（征求意见稿）公开征求意见的公告》		1. 省级卫生健康主管部门应当建立省级互联网医疗服务监管平台，对辖区内开展互联网诊疗活动的医疗机构实现实时监管。 2. 医疗机构应当有专门部门管理互联网诊疗的医疗质量、医疗安全、药学服务、信息技术等，建立相应的管理制度，包括但不限于医疗机构依法执业自查制度、互联网诊疗相关的医疗质量和安全管理制度、患者安全不良事件报告制度、医务人员培训考核制度、患者知情同意制度、处方管理制度、电子病历管理制度、信息系统使用管理制度等。 3. 医师接诊前需进行实名认证，确保由本人接诊。其他人员、人工智能软件等不得冒用、替代医师本人接诊。各级卫生健康主管部门应当负责对在该医疗机构开展互联网诊疗的人员进行监管。 4. 医疗机构应当将开展互联网诊疗活动的医务人员信息与省级监管平台共享，包括身份证号码、照片、相关资质信息、执业地点、临床工作年限等必要信息。省级监管平台应当与医师、护士电子化注册系统对接，药师信息应当上传监管平台且可查询，有条件的同时与卫生监督信息系统对接。 5. 患者就诊时应当提供具有明确诊断的病历资料，如门诊病历、住院病历、出院小结、诊断证明等，由接诊医师判断是否符合复诊条件，并采集证明患者已经确诊的纸质或电子凭证信息。 6. 互联网诊疗病历记录按照门诊电子病历的有关规定进行管理，诊疗过程中的图文对话、音视频资料等应当全程留痕、可追溯，并向省级监管平台开放数据接口，保存时间不得少于 15 年
财政部	2021 年 11 月 15 日	《财政部关于印发〈事业单位成本核算具体指引——公立医院〉的通知》	财会〔2021〕26 号	1. 关于医疗服务项目成本核算，主要服务于医疗服务价格监管。目前，医疗服务收费按照各省级医疗服务价格主管部门制定的医疗服务价格项目执行，各地根据项目测算成本制定和调整相关项目价格。国家发展改革委、卫生健康委、中医药局曾于 2001 年印发了《医疗服务项目成本分摊测算办法（试行）》，规范医院、科室和服务项目成本测算。规范医疗服务项目成本核算，有助于更准确地反映医疗服务项目的实际成本，为科学合理地开展医疗服务价格监管提供依据。

续表

发文单位	发文日期	文件名称	文号	政策要点
				2. 关于病种和 DRG 成本核算，主要服务于制定医保支付标准。《国务院办公厅关于进一步深化基本医疗保险支付方式改革的指导意见》提出“2017 年起，进一步加强医保基金预算管理，全面推行以按病种付费为主的多元复合式医保支付方式。各地要选择一定数量的病种实施按病种付费，国家选择部分地区开展按疾病诊断相关分组（DRGs）付费试点，鼓励各地完善按人头、按床日等多种付费方式”。规范病种和 DRG 成本核算，有助于准确反映病种和 DRG 的实际成本，为确定包括医保基金和个人付费在内的收费、付费标准提供依据，促进医院控制医疗成本

第七章

共享出行：优化网约车新模式全链条监管

过去10多年来，以移动互联网、物联网、大数据、人工智能等为代表的新一代数字技术蓬勃发展，广泛渗透，与各行业各领域加速融合，催生出一大批数字经济新模式新业态，它们为经济发展注入新活力，带来了新风，但也引发了新旧模式的利益冲撞，甚至矛盾冲突，社会上要求强化监管创新的诉求越发强烈。共享出行就是这样一个新生事物，特别是网络预约出租车（下称“网约车”）这一新模式，另辟蹊径，进入公共交通领域后快速成长，在促进灵活就业、提高闲置座位利用效率方面也发挥了积极作用，受到了公众青睐，同时也带来监管摩擦，亟须以制度创新引领和保障网约车新模式的健康发展。

我国顺应共享出行新模式的发展需求，坚持问题导向，秉持包容审慎监管态度，自2014年以来陆续推出了一系列监管举措，已基本形成了涵盖事前事中事后的全周期、全链条监管体系，但随着网约车新模式的不断发展，最近陆续涌现出反垄断与反不正当竞争、“大数据杀熟”、平台抽取佣金过高、网络安全审查、从业者劳动权益保障等新问题。下一步仍要立足提升数字经济整体竞争力，促进新旧模式协同发展，在守住安全和服务底线的基础上，加快制度迭代创新步伐，提升政府数字治理能力，督促企业落实主体责任，更好地保障人民群众对差异化、高品质的出行期待和需求。本章重点结合网约车新模式，探讨其技术经济特点和监管需求，总结

2014 年以来我国加快监管制度创新的努力探索和进展，并针对当前面临的新挑战新问题，提出下一步监管制度创新的重点及政策建议。

一、网约车的技术经济特点

网约车是以移动互联网、大数据和人工智能技术为基础，将车辆资源、道路资源、驾驶员等与用户乘车需求进行精准匹配，向用户提供个性化的预约出行服务模式，大幅减少等待时间，改善乘客体验，较好地满足了乘客对高品质、多样化出行的需求。从技术经济特征讲，网约车迥异于街面上随机巡游的传统出租车，继续沿用传统的“数量管制 + 价格管制 + 服务管制 + 安全管制 + 属地化管理”等监管制度堪比“削足适履”，不利于新模式的培育壮大。

（一）与传统数量管制不同，网约车通过调动社会车辆满足预约需求，改变了车辆供需匹配模式

在传统巡游出租车模式下，巡游车辆与乘客的出行匹配主要靠街面招手、随机拦停，鉴于道路资源有限，自由进入巡游出租车市场又可能会导致供给过剩、车辆空驶、驾驶员收入下降和道路拥堵等一系列问题，国内外在出租车准入制度上，大多采取数量管制模式；一旦数量管制政策实施后，已经取得经营许可的在位企业又会阻挠投放更多的巡游出租车，以避免更多竞争。其结果是巡游出租车数量供给不足，例如国家统计局数据显示①，从 2006 年到 2015 年，我国巡游出租车数量仅由 93 万辆增长到 109 万辆（即使到 2020 年，全国巡游出租车仅为 113 万辆），10 年才增长 17%，远低于同期 121% 的国内生产总值（GDP）增长率，也低于 32% 的

---

① 国家统计局各年统计年鉴中“城市公共交通”表格，https：//data. stats. gov. cn/easyquery. htm？ cn = C01。

城镇人口增长率，打车难、驾驶员挑活捡活、黑车屡禁不绝等，在过去时常耳闻。网约车结合道路实时状况，推荐优选路线，向乘客提供约定时间、约定地点的出行服务，让盲目巡游变成预约出行。道路拥堵时，用户可选择是否用车，驾驶员也可选择是否出车，供需预约减少了盲目空驶和道路占用。此外，网约车形态的多样性（如拼车、顺风车等）还满足了不同群体、不同档次的出行需求，甚至替代一部分自驾需求、停车需求。

（二）与传统价格管制不同，网约车运用新一代数字技术，实现了面向乘客的动态透明定价

传统巡游出租车的流动性，决定了每一单交易都是一次性的，仅靠市场机制很难实现优胜劣汰。若用户每一次出行都就出行价格事宜与驾驶员进行讨价还价，除了交易成本高之外，还会出现绕道、宰客、事后扯皮等一系列监管难题。因此，为了提高乘车交易效率、保障公共交通服务水平，国内外普遍对巡游出租车实行政府定价，同时制定调价机制，例如允许各地结合当地经济发展、车辆成本、油气价格等变动情况，不定期调整乘车价格，但政府定价也有弊端，例如带来驾驶员在交通高峰时拒载短途乘客、趴窝等新问题。对比之下，网约车在用户开始预约时，就知晓乘车大致等待时间、费用区间预估、车辆和驾驶员信息、路线推荐选择等多维信息，让出行变得更加可预期；遇到极端天气、偏远地区时，网约车平台还可以根据出行供需缺口大小进行浮动定价，激励和调动更多车辆参与到运营中来。此外，一旦乘运完成，乘客还可以在线进行评价或投诉，最大限度杜绝宰客、索取高价等现象。

（三）与传统服务管制不同，网约车驾驶员更加珍惜口碑，更加注重提供高品质、高附加值服务

传统巡游出租车的特许经营决定了竞争程度有限、业务类型单一、服

务质量总体不高。而且，出租车公司与受雇驾驶员的利益并非完全一致，驾驶员面临每个月的“份子钱”压力，更关心个人收入高低，对于事关出租车公司形象的车辆清洁、礼貌待客等关注不够。考虑到出租车是城市“窗口”行业，政府部门针对巡游出租车制定了服务规范，但从过去多年来的媒体报道看，诸如拒载甩客、语言生硬、车内异味等现象也不时出现。与巡游出租车相比，网约车平台公司对接入的车辆、驾驶员普遍提出了明确要求，并基于多维信息，如乘客历史评价、驾驶员基本信息、历史驾驶行为等，构建起驾驶员信用评价机制。基于信用情况，在后续调度派单中，可以对口碑好的驾驶员多派单，激励网约车驾驶员相互比拼，提高服务水平，如保持车辆卫生、免费送水、开门迎接等，让乘客更舒心、更满意；反过来，对于信用不高的驾驶员，则减少派单机会，从经济上给予惩罚甚至禁止接入平台，由此形成守信激励失信惩戒的良性机制。

（四）与传统安全管制不同，网约车采取事前接入审核、事中监测驾驶行为、事后保险托底等保障安全出行

乘坐出租车出行关乎乘客生命财产安全。过去，考虑到用户对车龄、车辆性能、驾驶员技能、道路状况等了解不够，政府对传统巡游出租车的车辆、驾驶员进行严格审查；对于随机发生的安全事故，则通过保险机制来解决。网约车平台公司除了事前对入驻车辆、驾驶员进行背景审核，事后进行保险赔付之外，还具备传统巡游出租车所不具备的大数据能力，即利用实时定位信息、路况信息、行驶轨迹、驾驶行为等行驶全程大数据，还原出行全过程，助力有关部门执法。随着人们对安全出行的需求倍增，网约车平台公司也开始监控驾驶员是否存在疲劳驾驶、是否超速等违规行为，并及时予以语音提醒；同时，在用户 App 客户端也向乘客提供一键紧急求助、行程分享等应急功能，将安全隐患尽最大可能消灭于萌芽之中。

（五）与传统属地化管理不同，网约车依托互联网可在全国范围内提供调度匹配服务，带来协同监管需求

传统巡游出租车监管是地方政府职责。各地对巡游出租车的车辆颜色、车辆类型、定位装置、计价器具、经营地域等都予以监管，被监管对象也需在运营地区进行注册登记，如注册子公司或分公司并依法缴纳税费。网约车平台公司在一个城市注册总公司后，理论上讲，即可依托互联网向网络覆盖的任一个城市的驾驶员和用户提供约车匹配服务，是否仍需设立异地分支机构、安装定位装置（手机自带位置定位功能，如各类地图服务）、安装计价器具（后台可根据行驶轨迹自动计价）等就有了创新空间。这意味着，单纯从技术上讲，之前针对巡游出租车的监管制度，在应用到网约车新模式时，可以探讨是否调整制度。

与此同时，网约车新模式大量使用数字技术，不可避免地带来了一些之前未见过或想到过的新问题。例如，网约车平台公司要提供精准匹配服务，就需要采集乘客信息、出行轨迹等，加强个人信息保护、防止数据被滥用随之就成为公众心声，衍生出数据安全问题。又如，网约车平台在交通高峰、极端天气下的实时浮动定价，有利于调动车辆，但会产生很高的峰值价格，引起用户担忧。再如，网约车平台与驾驶员之间的劳动关系到底如何界定，是正式员工还是商业合作？网约车与传统巡游出租车直接的利益关系如何平衡，如何才能实现两者协同发展？如此种种，都是新模式成长和发展过程中，监管部门所必须回应的新热点。

二、网约车监管制度创新的努力和进展

自网约车新模式 2012 年在我国出现以来，各方面针对网约车这一新事物的纷争不断。为了维护出租车市场秩序，保障乘客及各方合法权益，我国加快探索并创新监管制度，及时回应社会关切，调整监管重点，基本形成了全周期、全链条监管框架。

（一）对网约车新模式的认识期（2016 年以前）

2012 年以来，我国出租车市场上出现了一类利用手机软件来预约出租车的新型商业模式。当时，包括滴滴、快的等在内的初创公司，大力度向出租车驾驶员推广 App 软件，提供出租车到达即时信息推送，开通预约、高峰加价、呼叫等待等功能。为适应手机软件召车等电召服务快速普及推广的新态势，2014 年 7 月交通运输部办公厅出台《关于促进手机软件召车等出租汽车电召服务有序发展的通知》（交办运〔2014〕137 号）①，文件肯定了“手机软件召车能够为乘客提供高效便利出行服务，有利于提高服务效率和服务水平”，要求各地加快推动城市出租汽车服务管理信息系统与手机软件召车服务系统实现信息共享和互联互通②，规定“发放驾驶员终端软件时，应当与城市出租汽车服务管理信息系统中相关信息进行比对，验证申请注册的驾驶员和车辆具备合法营运资格后方可予以发放”，目标是逐步实现各类出租汽车电召需求信息通过统一的城市出租汽车服务管理信息平台运转、全过程记录和播报③。对于违规发放驾驶员终端软件等行为，则要督促整改，乃至暂停使用手机召车软件。同时，还规定出租汽车电召服务收费应当符合当地的出租汽车运价管理规定，不得违反规定加价、议价，以保障乘客权益，维护市场秩序。这一时期，对网约车的认识尚局限于仅仅是一款召车软件，功能就是调度出租车，对应的监管导向

---

① “交通运输部办公厅关于促进手机软件召车等出租汽车电召服务有序发展的通知”，交通运输部官网 2014 年 7 月 17 日，https：//xxgk. mot. gov. cn/2020/jigou/ysfws/202006/t20200623_3315065. html。

② 交办运〔2014〕137 号文件第二条规定：“各地方交通运输主管部门要加快推动城市出租汽车服务管理信息系统与手机软件召车服务系统实现信息共享和互联互通。共享信息应当包括出租汽车车辆和驾驶员基本信息、地理位置信息、空重车信息、服务质量信誉考核信息，以及电召服务预约、派单、应答、服务和驾驶员服务质量评价等信息。通过信息同步等技术手段，逐步实现对出租汽车电召服务的完整记录、及时跟踪和全过程监管。”

③ 交办运〔2014〕137 号文件第四条规定：“各地方交通运输主管部门应当加强出租汽车电召服务的统一接入和管理，逐步实现各类出租汽车电召需求信息通过统一的城市出租汽车服务管理信息平台运转、全过程记录和播报，播报时并应明确召车需求信息的来源渠道。其中，手机软件召车需求信息可在城市出租汽车服务管理信息平台运转后推送至驾驶员手机终端播报，但平台运转不得影响手机召车软件的正当功能及良性竞争。”

就是将手机召车软件纳入各地的出租汽车服务管理信息系统中，实行统一管理，对这一新模式的潜在巨大影响估量不足。

（二）监管制度顶层设计期（2016～2018 年）

网约车新模式的蓬勃发展，对传统巡游出租车行业带来了巨大冲击，同时也暴露出承运人责任主体不明确、乘客安全和驾驶员权益得不到有效保障、个人信息泄露风险较高等突出问题。2016 年 7 月，国务院办公厅出台《关于深化改革推进出租汽车行业健康发展的指导意见》（以下简称《指导意见》），明确要求统筹发展巡游出租车和网约车，实行错位发展和差异化经营，提供品质化、多样化的运输服务；并将网约车车辆登记为"预约出租客运"，网约车的合法身份由此得以确认，当时这在全球范围内尚属于首创。《指导意见》还规定，网约车平台公司是运输服务的提供者，须具备线上线下服务能力，承担承运人责任和相应社会责任；驾驶员及其车辆应符合提供载客运输服务的基本条件；对网约车实行市场调节价，并就服务规范、价格行为、数据安全等提出要求。对于私人小客车合乘（也称为拼车、顺风车）这一业态，《指导意见》则规定，城市人民政府应鼓励并规范其发展，制定相应规定，明确合乘服务提供者、合乘者及合乘信息服务平台等三方的权利和义务。

随即，交通运输部等七部门联合下发《网络预约出租汽车经营服务管理暂行办法》（2016 年第 60 号令，以下简称《暂行办法》）①，就网约车的管理和运营作出专门规定②。在许可条件上，对网约车平台公司，不强调须拥有自有车辆，以适应其轻资产运行特征。在许可程序上，实行"两级工作、一级许可"，平台的线上服务能力由注册地省级相关部门一次认定、全国有效。在车辆性质和报废管理上，明确网约车车辆须登记为"预约出租客运"，属于营运车辆，鉴于网约车车辆使用强度低于传统巡游车，新

---

① "《网络预约出租汽车经营服务管理暂行办法》公布"，中国政府网 2016 年 7 月 28 日，http：//www. gov. cn/xinwen/2016－07/28/content_ 5095584. htm。

② "全球首个国家层面网约车管理办法出台　网约车合法啦"，中国政府网 2016 年 7 月 29 日，http：//www. gov. cn/zhengce/2016－07/29/content_ 5095722. htm。

制定了报废标准。在劳动合同管理上，考虑到平台与驾驶员签订劳动合同可能影响一些兼职驾驶员从事网约车运营，明确平台公司可根据工作时长、服务频次等特点，与驾驶员签订多种形式的劳动合同或协议，以适应灵活用工趋势。价格机制上，《暂行办法》提出网约车实行市场调节价，城市人民政府认为有必要实行政府指导价的除外。

为进一步细化落实《指导意见》和《暂行办法》两个顶层设计文件要求，在国家层面，由交通运输部牵头多个部门，针对网约车平台企业、车辆和驾驶员等监管对象，陆续出台了多个针对性文件。针对网约车平台企业，出台《关于网络预约出租汽车经营者申请线上服务能力认定工作流程的通知》（交办运〔2016〕143 号）①，规范平台经营者申请认定线上服务能力的跨部门工作流程；出台《关于印发〈网络预约出租汽车监管信息交互平台总体技术要求（暂行）〉的通知》（交办运〔2016〕180 号）②，明确网约车平台数据库接入网约车监管信息交互平台的流程和技术要求；出台《关于印发〈网络预约出租汽车监管信息交互平台运行管理办法〉的通知》（交办运〔2018〕24 号）③，规范网约车监管信息交互平台的数据传输、运行维护、数据质量测评等要求。针对网约车车辆，出台《关于网络预约出租汽车车辆准入和退出有关工作流程的通知》（交办运〔2016〕144 号）④，规范车辆准入和退出流程。针对网约车驾驶员，出台《关于改革出

---

① “交通运输部办公厅 工业和信息化部办公厅 公安部办公厅 中国人民银行办公厅 税务总局办公厅 国家网信办秘书局关于网络预约出租汽车经营者申请线上服务能力认定工作流程的通知”，交通运输部官网 2016 年 11 月 4 日，https://xxgk.mot.gov.cn/2020/jigou/ysfws/202006/t20200623_3315316.html。

② “交通运输部办公厅关于印发《网络预约出租汽车监管信息交互平台总体技术要求（暂行）》的通知”，交通运输部官网 2016 年 12 月 28 日，https://xxgk.mot.gov.cn/2020/jigou/ysfws/202006/t20200623_3315340.html。

③ “交通运输部办公厅关于印发《网络预约出租汽车监管信息交互平台运行管理办法》的通知”，交通运输部官网 2018 年 2 月 26 日，https://xxgk.mot.gov.cn/2020/jigou/ysfws/202006/t20200623_3315472.html。

④ “交通运输部办公厅关于网络预约出租汽车车辆准入和退出有关工作流程的通知”，交通运输部官网 2016 年 11 月 7 日，https://xxgk.mot.gov.cn/2020/jigou/ysfws/202006/t20200623_3315319.html。

租汽车驾驶员从业资格考试有关工作的通知》（交运发〔2017〕134 号）[①]，对全国公共科目考试与区域科目考试实行“两考合一”，优化精简公共科目考试题库和试题形式，上线全国公共科目在线测试平台，方便考生学习和备考；出台《关于切实做好出租汽车驾驶员背景核查与监管等有关工作的通知》（交办运〔2018〕32 号）[②]，规定背景核查的内容、流程、事中事后监管、部门协作等要求，严把驾驶员入口关。针对平台企业和驾驶员，出台《关于印发〈出租汽车服务质量信誉考核办法〉的通知》[③]，完善行业信用体系。这一系列文件给出了实施流程和办理要求，将《指导意见》《暂行办法》落到实处，让监管进入实操阶段，由此形成了“顶层设计 + 专门政策”的监管框架体系。

（三）监管制度细化完善期（2018 ~ 2021 年）

按照国家监管制度要求，各地也陆续出台了地方版的监管政策和实施细则。到 2018 年年中，全国已发放网约车平台经营许可证 70 余张，网约车车辆运输证 14 万本，网约车驾驶员证 23 万本，网约车新模式发展逐步迈入法治化轨道。但也出现了新业态纳入监管难、网约车合规化进程慢、部分平台公司经营行为不规范等新情况。特别是网约车具有“一点接入、全网服务”的技术特征，跨区域经营特点突出，需要上下联动、横向协调，协同保障行业健康稳定发展。2018 年 5 月，交通运输部、工业和信息化部、公安部、中央网信办等七部门联合出台了《关于加强网络预约出租

---

① “交通运输部关于改革出租汽车驾驶员从业资格考试有关工作的通知”，交通运输部官网 2017 年 9 月 8 日，https：//xxgk. mot. gov. cn/2020/jigou/ysfws/202006/t20200623_ 3315427. html。

② “交通运输部办公厅公安部办公厅关于切实做好出租汽车驾驶员背景核查与监管等有关工作的通知”，中国政府网 2018 年 3 月 4 日，http：//www. gov. cn/zhengce/zhengceku/2018 - 12/31/content_ 5446706. htm。

③ “交通运输部关于印发《出租汽车服务质量信誉考核办法》的通知”，中国政府网 2018 年 5 月 24 日，http：//www. gov. cn/xinwen/2018 - 05/24/content_ 5293136. htm。

汽车行业事中事后联合监管有关工作的通知》（交办运〔2018〕68 号）[①]，针对未取得许可从事网约车经营、线上线下车辆人员不一致、信息泄露、不依法纳税、不正当竞争、非法经营资金支付结算等涉嫌违法违规行为，实施联合监管[②]。2018 年 7 月，经国务院同意建立起交通运输新业态协同监管部际联席会议制度，成员包括交通运输部、中央宣传部、中央政法委、中央网信办、国家发展改革委、工业和信息化部、公安部等 11 个部门[③]，首次在国家层面建立起涵盖交通运输新业态的协同治理长效机制，以提高行业治理和应急处置能力。

特别需要指出的是，2018 年连续发生的“5·5 郑州”和“8·24 乐清”两起顺风车恶性案件，直接暴露出网约车平台公司落实运营安全责任不到位、乘客权益保障不到位，也要求进一步补充完善网约车监管制度。针对两起顺风车恶性刑事案件，交通运输部会同公安部联合出台《关于进一步加强网络预约出租汽车和私人小客车合乘安全管理的紧急通知》[④]：一是要求加强网约车和顺风车平台驾驶员背景核查，全面清退不符合条件的车辆和驾驶员，基本实现网约车平台公司、车辆和驾驶员合规化；二是督促平台落实安全生产和维稳主体责任，规范派单管理，不得向未经背景核查的驾驶员派单，对车辆和驾驶员一致性进行审查，加强个人信息保护，关闭顺风车平台社交功能等；三是健全完善投诉报警和快速反应机制，在

---

① “交通运输部办公厅 中央网信办秘书局 工业和信息化部办公厅 公安部办公厅 中国人民银行办公厅 国家税务总局办公厅 国家市场监督管理总局办公厅关于加强网络预约出租汽车行业事中事后联合监管有关工作的通知”，交通运输部官网 2018 年 6 月 5 日，https：//www. mot. gov. cn/zhengcejiedu/guanyujqwlyyczqchyszshlhjg/xiangguanzhengce/201806/t20180605_ 3029139. html。

② “健全多部门联合监管工作机制促进网约车行业规范健康发展——《关于加强网络预约出租汽车行业事中事后联合监管有关工作的通知》解读”，交通运输部官网 2018 年 6 月 5 日，https：//www. mot. gov. cn/zhengcejiedu/guanyujqwlyyczqchyszshlhjg/。

③ “国务院办公厅关于同意建立交通运输新业态协同监管部际联席会议制度的函”，中国政府网 2018 年 8 月 1 日，http：//www. gov. cn/zhengce/content/2018 – 08/01/content_ 5320160. htm。

④ “交通运输部办公厅 公安部办公厅关于进一步加强网络预约出租汽车和私人小客车合乘安全管理的紧急通知”，中国政府网 2018 年 9 月 10 日，http：//www. gov. cn/zhengce/zhengceku/2019 – 10/25/content_ 5444755. htm。

App显著位置设置“一键报警”，平台公司向公安机关提供技术接口、实时推送平台驾驶员、车辆注册数据及车辆位置、行驶轨迹、乘客信息等数据；四是对网约车平台、私人小客车合乘信息服务平台开展非法营运活动的，加大处罚力度，建立“双随机”抽查机制，切实履行法定监管职责。同时，交通运输部还会同中央网信办、工业和信息化部、市场监管总局等10部门组成联合检查组，对平台公司存在的重大安全生产隐患、影响公共安全和乘客人身安全的问题进行系统排查①，督促认真整改，消除安全隐患，严格落实企业安全生产主体责任和社会责任。

针对各地工作进展不平衡、平台主体责任落实不到位、出行安全未得到有效保障等突出问题，2018年12月交通运输部出台《关于进一步深化改革加快推进出租汽车行业健康发展有关工作的通知》（交办运〔2018〕163号）②。一方面，推动各地进一步贯彻落实《指导意见》，特别是制定网约车平台公司、车辆、驾驶员准入要求时，要按照《国务院关于在市场体系建设中建立公平竞争审查制度的意见》（国发〔2016〕34号）等有关规定，开展公平竞争审查，防止在源头上出现歧视性政策规定。另一方面，着力规范网约车行业健康发展，重点是加快网约车合规化进程，为符合准入条件的网约车平台公司、车辆和驾驶员办理许可提供便利；落实对注册车辆和驾驶员的安全和稳定主体责任，督促网约车平台公司按有关规定向网约车监管信息交互平台传输运营数据信息；平台公司则要切实承担承运人责任，消除安全隐患，保证运营安全和乘客合法权益。

在网约车发展过程中，还陆续出现了不少具体问题，政府部门及时回应关切，出台政策文件予以解决。在用户资金管理上，交通运输部会同中

---

① 2018年9月5日至15日期间，对滴滴出行等8家网约车、顺风车平台公司开展进驻式安全专项检查。

② “交通运输部办公厅关于进一步深化改革加快推进出租汽车行业健康发展有关工作的通知”，中国政府网2018年12月31日，http：//www.gov.cn/zhengce/zhengceku/2018-12/31/content_5444678.htm。

国人民银行等五部门出台《关于印发〈交通运输新业态用户资金管理办法（试行）〉的通知》（交运规〔2019〕5号）[①]，加强用户押金和预付资金管理，防范用户资金风险。在运输价格上，会同国家发展改革委出台《关于深化道路运输价格改革的意见》（交运规〔2019〕17号）[②]，要求网约车平台公司应主动公开定价机制和动态加价机制，并接受社会监督。在疫情防控上，出台《关于严格落实网约车、顺风车疫情防控管理有关要求的通知》（交联防联控机制发〔2020〕2号）[③]，防止通过网约车、顺风车扩散疫情。在维护驾驶员权益上，出台《关于维护新就业形态劳动者劳动保障权益的指导意见》（人社部发〔2021〕56号）[④]、《关于加强交通运输新业态从业人员权益保障工作的意见》（交运发〔2021〕122号）[⑤]，要求规范用工，明确劳动者权益保障责任。在公平竞争上，出台《关于维护公平竞争市场秩序加快推进网约车合规化的通知》（交运明电〔2021〕223号）[⑥]，针对部分平台公司招募或诱导未取得许可的驾驶员和车辆“带车加盟”，非法营运、扰乱市场秩序的行为，要求加快网约车合规化进程，维护市场秩序，保障各方合法权益。

① “交通运输部 人民银行 国家发展改革委 公安部市场监管总局 银保监会关于印发《交通运输新业态用户资金管理办法（试行）》的通知”，中国政府网 2019 年 5 月 17 日，http：//www. gov. cn/xinwen/2019－05/17/content_ 5392421. htm。

② “交通运输部 国家发展改革委关于深化道路运输价格改革的意见”，中国政府网 2019 年 11 月 21 日，http：//www. gov. cn/xinwen/2019－11/21/content_ 5454186. htm。

③ “关于严格落实网约车、顺风车疫情防控管理有关要求的通知”，交通运输部官网 2020 年 3 月 1 日，https：//xxgk. mot. gov. cn/2020/jigou/ysfws/202006/t20200623_ 3316072. html。

④ “人力资源社会保障部 国家发展改革委 交通运输部 应急部 市场监管总局 国家医保局 最高人民法院 全国总工会关于维护新就业形态劳动者劳动保障权益的指导意见”，中国政府网 2021 年 7 月 16 日，http：//www. gov. cn/zhengce/zhengceku/2021－07/23/content_ 5626761. htm。

⑤ “交通运输部 中央宣传部 中央网信办 国家发展改革委 公安部 人力资源社会保障部 国家市场监督管理总局 中华全国总工会关于加强交通运输新业态从业人员权益保障工作的意见”，交通运输部官网 2021 年 11 月 30 日，https：//xxgk. mot. gov. cn/2020/jigou/ysfws/202111/t20211130_ 3628783. html。

⑥ “交通运输部办公厅关于维护公平竞争市场秩序加快推进网约车合规化的通知”，中国政府网 2021 年 9 月 7 日，http：//www. gov. cn/zhengce/zhengceku/2021－09/09/content_ 5636 459. htm。

（四）全链条联合监管形成期（2021 年至今）

作为互联网和交通领域融合新模式，网约车的监管涉及诸多监管部门，包括中央网信办、公安部、工业和信息化部、中国人民银行、国家税务总局、市场监管总局等，这在《指导意见》《暂行办法》两个顶层设计文件以及配套政策实施细则中，都有明确体现。最近几年来，我国密集出台了《中华人民共和国民法典》《中华人民共和国网络安全法》《中华人民共和国数据安全法》《中华人民共和国个人信息保护法》，加上《中华人民共和国电信条例》《互联网信息服务管理办法》《计算机信息网络国际联网安全保护管理办法》等法律法规，以及《网络预约出租汽车经营服务管理暂行办法》等部门规章，这些法律制度共同为相关部门依法监管网约车新模式提供了上位法依据。

2022 年 2 月，交通运输部会同工业和信息化部、公安部、中国人力资源社会保障部、中国人民银行办公厅、税务总局、市场监管总局、网信办等八部门更新出台了《关于加强网络预约出租汽车行业事前事中事后全链条联合监管有关工作的通知》（交办运〔2022〕6 号）[①]，此文件重点完善了四方面要求。一是进一步完善联合监管工作机制，要求在各省及地市层面加快建立健全由交通运输部门牵头的交通运输新业态协同监管工作机制，提升联合监管能力。二是严把入口关，切实做好网约车驾驶员背景核查与监管工作，对运营中的违法违规行为，可依法采取 4 类处置措施：责令网约车平台公司暂停区域内经营服务、暂停发布或下架移动互联网应用程序（App）、停止互联网服务、停止联网或停机整顿。三是细化了对网约车平台公司实施联合监管的 8 类违法违规行为，例如，未取得网约车经营许可、向未取得许可的驾驶员或车辆派单、存在低价倾销或欺诈、对个人在交易条件上实行不合理的差别待遇、非法经营资金支付结算、危害网络

---

① "关于加强网络预约出租汽车行业事前事中事后全链条联合监管有关工作的通知"，中国政府网 2022 年 2 月 15 日，http：//www. gov. cn/zhengce/zhengceku/2022 -02/15/content_ 5673773. htm。

安全或数据安全、严重侵害驾驶员劳动保障权益等。四是明确了需要相关部门协同配合，实施4类处置举措的发起、上报和处置流程。

这一文件立足于落实党中央国务院关于推动平台经济规范健康持续发展的决策部署，特别是《国务院办公厅关于深化改革推进出租汽车行业健康发展的指导意见》（国办发〔2016〕58号）要求，重点结合近年来各地关于网约车新模式监管执法实践，对《关于加强网络预约出租汽车行业事中事后联合监管有关工作的通知》（交办运〔2018〕68号）进行了全方位修订，提出了覆盖事前事中事后的全链条监管机制，这标志着针对网约车新模式的全周期、跨部门联合监管机制已经基本成型。

三、我国网约车监管的主要特点和成效

从2014年到2022年，经过8年多的努力探索，尤其是针对网约车新模式发展中出现的新问题，加快填补制度空白，并持续迭代完善，目前，我国已经基本建立起框架相对定型、要点较为齐备的监管体系。按照监管对象来分别归纳，该监管制度的要点如下。

（一）网约车平台公司定位于提供高品质、差异化服务，是运输服务的提供者，实施准入许可

网约车是城市综合交通运输体系的重要组成部分，主要是定位于为广大群众提供个性化、高品质的运输服务。在网约车订单产生过程中，网约车平台公司主要提供了订单的线上撮合匹配、订单调度、信息推送等服务，具体的线下客运服务则是由注册在网约车平台上的一个个驾驶员来提供的。按照《2017年国民经济行业分类（GB/T 4754—2017）》①，将“互

① “2017年国民经济行业分类（GB/T 4754—2017）”，国家统计局官网2017年6月30日，http：//www. stats. gov. cn/xxgk/tjbz/gjtjbz/201710/t20171017_ 1758922. html。

联网约车服务平台”归类到“Ⅰ信息传输、软件和信息技术服务业→64 互联网和相关服务→643 互联网平台→6432 互联网生活服务平台[①]”。同时，《2017 年国民经济行业分类（GB/T 4754—2017）》又将“网络约车公司以及承揽网络预约客运的驾驶员的服务”归类到“G 交通运输、仓储和邮政业→54 道路运输业→541 城市公共交通运输→5413 出租车客运”。这充分说明网约车平台公司主要是提供信息技术服务，但不排除网约车平台公司也可以直接雇佣司机，向乘客提供出租车客运服务，或者说可以提供两类复合型服务。

网约车平台是网约车生态的核心载体，平台上注册了海量的车辆、驾驶员和用户，平台公司的派单规则直接决定着每个驾驶员的承运机会，平台的计程计价方式和佣金抽成直接决定着每个驾驶员的收入分成所得。此外，平台还熟知每个驾驶员的个人信息、驾驶习惯等。显然，网约车平台公司处于中心地位，对于保障乘客安全、维护行业秩序、提升政府治理能力至关重要。《国务院办公厅关于深化改革推进出租汽车行业健康发展的指导意见》（国办发〔2016〕58 号）规定，“网约车平台公司是运输服务的提供者”，应具备线上线下服务能力，承担承运人责任和相应社会责任。

为规范平台公司的经营行为，国家提出了全周期、全链条的联合监管要求。在事前工作上，主要是抓两方面，一方面严把能力关，要求平台公司必须通过多部门组织的线上服务能力认定，包括具备接入交通运输部网约车监管信息交互平台条件、服务器设置在中国内地、落实网络安全管理制度和安全保护技术措施等硬性要求，并按照《网络预约出租汽车监管信息交互平台总体技术要求（暂行）》，做好对接准备，满足行业监管需要；另一方面实施许可准入，要求平台公司，应根据经营区域向相应的出租车主管部门申请办理网络预约出租汽车经营许可证。从全国统计数据来看，

① 指专门为居民生活服务提供第三方服务平台的互联网活动，包括互联网销售平台、互联网约车服务平台、互联网旅游出行服务平台、互联网体育平台等。

从2018年6月到2022年3月，全国范围内发放的网约车平台经营许可证从70张快速增长到267张（见图1）。

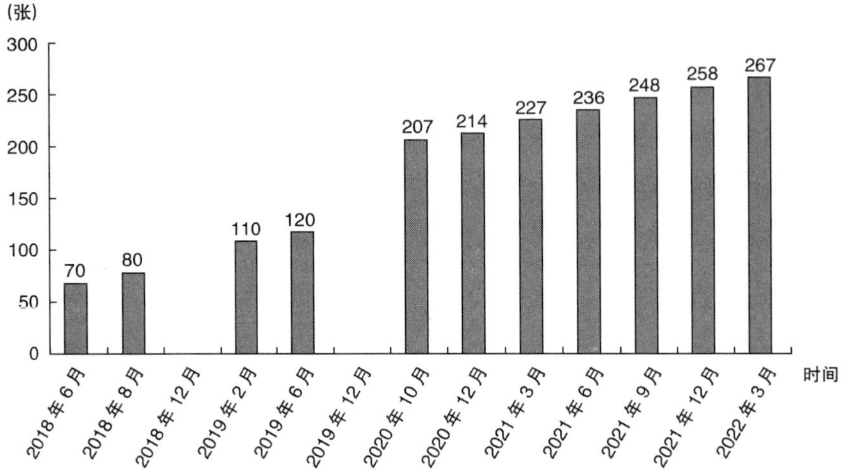

图1　全国网约车平台经营许可证数量

资料来源：交通运输部。

在事中事后监管上，监管重点要求网约车平台公司不得非法运营，或向未注册的车辆和驾驶员派单，即加快合规化进程。同时，针对服务规范、计程计价、市场公平竞争、个人信息保护、网络数据安全、信用监管、用户资金管理、乘车安全、劳动权益保障等重点监管职责，针对性出台了一系列规范性文件，特别是通过更新出台《关于加强网络预约出租汽车行业事前事中事后全链条联合监管有关工作的通知》，推动各地建立起交通运输新业态协同监管工作机制，并赋予执法部门可依据平台公司违法违规程度，采取暂停区域内经营、暂停发布或下架App、停止互联网服务、停止联网或停机整顿等不同处罚力度的处置措施，由此构成了涵盖事前事中事后的监管闭环。

（二）车辆是定位于经营性车辆，须符合运营安全相关标准要求，实施准入许可

网约车的车辆安全关系到乘客安全，车辆具体标准又关乎新旧业态的

错位发展、差异化程度。《指导意见》指出，“提供网约车服务的车辆，应符合提供载客运输服务的基本条件”。考虑到出租车管理是地方政府事权，《暂行办法》明确网约车车辆应变更为“营运载客车辆”，关于车辆的具体标准和营运要求，则交由地方出租车主管部门结合本地实际情况来制定。

在车辆准入方面，要求车辆拥有者申请取得网络预约出租汽车运输证，安装具有行驶记录功能的车辆卫星定位装置、应急报警装置，购置营运客车类相关保险。在车辆运行方面，网约车车辆的安全技术检验和环保检验，自注册登记之日起，5 年内每年检验 1 次，超过 5 年的，每 6 个月检验 1 次。在车辆退出方面，明确行驶里程达到 60 万千米时强制报废；行驶里程未达到 60 万千米，但使用年限达到 8 年时，可以退出网约车经营，转为社会车辆继续使用。为规范办理流程、优化服务，交通运输部出台《关于网络预约出租汽车车辆准入和退出有关工作流程的通知》（交办运〔2016〕144 号），简化程序，要求限时办理车辆登记或变更事宜。从全国数据来看，从 2018 年 6 月到 2022 年 3 月，全国发放的网约车车辆运输证从 14 万本增长到 163. 4 万本（见图 2），保持较快增长态势，2020 年已超过全国传统巡游出租车数量。

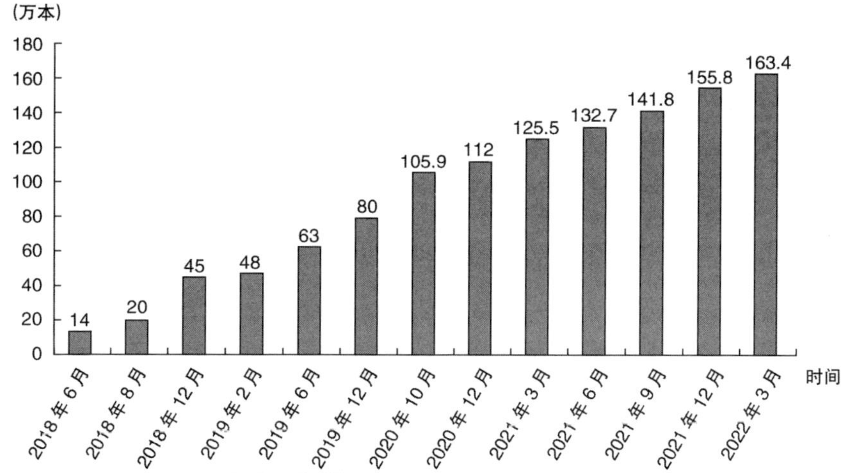

图 2　全国网约车车辆运输证数量

资料来源：交通运输部。

（三）驾驶员可签署多种形式劳动关系，须按规定通过考核，实施准入许可

网约车驾驶员来源广泛，为保障客运安全，《指导意见》要求驾驶员应符合提供载客运输服务的基本条件，同时要求网约车平台公司充分利用数字技术，强化驾驶员管理，不断提升乘车体验、提高服务水平。在《暂行办法》中，进一步细化了驾驶员的资格要求。一方面，要求驾驶员具备基本条件。主要是取得准驾车型驾驶证，具有3年以上驾龄，无交通肇事犯罪、危险驾驶犯罪记录，无吸毒记录，无饮酒后驾驶记录，无暴力犯罪记录，最近连续3个记分周期内没有记满12分记录。为规范驾驶员背景审核工作，2018年3月，交通运输部会同公安部下发《关于切实做好出租汽车驾驶员背景核查与监管等有关工作的通知》（交办运〔2018〕32号），由出租车主管部门将申请人的证明或承诺材料提供给同级公安机关进行审核。同时，在事中事后监管方面，由公安部门每季度核查持证驾驶员背景信息变化情况，确保满足驾驶员基本条件。

另一方面，驾驶员还需要向所在市级出租车主管部门申请网络预约出租汽车驾驶员证，参加考试并通过后，取得网约车驾驶员证。针对社会上一度反映考试难、通过率低等突出问题，交通运输部下发《关于改革出租汽车驾驶员从业资格考试有关工作的通知》（交运发〔2017〕134号），重点增强考试针对性、实用性，发布考试题库和在线测试平台有关信息，要求试题简洁明了、通俗易懂，减轻考生负担。通过上述举措，从2018年6月到2022年3月，全国范围内取得网约车驾驶员证件的人员从23万人增长到407.3万人，增加了16倍多，说明网约车驾驶员合规化进程在加快（见图3）。

四、网约车监管面临的新挑战新问题

伴随着网约车平台公司、车辆、驾驶员数量的快速增长，我国网约车

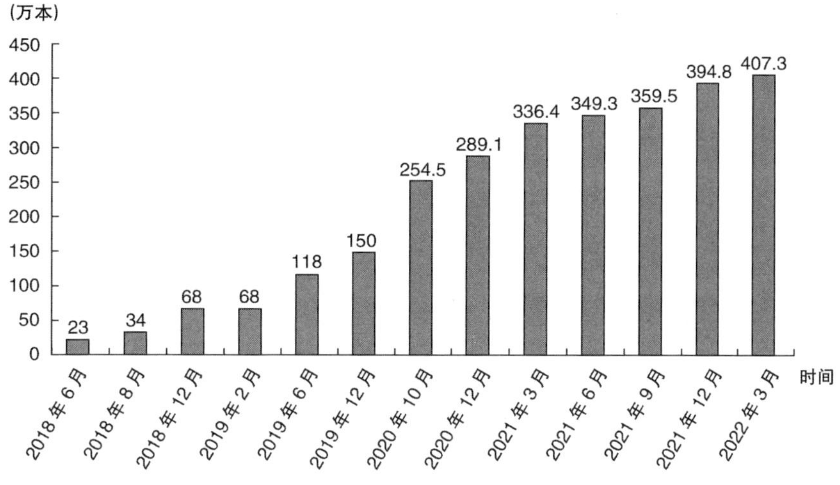

图3　全国颁发网约车驾驶员证数量

资料来源：交通运输部。

监管实施细则也还在不断充实、迭代完善之中。值得注意的是，这两年围绕网约车新模式的反垄断与反不正当竞争、平台抽取佣金过高、用户“大数据杀熟”、驾驶员劳动权益、网络和数据安全以及歧视性准入等新问题开始浮现，亟须纳入监管视野。

（一）实施经营者集中涉嫌垄断行为

平台经济具有显著的网络效应和规模经济，为了快速壮大自身规模，在资本助推下，领先平台企业通常采用兼并或收购策略，合并竞争对手，以资本来换取较短时间内提升市场份额。网约车新模式也不例外，2016年8月1日①，网约车市场订单份额最大的滴滴出行宣布与优步全球（Uber）达成战略协议，收购优步中国。滴滴出行和优步全球将相互持股，成为对

① 值得注意的是，2016年7月《国务院办公厅关于深化改革推进出租汽车行业健康发展的指导意见》印发，同月《网络预约出租汽车经营服务管理暂行办法》印发。

方的少数股权股东[①]。8 月 2 日商务部表示巨头合并前必须要通过反垄断审查[②]，而商务部尚未收到滴滴和优步中国相关交易的经营者集中申报[③]；9 月商务部称正对滴滴优步合并进行反垄断调查。2018 年 11 月，市场监管总局称正对滴滴优步合并案进行反垄断调查[④]。2020 年 12 月，中国出租汽车产业联盟致市场监管总局、交通运输部，呼吁市场监管总局继续对滴滴出行和优步中国合并案展开反垄断调查[⑤]。2021 年 7 月 7 日，市场监管总局对互联网领域 22 起违法实施经营者集中案件立案调查[⑥]，认定构成违法实施经营者集中，但不具有排除、限制竞争效果，为此对涉案企业分别处以上限 50 万元罚款，其中涉及与滴滴及其控股公司相关的案例有 8 起。但滴滴优步合并案时至今日尚无定论，各方面时常提及，这也反映业界对平台经济领域的垄断行为高度关注。

（二）针对乘客实施“大数据杀熟”行为

随着数字技术广泛应用，网约车平台公司一方面可以更好地利用数据匹配供需，给用户提供多样化、个性化需求，如提供不同车型、不同模

---

① 优步全球将持有滴滴 5.89% 的股权，相当于 17.7% 的经济权益，优步中国的其余中国股东将获得合计 2.3% 的经济权益。

② “滴滴优步合并案：商务部反垄断局已两次约谈滴滴”，人民网 2016 年 9 月 2 日，http://capital.people.com.cn/n1/2016/0902/c405954-28687756.html。

③ 按照《国务院关于经营者集中申报标准的规定》，经营者集中达到下列标准之一的，集中之前应当事先向反垄断部门申报。一是参与集中的所有经营者上一会计年度在全球范围内的营业额合计超过 100 亿元，并且其中至少两个经营者上一会计年度在中国境内的营业额均超过 4 亿元；二是参与集中的所有经营者上一会计年度在中国境内的营业额合计超过 20 亿元，并且其中至少两个经营者上一会计年度在中国境内的营业额均超过 4 亿元。

④ “国家市场监管总局：依据反垄断法及有关规定对滴滴收购优步案件进行调查”，国家市场监督管理总局官网 2018 年 11 月 16 日，https://www.samr.gov.cn/xw/xwfbt/201811/t20181116_278119.html。

⑤ “滴滴优步合并案再被举报，交通运输部提明年强化反垄断”，新浪网 2020 年 12 月 25 日，https://finance.sina.com.cn/tech/2020-12-25/doc-iiznctke8391426.shtml。

⑥ “市场监管总局依法对互联网领域二十二起违法实施经营者集中案作出行政处罚决定”，国家市场监督管理总局官网 2021 年 7 月 7 日，https://www.samr.gov.cn/xw/zj/202107/t2021 0707_332396.html。

式、不同价格的出行选择；另一方面从理论上讲，也可以利用乘客的消费惯性和忠诚度，隐蔽精准识别用户，实施“大数据杀熟”行为，如对同一时段、同一起止点的出行需求，对不同用户“区别对待”。2018 年 3 月，人民网报道有网民测试发现，同一段路程，打车软件对两部手机的报价却不一样，老用户比新用户的价格高；滴滴回应“滴滴平台上不允许价格歧视，打车价格更不会因人、因设备、手机系统而异”[①]。2021 年 3 月，复旦大学发布的《2020 打车软件调研报告（上）》指出[②]，滴滴“熟人”比“新人”打车更贵，苹果用户打车比安卓用户收费更高；滴滴客服回应“并不存在苹果手机打车贵的情况”。

为了治理“大数据杀熟”行为，2021 年 7 月市场监管总局发布《价格违法行为行政处罚规定（修订征求意见稿）》[③]，第 13 条规定对“大数据杀熟”的处罚力度，从绝对额罚款改为按比例罚款，情节严重的，可停业整顿甚至吊销许可。2021 年 9 月交通运输部出台《关于维护公平竞争市场秩序加快推进网约车合规化的通知》[④]，要求“依法严厉查处低价倾销、大数据杀熟、诱导欺诈等违法违规行为”。2022 年 2 月交通运输部等八部门联合出台《关于加强网络预约出租汽车行业事前事中事后全链条联合监管

---

① 对于造成“预估价”波动的原因，时任滴滴 CTO 张博给出三条解释：第一，每个行程的预估价是根据乘客定位、实时路况、预估行驶里程、时长计算预估的。这些变量都会影响预估价。其中，路况是最复杂的变量，变化非常快。第二，滴滴显示的预估价金额 = 预估价 - 优惠券抵扣金额。有一些网上的案例对比忽略了优惠券抵扣金额，因此造成误解。第三，乘客发单时所处的网络环境是复杂的，这都会影响用户的定位信息。即使同名的起点和终点，也会受 GPS 精确度影响，最终经纬度坐标产生细小误差，从而影响预估价的估算。http：//society. people. com. cn/n1/2018/0325/c1008 - 29887441. html。

② “2020 打车报告（上）：复旦教授团队打车 800 趟，平台延误是时间游戏?”，虎嗅网 2021 年 2 月 20 日，https：//www. huxiu. com/article/410483. html。

③ “市场监管总局关于对《价格违法行为行政处罚规定（修订征求意见稿）》公开征求意见的公告”，国家市场监管总局官网 2021 年 7 月 2 日，https：//www. samr. gov. cn/hd/zjdc/202107/t20210702_ 332196. html。

④ “交通运输部办公厅关于维护公平竞争市场秩序加快推进网约车合规化的通知”，中国政府网 2021 年 9 月 7 日，http：//www. gov. cn/zhengce/zhengceku/2021 - 09/09/content_ 5636459. htm。

有关工作的通知》[①]，将“存在低价倾销、欺诈、对个人在交易条件上实行不合理的差别待遇等违法违规行为”纳入违法违规行为，可开展全链条联合监管。但“大数据杀熟”的竞争影响比较复杂，至少牵涉竞争政策、消费者权益、个人数据保护以及反歧视等多项监管职责，如何统筹多项政策工具，推进监管细化还需要通过具体案例来明确。

（三）针对驾驶员的佣金抽成过高争议

按照《指导意见》《暂行办法》规定，网约车平台公司承担承运人责任，实行明码标价，并向乘客提供相应的出租汽车发票。但具体的运输活动由平台上注册的海量驾驶员提供，乘客将客票费用支付给平台公司后，平台公司要扣除一定的交易佣金（因为提供了订单匹配和调度服务），剩余部分则发给驾驶员作为收入。2019 年 11 月，交通运输部会同国家发展改革委出台《关于深化道路运输价格改革的意见》（交运规〔2019〕17 号），要求“网约车平台公司应主动公开定价机制和动态加价机制，通过公司网站、移动互联网应用程序（App）等方式公布运价结构、计价加价规则，保持加价标准合理且相对稳定，保障结算账单清晰、规范、透明，并接受社会监督”，主要是增强定价透明度。

2021 年 5 月，新华社刊发《网约车平台：请给公众一个解释》[②]，指出“一些网约车平台抽成超过 20%，有时甚至高达 50%”，认为“一些网约车平台利用其相对垄断地位，以提高服务费率等手段，从司机和乘客身上攫取高额利益，造成平台和用户之间的关系失衡”，引发社会舆论高度关注。针对这一舆情，5 月 7 日滴滴发布《滴滴网约车关于“抽成”的说

---

① “关于加强网络预约出租汽车行业事前事中事后全链条联合监管有关工作的通知”，中国政府网 2022 年 2 月 15 日，http://www.gov.cn/zhengce/zhengceku/2022-02/15/content_5673773.htm。

② “（新华热评）网约车平台：请给公众一个解释”，新华网 2021 年 5 月 7 日，http://www.xinhuanet.com/fortune/2021-05/07/c_1127414978.htm。

明》[①]，抽成高于30%的订单占总订单的2.7%，已在陆续排查之所以出现极端订单的原因，尽全力避免极端情况的出现。据我们研究[②]，横向来看，根据网约车服务类型、约车时间不同，国内平台对司机收入抽成分布在23%～30%，与国外同行大体持平。网约车平台作为营利性机构，可以收取佣金抽成来弥补成本支出，但佣金抽成的核算依据、考虑哪些因素，比例如何设定，平台、驾驶员和乘客利益如何平衡等，这些问题至今尚无明晰的解决方案。

（四）网约车驾驶员的劳动权益保障问题

网约车驾驶员注册在平台上，订单由平台公司派发、收入由平台分配，可以说驾驶员在很大程度上依附于平台，但驾驶员上线接单的时间可以自主决定，可以选择全职，也可以选择兼职，工作时间比较自由，与平台公司之间又没有存在严格意义上的劳动关系。《指导意见》提出“网约车平台公司要维护和保障驾驶员合法权益”的原则要求，《暂行办法》则要求“根据工作时长、服务频次等特点，与驾驶员签订多种形式的劳动合同或者协议，明确双方的权利和义务”，开展法律法规、职业道德、服务规范、安全运营等岗前培训。但近年来，关于这类灵活用工的劳动者权益如何保障开始成为社会热点。一是针对驾驶员的派单算法调度机制，如何避免司机陷在“算法系统”中，避免算法支配和侵害驾驶员权益，例如超时运输、不公平调度。二是针对可能出现的交通安全事故，如何给驾驶员提供意外伤害保障，从各地法院判决看，有的确认驾驶员与平台存在劳动关系，有的确认存在劳务关系，有的则认为是灵活用工，对应的保障责任是完全不同的，如何认定还需要进一步从立法司法上给出细则。三是围绕

---

① “滴滴回应‘抽成高’：高于30%的订单占2.7%”，新华网2021年5月9日，http://www.xinhuanet.com/techpro/2021-05/09/c_1127423452.htm。

② 马源、陈红宇：“引导平台企业降低商户综合费用的思路和建议”，国务院发展研究中心《调查研究报告》2021年7月，第201号（总6266号）。

司乘纠纷、费用纠纷、虚假投诉等，如何优化平台规则，避免司机在接单服务中受到不公平对待。对于这些问题，2021 年 11 月交通运输部等八部门出台《关于加强交通运输新业态从业人员权益保障工作的意见》（交运发〔2021〕122 号），力图健全从业人员权益保障制度，但后续仍需要在实践中不断细化。

（五）网约车合规化过程中的公平竞争审查问题

我国对网约车平台、车辆和驾驶员实施准入许可监管，同时考虑到出租车管理是地方事权，而且各地人口数量、经济发展、出租市场等存在较大差异，我国把网约车管理权下放给各地，并要求各地出台本地化的实施细则，如制定车辆的具体标准和营运要求。据不完全统计，对于网约车平台公司，大多数城市要求在当地有经营实体和团队，如注册分公司或子公司；对于车辆，多数地方从轴距、排量、价格、车龄、车长等方面提出了组合型限制性条件，甚至异化为对车辆的高准入门槛；对于驾驶员，除国家要求外，不少地方新附加了本地户籍、居住证等，这进一步压缩了车辆供给。

针对部分地方政府滥用行政权力，排除或限制市场竞争的行为，2016 年国务院出台《关于在市场体系建设中建立公平竞争审查制度的意见》（国发〔2016〕34 号）[①]，明确要求各地建立公平竞争审查制度，逐步清理废除妨碍全国统一市场和公平竞争的规定和做法。有些地方政府对网约车车辆、户籍的限制，就涉嫌行政过度干预市场，不利于发挥市场在资源配置中的决定性作用。2017 年，经反垄断部门干预，泉州、兰州两城市率先主动修订当地网约车车辆的有关规定，取消一些不合理限制[②]。2018 年 12

① “国务院关于在市场体系建设中建立公平竞争审查制度的意见”，中国政府网 2016 年 6 月 14 日，http：//www. gov. cn/zhengce/content/2016 – 06/14/content_ 5082066. htm。

② “中国青年报，泉州、兰州率先修订网约车管理细则 媒体：正当其时”，中国新闻网 2017 年 11 月 16 日，https：//www. chinanews. com. cn/sh/2017/11 – 16/8377653. shtml。

月，交通运输部出台《关于进一步深化改革加快推进出租汽车行业健康发展有关工作的通知》（交办运〔2018〕163号），强调各地在制定实施细则时，要开展公平竞争审查，纠正不符合公平竞争要求的有关规定，营造公平竞争的市场环境。

（六）大型平台企业的网络安全审查问题

网约车平台聚集了海量数据，涵盖了驾驶员、乘客在其平台上发布的信息内容、注册信息、身份认证信息、订单日志、上网日志、网上交易日志、行驶轨迹日志等不同类型的数据。2016年7月《暂行办法》出台伊始，就要求网约车平台公司应当加强安全管理，严格数据安全保护和管理，特别强调“所采集的个人信息和生成的业务数据，应当在中国内地存储和使用，保存期限不少于2年，除法律法规另有规定外，上述信息和数据不得外流”。2016年11月出台的《中华人民共和国网络安全法》第37条规定，“关键信息基础设施的运营者在中华人民共和国境内运营中收集和产生的个人信息和重要数据应当在境内存储”，2021年6月《中华人民共和国数据安全法》、2021年8月《中华人民共和国个人信息保护法》相继出台，这为规范平台数据处理活动，保障数据安全明确了法律义务。

在网约车领域，2021年6月30日滴滴在美国上市，7月2日网络安全审查办公室发布对“滴滴出行”启动网络安全审查的公告①，按照《网络安全审查办法》对“滴滴出行”实施网络安全审查，审查期间“滴滴出行”停止新用户注册。7月4日国家网信办发布通知，指出“滴滴出行”App存在严重违法违规收集使用个人信息问题，要求全国应用商店下架

① “网络安全审查办公室关于对‘滴滴出行’启动网络安全审查的公告”，国家互联网信息办公室官网2021年7月2日，http://www.cac.gov.cn/2021-07/02/c_1626811521011934.htm。

“滴滴出行”App[①]。7 月 5 日又发布公告[②]，对“运满满”“货车帮”“BOSS 直聘”启动网络安全审查。7 月 16 日国家网信办会同公安部、国家安全部、自然资源部、交通运输部、税务总局、市场监管总局等七部门联合进驻滴滴出行科技有限公司，开展网络安全审查[③]。2021 年 12 月 28 日国家网信公等 13 部门联合修订出台《网络安全审查办法》[④]，第 2 条指出“网络平台运营者开展数据处理活动，影响或者可能影响国家安全的，应当按照本办法进行网络安全审查”。2022 年 5 月 11 日滴滴发布美股公告[⑤]，称“如果不从纽交所退市，公司将无法完成审查和整改”“完成审查和整改后，公司才能恢复正常运营”。一年来，对 4 家平台企业的网络安全审查一直在推进，但如何审查仍是业界高度关注的新议题。

五、进一步加快健全监管制度的政策方向

过去 8 年来，我国根据网约车新模式的特点，立足统筹新老业态发展，统筹乘客、驾驶员和企业等各方利益，出台监管顶层设计，同时坚持问题导向，循序渐进、迭代完善监管政策实施细则。当前，网约车发展新遇到的问题，不仅仅是网约车这一种新模式的问题，而是分享经济、平台经济各类新模式所遇到的共性问题，需要从更深层次、更广视野着手，加快健全监管制度体系。

---

① “关于下架‘滴滴出行’App 的通报”，国家互联网信息办公室官网 2021 年 7 月 4 日，http：//www. cac. gov. cn/2021 －07/04/c_ 1627016782176163. htm。

② “网络安全审查办公室关于对‘运满满’‘货车帮’‘BOSS 直聘’启动网络安全审查的公告”，国家互联网信息办公室官网 2021 年 7 月 5 日，http：//www. cac. gov. cn/2021 －07/05/c_ 1627071328950274. htm。

③ “国家互联网信息办公室等七部门进驻滴滴出行科技有限公司开展网络安全审查”，国家互联网信息办公室官网 2021 年 7 月 16 日，http：//www. cac. gov. cn/2021 －07/16/c_ 1628023601191804. htm。

④ “网络安全审查办法”，中国政府网 2021 年 12 月 28 日，http：//www. gov. cn/zhengce/zhengceku/2022 －01/04/content_ 5666430. htm。

⑤ “Report of Foreign Private Issuer”，2022 年 5 月 11 日，https：//d18rn0p25nwr6d. cloudfront. net/CIK －0001764757/0a8b58da －be9b －4585 －8227 －d080d4122165. pdf。

（一）加强反垄断和反不正当竞争执法，维护公平竞争市场秩序

我国网约车市场已有200多家持牌企业，全国市场结构呈现出一家独大、少数地方市场则由其他企业主导的局面。为防止大型平台公司滥用市场支配地位，排挤和限制竞争，一方面要加强反垄断执法，重点是强化经营者集中行为的执法查处，尤其是"掐尖式"并购、"杀手型"并购，防范扼杀潜在竞争对手于萌芽状态；同时，加大对大型平台企业滥用支配地位，排挤或限制竞争的各类行为的执法力度。另一方面，针对部分地方网约车混战，或者以低于成本扰乱市场秩序的行为，要加快研究引用反不正当竞争法予以查处；同时，还要夯实平台企业主体责任，督促和引导平台企业树立公平竞争意识，主动作出公平竞争承诺，将竞争行为纳入信用考评体系。

（二）治理"大数据杀熟"既要强化竞争，又要加快完善监管制度

"大数据杀熟"行为广泛出现在各类平台经济新业态之中，需要从更全面、更综合的视角进行审视。"大数据杀熟"行为可能扩大市场总规模，提升社会总福利，加剧企业间竞争，但也带来不同用户群体间的福利再分配效应，甚至涉嫌违反市场交易中的公平原则和知情原则，对消费者权益造成实质损害。国际上看①，美国支持"差异化定价"（Differential Pricing）行为，监管关注的是不公平或欺诈性行为。欧盟认为可以从剥削性滥用角度监管，还可从数据保护和消费者保护方面监管。建议全面看待"大数据杀熟"的复杂性，充分考虑网约车市场竞争状况及其行为的实质影响。《中华人民共和国反垄断法》《中华人民共和国反不正当竞争法》《中华人民共和国价格法》《中华人民共和国消费者权益保护法》《中华人民共和国电子商务法》《中华人民共和国网络安全法》等已经从市场竞争、

---

① 经济合作发展组织（OECD）强调规范个性化定价要加强部门间配合，统筹用好竞争政策、消费者权益、个人数据保护和反歧视这四大政策工具。

价格监管、消费者保护、个人数据保护等方面提出了要求，建议围绕“大数据杀熟”行为，聚焦构成要件、行为认定、价格误导及欺诈、救济措施等关键议题，梳理和出台必要的部门规章或规范性文件；还要针对过度采集用户数据、侵犯隐私、算法歧视等问题加快弥补制度空白。

（三）推动平台企业抽成透明，合理降低收费综合水平

网约车平台企业抽成高低，直接关乎驾驶员的收入。要立足构建互惠互利、共存共生的数字生态，加快完善平台收费规则，一是推进收费透明，引导平台企业制定科学合理的抽成体系，公开抽成规则，按不同网约车服务类型，定期公布平台抽查收入占订单交易额的比重，供驾驶员参考和社会监督。二是规范定价程序，为防范平台企业滥用信息不对称优势，建议平台企业在调整收费项目和水平时，须事前征求驾驶员和广大乘客等多方意见，评估调价对各方影响程度并公开。三是推进算法透明，利用大数据监测驾驶员的抽成、奖励或激励举措，杜绝各种极端定价和极端抽成。四是对标国际经验，构建平台企业滥用行为的规制框架，特别是不公平高价和剥削性滥用行为的判定依据。中长期来说，要想降低抽成，根本还是强化平台竞争，通过市场竞争来制约高抽成行为。

（四）切实维护驾驶员各项合法劳动权益，促进和扩大灵活就业

我国取得许可的网约车驾驶员已超过400万人，且保持快速增长，从业人员最关心的就是合法权益保障问题。建议切实落实交通运输部等八部门联合印发的《关于加强交通运输新业态从业人员权益保障工作的意见》（交运发〔2021〕122号）。一是督促网约车平台企业依法为符合劳动关系情形的网约车驾驶员参加社会保险，引导和支持劳务关系、灵活用工人员参加相应的社会保险，鼓励网约车平台企业积极参加职业伤害保障试点。二是保障从业人员合理劳动报酬。持续关注驾驶员劳动报酬水平，引导形成合理收入预期，工会等要和平台公司协商驾驶员报酬规则并对外公布。

三是优化派单机制，提高运营效率，不得引诱超时劳动。此外，还要开展人文关怀以及劳动安全等培训活动。

（五）做好公平竞争审查，防止滥用权力，做好网络安全审查，守住安全底线

一方面，要强化公平竞争审查，促进新旧业态同台竞争。重点是针对限制市场竞争的地方政策，按照《国务院关于在市场体系建设中建立公平竞争审查制度的意见》《公平竞争审查制度实施细则》[①] 要求，切实做好公平竞争审查，提高涉及网约车相关监管的政策透明度，取消各种不合理、不平等、歧视性条款，评估各种与出行安全无关的轴距、车价、车排量等限制性指标，及涉嫌违反劳动权的户籍限制等要求。另一方面，要守住安全底线，既要通过技术标准和监管制度，又推动平台企业切实提升网络安全硬防护能力，健全网络安全内部管理制度，又同时考虑到网约车平台汇聚海量数据，平台处理数据活动涉及数据安全，尤其涉及跨境流出时，更是如此，为此必须健全网络安全审查制度，进一步明晰审查标准、程序和时限等，让市场主体更可预期。

（六）加强政企合作治理，提高政府服务意识，提升监管能力

网约车平台公司掌握了海量的主体数据和出行数据，拥有充分的信息优势。除了要求网约车平台公司向政府部门交换必要的监管数据外，还可以研究进一步深化政企合作，充分利用网约车平台公司的技术优势、人才优势、算力优势、算法优势和数据优势，通过政府购买服务等来服务提升政府监管能力。要不断深化网约车领域“放管服”改革，对于网约车领域的新创新，要秉持包容审慎态度，或者采取沙箱监管，取其所长、避其所

---

① “市场监管总局等五部门关于印发《公平竞争审查制度实施细则》的通知”，中国政府网 2021 年 7 月 8 日，http：//www. gov. cn/zhengce/zhengceku/2021 -07/08/content_ 5623453. htm。

短，支持新模式创新发展。在这方面，国际上这几年纷纷加大了政务数据开放步伐，以支持基于数据的业态创新和改善治理，建议响应网约车平台企业诉求，免费或低成本开放所须政务数据，如车辆、驾驶员、信用数据等，为平台实时管理入驻从业主体提供便利。最后，考虑到我国对网约车三要素实施准入许可，要简化申请程序、明晰办事指南，通过政府内部数据共享来减少材料需求，为市场主体和广大群众提供更加便捷的服务。

马　源

参考文献

[1] OECD, Personalised Pricing in the Digital Era [EB/OL]. https://www.oecd.org/daf/competition/personalised-pricing-in-the-digital-era.htm.

[2] 马源，马骏. 从网约车新模式看深化监管制度改革 [R]. 国务院发展研究中心《调查研究报告》(2018 年第 5 号)

附表 1 国务院关于网约车监管的主要文件（按时间排列）

发文单位	发文日期	文件名称	文号	政策要点
国务院办公厅	2016 年 7 月 28 日	《国务院办公厅关于深化改革推进出租汽车行业健康发展的指导意见》	国办发〔2016〕58 号	1. 明确出租汽车行业定位。 ——要统筹发展巡游出租汽车和网络预约出租汽车，实行错位发展和差异化经营，为社会公众提供品质化、多样化的运输服务。 2. 规范发展网约车和私人小客车合乘。 ——规范网约车发展。网约车平台公司是运输服务的提供者，应具备线上线下服务能力，承担承运人责任和相应社会责任。提供网约车服务的驾驶员及其车辆，应符合提供载客运输服务的基本条件。对网约车实行市场调节价，城市人民政府认为确有必要的可实行政府指导价。 ——规范网约车经营行为。网约车平台公司要充分利用互联网信息技术，加强对提供服务车辆和驾驶员的生产经营管理，不断提升乘车体验、提高服务水平。按照国家相关规定和标准提供运营服务，合理确定计程计价方式，保障运营安全和乘客合法权益，不得有不正当价格行为。加强网络和信息安全防护，建立健全数据安全管理制度，依法合规采集、使用和保护个人信息，不得泄露涉及国家安全的敏感信息，所采集的个人信息和生成的业务数据应当在中国内地存储和使用。网约车平台公司要维护和保障驾驶员合法权益。 ——规范私人小客车合乘。私人小客车合乘，也称为拼车、顺风车，是由合乘服务提供者事先发布出行信息，出行线路相同的人选择乘坐合乘服务提供者的小客车、分摊部分出行成本或免费互助的共享出行方式。私人小客车合乘有利于缓解交通拥堵和减少空气污染，城市人民政府应鼓励并规范其发展，制定相应规定，明确合乘服务提供者、合乘者及合乘信息服务平台等三方的权利和义务
国务院办公厅	2019 年 8 月 8 日	《国务院办公厅关于促进平台经济规范健康发展的指导意见》	国办发〔2019〕38 号	合理设置行业准入规定和许可。指导督促有关地方评估网约车、旅游民宿等领域的政策落实情况，优化完善准入条件、审批流程和服务，加快平台经济参与者合规化进程。对仍处于发展初期、有利于促进新旧动能转换的新兴行业，要给予先行先试机会，审慎出台市场准入政策。 推动完善社会信用体系。完善新业态信用体系，在网约车、共享单车、汽车分时租赁等领域，建立健全身份认证、双向评价、信用管理等机制，规范平台经济参与者行为

续表

发文单位	发文日期	文件名称	文号	政策要点
国务院办公厅	2020 年 7 月 31 日	《国务院办公厅关于支持多渠道灵活就业的意见》	国办发〔2020〕27 号	支持发展新就业形态。实施包容审慎监管，促进数字经济、平台经济健康发展，加快推动网络零售、移动出行、线上教育培训、互联网医疗、在线娱乐等行业发展，为劳动者居家就业、远程办公、兼职就业创造条件。合理设定互联网平台经济及其他新业态新模式监管规则，鼓励互联网平台企业、中介服务机构等降低服务费、加盟管理费等费用，创造更多灵活就业岗位，吸纳更多劳动者就业
国务院办公厅	2020 年 9 月 21 日	《国务院办公厅关于以新业态新模式引领新型消费加快发展的意见》	国办发〔2020〕32 号	进一步培育壮大各类消费新业态新模式。进一步支持依托互联网的外卖配送、网约车、即时递送、住宿共享等新业态发展
国务院办公厅	2020 年 11 月 24 日	《国务院办公厅印发关于切实解决老年人运用智能技术困难实施方案的通知》	国办发〔2020〕45 号	优化老年人打车出行服务。保持巡游出租车扬召服务，对电召服务要提高电话接线率。引导网约车平台公司优化约车软件，增设“一键叫车”功能，鼓励提供电召服务，对老年人订单优先派车。鼓励有条件的地区在医院、居民集中居住区、重要商业区等场所设置出租车候客点、临时停靠点，依托信息化技术提供便捷叫车服务
中共中央、国务院	2021 年 2 月 24 日	《国家综合立体交通网规划纲要》		有序发展共享交通，加强城市步行和自行车等慢行交通系统建设，合理配置停车设施，开展人行道净化行动，因地制宜建设自行车专用道，鼓励公众绿色出行
国务院	2021 年 12 月 9 日	《国务院关于印发“十四五”现代综合交通运输体系发展规划的通知》	国发〔2021〕27 号	引导和规范网约车、共享单车、汽车分时租赁和网络货运平台等健康发展，防止无序扩张
国务院	2022 年 1 月 27 日	《国务院关于印发“十四五”市场监管现代化规划的通知》	国发〔2021〕30 号	优化适应新经济发展的监管机制。探索创新符合平台经济、产业数字化、新个体、微经济、共享经济等新经济特点的监管模式，促进新经济健康有序发展。优化完善新产业新业态新模式登记注册服务。加强新经济监管工具创新供给，探索触发式监管机制，完善敏捷治理等新型监管模式。完善网约车、共享单车、汽车分时租赁、网络货运等交通运输新业态监管规则和标准。引导平台企业提升服务水平，吸引更多经营者线上经营创业

附表 2 交通运输部等部门关于网约车监管的主要文件（按时间排列）

发文单位	发文日期	文件名称	文号
交通运输部办公厅	2014 年 7 月 17 日	《交通运输部办公厅关于促进手机软件召车等出租汽车电召服务有序发展的通知》	交办运〔2014〕137 号
交通运输部、工业和信息化部、公安部、商务部、国家工商总局、国家质检总局、国家网信办	2016 年 7 月 28 日	《网络预约出租汽车经营服务管理暂行办法》	令 2016 年第 60 号
交通运输部	2016 年 8 月 4 日	《关于贯彻落实〈国务院办公厅关于深化改革推进出租汽车行业健康发展的指导意见〉的通知》	交运发〔2016〕135 号
交通运输部	2016 年 10 月 21 日	《关于发布〈网络预约出租汽车运营服务规范〉和〈巡游出租汽车运营服务规范〉2 项交通运输行业标准的公告》	
交通运输部办公厅、工业和信息化部办公厅、公安部办公厅、中国人民银行办公厅、国家税务总局办公厅、国家网信办秘书局	2016 年 11 月 3 日	《关于网络预约出租汽车经营者申请线上服务能力认定工作流程的通知》	交办运〔2016〕143 号
交通运输部办公厅	2016 年 11 月 7 日	《关于明确网络预约出租汽车服务许可证件式样的通知》	交办运〔2016〕136 号
交通运输部办公厅	2016 年 11 月 7 日	《关于网络预约出租汽车车辆准入和退出有关工作流程的通知》	交办运〔2016〕144 号
交通运输部办公厅	2016 年 12 月 28 日	《关于印发〈网络预约出租汽车监管信息交互平台总体技术要求（暂行）〉的通知》	交办运〔2016〕180 号
交通运输部	2017 年 9 月 8 日	《关于改革出租汽车驾驶员从业资格考试有关工作的通知》	交运发〔2017〕134 号
交通运输部办公厅	2018 年 2 月 13 日	《关于印发〈网络预约出租汽车监管信息交互平台运行管理办法〉的通知》	交办运〔2018〕24 号
交通运输部办公厅、公安部办公厅	2018 年 3 月 20 日	《关于切实做好出租汽车驾驶员背景核查与监管等有关工作的通知》	交办运〔2018〕32 号

续表

发文单位	发文日期	文件名称	文号
交通运输部	2018 年 5 月 24 日	《关于印发〈出租汽车服务质量信誉考核办法〉的通知》	交运发〔2018〕58 号
交通运输部办公厅、中央网信办秘书局、工业和信息化部办公厅、公安部办公厅、中国人民银行办公厅、国家税务总局办公厅、国家市场监督管理总局办公厅	2018 年 5 月 30 日	《关于加强网络预约出租汽车行业事中事后联合监管有关工作的通知》	交办运〔2018〕68 号
交通运输部办公厅、公安部办公厅	2018 年 9 月 10 日	《关于进一步加强网络预约出租汽车和私人小客车合乘安全管理的紧急通知》	交办运〔2018〕119 号
交通运输部办公厅	2018 年 12 月 12 日	《关于进一步深化改革加快推进出租汽车行业健康发展有关工作的通知》	交办运〔2018〕163 号
交通运输部、中国人民银行、国家发展改革委、公安部、国家市场监管总局、银保监会	2019 年 5 月 17 日	《关于印发〈交通运输新业态用户资金管理办法（试行）〉的通知》	交运规〔2019〕5 号
交通运输部、中央宣传部、国家发展改革委、工业和信息化部、公安部、财政部、生态环境部、住房和城乡建设部、国家市场监督管理总局、国家机关事务管理局、中华全国总工会、中国铁路总公司	2019 年 5 月 20 日	《关于印发绿色出行行动计划（2019—2022 年）的通知》	交运发〔2019〕70 号
交通运输部、国家发展改革委	2019 年 11 月 21 日	《关于深化道路运输价格改革的意见》	交运规〔2019〕17 号
交通运输部应对新型冠状病毒感染的肺炎疫情联防联控机制	2020 年 3 月 1 日	《关于严格落实网约车、顺风车疫情防控管理有关要求的通知》	交联防联控机制发〔2020〕2 号
交通运输部	2021 年 7 月 12 日	《关于〈关于修改《道路运输车辆动态监督管理办法》和《网络预约出租汽车经营服务管理暂行办法》的决定（征求意见稿）〉公开征求意见的通知》	

续表

发文单位	发文日期	文件名称	文号
人力资源和社会保障部、国家发展改革委、交通运输部应急部、国家市场监管总局、国家医保局、最高人民法院、全国总工会	2021 年 7 月 16 日	《关于维护新就业形态劳动者劳动保障权益的指导意见》	人社部发〔2021〕56 号
交通运输部、公安部、财政部、自然资源部、农业农村部、文化和旅游部、国家乡村振兴局、国家邮政局、中华全国供销合作总社	2021 年 8 月 13 日	《关于推动农村客运高质量发展的指导意见》	交运发〔2021〕73 号
交通运输部办公厅	2021 年 9 月 7 日	《关于维护公平竞争市场秩序加快推进网约车合规化的通知》	交运明电〔2021〕223 号
交通运输部	2021 年 11 月 2 日	《关于印发〈综合运输服务“十四五”发展规划〉的通知》	交运发〔2021〕111 号
交通运输部、中央宣传部、中央网信办、国家发展改革委、公安部、人力资源社会保障部、国家市场监督管理总局、中华全国总工会	2021 年 11 月 17 日	《关于加强交通运输新业态从业人员权益保障工作的意见》	交运发〔2021〕122 号
国家发展改革委、国家市场监管总局、中央网信办、工业和信息化部、人力资源和社会保障部、农业农村部、商务部、中国人民银行、国家税务总局	2021 年 12 月 24 日	《关于推动平台经济规范健康持续发展的若干意见》	发改高技〔2021〕1872 号
交通运输部办公厅、工业和信息化部办公厅、公安部办公厅、人力资源和社会保障部办公厅、中国人民银行办公厅、国家税务总局办公厅、国家市场监管总局办公厅、国家网信办秘书局	2022 年 2 月 7 日	《关于加强网络预约出租汽车行业事前事中事后全链条联合监管有关工作的通知》	交办运〔2022〕6 号
交通运输部办公厅	2022 年 3 月 22 日	《关于进一步做好当前道路客运及城市交通领域新冠肺炎疫情防控有关工作的通知》	交运明电〔2022〕60 号

第八章

人工智能算法：透明度和可解释性逐步成为先行条件

人工智能算法的透明度和可解释性，是决定人工智能安全感、信赖感、认同度的前提条件，甚至未来将影响到人类的主导地位。这是人工智能发展中无法回避的重要科技伦理问题。

一、人工智能算法的可解释性

2016 年以来，以机器学习（machine learning），尤其是深度学习（deep learning）为代表的新一代人工智能技术不断朝着更加先进、复杂、自主的方向发展，这给经济和社会发展带来了新的变革性机遇。

人工智能应用迎来“物种大爆发”，日益渗透各行各业和人类生活的方方面面，有望塑造新型的经济和社会形态。

与此同时，科技伦理也日益成为当前人工智能技术发展与产业应用中的“必选项”，各界纷纷探索人工智能伦理原则、框架、治理机制等。科技伦理的一个核心议题就是人工智能的透明度与可解释性（transparency and explainability）。

2021 年 11 月，联合国 UNESCO 通过的首个全球性的人工智能伦理协议《人工智能伦理建议书》（*Recommendation on the Ethics of Artificial*

Intelligence），提出的十大人工智能原则就包括“透明性与可解释性”，即算法的工作方式和算法训练数据应具有透明度和可理解性。[①]

虽然并非所有的人工智能系统都是“黑盒”（black box）算法，并非比非人工智能技术、传统软件或人工程序更加不可解释，但就当前而言，机器学习模型尤其是深度学习模型往往是不透明的，难以为人类所理解的。未来，人工智能的持续进步有望带来自主感知、学习、决策、行动的自主系统。然而，这些系统的实际效用受限于机器是否能够充分地向人类用户解释其思想和行动。如果用户想要理解、信任、有效管理新一代的人工智能伙伴，人工智能系统的透明性与可解释性就是至关重要的。因此，近年来，可解释人工智能（Explainable Artificial Intelligence，XAI）成为人工智能研究的新兴领域，学术界与产业界等纷纷探索理解人工智能系统行为的方法和工具。

（一）机器学习模型的可解释性挑战

作为引领人工智能技术加速变革的重要法宝，机器学习是一把双刃剑。一方面，它可以帮助人工智能摆脱对人为干预和设计的依赖，凭借自身强大的数据挖掘、训练和分析能力，完成算法模型的自主学习和自我更迭，使人工智能在学习思维上无限接近于人类大脑，也被认为是人工智能由弱人工智能迈向强人工智能形态的关键性因素。更深入地说，深度学习即深度神经网络算法（deep neural network）是 21 世纪人工智能发展的“制胜法宝”。神经网络的特征在于，其无须经过特定的编程，就能自动从偌大的数据库中学习并构建自身的规则体系。这样的自动生成逻辑是算法工程师的福音，能够极大地解放他们的生产力，并且可以适用于更加多元化的应用场景，形成 AI 的自主学习、自我创造以及自动迭代机制。

另一方面，机器学习又日益暴露出人工智能在自动化决策（automated

---

① https：//en. unesco. org/artificial-intelligence/ethics.

decision-making）中的伦理问题和算法缺陷。实际上，如同一个硬币的两面，深度学习算法既有其先进、独特的更迭优势，又有着无可回避的难解释性和黑箱性。在深度学习领域，基于人工神经网络结构的复杂层级，在人工智能深度学习模型的输入数据和输出结果之间，存在着人们无法洞悉的“隐层”，深埋于这些结构底下的零碎数据和模型参数，蕴含着大量对人类而言都难以理解的代码和数值，这也使得人工智能的工作原理难以解释。因此，深度学习也被称为“黑盒”算法。这些所谓的“黑盒”模型可能过于复杂，即使是专家用户也无法完全理解。早在 1993 年，学者 Gerald Peterson 就指出，除非人类能够说服自己完全信任这项技术，否则神经网络算法将不会被应用于关键领域，而增进信任的核心在于使人类能够理解人工智能的内部运行原理。该论断直到今天都仍为人们所接受和认同。

因此，神经网络的可解释性问题被认为是近 30 年来人工智能技术的重点攻关方向。同时，对神经网络算法的解释困境也使机器学习陷入了人工智能的寒冬期。[①] 在此背景下，XAI 的命题被提出，旨在解决深度学习算法所带来的解释性问题。从可解释人工智能的缘起和发展进程来看，随着深度学习算法逐渐被人们奉为圭臬，XAI 成为深度学习的“开箱者”，逐渐走进公众的视野，也为人们带来了开启算法解释大门的“金钥匙”。

（二）可解释人工智能的意义

透明性与可解释性是对人工智能系统的基本要求，是实现其他伦理价值的必要前提，但也需要与隐私、安全等其他原则进行平衡。综合来看，透明、可解释人工智能具有以下意义。

第一，帮助用户增强对人工智能系统的信心与信任。对人工智能的自动决策提供一个解释，可以在很大程度上增进人们对人工智能系统的信心

---

① Flexible and Context-Specific AI Explainability: A Multidisciplinary Approach, https://papers.ssrn.com/sol3/papers.cfm?abstract_id=3559477.

与信任，尤其是在预测的准确性与合理性方面。用户寻求解释的目的多种多样，包括深入学习、与社会良性互动、分配责任等。通过对算法决策的解释，一方面能够保障公众基本的知情权和同意权，另一方面也有利于增强公众对人工智能产品的信心与信任。而且缺乏透明度可能阻碍人工智能系统的可用性。

第二，防止偏见，促进算法公平。可解释人工智能旨在对算法黑箱、算法失灵等问题作出回应，赋予用户对算法决策机制的知情权等，通过算法透明化机制倒逼开发者、提供者采取有效的措施防范算法歧视、决策偏差等问题，从而促进算法公平，实现科技向善。

第三，满足监管标准或政策要求。透明度或可解释性对于行使围绕人工智能系统的法律权利、证明产品或服务符合监管标准，以及帮助解决有关责任的问题具有重要意义。在满足监管标准的条件下，可解释人工智能将摆脱决策合法性的质疑，能够更加高效无误地执行特定事务，而无须担忧决策结果是否会引发政府的干预和制裁，从而提升决策的效率。此外，人工智能可解释性对于确保问责（accountability）也至关重要，至少可以为质疑人工智能系统的输出、结果提供基础。

第四，理解和验证人工智能系统的输出，推动系统设计的改进。可解释性可以帮助开发人员探究、分析人工智能系统以某种方式产出某种结果的原因，并对人工智能系统的输出进行验证，进而帮助开发人员理解人工智能系统，作出正确的决定，在此基础上对人工智能系统作出改进。例如，在自动驾驶汽车中，可以了解系统为什么以及如何发生故障；在医疗保健领域，可以帮助医疗人员理解结果，研发人员可以跟踪系统故障等。总之，可解释性能够为研发人员提供更好的审计路径和问责机制，助力人工智能系统的升级更迭。

第五，帮助评估风险、鲁棒性和脆弱性。欧盟委员会设立的人工智能高级别专家组在 2018 年 12 月发布了《可信人工智能伦理指南（草案）》，其中提出可信人工智能需要满足鲁棒性（robustness），即可信人工智能应当避免造成无意的损害或负面影响。因此，有必要对人工智能系统的运作程序进行风险评估，特别是当人工智能系统部署在一个全新的环境中，而人工智能的可解释性可以帮助开发人员了解系统是否容易以及可能会如何受到对抗性攻击等。

（三）可解释人工智能与透明度、问责制

对可解释人工智能的讨论往往离不开两个关联概念，即透明度（transparency）和问责制（accountability）。概言之，透明度是可解释人工智能的主要目标，而可解释性是实现透明度的一种方式；问责制是可解释人工智能的必要保障机制，而可解释性主要是为了确保能够问责。联合国《人工智能伦理建议书》也指出，透明性、可解释性与责任（responsibility）、问责措施（accountability measures）、人工智能系统的可信性等密切相关。

具体而言，在人工智能中，透明度是指对外提供人工智能算法的内部工作原理，包括人工智能系统如何开发、训练和部署，以及披露人工智能相关活动，以便人们可以进行审查和监督。透明度并不一定意味着基础信息能被人们理解，其仅能保证信息的原始性和真实性。要想让人们理解系统的透明信息，还需要解释机制将信息予以描述和说明。总之，透明度的目的是为相关对象提供适当的信息，以便他们理解和增进信任。

需要特别说明的是，透明度并不代表要将所有系统信息或背后的数据集都予以公开，全部公开反而可能带来严重的安全风险，对于增进人工智能责任和打造人工智能信任机制几乎没有助益。例如，单纯披露源代码（source code）、训练数据集或单个用户的数据，对于人们理解人工智能系统决策机制并无助益，但可能让人工智能系统陷入被滥用或被篡改的境地，也可能给用户隐私与企业的知识产权带来侵权风险。政策制定需要考虑透明度要求与其他重要目的（如效率、安全、隐私、网络安全等）的平衡，实现各种原则之间的友好协调。正因如此，欧盟、美国在立法上并没有要求科技公司披露人工智能系统的全部信息。联合国《人工智能伦理建

议书》也指出，在存在对个人权利产生不利影响的严重威胁的情况下，透明度要求可能还包括共享代码或数据集。

关于可解释性与问责制，根据经合组织的说法，问责制是指让适当的组织或个人承担人工智能系统正常运作的责任的能力。问责制处于人工智能伦理层次结构的顶端，其他人工智能伦理目标都要为之作出贡献。在人工智能可解释的思路下，问责制要求人工智能具备一些理想的特征，如尊重人类价值和公平性、透明度、稳健性和安全性等原则。[①] 人类价值和公平性要求对人工智能系统进行灵活的、针对特定背景的解释。可以说，可解释人工智能的核心目标之一就是确保能够对人工智能系统进行问责。

总之，人工智能的透明度、可解释性本身不是最终目的，而是实现其他目的（如问责）的手段和前提条件。因此，在设计可解释性与透明度要求时，监管者需要考虑其最终所要实现的目标是什么，在特定情境下人工智能可解释性要求如何更好地匹配这些目标，以及如何设计程序才能够更好地实现人工智能的可追溯和可追责，这些都是在追求可解释人工智能时需要予以特别考虑的重要问题。

（四）可解释人工智能的两个维度

对于人工智能的可解释性的定义，联合国《人工智能伦理建议书》指出，可解释性是指让人工智能系统的结果可以理解，并提供阐释说明。人工智能系统的可解释性也指各个算法模块的输入、输出和性能的可解释性及其如何促成系统结果。对于可解释性的具体认定，美国国家标准与技术研究院（NIST）提出了解释人工智能决策的四项基本原则，分别是：（1）人工智能系统应该为其所有输出结果提供相应的证据或理由；（2）系统应该对个人用户提供有意义/可理解的解释；（3）该解释正确地反映了系统生

---

① OECD：Artificial Intelligence in Society，https：//www. oecd. org/publications/artificial-intelligence-in-society-eedfee77-en. htm.

成输出结果的过程；（4）系统只在其设计的条件下运行，或者说系统对其输出结果应该有足够的信心，否则就不应该向用户提供决策。

一般而言，可以从两个角度对人工智能的可解释性进行理解，一是要理解算法本身，也就是要对人工智能的系统功能（system functionality）进行全局解释（global interpretability）；二是要理解算法的特定输出，也就是要对人工智能运作中的特定决策（specific decision）进行局部解释（local interpretability）。从技术角度来看，全局可解释性能够基于完整数据集上的依赖（响应）变量和独立（预测变量）特征之间的条件交互来解释和理解模型决策。[①] 局部可解释性更加关注模型中的单条样本或一组样本。通俗来讲，如果让人工智能对一张人脸识别图进行解释，前者能够回答“人脸是什么样的”，后者回答的是“为什么这是一张人脸”。因此，全局可解释性立足于人工智能的整体功能进行解释，而局部可解释性立足于人工智能的具体功能进行解释。从不同的维度进行解释，用户接收和理解到的信息也会有所差别。

1. 局部可解释性

局部可解释性的关键在于对个案采用特定化、情景化的解释方法，让人工智能系统的用户群体能够充分接收并理解特定决策的生成路径。从要素组成来看，特定决策的局部可解释性应涵盖以下内容：决策依据的规则、主要参考因素、各类因素的权重占比、决策中参考或者引用的信息来源。[②] 在这些局部解释因素提供的支撑下，XAI 能够对特定决策下用户最为关心的问题进行解释和说明。例如，作出决策的主要影响因素是什么，改变模型中的某个因素是否会改变最终的决策，相似的模型案例得出不同

---

① A Survey of Methods for Explaining Black Box Models，https：//arxiv. org/abs/1802. 01933.

② SandraWachter，Brent Mittelstadt，Luciano Floridi：Why a right to explanation of automated decision-making does not exist in the General Data Protection Regulation，https：//papers. ssrn. com/sol3/papers. cfm？abstract_ id＝2903469.

决策的原因是什么，不同的模型案例得出相同的决策的原因是什么等。①这些问题直接关系着AI系统的用户能否充分理解算法的决策机制，也影响着决策过程及结果的公平性。

2. 全局可解释性

全局可解释性是为了解释模型的全局输出，需要训练模型了解算法和数据。从整体的维度来看，可解释人工智能在对具体个案作出特定决策时，也要基于人工智能本身的系统特征进行适用，所有特定化的决策都离不开人工智能的整体功用，包括人工智能的算法类型、自动决策程序、可控范围、相关数据库等基本要素。全局可解释性可以采取多种形式，包括披露源代码、说明训练数据、描述算法功能等，例如谷歌对其搜索算法如何工作的解释。然而，在其他情况下，披露源代码可能对全局可解释性没有什么价值。② 全局可解释性可以通过对算法如何运作的描述来实现，经过解释后的人工智能可以回答用户对人工智能的各种问题，例如全局可解释的模型理论、学习路径以及训练数据的使用等，从源头上厘清人工智能的全局性难题，也包括针对某些特定的任务训练一个可解释的人工智能模型。

总之，从技术角度来看，可解释性的重点不仅在于人工智能系统是否可以被解释，或某一模型是否比另一模型更容易被解释，还在于人工智能系统是否能够提供特定任务或用户群体（例如一般用户或专家）所需的可解释性类型。一般用户、审查人员、监管者等不同主体有不同的需求。例如，当普通用户认为人工智能的决策存在错误或歧视时，可能会要求服务提供者就人工智能决策的理由和过程进行披露和解释，以便能够质疑、挑战人工智能决策。因此需要向用户提供明白易懂的、非技术语言的解释。

---

① Accountability of AI Under the Law：The Role of Explanation，https：//papers. ssrn. com/sol3/papers. cfm？ abstract_ id＝3064761.

② The Intuitive Appeal of Explainable Machines，https：//papers. ssrn. com/sol3/papers. cfm？ abstract_ id＝3126971.

对于专业人员而言，则需要更全面的、更多技术细节的解释，以便评估人工智能系统是否满足稳健、安全、准确等方面的一般性要求。

此外，英国信息专员办公室（ICO）与艾伦图灵研究所联合发布的指南《解释人工智能作出的决定》（*Explanation Decisions Made with AI*），提出了人工智能的可解释性的六种主要类型，也具有一定的启发意义。该指南提出的可解释性的六个类型包括如下。①

（1）基本原理解释：用一种可理解的、非技术化的方式，说明人工智能作出决定的原理。

（2）责任解释：谁参与了人工智能系统的开发、管理和实施，以及与谁联系以对决定进行人工审查。

（3）数据解释：在特定决策中使用了什么数据以及如何使用。

（4）公平解释：在人工智能系统设计、部署的过程中，采取措施确保其决策大体是公正和公平的，不管个体之前是否被公平对待。

（5）安全性和性能解释：在人工智能系统设计、执行的过程中，采取措施使决策和行为的准确性、可靠性、安全性和鲁棒性达到最大化。

（6）影响解释：在人工智能系统设计、部署的过程中，考虑并且监控使用该系统可能带来的影响，包括对个人以及对社会的影响。

二、可解释人工智能发展趋势

回溯历史，自2016年起，世界各地的政府及各类非官方社会组织就开始极力呼吁加强人工智能的可解释性。美国作为全球人工智能战略的领跑者，从联邦到州政府、从政府到企业层面，制定了一系列的行业规范。如美国电气和电子工程师协会（IEEE）分别于2016年和2017年连续颁布了

① https：//ico. org. uk/for-organisations/guide-to-data-protection/key-dp-themes/explaining-decisions-made-with-ai/.

《人工智能设计的伦理准则》白皮书，重点强调了对人工智能和自动化系统应有解释能力的要求。另外，美国计算机协会、美国公共政策委员会在2017年发布的《关于算法透明性和可问责性声明》中提出了七项基本原则，其中包含着对人工智能可解释的要求，督促使用算法决策的系统和机构要主动对算法的过程和决策提供解释。此外，美国国防部积极支持关于寻求创造更多可解释的人工智能的研究计划。在英国，上议院人工智能委员会就认为，如果人工智能要成为社会中不可或缺且值得信赖的工具，那么对可解释人工智能的研究是非常有必要的。在欧盟，2019年，欧盟出台《可信人工智能的伦理指南》，明确提出人工智能的发展方向应该是“可信人工智能”（trustworthy AI），包含安全（security）、隐私（privacy）、透明（transparency）、可解释（explainability）等方面的要求。此外，欧盟呼吁应当进一步定义实现可解释性的途径。

（一）人工智能的透明性和可解释性逐渐成为立法和监管关注的焦点

在欧盟，欧盟《数字服务法案》（尚未正式出台）升级了网络平台尤其是超大型网络平台（very large online platform）的注意义务，在算法透明度方面提出了新的要求。主要包括：（1）在服务条款中说明推荐算法系统的主要参数维度，以及用户修改或影响这些参数维度的选项；（2）在软件界面上提供易用的功能选项，方便用户选择或修改内容的呈现方式，包括至少向用户提供不基于其个人画像的选项，即允许用户退出（opt-out）个性化推荐。欧盟《人工智能法案》（尚未正式出台）也针对高风险人工智能系统提出了多项合规要求，其中就包括透明度及向用户提供信息，即确保高风险人工智能系统的运作足够透明，向用户提供使用说明（instructions of use）等。此外，有限风险人工智能系统需要遵守一定的透明度规则，包括向用户披露人工智能应用的使用情况等。此外，英国的《在线安全法案草案》（*Draft Online Safety Bill*）要求平台服务提供者就其所提供的每一项服务准备年度的透明度报告。加拿大的一项法案也要求在线科技平台建立标准化的透明度报告机制。美国曾在2019年推出了《算法问责法案》，但未能通过；现在准备推出更新版的《算法问责法案》，拟要求在医疗、教育、住房、招聘等领域中使用自动化决策系统需要进行透明度报告（reporting）。

在我国，相关立法开始对人工智能算法应用的透明度和可解释性提出要求。例如，《中华人民共和国个人信息保护法》第24条要求确保自动化决策的透明度和结果公平、公正，以及在自动化决策对个人权益有重大影响时个人可以要求提供说明。网信办等九部委出台的《关于加强互联网信息服务算法综合治理的指导意见》（以下简称《指导意见》），将“算法应用公平公正、透明可释”作为算法治理的基本原则之一。在具体要求上，《指导意见》要求推动算法公开透明，督促企业及时、合理、有效地公开算法基本原理、优化目标、决策标准等信息，做好算法结果解释，畅通投诉通道，消除社会疑虑，推动算法健康发展。《互联网信息服务算法推荐管理规定（征求意见稿）》也要求算法推荐服务提供者优化算法推荐相关规定的透明度与可解释性，向用户公示算法推荐服务的基本原理、目的意图、运行机制等。

（二）对政府公共部门使用的人工智能系统提出较高的透明度与可解释性要求

随着人工智能技术的广泛普及和深度应用，人工智能正在重塑政府部门和私人领域的决策方式，已经并将继续对人们的生活产生巨大影响。尤其在政府部门，法规政策、行政命令等政府行为对人们权益的侵入性更强，人工智能在政府领域的使用也需要更高的应用限制和解释标准。因此，在政府使用人工智能系统的情况下，对可解释性要求普遍高于在商业领域中使用人工智能系统。现阶段，美国、荷兰等政府明确使用人工智能系统必须实现可解释性要求。在法国，相关立法对政府部门使用的人工智能系统的可解释性要求作出了详细说明，包括：算法处理对相关决定的贡献程度和方式；用于处理的数据及其来源；在个别处理过程中使用的参数及其权重；以及由处理产生的操作。法国相关立法要求全局可解释性以及局部可解释性，而且必须在一开始就告知用户该处理涉及算法，否则行政机关的决定无效。[①] Ada Lovelace 研究所等智库呼吁对政府公共部门使用的算法决策系统进行透明度登记（Transparency Register），提供算法系统相关的信息，以便公众、媒体、学术、社会组织等可以进行监督。[②] 加拿大则针对政府公共部门使用的算法提出了算法影响评估（Algorithmic Impact Assessment）机制。

此外，英国中央数字数据办公室（CDDO）联合数据伦理与创新中心（CDEI）针对政府公共机构使用人工智能算法系统推出了统一的算法透明度标准，使英国成为世界首个发布算法透明度跨政府标准的国家。[③] 新发布的算法透明度标准包括两个层次：第一层包括对算法工具的简要描述，包括如何使用以及为何使用等；第二层包括算法工具如何运作的更详细信息，以及用来训练模型的数据集、人类监督的程度等。同时，英国政府也承诺，该标准将率先由多个公共部门进行试点，并在反馈的基础上进一步发展。开放政府合作伙伴（Open Government Partnership）联合阿达·洛芙莱斯研究所（Ada Lovelace Institute）和 AI Now 研究所开展了一项关于公共部门的算法问责制的研究，其也特别强调了公共部门的强制性报告义务在提高算法透明度方面的作用。[④] 阿达·洛芙莱斯研究所副主任伊莫金·帕克（Imogen Parker）也表示："公共部门算法工具使用的公开透明，对数字政府可信化来说意义重大。我们期待看到试验、测试和迭代，期待政府部门和公共部门机构发布完整的标准。"此外，英国关于未来数据保护制

---

① French Code of Relations between the Public and the Administration.

② https：//venturebeat. com/2021/12/08/the-u-k-s-new-ai-transparency-standard-is-a-step-closer-to-accountable-ai/.

③ https：//www. gov. uk/government/collections/algorithmic-transparency-standard.

④ https：//www. opengovpartnership. org/wp-content/uploads/2021/08/algorithmic-accountability-public-sector. pdf.

度的公众问询，也提议针对政府公共部门使用的自动化决策算法建立强制性的透明度报告义务。这些无不表明提升政府公共部门使用算法的透明度的清晰方向。

（三）对商业领域的人工智能系统在可解释性方面避免作“一刀切”要求

人工智能系统在商业领域具有更加广阔的应用前景，小到手机的人脸或语音识别，大到汽车的自动驾驶技术，人工智能与传统商业的结合催生出各类智能化的产品和服务。商业领域的人工智能系统在业务范围、功能类型、用户群体上都有所差异，这意味着相关的可解释性标准需要考虑行业与应用场景的差异，不宜提出“一刀切”要求，从而在提升人工智能商业价值与保护公众利益之间达成平衡。

其一，考虑人工智能可解释性的不同类型，且考虑不同应用场景的差异性。对商业领域中人工智能系统的可解释性要求主要有两种类型：一类是要求对结果进行原因解释，另一类是要求对算法模型逻辑进行解释。美国法律对人工智能可解释性要求就是要求对结果进行原因解释，主要体现在《公平信用报告法》（FCRA）[①] 和《平等信用机会法》（ECOA）[②]，这两部法案都规定了“不利行动告知”（adverse action notice）条款。这些条款要求有关对于消费者不利的行动告知，无论基于信用评估的决策是否基于人工智能系统的算法模型，都必须包括原因说明，如拒绝信贷或其他基于信用的结果的原因说明。可见，基于结果的解释就是描述与决定相关的事实，但不描述决策规则本身。

而欧盟地区的立法则要求对算法模型逻辑进行解释。欧盟《通用数据保护条例》（GDPR）规定，在任何对其有法律影响或类似重大影响的自动

① 15 U. S. C. § § 1681 - 1681x (2012).

② 15 U. S. C. § § 1691 - 1691f (2012).

决策中，数据主体可以要求获得“关于所涉及的逻辑的有意义的信息”，但 GDPR 并没有要求对特定自动化决策的结果进行解释。更进一步而言，GDPR 要求对算法模型进行功能描述，对管理决策的规则进行足够的描述，以便数据主体能够维护其在 GDPR 下的实质性权利；基于逻辑进行解释，描述一项决定背后的推理，而不仅仅是决定的相关输入。欧盟于 2021 年 4 月发布的《人工智能法案》则对高风险人工智能系统提出了较高的透明度要求和信息披露义务，第 13 条要求系统开发者应以合适的数字格式或者其他说明向用户提供相关联（relevant）、可访问（accessible）、可理解（comprehensive）的信息，并对需要披露的信息作了完整的说明，包括系统开发者的基本信息、高风险系统的性能特征、监督措施以及维护措施等。[①]

此外，《欧盟平台商户关系条例》（*EU Platform-to-Business Regulation*）规定了在线平台和搜索引擎对排名算法的解释义务，在线平台或搜索引擎必须对影响平台排名的“主要参数”进行“合理描述”，包括“一般标准、流程、纳入算法的具体信号或其他与排名相关的调整或降级机制”。在线平台服务和搜索引擎不需要披露其排名机制，包括算法的详细运作情况，也不需要披露商业秘密，但描述必须披露基于所使用的排名参数的相关性的实际数据；解释必须以“通俗易懂”的语言说明，并允许企业用户在使用服务的背景下充分理解排名的功能；在线平台和搜索引擎给出的“合理描述”须是有用的，即它应该帮助企业用户改进其商品和服务的展示；解释的内容应几乎完全与用户的可理解性和实用性相联系。

其二，根据商业人工智能的风险等级与影响大小，针对不同风险等级的人工智能系统建立不同标准，避免作“一刀切”式的监管要求。如前所述，GDPR 虽然也涉及算法解释相关要求，但 GDPR 规定的算法解释仅仅针对产生法律效果或类似的重大效果（如信贷、就业机会、健康服务、教

---

① https：//eur-lex. europa. eu/legal-content/EN/TXT/？ uri = CELEX%3A52021PC0206.

育机会等）的、不存在人类干预的完全自动化决策，体现了分级分类分场景的监管思路。此外，欧盟在2020年发布的《人工智能白皮书》中提出，并非对所有的人工智能应用都实施监管，只针对“高风险”的人工智能应用进行监管。欧盟《人工智能法案》在《人工智能白皮书》的分级分类理念基础上，进一步针对高风险人工智能系统提出了监管要求。“高风险类人工智能”是指可能对人类生活和权利产生重大影响的人工智能系统，其应用包括以下领域：关键基础设施（如交通），教育或职业培训，产品的安全组件，就业、员工管理和自雇佣机会，基本的私人和公共服务（如信用评分），可能会干扰人们基本权利的执法活动，移民、庇护和边境管制，司法和民主程序。这些场景涉及人类的基本社会经济权利，相应监管要求也相对更高。《人工智能法案》针对高风险人工智能系统提出的监管要求包括技术记录、记录保存、透明度及向用户提供信息（运作足够透明，提供使用说明），以及人类监督等，但并未要求人工智能算法决策结果层面的可解释性。此外，对于有限风险人工智能系统提出了一定的透明度规则：（1）与人类交互的人工智能系统如聊天机器人需要向用户披露其身份；（2）情形识别系统或生物特征分类系统需要向用户披露；（3）Deepfake应用需要披露、标注内容的合成属性。最后，避免监管最小风险（minimal risk）人工智能应用。绝大部分人工智能系统属于这个范畴，无须承担新的法律义务，遵守既有监管规定即可。国外立法对人工智能系统在可解释性等方面的监管要求，一方面区分公共领域的人工智能应用与商业领域的人工智能应用；另一方面从具体行业与应用场景出发，采取基于风险的监管思路，而非进行“一刀切”立法，体现了平衡创新与伦理的治理理念。

（四）行业积极探索可解释人工智能的技术解决方案

随着人工智能技术与各个行业的结合趋于紧密，作为实现可信人工智能的重要组成部分，人工智能可解释性成为行业发展人工智能技术的重要方向。科技企业纷纷加大研发投入，积极探索、落地可解释人工智能的行业方案。例如，微软、谷歌、IBM 等硅谷科技公司，通过打造各具特色的可解释人工智能相关工具与服务，致力于提高人工智能算法的可解释性和决策模型的透明性。

受益于相关学术研究、监管要求、公众期待与行业探索，围绕可解释人工智能的机制、工具、服务等不断涌现，推动可解释人工智能不断向前发展，具有代表性的为谷歌公司的模型卡片（Model Cards）机制、IBM 的人工智能事实清单（AI Fact Sheets）机制以及微软的数据集数据清单（Datasheets for Datasets）等。此外，谷歌、微软、IBM 等科技公司为了更好地帮助开发者打造可解释的人工智能模型，还打造了各具特色的可解释工具与服务，如谷歌的 Explainable AI 工具包，帮助开发者实现可解释人工智能目标。未来，随着越来越多的科技公司与创业公司布局可解释人工智能等人工智能伦理研究与应用落地，将能极大助力可信人工智能与人工智能信任目的之实现。

三、可解释人工智能的行业实践

随着人们对可解释问题的重视程度的不断上升，对该问题解决方案的渴求也越来越强烈。一方面，这使相关研究的数量激增，理论的探讨层出不穷；另一方面，则体现在越来越多的、可实践的可解释性工具被发布出来。早在 2016 年起就开始出现一些可解释性的工具，来解释机器学习分类模型为何得到如此的结果（ELI5）。而后，越来越多的可解释性工具开始囊括了更多的功能，可以同时对不同的统计机器学习模型和深度学习模型进行解释，包括一般的泛线性模型、集成学习模型、图像识别模型以及自然语言处理模型等（见表 1）。而近年来头部的人工智能公司，包括微软、谷歌等，更是推出了更加强大与丰富的可解释性工具，囊括了诸多可诠释（Interpretable）方法与可解释（Explainable）方法，为实际面临的可解释性问题的解决提供了巨大的帮助。

表 1　2016 年来出现的一些可解释性工具

年份	可解释性工具
2016	ELI5
2017	Skater，Explanation Explorer，AllenNLP Interpret，TensorBoard
2019	AIX360，ACE，Captum
2020	alibi，InterpretML，LIT

行业层面来看，可解释人工智能并非算法模型中的某个独立环节或者某类具体工具，构建一个可解释人工智能，往往需要从算法模型生命周期中的各个步骤进行介入。一般而言，算法的完整生命周期大概包括以下五个环节：（1）定义问题；（2）构建和准备数据；（3）构建和训练模型；（4）评估模型；（5）部署和监控。在诸多环节中，不同的环节有不同的可解释方法。比如，微软的数据集数据清单就主要应用于数据准备阶段，关注机器学习模型训练所使用的数据集是否存在偏见的可能性；而谷歌的 Model Cards（模型卡片）则聚焦于部署和监控环节，就算法模型本身的性能表现、局限性等指标提供解释。

实际上，业界更为主流的框架为“事前可解释性”（Ante-hoc）以及“事后可解释性”（Post-hoc）的分类。前者所涵盖的算法模型又被称为“内在可解释模型”，一般结构足够简单，可以通过观察模型本身来理解模型的预测过程。事后可解释方法是给定训练好的模型和一个或一批数据，尝试理解为什么算法模型要进行某些预测。具体的解释方法又可分为全局可解释方法和局部可解释方法。目前业界流行的大部分人工智能可解释机制与工具都属于事后可解释的范畴。

就目前而言，谷歌、IBM、微软三家科技公司在可解释人工智能行业的实践走在前列，通过不断创新探索出了各具特色的人工智能可解释性机制、工具与服务等，其中具有代表性的 XAI 产品分别为谷歌的模型卡片、IBM 的人工智能事实清单以及微软的数据集数据清单。三者的宗旨都是实现人工智能算法的可解释化，但在原理、功能及用途上有所区别。

（一）谷歌模型卡片（Model Cards）机制

围绕 XAI 的主线，谷歌推出了一系列技术举措。模型卡片是谷歌公司于 2019 年推出的一项具有算法解释功能的技术，也是谷歌在可解释人工智能领域的最新实践成果之一，并于 2021 年升级、开源了 Model Card Toolkit，以帮助机器学习从业者更容易地推进模型透明度报告。[①]

模型卡片是一种情景假设分析工具，作用在于能够为人工智能的算法运作提供一份可视化的解释文档。该文档能够为使用者阅读，使其充分了解算法模型的运作原理和性能局限。从技术原理上看，模型卡片设置的初衷是以通俗、简明、易懂的方式让人类看懂并理解算法的运作过程，其实现了两个维度的“可视化”：一是显示算法的基本性能机制；二是显示算法的关键限制要素。

为了更好地介绍模型卡片的功能，在此以日常生活情景为例作以说明。正如我们在食用食物之前会阅读营养物质成分表，在路上行驶时会参考各种标志牌来了解道路状况，模型卡片所扮演的角色是算法的“成分表”与“标志牌”。这反过来也提醒我们，即便对待食物或驾驶都如此谨慎，算法在我们的工作与生活中扮演着愈加关键的角色，我们却在没有完全了解它的功能与原理的情况下就听从其安排。算法在什么条件下表现最佳？算法有盲点存在吗？如果有，哪些因素影响了它的运作？大部分情况下，我们对这些问题都一无所知。在某种程度上，人之所以无法与算法“交流”，是因为后者的复杂原理，更进一步说，是由于人与算法或更广义的人工智能采用不同的“语言”。人类使用高阶语言进行思考和交流，比如我们在形容一个事物时往往会用颜色、大小、形状等维度的形容词。而算法关注低阶要素，在它的“视阈”里，一切元素都被扁平化为数据点，方便其考察不同特征属性（Feature Attribution）的权重。基于此，模型卡片能够辅助人工智能用户更好地审视和理解算法的运行路径，确保用户对

---

① https：//ai. googleblog. com/2020/07/introducing-model-card-toolkit-for. html.

算法决策的知情和理解。

以图像识别为例，对于算法来说，一幅图像中的每个像素都是输入要素，它会关注图片中每一个像素的显著程度并赋予相关数值，以此作为识别的依据。对于人来说，就显然不可能用“第五个坐标点的数值是6”这样的方式来进行判定。而模型卡片就是以人类能够看懂的方式来呈现算法的运作原理，它实现了两个维度的“可视化”：显示算法的基本性能机制；显示算法的关键限制要素。换言之，模型卡片主要回答了这样一些问题：目标算法的基本功能是什么？该算法在什么情况下表现最好？何种因素阻碍着算法的运作？这些内容的可视化帮助使用者有效利用算法的功能，并避免其局限性。从技术角度来看，模型卡片通过对算法的各项运行数值进行分析和判定，揭示算法的真实性能和局限因素，从而达到解释的效果。

（二）IBM 的人工智能事实清单（AI Fact Sheets）机制

由 IBM 研究院研发的人工智能事实清单是一项呈现算法模型重要特性的自动化文档功能。人工智能事实清单的开发者认为，算法模型信息的标准化和公开化，有助于增强不同类型的使用者对模型的理解和信任，并且能够以此避免算法模型不透明而导致的系列问题。正如 IBM 研究院的研究人员 RituJyoti 所言：“通过对人工智能进行适当的管理，我们可以防止不良结果的发生，比如接受不适当或未经审核的数据的训练，或者是在性能上出现意外变化，而导致模型在无意中存在的偏见。”①

基于上述目的，人工智能事实清单在设计思路上同样类似于食品的营养标签或者家用电器的参数表，其功能是提供有关人工智能模型基本特征的重要信息，比如模型的目的、预期用途、模型性能、数据集等。根据

① https：//searchenterpriseai. techtarget. com/news/252493368/New-updated-IBM-AI-tech-bring-better-NLP-NLU--to--business-users.

IBM 官方的介绍，在 IBM Cloud Pak for Data 的基础上，人工智能事实清单进一步完善并添加了新的功能，从而拓展了应用范围和可靠性，包括更直观的用户界面、增强治理和安全性以及联合学习功能，在确保数据隐私和安全的前提下，支持基于分布式数据集的模型训练。目前，人工智能事实清单能够实现以下主要功能。

其一，策略创建（Policy Creation）：人工智能事实清单的策略创建功能，允许使用者自定义在人工智能模型上所要采集及跟踪的信息，覆盖模型测试、训练、部署和评估等环节。它还可以判定哪些数据可以使用，哪些数据不能使用，以及哪些规定及公司政策需要考虑，也可以判定谁可以使用模型，用于什么目的以及应该如何运行等。

其二，自动数据采集（Automated Data Capture）：一般而言，记录人工智能模型的性能需要大量的时间和资源，并且容易导致时效性差，或者生成的报告根本与模型无关等问题。而人工智能事实清单能够帮助使用者连续、自动地采集整个人工智能生命周期中（通过“策略创建”功能设定）的模型事实，包括模型表现（model performance）、准确性（accuracy）、公平性（fairness）、鲁棒性（robustness）以及可解释性（explainability）。

其三，自动报告（Automated Reporting）：作为一种自动化文档功能，通过自动数据采集，人工智能事实清单能够提供关于模型性能以及其他自定义指标的实时报告，并且基于不同用户的需求量身定制、输出可解释报告。

基于不同用户的需求和喜好进行个性化定制，也是人工智能事实清单最大的特性之一。它收集到的信息可以因行业和用例而有所差异，最终提供的报表或者视图也可以自定义。人工智能事实清单机制可以提供给不同领域的研究者、企业主、数据科学家基于其特定需求的独特报告，从而能够实现跨不同级别、跨不同领域的技术专业知识进行协作，并且能够满足不同的透明度与合规要求。这也为人工智能可解释工作带来了启发，即可解释性并非铁板一块，而是取决于用户的具体需求。不同的用户群体需要不同类型的信息。比如数据科学家和普通的算法产品用户需要的信息显然是不一样的，而不同的人工智能应用程序或用例也意味着不同的信息需求。

在关于人工智能事实清单的原始论文中，研究者提供了两个示例的人工智能事实清单，类别包含模型目的陈述、基本性能、安全性等，涵盖了服务开发、测试、部署和维护的各个方面：从有关服务训练数据的信息，到基础算法、测试设置、测试结果和性能基准以及服务的维护和再训练方式等。①

论文中展示的人工智能事实清单的项目示例包括如下方面。

- 服务输出的预期用途是什么？
- 该服务运用了哪些算法或技术？
- 服务测试了哪些数据集？（提供指向用于测试的数据集的链接，以及相应的数据表）
- 描述测试方法。
- 描述测试结果。
- 是否知道使用该服务可能导致的偏见、道德问题或其他安全风险的例子？
- 服务输出是否可以解释和/或解释？
- 对于服务使用的每个数据集：是否检查了数据集是否存在偏倚？采取了哪些措施来确保其公平性和代表性？
- 服务是否实施并执行任何偏见和补救措施？
- 对看不见的数据或具有不同分布的数据的预期性能是什么？
- 是否检查了该服务是否具有对抗攻击的鲁棒性？
- 上次更新模型是什么时间？

以人工智能事实清单为代表的自动化文档是增强人工智能可解释性的

① https：//arxiv. org/abs/2006. 13796.

重要方式，它能够以一种清晰明了的方式作为技术人员与使用者的沟通介质，从而能避免许多情形下的道德和法律问题。人工智能事实清单并不试图解释每个技术细节或公开有关算法的专有信息，它最根本的目标是在使用、开发和部署人工智能系统时，加强人类决策，同时也加快开发人员对人工智能伦理的认可与接纳，并鼓励他们更广泛地采用透明性可解释文化。

在人工智能可解释性这一条道路上，除了人工智能事实清单，IBM 显然走得更远。2020 年 7 月，IBM 发布了名为“加速实现人工智能透明化的道路”的愿景，其中提供了有关公司和决策者如何推进人工智能可解释性发展和部署的详细信息与建议。此前，IBM Research 也推出一系列可解释人工智能的开源工具包，包括 AI Fairness 360，AI Explainability 360 和 Adversarial Robustness Toolbox 等，更进一步地助力可解释人工智能的行业发展。

（三）微软的数据集数据清单（Datasheets for Datasets）机制

业界当前关于可解释人工智能的研究进展，集中在数据集和模型构建两个主要环节。前文中提及的人工智能事实清单与模型卡片，是综合性的可解释工具，遍布在人工智能生命周期的各个环节。而数据集数据清单则是主要聚焦于算法训练数据集的可解释工具。

数据在机器学习和深度学习中扮演着至关重要的角色，几乎所有的机器学习模型和深度学习模型都使用数据集进行训练，其中有诸如 ImageNet 或 COCO 这样的公共数据集，以及其他私有数据集。这些数据集的特征将从根本上影响模型的行为。如果数据集本身有部署语境，那么在脱离语境的场景下使用就不太可能表现良好，甚至会产生某些不可预测性的问题；如果数据集本身就存在一些“偏见”，那么势必也会造成一些不良后果。比如在 2020 年，超分辨率算法 PULSE① 将美国前总统奥巴马的肖像图转化

① https：//thegradient. pub/pulse-lessons/.

为白人男性的形象，这起乌龙事件的主要“凶手”，就是该神经网络的训练所使用的 Flickr-Faces-HQ（FFHQ，人脸图像数据集），而这个数据集中大部分的图像素材都是白人照片。

当算法模型被应用于刑事诉讼等风险领域，以及关键基础设施、财政系统或者人员招聘时，这种不匹配可能导致严重的后果。问题就在于，尽管数据集对算法很重要，但是相关领域几乎没有用于记录机器学习数据集的标准化流程。世界经济论坛曾经发出倡议，所有主体都应该记录出处，创建和使用机器学习数据集以避免歧视的发生。这就是可解释工具数据集数据清单推出的背景。在电子行业中，无论一个电子组件有多简单或复杂，都会附带有描述其工作特性、工作标准、测试结果、推荐用途以及其他信息的数据表。通过这些数据表，使用者在购买前就能够充分了解零件的相关信息，从而避免零件滥用，出现问题后也能够厘清责任归属。

数据集数据清单就是算法训练数据集的“数据表”，也有媒体将它称为数据集的“食物营养标签”。① 其真实用意在于，为每个数据集都随附一个“数据表”，这个数据表将记录其动机、组成、收集过程、推荐用途等。通过数据表，使用者比如算法开发人员就能够了解他们所使用的数据的优势和局限性，并且防范偏见和过度拟合等问题。由于数据表的存在，也加强了数据集的生产者和消费者对数据源进行思考的可能性，它能够使人意识到，“数据”并不是真理来源，而是一种需要仔细审视和维护的资源。

数据集数据清单的原始论文，对这一可解释工具的原理及应用进行了深度探讨。② 基于研究者的原有想法，数据集数据清单旨在解决两个层面的关键需求，分别来自数据集创建者和数据集使用者。对于数据集创建者

---

① https：//venturebeat. com/2018/05/02/datasheets-could-be-the-solution-to-biased-ai/.

② https：//www. microsoft. com/en-us/research/uploads/prod/2019/01/1803. 09010. pdf.

而言，数据集数据清单的主要目的是鼓励对数据集的创建、分发和维护过程进行思考/检索，包括其中可能涉及的任何潜在假设、潜在风险或危害，并着力提高数据集的透明度。而对于数据集的使用者而言，数据集数据清单的主要目标是确保他们获得所需的信息，并且制定有关数据集使用的恰当决策。

在某种程度上，这是一体两面的一组关系。数据集创建者提高数据集的透明度，是使用者充分了解情况的必要条件；在充分了解的情况下，使用者才能基于自身任务需求选择合适的数据集，并且避免无意间的滥用。

除了这两个主要的利益相关者之外，数据集数据清单对于政策制定者、消费者权益的倡导者以及数据被包含在数据集中的个人等多方主体而言，也都意义深远。除此之外，数据集数据清单也能够达成一些次要目标：比如提高机器学习结果的可重复性；无须访问数据集，研究者和从业人员就可以使用数据表中的信息来重新调整、构造数据集。

根据论文的解释，数据集数据清单要求数据集或 API 的提供者须提供一份数据表，以解决一系列标准化问题（每个标准化问题框架下面，又有十几个相关的小问题，此处仅展示问题框架。完整问题列表可参见原始论文）：

- 创建数据集的动机（Motivation for Dataset Creation）；
- 数据集的组成（Dataset Composition）；
- 数据收集过程（Data Collection Process）；
- 数据的预处理过程（Data Preprocessing）；
- 数据分发情况（Dataset Distribution）；
- 数据维护情况（Dataset Maintenance）；
- 法律和伦理考虑（Legal & Ethical Considerations）。

研究者指出，创建数据表的过程并非强调自动化。这与人工智能事实清单和模型卡片都有所区别，后两者致力于提高文档生成的自动化程度，以提高可解释的效率和精准度。但是数据集数据清单的研究者认为，尽管自动化文档的编制过程很方便，但是它在某种程度上违背了设计的初衷，即鼓励数据集创建者反思创建、分发和维护数据集的过程，进而根据他们的反思来改变或优化这个过程。

在论文中，研究者叙述了开发一个数据集数据清单的标准流程：首先制定一系列数据表的初始问题列表，然后通过创建两个示例数据表，来测试列出的问题，进而发现问题的疏漏及不足之处，并予以优化。此后，将优化过的数据表分发给两个产品团队，帮助他们基于自己的数据集创建数据表。创建完毕后，通过社交媒体等渠道公开发布，结合来自相关从业者、研究人员、外部顾问的反馈意见和评论，对数据表进行修正，比如优化问题的内容，删除重复性问题，并对问题进行重新排序以更好匹配数据集生命周期的各个阶段。

在论文中，作者希望，数据集数据清单将促进数据集的创建者和使用者之间更好地沟通，并且鼓励机器学习领域优先考虑透明度和问责制，以此减轻机器学习系统中不必要的偏见，促成机器学习结果更大的可重复性，并且有助于研究人员和其他实践者选择更合适的数据集。此外，作者还认为，数据集数据表这种形式，在很大程度上能够为没有领域专业知识的其他人员提供基本信息，并有助于缓解数据集滥用的相关问题。

（四）腾讯医疗人工智能的可解释性实践

2020 年以来，新冠肺炎疫情突如其来并席卷全球，成为人类历史上致死人数最多的流行病之一。为了提高新冠肺炎疫情检测能力和水平，落实对新冠肺炎病毒感染者“早发现、早报告、早隔离、早治疗”的要求，腾讯天衍实验室承接了深圳市疾病预防控制中心新冠肺炎症状预警检测系统建设需求，该系统通过实时分析深圳市 74 家医院的相关电子病历信息，以自然语言处理技术解析现病史、检验单、报告结论等文本信息，从中提取特征并构建新冠高风险患者识别模型，以及时提醒医院、疫情防控指挥部、三人小组关注和追踪高危疑似病例，防止疫情暴发与扩散。

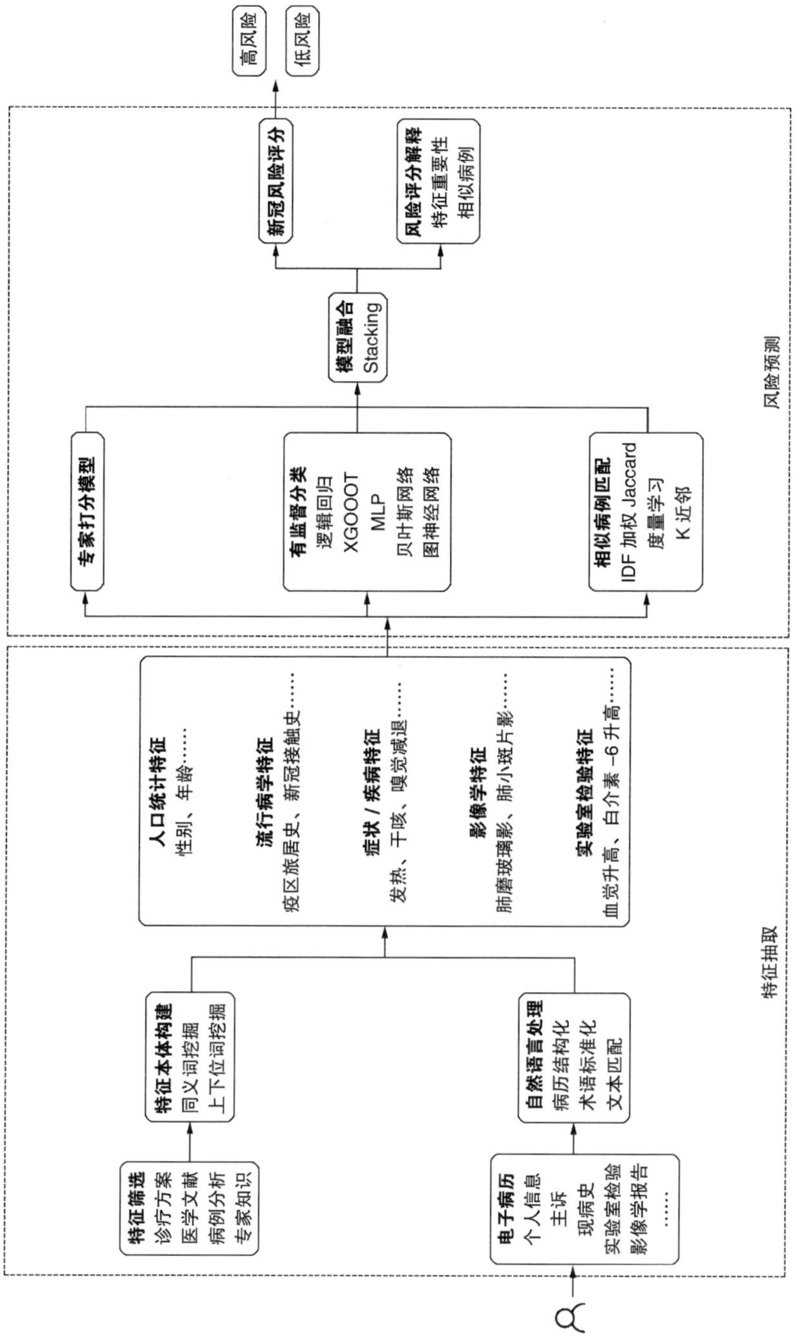

图 1　腾讯天衍实验室新冠肺炎症状预警检测系统

疾控中心不仅要求系统对新冠病毒感染高风险人群的判断具有高准确率，还关注模型输出风险评分的整体流程及其原理。基于此，系统采用了医学顶刊文章中常见的“特征抽取＋人工智能分类＋可解释性分析”的疾病预测 Pipeline，而没有选择基于文本的端到端预测模型。如图 1 所示，系统整体上分为“特征抽取”与“风险预测”两大模块。特征抽取模块首先从诊疗方案、医学文献等多个来源筛选所需特征列表，并将其组织成具有上下位关系和同义关系的本体；进而基于病历结构化、术语标准化等人工智能技术，从电子病历中提取症状、检验、影像等信息并将其映射到预先构建好的特征本体上。使用提取好的患者特征向量，风险预测模块分别从专家打分、有监督分类、相似病例匹配三条技术路线计算患者的新冠病毒感染风险评分，再基于模型融合得到最终评分，并给出评分结果的可解释性分析。

从全局可解释性的角度来看，新冠肺炎症状预警检测系统将高危疑似患者识别任务拆解为多个子模块，通过查看子模块输出的中间结果，包括特征体系、原始病历、病历结构化结果、术语标准化结果、抽取的特征向量、子模型评分等，疾控工作人员不仅可以掌握系统的整体运作流程，还能对各个模块进行单独评判与分析，从而能够快速发现问题所在与系统优化的方向。

从局部可解释性的角度来看，系统主要从特征重要性和相似病例两个维度对评分结果进行解释。对于专家打分模型，用户可查看输入病例命中了哪些专家预设规则及其权重。有监督分类采用 SHAP 值或模型自带的特征重要性变量（如信息增益、回归系数）衡量特征的重要程度，通过查看输入病例的特征及其重要性，用户可理解其被判断为高风险或低风险的原因；对于相似病例匹配模型，用户通过查看与输入病例相似的历史其他病例及其诊断，在对比中可更准确地判断输入病例是不是一个真正的高危疑似患者。

四、对人工智能算法可解释未来发展的几点看法

透明性与可解释性，是实现公平性评价、安全考虑、人类人工智能协作、责任框架等目标的先行条件。对人工智能应用系统的透明性与可解释性要求，需要考虑受众需求、应用场景、技术与经济可行性、时空等因素，同时与效率、安全、隐私、网络安全、知识产权保护等目的做好平衡，界定不同场景的最小可接受标准，必要时采取常规监测、人类审查等刹车机制。

（一）立法和监管宜遵循基于风险的分级分类分场景治理思路

参考国外经验，立法不宜采取过度严苛的监管要求，避免在透明度与可解释性方面对人工智能算法应用提出“一刀切”（one-size-fits-all）的要求，也不宜简单粗暴要求公开算法，而是需要采用包容审慎的立场，建立分级分类分场景的监管方式，支持人工智能企业不断创新和发展，兼顾政府、科技企业以及社会公众的整体利益，在鼓励科技创新、追求科技向善、维护社会公共利益之间找到平衡点。

具体而言，在可解释人工智能的实现方式上，首先，披露人工智能算法模型的源代码是无效的方式，不仅无助于对人工智能算法模型的理解，反倒可能威胁数据隐私、商业秘密以及技术安全；其次，不宜不加区分应用场景与时空场合地要求对所有的算法决策结果进行解释；再次，侧重应用过程中的披露义务，部署人工智能的主体对于任何披露与记录要求负有责任，需要披露人工智能系统实质性参与决策或与人互动的实施，披露应当清晰易懂有意义，提供关于人工智能参与的关键任务的模式；最后，避免强制要求披露用来训练人工智能模型的数据集，这不仅不具有可操作性，而且容易与版权保护冲突，侵犯用户的数据隐私或违反合同义务。

探索建立合理适度的、适应不同行业与应用场景的人工智能可解释性标准。整体而言，对于合理的解释，不存在“一刀切”的路径。具体而言，应考虑以下因素。

其一，对象。有意义的解释，可能因对象而异。普通人感兴趣或能理解的因素与复杂程度，可能与专业的审查人员或法律调查人员需要的恰当信息存在很大不同。不同用户的需求差异很大。例如，普通用户可能想知道为什么人工智能系统作出了特定的决策，以便能够有理由质疑其决策，重点是向用户提供明白易懂的、非技术语言的解释。专业人员则需要更全面的、更多技术细节的解释，以使评估人工智能系统是否满足可靠、准确等方面的一般性要求。为了解释人工智能系统的预测，而给普通用户提供底层的数学公式，即便这可能是技术上最准确的解释，普通用户也不大可能理解。因此，明白人们的真正需求才是至关重要的。普通用户也许只是希望确保人工智能系统的输入与输出是公平合理的，而非希望对背后的计算具有深层次的理解。而且即使需要对人工智能模型的功能进行彻底的理解，也不需要一次性作出。向人们提供简短的、高层次的解释，以便人们可以研究并要求额外的（必要及希望时）细节，通常是对用户更加友好的方式。

其二，应用场景。应用场景的不同也可能影响提供解释的时间与方式。并非所有的应用场景都需要对人工智能算法模型及其决策结果作出事无巨细的解释，这取决于人工智能算法决策是否对受众的合法权益产生实质性的影响。例如，对于在餐厅分配位置或自动整理手机相册的算法，与审批贷款或辅助判刑的算法，需要区别对待。如果“一刀切”地要求提供详尽的解释，缺乏合理性和必要性。

其三，时间与地点。从目前的技术来看，要求人工智能面向全部应用场景，实时地、大规模地提供解释颇具挑战性且难以实现。行业中的可解释人工智能实践更多聚焦于不同应用场景下的事后解释。

其四，解释的关联性（目的）。为什么需要进行解释？人工智能系统的目的与应用场景至关重要。相比于执行影响较小的任务的人工智能系统，如推荐电影的人工智能系统，人工智能系统被用来影响生命财产安全的决策，如医疗、司法等，需要更多的投入与深度的解释。例如，法国要求在疾病诊断或治疗中使用人工智能系统，医生应当告知患者任何有助于疾病预防、诊断、治疗的大数据处理操作的存在和方式，任何对算法参数的修改都必须在卫生专业人员的参与下才能完成；任何人工智能系统都必须确保算法决策和基础数据的可追溯性，并保证卫生专业人员对这些数据的访问。

其五，技术与经济可行性。一些先进的、复杂的人工智能系统在向人类解释其运作方面可能存在技术限制。在经济可行性上，也需要考虑成本维度，大规模地提供解释所需成本与投入也需要考虑在内，以避免不合理的细节或严格的要求阻碍有价值人工智能系统的部署。尽管投入足够的时间、精力、专业知识与正确的工具，通常可以知晓复杂人工智能系统是如何运作的，理解人工智能系统的行为背后的原因，但如果要在实践中不加区分地要求解释，不仅在规模应用上欠缺经济可行性，而且可能适得其反地阻碍具有巨大价值的人工智能系统（例如拯救生命）的应用部署。因为解释的成本十分高昂，所投入的技术资源也更加巨大。如果人工智能系统的每一个结果都强制要求完全可追溯（traceable），提供详尽的解释，这是一个相当高的标准了，那么这在实践中可能极大地将人工智能系统限制在最基本的技术（如静态的决策树）。这最终会极大地限制人工智能的社会与经济效益。比如，一个医疗算法如果每次诊断结果都要求提供详尽的解释，可能这个算法永远无法投入使用，产生价值。因为每次输出一个决策，可能得花费数天时间来提供解释。

因此，需要采取折中路径，考虑技术限制与不同可解释标准需要的利益权衡，以便平衡使用复杂人工智能系统带来的好处与不同的可解释性标准带来的实践限制。用户友好型的解释应当是准确的、清晰的、明确的、场景敏感型的、有效的，以提高对人工智能系统的整体理解。

- 解释是否准确传递了支撑人工智能系统的推荐的关键信息（key information）?
- 解释是否有助于对人工智能系统整体功能的理解?
- 解释是否清晰（clear）、明确（specific）、相关（relatable）、可执行（actionable）?
- 解释是否适当考虑了敏感性（sensitivity）? 例如用户的敏感信息。

●解释是否具有对应的可靠性度量? 具体做法是引入技术手段，在构建可解释性结果的同时，输出结果的置信度；当置信度不高时，引入人类参与到可解释的过程。①

具体可以从以下方面来推进人工智能可解释性标准。

第一，针对人工智能系统的每一个应用场景都提供可解释性标准的指南，是不现实的，但可以针对一些示范性的应用场景提供可解释标准的指南。这能够给行业和企业提供有益参考，来平衡不同人工智能模型的性能与不同标准的可解释性要求。

第二，对于政策相关方而言，发布人工智能可解释的最佳实践做法案例集，以及具有负面影响的负面做法，都是值得尝试的。包括用以提供解释的有效的用户界面，面向专家和审计人员的记录机制（例如详细的性能特征、潜在用途、系统局限性等）。

第三，可以创建一个说明不同级别的可解释性的图谱。这个图谱可被用来给不同行业与应用场景提供最小可接受的衡量标准。例如，如果某个失误的潜在不利影响是非常微小的，那么可解释性则不怎么重要。相反，如果某个失误是危及生命财产安全的，则可解释性变得至关重要。类似地，如果用户可以容易地摆脱自动化决策，则对深入理解人工智能系统的需求就不那么旺盛。

---

① https：//openreview. net/pdf? id = YUEFlzlG_ 0c.

（二）探索可解释的补充机制，形成对人工智能算法的有效约束

虽然可解释性是完善人工智能技术的最优解之一，但并非所有的人工智能系统及其决策都可以解释。当人工智能系统过于复杂，导致难以满足可解释性要求，或是导致解释机制失灵、效果不乐观时，就要积极转变规制的思路，探索更多元化、实用化的技术路径。目前在技术上主张的是采取适当的补充机制，如第三方反馈、申诉、常规监测、审计等，这些补充机制可以对人工智能算法的决策起到监督和保障作用。

一是第三方标记反馈（flagging facility）。第三方标记反馈机制允许人们针对人工智能系统提供使用上的反馈，常见的标记技术包括用户反馈渠道（“点击反馈”按钮）、漏洞奖励机制等，类似于机器学习的强化学习算法，亦即为用户设置反馈渠道，能够方便用户针对人工智能系统提供评价，从而形成一种有效的外部反馈与监督。用户反馈机制的优势在于允许用户分享其经历与感知，让用户的意见被听到、被认可。如果用户认为自己的反馈被重视且采取了相应的实践行动，可以在人工智能和用户之间形成正向循环，长此以往，可以增进用户对人工智能系统的信任。

二是用户申诉机制与人类审查介入。对于影响用户重大权益的人工智能系统，提供者需要向用户提供申诉的渠道，以便可以引入人类审查，保障用户的合法权益。从用户角度而言，申诉实际上是用户对人工智能的负面评价，也是重启人工智能解释的一项基本程序。通过引入用户申诉和第三方审查机制，能够对人工智能系统及其开发者形成有效监督，也是实现人工智能可责性的重要保障。比如，我国的《信息安全技术　个人信息安全规范》《网络安全标准实践指南》等标准都对用户的投诉、质疑、反馈以及人工复核等机制作出了具体规定。

三是常规监测，包括严格且持续的测试、对抗测试等。红队（red team）测试作为对抗测试（adversarial testing）的一种方式，是一种白帽黑客行为，涉及委托一个团队（内部或独立的）来尽最大努力发现系统中的问题。

四是审计机制（auditing）。审计机制作为确保人工智能可责性的重要方式，是对人工智能算法应用情况的记录、回溯和追查。审计的目标包括人工智能系统的目的，其功能与性能表现，关于模型架构的信息，训练、测试使用的数据集，内部检查，监控人工智能系统运行的组织流程，等等。通过算法审计，可以能够达到反向解释的作用，倒逼研发者在设计算法时采用更加谨慎、安全的路径，降低算法黑箱的不良影响。在未来甚至可以考虑引入区块链的机制，将对应的代码以及结果、算法过程记录到联盟链上，方便后续的审计。在部分场景，甚至可以引入形式化验证的方法，自动审查相应的合规性要求。

（三）引导、支持行业加强可解释人工智能研究与落地，确保科技向善

根据美国科技行业的经验，可解释人工智能的工作可充分发挥市场机制的作用，采取自愿性机制而非强制性认证。因为市场力量会激励可解释性与可复制性，会驱动可解释人工智能的发展进步。一方面，从市场竞争的角度看，为了获得竞争优势，企业会主动提高其人工智能相关产品服务的可解释程度，从而让更多人愿意采纳或使用其人工智能相关产品服务，进而维持自身的市场竞争力；另一方面，从用户的角度看，用户会用脚投票，即如果用户不理解人工智能系统的运作，在使用人工智能相关产品服务时可能存在顾虑，这意味着可解释性不足的人工智能相关产品服务将无法获得用户的持久信任，因而用户对此类人工智能的需求也会降低。

为了争得用户和公众的信任，各大互联网平台都在逐渐揭开自己算法推荐的“黑箱”，比如在2021年今日头条、美团、微博等平台公司陆续主动公开其相关算法系统背后的原理。除了向公众在一定程度上透露算法原理，目前看，人工智能的可解释性研究与应用也是国内外主流科技公司的主要方向之一。未来，可解释人工智能的发展仍将主要依靠企业与行业的

实践和探索，而非政府的强制性监管，以适应人工智能技术的快速发展迭代。

（四）增强社会公众的算法素养，探索人机协同的智能范式

当前，人脸识别、语音识别、用户画像、自动驾驶等智能技术已风靡全球，人工智能正迎来前所未有的应用热潮。可以预见的是，随着人工智能技术在各个领域的深度融合，未来人类的生产生活场景都会逐渐离不开人工智能的应用，高度智能化的人机协同将成为新的范式。在此趋势下，人工智能对于人类生活的影响程度也会日益加深。人们要想用好人工智能，使之为自身创造价值，就必须走近人工智能，理解人工智能。一方面，增强社会公众对人工智能使用的算法素养，是构建友好型人机协同范式的必然要求；另一方面，增强公众的算法素养，是公众防范算法侵权，维护自身利益的重要途径，能够推动可解释人工智能的规范化和实效化。针对提高公众素养的问题，欧盟立法者认为，可以通过教育、新闻报道、揭秘等方式提高公众的算法素养。当公众可以理解人工智能，人工智能将不再是公众眼中的洪水猛兽，而是一个具有极强创造力、执行力及忠诚度的“好伙伴”，公众就会希望自己的想法能被人工智能执行，人工智能的决策能为自己理解，从而形成人机之间的友好交流机制。

曹建峰　王焕超①

参考文献

[1] Anand Rao. Five Critical Questions to Explain Explainable AI [EB/OL]. https://towardsdatascience.com/five-critical-questions-to-explain-explainable-ai-e0c40bdca368, 2022-10-30/2022-04-05.

[2] David Gunning et al. DARPA's Explainable AI (XAI) Program: A Retrospective [EB/OL]. https://onlinelibrary.wiley.com/doi/full/10.1002/ail2.61, 2021-12-04/2022-03-21.

① 曹建峰、王焕超，腾讯研究院。

[3] European Commission. Ethics Guidelines for Trustworthy AI [EB/OL]. https://digital-strategy.ec.europa.eu/en/library/ethics-guidelines-trustworthy-ai, 2019-04-08/2022-04-09.

[4] Information Commissioner's Office. Explaining Decisions Made with AI [EB/OL]. https://ico.org.uk/for-organisations/guide-to-data-protection/key-dp-themes/explaining-decisions-made-with-ai/, 2021-07-20/2022-03-21.

[5] Jessica Newman. Explainability Won't Save AI [EB/OL]. https://www.brookings.edu/techstream/explainability-wont-save-ai/, 2021-05-19/2022-03-21.

[6] P. Jonathon Phillips et al. Four Principles of Explainable AI [EB/OL]. https://www.nist.gov/publications/four-principles-explainable-artificial-intelligence, 2021-09-29/2022-04-05.

[7] Umang Bhatt. Explainable Machine Learning in Deployment [EB/OL]. https://arxiv.org/abs/1909.06342, 2019-09-13/2022-02-23.

[8] 曹建峰，方龄曼. 欧盟人工智能伦理与治理的路径及启示 [J]. 人工智能，2019 (4): 39~47

[9] 曹建峰，胡锦浩. 伦理即服务：科技伦理与可信 AI 的下一个浪潮 [EB/OL]. https://mp.weixin.qq.com/s/nBqgBjmwz1RIyXH-BhwclA, 2021-08-17/2022-01-12

[10] 曹建峰，梁竹. 万字长文详解：国外主流科技公司的 AI 伦理实践 [EB/OL]. https://mp.weixin.qq.com/s/J8pq9tysIgE_t0inOa7PZw, 2022-03-07/2022-04-02

[11] 曹建峰. 人工智能治理：从科技中心主义到科技人文协作 [J]. 上海师范大学学报（哲学社会科学版），2020，49 (5): 98~107

[12] 丁晓东. 基于信任的自动化决策：算法解释权的原理反思与制度重构 [J]. 中国法学，2022 (1): 99~118

[13] 国家互联网信息办公室. 关于加强互联网信息服务算法综合治理的指导意见 [Z]. 2021-09-17

[14] 刘艳红. 人工智能的可解释性与 AI 的法律责任问题研究 [J]. 法制与社会发展，2022，28 (1): 78~91

[15] 马长山. 智能互联网时代的法律变革 [J]. 法学研究，2018，40 (4): 20~38

[16] 司晓，曹建峰. 论人工智能的民事责任：以自动驾驶汽车和智能机器人为切入点 [J]. 法律科学（西北政法大学学报），2017，35 (5): 166~173

[17] 苏宇. 优化算法可解释性及透明度义务之诠释与展开 [J]. 法律科学（西北政法大学学报），2022，40 (1): 133~141

[18] 腾讯研究院. 可解释 AI 为什么是下一次关键浪潮？[EB/OL]. https://mp.weixin.qq.com/s/pcm7PZxVD3Zk0RswCyIFdg, 2022-02-26/2022-03-04

[19] 许可. 算法规制体系的中国建构与理论反思 [J]. 法律科学（西北政法大学学报），2022，40 (1): 124~132

[20] 中华人民共和国科技部. 新一代人工智能伦理规范 [Z]. 2021-09-26

第九章

工业互联网：打造智能制造新平台

当今时代，全球新一轮科技革命和产业变革突飞猛进，数字技术加速与制造业深度融合，推动生产方式、组织形式及上下游价值链发生根本性变革，这为制造业数字化、网络化、智能化发展提供了千载难逢的历史机遇。工业互联网作为新一代信息通信技术与制造业深度融合的产物，对于赋能千行百业数字化转型，促进传统产业转型升级，催生新技术、新业态、新模式具有重要意义，是加快推动智能制造发展的重要基石。近年来，主要发达国家纷纷构建数据驱动的制造业新生态，加快布局工业互联网，国家间竞争日趋激烈。我国有完整的工业体系、制造业门类齐全，同时我国信息技术产业发达、国际竞争力强，加快布局和发展工业互联网具有坚实的产业基础和难得的互补条件，也是支撑制造强国、网络强国建设的关键之举。

自2017年《国务院关于深化"互联网+先进制造业"发展工业互联网的指导意见》（下文简称《指导意见》）① 印发以来，我国工业互联网快速起步、发展成效显著，网络基础设施建设加快建设，产业承载能力不断增强，产业生态规模初步形成，安全保障加快跟进，但也要看到，我国工业互联网尚处于培育发展到快速成长阶段，关键技术和产业基础薄弱，复合型人才缺口大，工业物联标准不健全，中小微企业数字化转型难，数据

---

① "国务院关于深化'互联网+先进制造业'发展工业互联网的指导意见"，中国政府网2017年11月27日，http：//www.gov.cn/zhengce/content/2017－11/27/content_5242582.htm。

安全法规保障滞后等问题突出。亟须突破关键技术和工业软件，夯实工业互联网发展基础，推动企业上云和加速数字化转型，加快工业互联网和各垂直行业融合应用进程，形成多方参与、开放共赢的工业互联网生态体系。

一、加快发展工业互联网的意义重大

工业互联网通过对人、机、物、系统等的全面连接，实现制造业研发设计、生产制造、销售管理、维保服务等全要素的泛在互联，促进工业数据的沉淀汇聚、流转分析和开发利用，对于加速ICT资本深化、促进制造业转型升级和模式创新、提高全要素生产率至为关键。业界的共识是工业互联网将在更大范围、以更高效率及更加精准地优化生产和服务资源配置，加速智能制造发展进程，极大拓展数字经济空间，助力经济高质量发展，在现阶段意义尤其重大。

一是工业互联网为我国经济发展培育了新动能。近年来工业互联网刚刚兴起，包括标识解析体系、网络基础设施、工业互联网平台、融合创新应用、系统解决方案等新技术新模式新业态蓬勃发展，潜力巨大。中国工业互联网研究院测算数据显示①，2017～2020年，我国工业互联网产业增加值规模占当年GDP比重分别达到2.83%、3.03%、3.24%、3.51%，占比稳步增长，逐步成为我国经济增长动力的新源泉。以2020年为例，我国工业互联网产业增加值规模达3.57万亿元，名义增速11.66%，其中，工业互联网直接产业增加值、渗透产业增加值各为0.95万亿元、2.62万亿元，名义增长率则分别达到10.17%、12.21%。在经历新冠肺炎疫情冲击后，制造业数字化转型步伐加快，以工业互联网为核心的智能制造新模式开始成为夺取未来发展先机的关键发力点。

---

① “中国工业互联网产业经济发展白皮书（2021年）”，https://www.china-aii.com/api/sysFileInfo/preview?id=1463767546046398465。

二是工业互联网为高质量发展提供新途径。自2010年以来，我国制造业已连续11年位居全球第一，是世界上工业体系最为健全的国家，移动通信、光伏、新能源汽车、智能手机、消费级无人机等重点产业竞争力更是跻身全球前列。但也要看到，我国制造业基础薄弱，增加值率还不高，与发达国家还有较大差距，反映出高端产品有效供给还不足、产业升级步伐亟待加快。加快布局工业互联网，例如分析利用工业大数据，可以提高设备运行稳定性，提高加工精度，推动生产设备走向高端化；推动制造环节向柔性制造、敏捷制造和绿色制造等方向发展，实现生产过程的柔性化、智能化；还可以根据客户需求，实现个性化定制，有效满足客户的个性化、品质化、高端化需求，有助于推动工业生产制造和服务体系的智能化升级、产业链延伸和价值链拓展。

三是工业互联网为打造现代产业体系提供新底座。工业互联网是未来工业革命的通用目的技术（GPT），可为各行各业提供赋能。一方面，包括标识解析、厂内时间敏感网络、场外的5G网络和高速固定宽带、边缘计算等在内的诸多网络要素，都是数字"新基建"的关键组成，可为企业、行业提供泛在高速网络连接。另一方面，制造过程中沉淀下来的各类数据，正日益成为数字时代的新要素。利用工业机理模型对汇聚起来的制造数据进行荟萃分析，可优化各类资源要素配置，例如精准对接需求，创新产品和服务，推进开放协同研发、优化生产制造流程，重塑制造体系和服务体系，催生新模式新业态，延长产业链价值链，让产业链上下游、供应链各环节紧密协同，帮助实体行业降本增效，加速形成以网络为基础依托、以数据为关键资源、以智能生产和服务为显著特征的新产业体系。

四是工业互联网为构建新发展格局提供新支撑。《中华人民共和国国民经济和社会发展第十四个五年规划和2035年远景目标纲要》指出①，要

① "中华人民共和国国民经济和社会发展第十四个五年规划和2035年远景目标纲要"，中国政府网2021年3月13日，http：//www. gov. cn/xinwen/2021 -03/13/content_ 5592681. htm。

"加快构建以国内大循环为主体、国内国际双循环相互促进的新发展格局"。工业互联网作为全要素、全产业链、全价值链连接的枢纽，一方面支撑国内经济大循环，通过连接人、机、物、系统等，能够有力推动生产要素循环流转和生产、分配、流通、消费各环节有机衔接，形成需求牵引供给、供给创造需求的高水平动态平衡，支撑形成国内经济大循环；另一方面，有助于发挥我国制造业大国优势，通过网络联通全球，增强对全球资源要素的吸引力，促进在全球范围内配置生产要素和开拓市场，深化我国在全球价值链中的参与程度。

二、国家促进工业互联网发展的主要举措

过去五年来，我国工业互联网快速发展，应用范围日益向生产制造核心环节延伸，垂直行业应用场景更趋丰富，叠加倍增放大效应不断释放，这主要得益于国家和各地高度重视，得益于配套支持政策的日益完善，得益于产业界的大力示范应用。主要的举措如下。

（一）党中央、国务院加强顶层设计和统筹部署

党中央、国务院高度重视工业互联网创新发展工作。2017 年 10 月，党的十九大报告中指出，加快建设制造强国，加快发展先进制造业，推动互联网、大数据、人工智能和实体经济深度融合①，这为我国工业互联网创新发展工作提供了根本遵循、指明了前进方向。2017 年 11 月，国务院《指导意见》印发，这是我国工业互联网发展的顶层设计文件。《指导意见》明确要求构建网络、平台、安全三大功能体系，增强工业互联网产业供给能力，促进行业应用，强化安全保障，完善标准体系，培育龙头企

① "习近平：决胜全面建成小康社会 夺取新时代中国特色社会主义伟大胜利——在中国共产党第十九次全国代表大会上的报告"，中国政府网 2017 年 10 月 27 日，http：//www. gov. cn/zhuanti/2017 - 10/27/content_ 5234876. htm。

业，加快人才培养，打造国际领先的工业互联网，促进大众创业万众创新和大中小企业融通发展，形成实体经济与网络相互促进、同步提升的良好格局。2021 年 3 月，《中华人民共和国国民经济和社会发展第十四个五年规划和 2035 年远景目标纲要》印发，其中在“加快建设新型基础设施”一节中，强调要“积极稳妥发展工业互联网”，在“推进产业数字化转型”一节中强调“在重点行业和区域建设若干国际水准的工业互联网平台和数字化转型促进中心”，这为“十四五”期间发展工业互联网明确了方向和重点（见附表 1）。

（二）成立专项工作组滚动推进年度计划落实

为贯彻落实好党中央、国务院一系列重大决策部署，加快推进工业互联网创新发展，加强工作统筹规划和政策协调，2018 年 2 月国家制造强国建设领导小组办公室印发《国家制造强国建设领导小组关于设立工业互联网专项工作组的通知》（工信部信管〔2018〕41 号），决定在国家制造强国建设领导小组下设立工业互联网专项工作组①，由国家发展改革委、科技部、财政部等 24 个成员单位组成，主要职责是“统筹协调我国工业互联网发展的全局性工作，审议推动工业互联网发展的重大规划、重大政策、重大工程专项和重要工作安排，加强战略谋划，指导各地区、各部门开展工作，协调跨地区、跨部门重要事项，加强对重要事项落实情况的督促检查”。并聘请有关方面专家组成工业互联网战略咨询专家委员会，为专项工作组提供决策咨询。从 2018 年到 2022 年，工业互联网专项工作组连续 5 年印发年度工作计划，列明重点工作、具体举措、年度目标成果、牵头部门和配合部门等，有力推动各成员单位细化落实年度重点工作。

---

① “国家制造强国建设领导小组关于设立工业互联网专项工作组的通知”，中国通信院官网 2018 年 2 月 26 日，http：//www. caict. ac. cn/xwdt/hyxw/201804/t20180426_ 157928. htm。

（三）接力实施三年行动计划促进创新发展

在国家总体部署下，专项工作组还连续出台专项行动计划，接力推进工业互联网创新发展。第一个三年专项行动是2018 年5 月出台的《关于印发〈工业互联网发展行动计划（2018—2020 年）〉和〈工业互联网专项工作组 2018 年工作计划〉的通知》（工信部信管函〔2018〕188 号）[①]，指出 2018 ~2020 年是我国工业互联网建设起步阶段，目标是到 2020 年年底，初步建成工业互联网基础设施和产业体系，并明确了十大专项行动[②]。在各方共同努力下，2018 ~2020 年起步期各项行动计划全部完成，网络基础、平台中枢、数据要素、安全保障作用进一步显现。2020 年 12 月接续印发了第二个三年行动计划，即《关于印发〈工业互联网创新发展行动计划（2021—2023 年）〉的通知》（工信部信管〔2020〕197 号），指出 2021 ~2023 年是我国工业互联网的快速成长期，目标是到 2023 年，工业互联网新型基础设施建设量质并进，新模式、新业态大范围推广，产业综合实力显著提升，同时明确了新的十一大专项行动[③]，并就加强组织实施、健全数据管理、拓宽资金来源、加大人才保障作出了具体部署。接力实施三年行动计划，为各级推动工业互联网明确了发展重点，也提供了工作抓手。

（四）构筑工业互联网标识解析和网络体系

网络是基础，打通厂内网络和厂外网络是发展工业互联网的基础和前

---

① “关于印发《工业互联网发展行动计划（2018—2020 年）》和《工业互联网专项工作组 2018 年工作计划》的通知”，国家互联网信息办公室官网 2018 年 6 月 8 日，http：//www. cac. gov. cn/2018 -06/08/c_ 1122955095. htm。

② 基础设施能力提升行动、标识解析体系构建行动、工业互联网平台建设行动、核心技术标准突破行动、新模式新业态培育行动、产业生态融通发展行动、安全保障水平增强行动、开放合作实施推进行动、加强统筹推进、推动政策落地。

③ 网络体系强基行动、标识解析增强行动、平台体系壮大行动、数据汇聚赋能行动、新型模式培育行动、融通应用深化行动、关键标准建设行动、技术能力提升行动、产业协同发展行动、安全保障强化行动、开放合作深化行动。

提。但与传统互联网相比，工业互联网主要有两大区别点[①]：一是连接对象不同，以连接人、机、物等各类工业要素为主，而且工业流程、上下游企业间的实时连接与智能交互场景更为复杂；二是技术要求不同，因直接涉及工业生产，网络性能上要求更高，例如时延要更低，可靠性要更强，安全性更有保障。为实现这一网络性能要求，2018 年 12 月，工业和信息化部《关于印发〈工业互联网网络建设及推广指南〉的通知》（工信部信管〔2018〕301 号）[②]，提出要以企业网络应用创新和传统产业升级为牵引，构建网络标准体系，打造工业互联网标杆网络，建设标识解析体系，完善网络创新环境，目标是到 2020 年，形成相对完善的工业互联网网络顶层设计，初步建成工业互联网基础设施和技术产业体系。2020 年 12 月，工业和信息化部又下发《关于印发〈工业互联网标识管理办法〉的通知》（工信部信管〔2020〕204 号）[③]，以规范工业互联网标识服务，保护用户合法权益，保障标识解析体系安全可靠运行。

（五）强化标准引领建立工业互联网标准化体系

标准是降低产业生态兼容成本、引领工业互联网创新发展的关键要素。工业互联网是新生事物，当前和未来一段时间内不可避免要面临着标准缺失、滞后、交叉重复等问题，亟须加强工业互联网标准化工作，夯实工业互联网发展基础。考虑到这一点，早在《关于印发〈工业互联网网络建设及推广指南〉的通知》（工信部信管〔2018〕301 号）中[④]，即提出要会同国家标准化管理机构，“加强工业互联网网络标准体系的顶层设计和

---

① “聚焦工业互联网平台建设，深化‘互联网 + 先进制造业’”，工业和信息化部官网 2018 年 1 月 23 日，https：//wap. miit. gov. cn/ztzl/rdzt/tdzzyyhlwsdrhfzjkjstggyhlwpt/zcfb/art/2020/art_ b05c7e3d4b4c4037af8985533b2dbb3c. html。

②④ “工业和信息化部关于印发《工业互联网网络建设及推广指南》的通知”，中国政府网 2018 年 12 月 29 日，http：//www. gov. cn/gongbao/content/2019/content_ 5389330. htm。

③ “工业和信息化部关于印发《工业互联网标识管理办法》的通知”，中国政府网 2020 年 12 月 25 日，http：//www. gov. cn/zhengce/zhengceku/2020 - 12/29/content_ 5574788. htm。

统筹协调，充分发挥工业互联网产业联盟及工业、电子信息、通信等领域标准化机构和行业协会优势，依托企业、科研机构和高校等加快研制工业互联网网络标准”。2019 年 3 月，工业和信息化部、国标委联合印发《工业互联网综合标准化体系建设指南》①，着力构建重点突出、协调配套、科学开放、融合创新的工业互联网标准体系，加快基础共性、总体性、安全、应用等重点领域标准的制定和实施。明确到 2020 年，初步建立工业互联网标准体系，重点研制工厂内网、网络资源管理、边缘设备、异构标识互操作、工业大数据、工业微服务、工业 App 开发部署、安全能力评估等产业发展急用标准。2021 年 11 月，工业和信息化部、国标委《关于印发〈工业互联网综合标准化体系建设指南（2021 版）〉的通知》（工信部联科〔2021〕291 号）②，增加了“5G + 工业互联网”等标准要求，目标是到 2025 年，制定工业互联网关键技术、产品、管理及应用等标准 100 项以上，建成统一、融合、开放的工业互联网标准体系，形成标准广泛应用、与国际先进水平保持同步发展的良好局面。

（六）壮大工业互联网平台和培育工业 App

工业互联网平台泛在连接了设备、软件、工厂、产品、人等各类工业要素，聚集了海量工业数据，是支撑工业 App、壮大应用生态的核心载体。我国工业互联网平台基础弱，数据采集、工业软件、开发工具等核心技术缺失，工业 App 培育刚刚起步，还未形成产业集聚效应。为加快弥补平台短板，2018 年 7 月，工业和信息化部印发《工业互联网平台建设及推广指

---

① “工业互联网综合标准化体系建设指南”，中国政府网 2019 年 3 月 8 日，http：//www.gov.cn/xinwen/2019-03/08/5371933/files/48de99f08f124d91bd7567641b4a89b0.pdf。

② “工业和信息化部国家标准化管理委员会关于印发《工业互联网综合标准化体系建设指南（2021 版）》的通知”，中国政府网 2021 年 12 月 25 日，http：//www.gov.cn/zhengce/zhengceku/2021-12/25/content_5664533.htm。

南》[①]，提出坚持建平台、用平台双轮驱动，打造平台生态体系，目标是到2020年，培育10家左右的跨行业跨领域工业互联网平台和一批面向特定行业、特定区域的企业级工业互联网平台。在壮大工业App方面，2018年4月，工业和信息化部印发《工业互联网App培育工程实施方案（2018—2020年）》[②]，以激发“双创”活力，发挥软件赋能、赋值、赋智作用，培育产业发展新动能，到2020年工业App应用取得积极成效，创新应用企业关键业务环节工业技术软件化率达到50%；工业App市场化流通、可持续发展能力初步形成，对繁荣工业互联网平台应用生态、促进工业提质增效和转型升级的支撑作用初步显现。

（七）深化工业互联网在垂直行业应用

为加快工业互联网在垂直行业的渗透应用，多个部门联合推出了一系列与工业互联网有关的应用场景。例如，工业和信息化部会同应急管理部推出《“工业互联网+安全生产”行动计划（2021—2023年）》[③]，以基本形成快速感知、实时监测、超前预警、联动处置、系统评估等新型能力体系。工业和信息化部等10部门联合印发《5G应用“扬帆”行动计划》[④]，提出聚焦“5G+工业互联网”发展重点行业，打造典型应用场景，持续开展“5G+工业互联网”试点示范。工业和信息化部等4部门印发《促进大

---

① “工业和信息化部关于印发《工业互联网平台建设及推广指南》和《工业互联网平台评价方法》的通知”，中国政府网2018年7月9日，http：//www.gov.cn/zhengce/zhengceku/2018-12/31/content_5440221.htm。

② “工业和信息化部关于印发《工业互联网APP培育工程实施方案（2018—2020年）》的通知”，中国政府网2018年4月27日，http：//www.gov.cn/zhengce/zhengceku/2018-12/31/content_5440170.htm。

③ “工业和信息化部应急管理部关于印发《‘工业互联网+安全生产’行动计划（2021—2023年）》的通知”，应急管理部官网2020年12月7日，https：//www.mem.gov.cn/gk/zfxxgkpt/fdzdgknr/202012/t20201207_374334.shtml。

④ “十部门关于印发《5G应用‘扬帆’行动计划（2021—2023年）》的通知”，中国政府网2021年7月5日，http：//www.gov.cn/zhengce/zhengceku/2021-07/13/content_5624610.htm。

中小企业融通发展三年行动计划》[①]，提出“加快推进工业互联网平台体系建设，引导培育若干跨行业、跨领域平台和面向特定行业、特定区域的企业级平台”。工业和信息化部等 8 部门推出《“十四五”智能制造发展规划》[②]，提出要“建立各具特色的工业互联网平台，实现全要素、全产业链数据的有效集成和管理”。国家发展改革委等 15 部门印发《关于推动先进制造业和现代服务业深度融合发展的实施意见》[③]，提出要“加快工业互联网创新应用”。国家发展改革委等 13 部门印发《关于加快推动制造服务业高质量发展的意见》[④]，提出“加快发展工业软件、工业互联网，培育共享制造、共享设计和共享数据平台，推动制造业实现资源高效利用和价值共享”。国家发展改革委等 4 部门印发《关于扩大战略性新兴产业投资培育壮大新增长点增长极的指导意见》[⑤]，提出“率先在具备条件的集群内试点建设一批应用场景示范工程等”，以加速形成建平台和用平台双向迭代、互促共进的制造业新生态。

（八）建设专业化公共服务平台提升服务能力

工业互联网属于新一代信息技术领域，具有通用目的技术（GPT）特征，而制造业属于传统工业领域，两者分属不同领域，要加速融合步伐并不容易，这离不开一大批公共服务平台的测试、验证和推广等专业化服务。2020 年 3 月工业和信息化部《关于推动工业互联网加快发展的通知》

---

① “四部门关于印发《促进大中小企业融通发展三年行动计划》的通知”，中国政府网 2018 年 11 月 28 日，http：//www. gov. cn/xinwen/2018 – 11/28/content_ 5344069. htm。

② “八部门关于印发《‘十四五’智能制造发展规划》的通知”，中国政府网 2021 年 12 月 28 日，http：//www. gov. cn/zhengce/zhengceku/2021 – 12/28/content_ 5664996. htm。

③ “15 部门印发《关于推动先进制造业和现代服务业深度融合发展的实施意见》”，中国政府网 2019 年 11 月 15 日，http：//www. gov. cn/xinwen/2019 – 11/15/content_ 5452459. htm。

④ “13 部门印发《关于加快推动制造服务业高质量发展的意见》”，中国政府网 2021 年 3 月 23 日，http：//www. gov. cn/zhengce/zhengceku/2021 – 03/23/content_ 5595161. htm。

⑤ “关于扩大战略性新兴产业投资培育壮大新增长点增长极的指导意见”，国家发展和改革委员会官网 2020 年 9 月 8 日，https：//www. ndrc. gov. cn/xxgk/zcfb/tz/202009/t20200925_ 1239582. html? code = &state = 123。

（工信厅信管〔2020〕8 号）[①]，提出引导各类主体建设 5 个公共服务平台，构建创新载体，为企业提供工业互联网内网改造设计、咨询、检测、验证等服务；打造一批工业互联网技术公共服务平台，加强关键技术产品孵化和产业化支撑；指导网络安全公共服务平台为中小企业提供优质高效的安全服务。在工业互联网专题工作组 2021 年、2022 年工作计划中，也作出了类似部署，同时还提出推动双碳环保、医疗健康、冷链物流等领域建设二级节点和公共服务平台，开展创新应用试验验证；建设危化品领域二级节点，推动"工业互联网 + 危化安全生产"公共服务平台试运行；为"走出去"企业提供对外投资合作国别（地区）指南等公共服务产品等。

（九）推动工业互联网数据汇聚赋能

激发工业数据对制造业发展的放大、叠加、倍增作用，关键是统筹发展和安全，让数据用起来。工业数据资源规模庞大，但价值潜力还没有充分释放，数字经济治理体系亟须进一步完善。2015 年《国务院关于印发促进大数据发展行动纲要的通知》（国发〔2015〕50 号）[②] 即提出要"发展工业大数据"，推动大数据在工业研发设计、生产制造、经营管理、市场营销、售后服务等产品全生命周期、产业链全流程各环节的应用，分析感知用户需求，提升产品附加价值，打造智能工厂。建立面向不同行业、不同环节的工业大数据资源聚合和分析应用平台。2020 年 3 月，工业和信息化部印发《工业数据分类分级指南（试行）》[③]，着力指导企业提升工业数据管理能力，促进工业数据的使用、流动与共享，释放数据潜在价值，赋能制造业高质量发展。分类方面，考虑行业要求、业务规模、数据复杂程

---

① "工业和信息化部办公厅关于推动工业互联网加快发展的通知"，中国政府网 2020 年 3 月 20 日，http：//www. gov. cn/zhengce/zhengceku/2020 －03/20/content_ 5493549. htm。

② "国务院关于印发促进大数据发展行动纲要的通知"，中国政府网 2015 年 9 月 5 日，http：//www. gov. cn/zhengce/content/2015 －09/05/content_ 10137. htm。

③ "工业和信息化部办公厅关于印发《工业数据分类分级指南（试行）》的通知"，中国政府网 2020 年 3 月 7 日，http：//www. gov. cn/zhengce/zhengceku/2020 －03/07/content_ 5488251. htm。

度等实际情况，要求对工业数据进行分类梳理和标识，形成企业工业数据分类清单。分级方面，要求根据不同类别工业数据遭篡改、破坏、泄露或非法利用后，可能对工业生产、经济效益等带来的潜在影响，将工业数据分为一级、二级、三级等3个级别。同时，明确工业企业、平台企业等承担数据管理主体责任。

（十）保障工业互联网网络和数据安全

安全是发展的保障。与传统互联网相比，工业互联网安全态势更加复杂，一旦遭到网络攻击，其经济社会价值损失巨大。为统筹发展和安全，防范工业互联网安全等潜在隐患。2016年国务院印发《指导意见》时即明确提出，要坚持工业互联网安全保障手段同步规划、同步建设、同步运行，提升工业互联网安全防护能力。2019年7月，工业和信息化部等十部门联合印发《加强工业互联网安全工作的指导意见》[①]，要求围绕设备、控制、网络、平台、数据安全，落实企业主体责任、政府监管责任，覆盖工业互联网规划、建设、运行等全生命周期，全面提升工业互联网创新发展安全保障能力和服务水平。2021年1月印发《关于开展工业互联网企业网络安全分类分级管理试点工作的通知》[②]，在15个省（区、市）开展试点；2021年12月又印发《关于组织开展工业领域数据安全管理试点工作的通知》[③]：试点工业领域数据安全管理，开展数据分类分级，制定重要数据清单；试点工业领域数据安全防护，由试点企业按照《工业企业数据安全防护要求（草案）》等标准规范，制定数据安全防护方案，加强数据安全分

---

① “十部门关于印发加强工业互联网安全工作的指导意见的通知”，中国政府网2019年8月28日，http：//www. gov. cn/xinwen/2019-08/28/content_ 5425389. htm。

② “工业和信息化部办公厅关于开展工业互联网企业网络安全分类分级管理试点工作的通知”，工业和信息化部官网2021年1月13日，https：//wap. miit. gov. cn/jgsj/waj/gzdt/art/2021/art_ eb95e60794794fc29f768233e7d7739d. html。

③ “工业和信息化部办公厅关于组织开展工业领域数据安全管理试点工作的通知”，工业和信息化部官网2021年12月14日，https：//wap. miit. gov. cn/jgsj/waj/wjfb/art/2021/art_ 2fa0ae3ab6764a0b9e8bc2703a41626c. html。

级防护措施，提升数据全生命周期安全保护能力；试点工业领域数据安全评估，由试点企业根据《工业数据安全评估指南（草案）》等标准规范进行自评估，及时整改相关安全问题。

（十一）地方和区域联动促进协同发展

在各地积极落实国家决策部署的同时，国内各省积极制定合作框架，初步形成了京津冀、长三角、珠三角、西南部区域协同发展高地和差异化发展格局[①]。一是京津冀地区产业现代化协同发展。2021 年 5 月，京津冀三方签订《关于打造京津冀工业互联网协同发展示范区框架合作协议》[②]，提出三地将共同推进京津冀工业互联网协同发展示范区建设。二是粤港澳大湾区数字化协同发展。广东省推进粤港澳大湾区建设领导小组印发实施《广州人工智能与数字经济试验区建设总体方案》（粤大湾区〔2020〕1 号）[③]，将人工智能与数字经济试验区定位为广东省推进粤港澳大湾区建设的重要特色平台。三是长三角地区制造产业协同发展。2020 年 1 月沪苏浙皖经信部门签署《共同推进长三角工业互联网一体化发展示范区建设战略合作协议》[④]，全力打造工业互联网创新驱动、融合应用的"生态区"，助力世界级先进制造业集群建设。四是成渝数字经济协同发展。2021 年 3 月，重庆市经信委与四川省经信厅联合发布《2021 年成渝地区工业互联网

---

① 中国工业互联网研究院：《工业互联网创新发展成效报告（2018—2021 年）》，中国工业互联网研究院官网 2021 年 10 月 20 日，https://www.china-aii.com/achievements?id=70309006-9c06-476d-9d96-af65efb46bca&ty=2。

② "京津冀签署共同打造工业互联网协同发展示范区框架合作协议"，北京市经济和信息化局官网 2021 年 5 月 21 日，http://jxj.beijing.gov.cn/jxdt/gzdt/202105/t20210521_2395593.html。

③ "广东省推进粤港澳大湾区建设领导小组关于印发《广州人工智能与数字经济试验区建设总体方案》的通知"，广东省发展和改革委员会官网 2020 年 2 月 21 日，http://drc.gd.gov.cn/ywtz/content/post_2899440.html。

④ "长三角工业互联网一体化发展示范区建设战略合作协议正式签署"，江苏省工业和信息化厅官网 2020 年 1 月 17 日，http://gxt.jiangsu.gov.cn/art/2020/1/17/art_6288_8909542.html。

一体化发展示范区建设工作要点》（川经信数信函〔2021〕135号）[①]，成为继长三角之后，我国第二个跨省级行政区域的国家级工业互联网一体化发展示范区。

在中央和地方联合推动下，我国工业互联网建设推广取得了良好进展，工业互联网外网体系已经覆盖300多个城市，标识解析体系实现了从0到1的突破，五大国家顶级节点和若干二级节点建设完成并稳定运行。工业互联网平台蓬勃发展，涌现出15家双跨平台和100多家具有一定影响力的平台，多层次平台体系初步形成。平台服务能力明显提升，一批解决方案和应用案例广泛应用。国家级安全态势感知平台建成并投入使用，安全评估评测等公共服务能力全面提升。取得良好进展的原因主要包括：从供给侧看，在政策支持下，一大批信息技术企业希望通过打造工业互联网产品及解决方案，推动自身转型；工业软件企业希望以平台为载体实现新型软件产品的敏捷开发，降低交付二次开发成本，通过SaaS化订阅拓展市场。从需求侧看，一些企业希望通过数字化转型，来挖掘数据价值，实现提质降本增效，拉动平台及解决方案创新。从政策面看，从中央到地方陆续出台了一大批产业政策，涵盖财政、税收、标准、政府采购等，为工业互联网发展提供了有力支持。总体来看，我国工业互联网快速度过了起步期，取得了阶段性成果。

三、工业互联网发展面临的突出问题

调研发现，我国工业互联网蓬勃发展的同时，还面临着基础薄弱、人才短缺、标准缺失、中小企业转型动力不足以及数据治理制度滞后等难题，亟须统筹推进解决。

---

① “关于印发2021年成渝地区工业互联网一体化发展示范区建设工作要点的通知”，四川省经济和信息化厅官网2021年3月26日，https://jxt.sc.gov.cn/scjxt/wjfb/2021/3/26/ba83b497d5414b3bbb48f48d350de25d.shtml。

（一）企业数字化转型的基础薄弱

我国制造业企业门类多、市场主体数量庞大，技术水平参差不齐，工业 2.0（电气化）、3.0（自动化）、4.0（智能化）并存，但总体上以电气化的 2.0 阶段为主，还有不少企业甚至处于手工作坊阶段，要想进入人机互联的 4.0 阶段，还需要进行数字化、网络化、智能化等一系列改造。调研发现，不少企业既有硬件设备数字化程度低，企业远未形成应用工业数据来进行协同设计、生产制造、运维服务等的能力，对内部数据的整合开发利用程度较低。目前，它们仍处于数字化转型的探索阶段，关注点是如何基于应用场景，推进各种设备和系统参数的数字化采集、各种设备的网络化连接等问题，真正实现企业上云、智能化运营，例如基于数据的全生命周期运营的企业还不多见，更别提与上下游产业链企业之间的数据互联互通和跨企业高效协同了。

（二）缺乏统一工业物联标准

座谈企业反映：一方面，终端设备联网缺乏统一标准。制造业企业设备供应商多、型号多、接口多、协议多，在工业设备联网上云的实际操作过程中，由于各家的设备接口不统一，网络通信协议不兼容（尤其是各厂家往往使用私有协议），企业设备连接上云较为困难，需进行数字化改装才能接入系统中，设备联网难度大大增加。另一方面，工业互联网行业标准建设步伐偏慢。例如制造业应用场景多，不同环节、不同工业协议的数据格式定义就存在比较大的差异，数据无法顺畅对接，只能“一设备一策”“一企业一策”，数字化、网络化改造成本很高，在国家标准短期内难以出台情况下，企业渴望能否率先构建工业互联网团体标准和行业标准，加速各类设备的兼容互通。

（三）中小微企业数字化转型存在阻力

企业数字化转型是一个涉及工艺改变、流程再造、IT 架构重建、组织架构优化的系统性工程，需要综合采用多领域技术来作为支撑。对企业来说，数字化转型的挑战不仅仅存在于技术方面，还存在于资金方面。客观而言，数字化转型是一个资金投入大、回报周期长、产出难以量化的持续改造过程。工业互联网应用端的广大中小微企业受困于数字化转型基础能力弱、转型成本高、回报周期长，存在“不愿转”“不敢转”“不会转”的痼疾。具体而言：部分制造业企业已搭建起成熟的生产线，高层对数字化转型的必要性认知不足，转型动力有限；前期投入大，转型后还需对设备进行持续保养维护和迭代升级，企业对数字化转型的投入产出成效没有预期，难以制定清晰的转型战略及保障计划；市场上缺乏面向企业数字化转型的特色融资产品，无法为制造业企业数字化转型提供有效资金保障；更重要的是，企业转型不仅仅是硬件升级，还涉及商业模式、组织架构、价值体系等深层次重塑，这更是加大了转型成本与阻力。

（四）工业互联网集成服务商能力不足

近年来工业互联网市场火热、平台数量增长很快，给工业互联网集成服务商带来了很大商机。但调研发现，目前，在工业互联网集成服务市场上，服务商数量相对供给不足、能力相差巨大，绝大部分服务商脱胎于传统的信息系统供应商，其优势是长期集中在某个专业领域，所提供的服务往往局限于某些特定应用场景，但工业互联网要求全周期、全流程重塑，且对数据挖掘、智能分析要求很高，凸显出集成能力、智能化能力不足，难以达到3.0、4.0阶段要求。当然，制造业对外开放场景有限，客观上也制约了工业互联网集成服务商进行新场景探索。对于制造业企业来说，大多数并不具备数字化能力，需要服务商对企业进行专业诊断，提供从开发、建设到运营的一揽子服务，调研中，企业反映很难找到既有完善的产品开发能力，又深耕制造业生产实际的集成公司，而且一旦安装了数字化系统，后续的改造和运维服务就被该集成商绑定了。

（五）工业互联网平台能力尚需进一步提升

目前工业互联网平台处于高投入、低回报的培育期，真正形成一定规模、拥有成熟商业模式、具备稳定盈利能力的平台还非常少。其主要原因是：与传统消费型互联网平台相比，工业互联网平台五花八门，包含专业技术平台、资源对接平台、制造运营优化平台、用户服务平台等诸多类型。根据中国信息通信研究院2018～2021年对150家工业互联网平台企业进行测试的结果①，发现通用PaaS和工业大数据等相对通用能力掌握程度较好；边缘能力逐步提升，其中连接能力具备程度较好，边缘分析、边云协同等刚刚起步；但工业数据管理总体并不理想；模型管理情况各异，基础性模型管理和数据科学模型的具备度相对较好，但研发模型、机理模型和数字孪生的支持能力总体偏低；人机交互、图形化编程和应用市场能力掌握程度也总体偏低；平台能力整体还有待提升，商业模型的建立更是处在一个爬坡过程中。

（六）工业互联网复合型人才缺口大

工业互联网作为新兴复合产业，深度融合了信息技术产业与制造业，需要一大批既了解工业工艺、生产流程，又了解网络信息技术应用，且拥有平台运营经验的跨界复合型人才。当下，适应数字化转型的复合型人才紧缺，在教育领域，我国现有人才教育培养体系尚未开设此类复合学科专业，尚不能支持此类复合型人才的大量产出。在产业领域，信息技术人才大量涌向互联网领域，传统制造业对此类人才吸引力不足，这一现象导致难以通过产业实践培养出精通制造工艺的信息技术人才。特别是支撑中小企业数字化转型的数字高端专技人才、数字工匠结构性短缺，兼具数字技能与制造业技能的复合型人才十分匮乏。此外，虽然已有部分高校对工业

---

① “中国信通院院长余晓晖：工业互联网是数字化转型的路径和方法论，形成新优化范式”，http：//www. aii - alliance. org/index/c184/n2582. html。

互联网领域展开研究，但研究内容与企业实际应用之间存在错位，研究成果难以直接转化。

（七）数字化核心技术受制于人

我国制造业核心技术长期受制于人，对外依存度高，产业发展需要的高端设备、关键零部件和元器件、关键材料等大多依赖进口。尤其是工业互联网相关的芯片、基础软件、整机、工业控制技术、网络传输系统等，国产替代尚需时日。企业反映，这主要原因是一旦签订商业合同，就要及时组织生产、按时履约交货，为此生产制造过程就必须有可预期性，不能时断时停，这对工业互联网系统的稳定性、可靠性提出了极高要求。企业在采购解决方案时，甚至会主动要求集成服务商指定采购国外的零部件、产品或装备，甚至小到电容、电阻、电感等这些不起眼的基础零部件，因为一个元器件的可靠性、精度出现问题，就会导致全线生产波动。此外，我国高端基础工业软件研发存在短板，云化工业软件能力不强，云化工业软件生态尚未构建；云化工业软件生态难以构建，制造业场景开放也较为有限。

（八）数据治理和安全缺乏制度保障

数据是数字时代的生产要素，也是提升制造业全要素生产率的关键投入。按照国家部署，近年来多地建设了国家工业互联网大数据中心属地分中心，但工业互联网大数据的汇聚、确权、保护、流通、交易等环节，还缺乏专门法律依据，广大工业企业普遍存在数据安全担忧，提供数据的配合度不高。从企业需求来看，具体表现为两方面。一方面，由于数据产权缺乏法律保护，企业不愿将核心经营数据上传共享至开放工业互联网平台，认为其可能造成涉密信息泄露，给企业带来经营风险。例如部分监测数据涉及工艺参数，关系到技术机密；涉及原料和产品库存数据，则关系到企业上下游供应链价格谈判。另一方面，由于我国工业互联网发展处于起步阶段，企业网络安全风险感知能力和安全风险防护能力普遍较弱，存在服务器被劫持、黑客勒索等技术风险，企业普遍表现出对数据云上存储安全性的高度担忧，对数据的开发利用尚未全面进入公司决策视野。

四、进一步促进工业互联网发展的政策建议

促进工业互联网发展不是一蹴而就的，而是一个不断演进、持续迭代的过程，政策上需要从“供给侧”和“需求侧”两端发力，稳妥推进内网和外网建设，注重提升平台运营能力，沉淀积累工业经验和知识，加快推动企业上云，培育制造新模式新业态，同时要激励企业增加转型动力、减少转型阻力，加快健全数据治理和安全法规，实现工业互联网创新发展。

（一）以推广应用带动工业互联网基础设施建设

要着眼于外网和内网协同建设，提升内外贯通能力。一是在前期已建成工业互联网标识解析国家顶级节点的基础上，加快标识解析顶级节点扩能增容、推广应用，在各行业中遴选标识解析的优秀应用场景和案例，提升标识解析自主产业能力。依托国家顶级节点，建设一批行业标识解析二级节点，基于标识促进生产制造和供应链等各环节精准对接、助力产品全生命周期管理。二是支持运用先进适用技术，帮助工业企业对现场内网的“哑设备”进行网络化改造，探索在既有系统上叠加部署新网络、新系统，支撑多元工业数据采集，推动信息技术（IT）网络与生产控制（OT）网络融合。三是支持工业企业建设5G全连接工厂，探索5G专网建设及运营模式，规划5G工业互联网专用频率，持续开展工业5G专网试点。

（二）制定设备互通标准和推进协议兼容

工业互联网的要义在于互联，要从标准上入手，目标是设备可以互联、协议可以互换、数据可以互享。一是要制定工业设备互联互通标准，

推动工业设备接口互认，鼓励提升行业设备的联动能力。研制异构网络互操作标准，建立多层级的网络信息模型体系，推进跨系统兼容互操作，提升各类异构工业网络互通能力。二是鼓励行业组织与设备供应商加强合作，开展工业设备兼容性协议的研制和推广，推进制造业工业协议兼容或统一，加强标准体系与认证认可、检验检测体系的衔接，开展工业协议标准落地检测评价工作。三是推动平台间数据互联互通。构建平台数据字典互认机制，统一工业数据、算法模型、微服务等调用接口。鼓励联合攻关制定平台间接口规范，推动机理模型和工业 App 的跨平台调用与订阅，让数据和模型赋能更便捷。

（三）增强企业使用工业互联网内在动力

企业转型动力不足的关键是受传统观念影响，认为投入大、回报慢，得不偿失，调动内在动力的关键是让先行者尝到甜头，通过示范效应来影响一片。一是要继续开展工业互联网相关的各类试点评选，树立示范。例如以工业互联网网络、标识创新应用、跨行业跨领域平台、“互联网 + 园区”、“5G + 工业互联网”、“工业互联网 + 安全生产”等为重点方向，遴选一批试点示范项目，通过实际改造成效来展示改造经验和收益，组织更多企业现场参观、提高认识。二是探索经济适用、物美价廉的工业互联网实现路径，特别是针对中小微企业资金少、主体数量大的特点，探索前期投入小、解决共性需求多、易复制推广的集成解决方案。可以考虑由政府掏一点、集成服务商优惠点、企业出一点，三方合力降低转型投入成本。三是通过工业互联网平台聚合产业链，发挥平台经济高效配置资源优势，推动协同制造、共享制造等新制造模式发展，促进大中小企业融通，为中小企业数字化转型带来切实甜头。

（四）支持培育工业互联网集成服务商

要从供给侧发力，关键是培育一大批能够针对企业数字化转型痛点堵点，提供优质优价解决方案的工业互联网集成服务商。一是重点支持面向量大面广的中小企业的集成服务商，但中小企业缺乏资金实力，建议在政策上引入数字化转型评估诊断券、创新券等，来引导和激励中小企业投入改造，同时通过政府采购服务，激励集成服务商结合既往经验，梳理形成分行业、分区域、分类型的工业互联网推进路径，形成标准化模块，降低方案成本。二是支持培育大型集成服务商，联合各行各业的专业解决方案商，形成综合服务能力，提供集成改造和整合方案，支持其开展专业细分领域的数字化研发创新，将各种制造经验数字化、模块化、通用化，赋能更多传统制造企业。

（五）打造多层次工业互联网平台体系

工业互联网平台是核心载体，它连接海量设备，拥有强大处理能力、富集开发工具和组件服务，可制成各类应用的快速开发与部署，关键是要结合应用场景，打造多层次平台体系。一是继续遴选培育一批跨行业跨领域的综合型平台、一批面向重点行业的特色型工业互联网平台、一批面向特定技术领域的专业型工业互联网平台，形成多层次的工业互联网平台体系。二是借鉴产业链“链主制”经验，鼓励龙头企业搭建平台，利用其转型示范效应和技术溢出效应助推产业链上中小企业完成数字化转型。三是探索建设“线上平台 + 线下共享园区”创新模式，实现空间聚集优势与线上平台集聚优势的叠加放大。探索建设共享制造产业园区，鼓励企业将生产制造各环节各领域分散闲置的资源集聚起来，弹性匹配、动态共享给需求方，激发传统优势产业新活力。四是聚焦优势产业集群，探索更多应用场景，搭建行业级工业互联网平台，推动人工智能与生产性应用场景的深度融合。

（六）强化专业型和复合型人才供给

工业互联网的技术密集度要求高，涉及机械设计部门、电气部门、软件部门、工程服务部门、制造部门、视觉部门等，形成专业化能力并不容易，无论对于集成服务商还是对于制造业企业来讲，既需要专业型人才，也需要复合型人才。一是深化校企合作，丰富校企联合培养研究模式，开设企业培训基地、专业课程等方式，培养应用型、复合型、创新型工业互联网技术技能人才。二是优化扩展人才认定标准，畅通技术技能人才职业发展通道，完善人才引进聘用机制，形成高端研发人才、复合工程人才以及专业技能人才的多层次人才体系。三是编制工业互联网紧缺人才需求目录，支持和指导高等院校、职业院校加强工业互联网相关学科专业建设，培养工业互联网领域未来科技创新领军人才。

（七）完善关键共性技术研发支持政策

攻克关键共性技术短板是一个系统工程，需要久久为功，多措并举，持续给予政策支持。一是完善关键共性技术研发支持政策。支持智能传感器、云化工业软件、云计算中心等领域关键技术研发，加速通信网络芯片、器件和设施的产业化和应用推广，加强网络智能化攻关，推动5G与人工智能技术深度融合。二是完善国产工业软件支持政策。引导更多企业和高校使用国产工业软件，为国内工业基础软件企业发展提供支持，尽快实现进口工业软件的国产替代。支持数字驱动的新型工业软件发展，支持企业进行制造业服务化的新场景探索，助力国产工业软件在试用中不断完善。三是支持研学用加强对接沟通，联合开发面向工业互联网、智能制造等需求的系统或装备，用好用足首台（套）、首批次等财政支持政策，助力装备企业在用之中实现质量提升。

（八）以制度建设为核心营造健康发展环境

以制度建设为核心，落实各方主体责任，为工业互联网发展营造健康有利发展环境。一是提升数据治理能力。加快研究制定统一的工业大数据管理制度和标准规范，促进数据合理流动、确权、安全交易、共享和使用。平台企业要发挥主体作用，加强信用管理、自律与合规建设。二是保障数据安全。要加强工业互联网平台数据安全管理，明确相关法律责任，保障平台各参与方合法权益。加快研究制定公有云安全相关标准，明确数据安全防护要求。平台企业要强化安全主体责任，加强日常安全监测，不断增强技术防御手段。工业企业应建立内网安全和应急管理制度，保障自身生产系统的安全性。三是打造开放生态体系。引导互联网龙头企业和服务提供商参与开源社区、开放技术平台建设，搭建形式多样的发展交流平台，加快形成多方共赢生态体系。

马　源

参考文献

［1］工业互联网产业联盟，工业互联网产业人才发展报告（2020－2021 年版）［EB/OL］. http：//www. aii-alliance. org/index/c315/n3144. html.

［2］工业互联网产业联盟，工业互联网平台赋能 产业链供应链白皮书［EB/OL］. http：//www. aii-alliance. org/index/c320/n2703. html.

［3］中国工业互联网研究院. 工业互联网发展应用指数白皮书（2020 年）［EB/OL］. https：//www. china-aii. com/achievements？id＝341758ff－8e39－412e－8418－de1b93875075&ty＝2.

［4］中国工业互联网研究院. 工业互联网 20 问［EB/OL］. https：//www. china-aii. com/achievements？id＝31098e5a-f1be－48c8－ae60－f1470288f66b&ty＝2.

附表 1　党中央、国务院关于促进工业互联网发展主要的政策

会议或发文单位	发文或会议日期	文件或会议名称	文号	政策要点
中共中央	2018 年 12 月 21 日	中央经济工作会议	/	加快 5G 商用步伐，加强人工智能、工业互联网、物联网等新型基础设施建设
中共中央	2020 年 10 月 29 日	《中共中央关于制定国民经济和社会发展第十四个五年规划和二〇三五年远景目标的建议》	/	系统布局新型基础设施，加快第五代移动通信、工业互联网、大数据中心等建设
中共中央政治局会议	2020 年 2 月 21 日	研究新冠肺炎疫情防控工作部署统筹做好疫情防控和经济社会发展工作	/	推动生物医药、医疗设备、5G 网络、工业互联网等加快发展
中共中央政治局会议	2021 年 4 月 30 日	分析研究当前经济形势和经济工作听取第三次全国国土调查主要情况汇报审议《中国共产党组织工作条例》	/	积极发展工业互联网，加快产业数字化
中共中央、国务院	2019 年 12 月 1 日	《长江三角洲区域一体化发展规划纲要》	/	合力发展高端服务经济。在研发设计、供应链服务、检验检测、全球维修、总集成总承包、市场营销、制造数字化服务、工业互联网、绿色节能等领域，大力推动服务业跨界发展。 共同培育新技术新业态新模式。推动数字化、信息化与制造业、服务业融合，发挥电商平台、大数据核心技术和长三角制造网络等优势，打通行业间数据壁垒，率先建立区域性工业互联网平台和区域产业升级服务平台。 合力建设长三角工业互联网。积极推进以“互联网＋先进制造业”为特色的工业互联网发展，打造国际领先、国内一流的跨行业跨领域跨区域工业互联网平台。统筹推进省际之间工业互联网建设，推动企业内外网改造升级，积极参与国家标识解析与标准体系构建。加快建设以跨行业跨领域跨区域平台为主体、企业级平台为支撑的工业互联网平台体系，推动企业上云和工业 App 应用，促进制造业资源与互联网平台深度对接。全面建立工业互联网安全保障体系，着力推动安全技术手段研发应用，遴选推广一批创新实用的网络安全试点示范项目。

续表

会议或发文单位	发文或会议日期	文件或会议名称	文号	政策要点
				强化开放型经济集聚功能。在上海大治河以南、金汇港以东以及小洋山岛、浦东机场南侧区域设置新片区，先行启动面积控制在 120 平方千米以内。重点发展跨国公司地区运营管理、订单中心、结算中心等总部经济，积极发展生物医药、集成电路、工业互联网、高端装备制造业等前沿产业，大力发展大宗商品、金融服务、数字贸易等新型国际贸易，推动统筹国际业务、跨境金融服务、前沿科技研发、跨境服务贸易等功能集聚
中共中央、国务院	2020 年 5 月 17 日	《关于新时代推进西部大开发形成新格局的指导意见》	/	推动形成现代化产业体系。积极发展大数据、人工智能和“智能 +”产业，大力发展工业互联网
中共中央、国务院	2021 年 7 月 22 日	《关于新时代推动中部地区高质量发展的意见》	/	推动先进制造业和现代服务业深度融合。依托产业集群（基地）建设一批工业设计中心和工业互联网平台，推动大数据、物联网、人工智能等新一代信息技术在制造业领域的应用创新，大力发展研发设计、金融服务、检验检测等现代服务业，积极发展服务型制造业，打造数字经济新优势
中共中央、国务院	2021 年 10 月 10 日	《国家标准化发展纲要》	/	助推新型基础设施提质增效。实施新型基础设施标准化专项行动，加快推进通信网络基础设施、新技术基础设施、算力基础设施等信息基础设施系列标准研制，协同推进融合基础设施标准研制，建立工业互联网标准，制定支撑科学研究、技术研发、产品研制的创新基础设施标准，促进传统基础设施转型升级
中共中央办公厅、国务院办公厅	2017 年 11 月 26 日	《推进互联网协议第六版（IPv6）规模部署行动计划》	/	1. 加快互联网应用服务升级，不断丰富网络信源。 ——创新特色应用。支持地址需求量大的特色 IPv6 应用创新与示范，在宽带中国、“互联网 +”、新型智慧城市、工业互联网、云计算、物联网、智能制造、人工智能等重大战略行动中加大 IPv6 推广应用力度。 2. 强化网络安全保障，维护国家网络安全。 ——构筑新兴领域安全保障能力。加强 IPv6 环境下工业互联网、物联网、车联网、云计算、大数据、人工智能等领域的网络安全技术、管理及机制研究，增强新兴领域网络安全保障能力。 3. 2017 ~ 2018 年重点工作。 ——互联网应用：选择典型行业、重点企业开展工厂企业网络改造，创新工业互联网应用，构建工业互联网 IPv6 标准体系。

续表

会议或发文单位	发文或会议日期	文件或会议名称	文号	政策要点
				——网络安全：开展 IPv6 环境下工业互联网、物联网、云计算、大数据、人工智能等领域网络安全技术、管理及机制研究工作。 4. 2019～2020 年重点工作。 ——互联网应用工：持续开展工厂企业网络改造，推动工业互联网创新应用的规模部署，不断完善工业互联网 IPv6 应用、管理、安全等相关标准
中共中央办公厅、国务院办公厅	2019 年 5 月 16 日	《数字乡村发展战略纲要》	/	推动农业装备智能化。促进新一代信息技术与农业装备制造业结合，研制推广农业智能装备。鼓励农机装备行业发展工业互联网，提升农业装备智能化水平。推动信息化与农业装备、农机作业服务和农机管理融合应用
中央全面深化改革委员会第十四次会议	2020 年 6 月 30 日	《关于深化新一代信息技术与制造业融合发展的指导意见》	/	加快推进新一代信息技术和制造业融合发展，要顺应新一轮科技革命和产业变革趋势，以供给侧结构性改革为主线，以智能制造为主攻方向，加快工业互联网创新发展，加快制造业生产方式和企业形态根本性变革，夯实融合发展的基础支撑，健全法律法规，提升制造业数字化、网络化、智能化发展水平
国务院	2021 年 3 月 13 日	《中华人民共和国国民经济和社会发展第十四个五年规划和 2035 年远景目标纲要》	/	1. 积极稳妥发展工业互联网和车联网。 2. 推进产业数字化转型。实施“上云用数赋智”行动，推动数据赋能全产业链协同转型。在重点行业和区域建设若干国际水准的工业互联网平台和数字化转型促进中心，深化研发设计、生产制造、经营管理、市场服务等环节的数字化应用，培育发展个性定制、柔性制造等新模式，加快产业园区数字化改造。深入推进服务业数字化转型，培育众包设计、智慧物流、新零售等新增长点。加快发展智慧农业，推进农业生产经营和管理服务数字化改造
国务院	2015 年 1 月 30 日	《国务院关于促进云计算创新发展培育信息产业新业态的意见》	国发〔2015〕5 号	增强云计算服务能力。大力发展计算、存储资源租用和应用软件开发部署平台服务，以及企业经营管理、研发设计等在线应用服务，降低企业信息化门槛和创新成本，支持中小微企业发展和创业活动。支持云计算与物联网、移动互联网、互联网金融、电子商务等技术和服务的融合发展与创新应用，积极培育新业态、新模式。鼓励大企业开放平台资源，打造协作共赢的云计算服务生态环境。引导专有云有序发展，鼓励企业创新信息化建设思路，在充分利用公共云计算服务资源的基础上，立足自身需求，利用安全可靠的专有云解决方案，整合信息资源，优化业务流程，提升经营管理水平

续表

会议或发文单位	发文或会议日期	文件或会议名称	文号	政策要点
国务院	2015 年 9 月 5 日	《国务院关于印发促进大数据发展行动纲要的通知》	国发〔2015〕50 号	推动产业创新发展，培育新兴业态，助力经济转型。 ——发展工业大数据。推动大数据在工业研发设计、生产制造、经营管理、市场营销、售后服务等产品全生命周期、产业链全流程各环节的应用，分析感知用户需求，提升产品附加价值，打造智能工厂。建立面向不同行业、不同环节的工业大数据资源聚合和分析应用平台。抓住互联网跨界融合机遇，促进大数据、物联网、云计算和三维（3D）打印技术、个性化定制等在制造业全产业链集成运用，推动制造模式变革和工业转型升级
国务院	2016 年 5 月 20 日	《国务院关于深化制造业与互联网融合发展的指导意见》	国发〔2016〕28 号	1. 培育制造业与互联网融合新模式。面向生产制造全过程、全产业链、产品全生命周期，实施智能制造等重大工程，支持企业深化质量管理与互联网的融合，推动在线计量、在线检测等全产业链质量控制，大力发展网络化协同制造等新生产模式。支持企业利用互联网采集并对接用户个性化需求，开展基于个性化产品的研发、生产、服务和商业模式创新，促进供给与需求精准匹配。推动企业运用互联网开展在线增值服务，鼓励发展面向智能产品和智能装备的产品全生命周期管理和服务，拓展产品价值空间，实现从制造向“制造 + 服务”转型升级。积极培育工业电子商务等新业态，支持重点行业骨干企业建立行业在线采购、销售、服务平台，推动建设一批第三方电子商务服务平台。 2. 强化融合发展基础支撑。推动实施国家重点研发计划，强化制造业自动化、数字化、智能化基础技术和产业支撑能力，加快构筑自动控制与感知、工业云与智能服务平台、工业互联网等制造新基础。组织实施“芯火”计划和传感器产业提升工程，加快传感器、过程控制芯片、可编程逻辑控制器等产业化。加快计算机辅助设计仿真、制造执行系统、产品全生命周期管理等工业软件产业化，强化软件支撑和定义制造业的基础性作用。构建信息物理系统参考模型和综合技术标准体系，建设测试验证平台和综合验证试验床，支持开展兼容适配、互联互通和互操作测试验证
国务院	2017 年 11 月 27 日	《国务院关于深化“互联网 + 先进制造业”发展工业互联网的指导意见》	国发〔2017〕50 号	总体目标。 ——立足国情，面向未来，打造与我国经济发展相适应的工业互联网生态体系，使我国工业互联网发展水平走在国际前列，争取实现并跑乃至领跑。 ——到 2025 年，基本形成具备国际竞争力的基础设施和产业体系。覆盖各地区、各行业的工业互联网网络基础设施基本建成。工业互联网标识解析体系不断健全并规模化推广。形成 3 ~ 5 个

续表

会议或发文单位	发文或会议日期	文件或会议名称	文号	政策要点
				达到国际水准的工业互联网平台。产业体系较为健全，掌握关键核心技术，供给能力显著增强，形成一批具有国际竞争力的龙头企业。基本建立起较为完备可靠的工业互联网安全保障体系。新技术、新模式、新业态大规模推广应用，推动两化融合迈上新台阶。 ——其中，在2018~2020年三年起步阶段，初步建成低时延、高可靠、广覆盖的工业互联网网络基础设施，初步构建工业互联网标识解析体系，初步形成各有侧重、协同集聚发展的工业互联网平台体系，初步建立工业互联网安全保障体系。 ——到2035年，建成国际领先的工业互联网网络基础设施和平台，形成国际先进的技术与产业体系，工业互联网全面深度应用并在优势行业形成创新引领能力，安全保障能力全面提升，重点领域实现国际领先。 ——到本世纪中叶，工业互联网网络基础设施全面支撑经济社会发展，工业互联网创新发展能力、技术产业体系以及融合应用等全面达到国际先进水平，综合实力进入世界前列
国务院	2018年3月5日	《2017年政府工作报告》	/	发展工业互联网平台，创建“中国制造2025”示范区
国务院	2018年9月26日	《国务院关于推动创新创业高质量发展打造“双创”升级版的意见》	国发〔2018〕32号	深入推进工业互联网创新发展。更好发挥市场力量，加快发展工业互联网，与智能制造、电子商务等有机结合、互促共进。实施工业互联网三年行动计划，强化财税政策导向作用，持续利用工业转型升级资金支持工业互联网发展。推进工业互联网平台建设，形成多层次、系统性工业互联网平台体系，引导企业上云上平台，加快发展工业软件，培育工业互联网应用创新生态。推动产学研用合作建设工业互联网创新中心，建立工业互联网产业示范基地，开展工业互联网创新应用示范。加强专业人才支撑，公布一批工业互联网相关二级学科，鼓励搭建工业互联网学科引智平台
国务院	2018年12月29日	《国务院关于加快推进农业机械化和农机装备产业转型升级的指导意见》	国发〔2018〕42号	推动智慧农业示范应用。促进物联网、大数据、移动互联网、智能控制、卫星定位等信息技术在农机装备和农机作业上的应用。编制高端农机装备技术路线图，引导智能高效农机装备加快发展。支持优势企业对接重点用户，形成研发生产与推广应用相互促进机制，实现智能化、绿色化、服务化转型。建设大田作物精准耕作、智慧养殖、园艺作物智能化生产等数字农业示范基地，推进智能农机与智慧农业、云农场建设等融合发展。推进“互联网+农机作业”，加快推广应用农机作业监测、维修诊断、远程调度等信息化服务平台，实现数据信息互联共享，提高农机作业质量与效率

续表

会议或发文单位	发文或会议日期	文件或会议名称	文号	政策要点
国务院	2019 年 3 月 5 日	《2018 年政府工作报告》		打造工业互联网平台，拓展“智能 +”，为制造业转型升级赋能
国务院	2019 年 8 月 8 日	《国务院办公厅关于促进平台经济规范健康发展的指导意见》	国办发〔2019〕38 号	大力发展“互联网 + 生产”。适应产业升级需要，推动互联网平台与工业、农业生产深度融合，提升生产技术，提高创新服务能力，在实体经济中大力推广应用物联网、大数据，促进数字经济和数字产业发展，深入推进智能制造和服务型制造。深入推进工业互联网创新发展，加快跨行业、跨领域和企业级工业互联网平台建设及应用普及，实现各类生产设备与信息系统的广泛互联互通，推进制造资源、数据等集成共享，促进一二三产业、大中小企业融通发展
国务院	2019 年 12 月 24 日	《国务院关于进一步做好稳就业工作的意见》	国发〔2019〕28 号	培育壮大新动能拓展就业空间。加快 5G 商用发展步伐，深入推进战略性新兴产业集群发展工程，加强人工智能、工业互联网等领域基础设施投资和产业布局
国务院	2020 年 5 月 22 日	《2019 年政府工作报告》		发展工业互联网，推进智能制造，培育新兴产业集群
国务院	2020 年 7 月 30 日	《国务院办公厅关于提升大众创业万众创新示范基地带动作用进一步促改革稳就业强动能的实施意见》	国办发〔2020〕26 号	强化双创复工达产服务。进一步提升双创示范基地服务信息化、便利化水平，充分发挥双创支撑平台、工业互联网平台、电子商务平台等作用，推广“一键申领、网上兑现”“企业网上跑、政府现场办”等经验，多渠道为企业解决物流、资金、用工等问题，补齐供应链短板，推动全产业链协同
国务院	2021 年 2 月 20 日	《国务院关于新时代支持革命老区振兴发展的意见》	国发〔2021〕3 号	提升创新驱动发展能力。鼓励革命老区完善第五代移动通信（5G）网络、工业互联网、物联网等新一代信息基础设施，因地制宜促进数字经济发展，鼓励有条件的地区开展北斗系统应用
国务院	2021 年 3 月 5 日	《2020 年政府工作报告》		发展工业互联网，促进产业链和创新链融合，搭建更多共性技术研发平台，提升中小微企业创新能力和专业化水平
国务院	2022 年 1 月 12 日	《国务院关于印发“十四五”数字经济发展规划的通知》	国发〔2021〕29 号	1. 优化升级数字基础设施 ——有序推进基础设施智能升级。建设可靠、灵活、安全的工业互联网基础设施，支撑制造资源的泛在连接、弹性供给和高效配置。

续表

会议或发文单位	发文或会议日期	文件或会议名称	文号	政策要点
				2. 加快推动数字产业化 ——提升核心产业竞争力。实施产业链强链补链行动，加强面向多元化应用场景的技术融合和产品创新，提升产业链关键环节竞争力，完善5G、集成电路、新能源汽车、人工智能、工业互联网等重点产业供应链体系
国务院	2022年2月14日	《国务院关于印发“十四五”国家应急体系规划的通知》	国发〔2021〕36号	1. 防范化解重大风险，织密灾害事故的防控网络 ——强化风险监测预警预报。充分利用物联网、工业互联网、遥感、视频识别、第五代移动通信（5G）等技术提高灾害事故监测感知能力，优化自然灾害监测站网布局，完善应急卫星观测星座，构建空、天、地、海一体化全域覆盖的灾害事故监测预警网络。 2. 实施重大工程项目，夯实高质量发展的安全基础 ——风险防控能力提升工程。实施“工业互联网＋安全生产”融合应用工程，建设行业分中心和数据支撑平台，建立安全生产数据目录
国务院	2022年3月5日	《2021年政府工作报告》		加快发展工业互联网，培育壮大集成电路、人工智能等数字产业，提升关键软硬件技术创新和供给能力
国务院	2022年3月25日	《国务院关于落实〈政府工作报告〉重点工作分工的意见》	国发〔2022〕9号	促进数字经济发展 ——加强数字中国建设整体布局。加快发展工业互联网，培育壮大集成电路、人工智能等数字产业，提升关键软硬件技术创新和供给能力
国务院常务会议	2021年9月22日	《“十四五”新型基础设施建设规划》	/	打造多层次工业互联网平台，促进融通创新。结合推进新型城镇化，推动交通、物流、能源、市政等基础设施智慧化改造

第十章

市场竞争：建立数字时代的公平竞争秩序

公平竞争是现代市场经济的灵魂和本质特征，是推动数字经济高质量发展的关键和前提条件。近年来，以反垄断与反不正当竞争为核心的数字市场公平竞争制度建设提速，市场准入和退出便利化水平显著提升，数字经济营商环境持续优化，推动我国数字经济发展势头持续向好，平台经济、共享经济等新产业新业态新模式蓬勃发展，市场主体数量不断扩容，大中小企业融通成长，数字化发展的微观基础日益坚实。然而，也要看到，在数字经济快速发展和市场制度建构过程中，垄断、不正当竞争、过度竞争、恶性竞争等破坏数字经济市场公平竞争秩序的新问题仍层出不穷，凸显出我国数字市场公平竞争制度尚不完善，竞争治理效能仍亟待增强。建议聚焦我国数字市场公平竞争治理面临的突出问题和挑战，以增强国家数字经济竞争新优势为落脚点，准确把握数字市场竞争的本质特征和基本逻辑，进一步健全数字市场公平竞争制度框架，构建起覆盖事前事中事后全周期、全链条的数字市场公平竞争制度体系，全面提升市场竞争治理能力，落实竞争政策的基础性地位，营造出高效规范、公平公正、自由开放、活力有序、预期稳定的数字经济市场环境，促进数字经济各类主体更加规范、更具活力、更重创新，实现更高质量、更可持续、更加开放、更为安全的发展。

一、数字经济时代的市场竞争逻辑发生深刻变化

数字经济是一种以数字平台为关键组织方式的双边或多边市场经济形态。它应用新一代信息技术打破时间和空间约束，促成了平台上各类从业主体之间的高效连接、精准匹配和高频交互，拓展了平台服务的广度和深度，释放了规模经济和网络效应，满足了各类用户的个性化、多样化、长尾化需求，强化了平台生态系统的共生共赢。数字经济生态系统打破了传统商业模式的线性价值链，构建起复杂的网络状平台型非线性价值网络，提高了社会资源的配置效能，对人类生产和生活方式产生了革命性变革，推动人类社会急速步入数字经济时代。平台、数据、算法、资本等是数字时代经济发展的新要素，对市场经济的微观基础、产业组织、竞争模式以及运行机制产生深刻影响，有助于提升市场效率、激发动态创新和增进社会福利。具体来看，数字经济时代下，企业之间呈现出如下新的竞争范式和特征。

（一）竞争理念发生革新：逐步由静态原子竞争理念向动态跨界竞争理念转变

传统市场经济下，技术进步速度相对较慢，企业之间的竞争更多依赖于市场内竞争的方式，如价格战、兼并收购等方式击败竞争对手，提高自身市场份额，企业之间竞争呈现出静态、原子式的特点。数字经济时代，技术创新、算法创新、数据要素、风险资本等要素在竞争过程发挥的作用日益突出，动态竞争、跨界扩张、长期发展开始成为数字企业普遍秉持的竞争理念，它们更多地利用海量数据资源、巨量资本加持、先进的算法和强大的算力资源，催生出大量的新产业新业态，例如以平台经济、共享经济等商业模式创新来颠覆传统行业和领域，重塑市场竞争格局。例如，苹果、字母表（即谷歌）、微软、元（即脸谱）、亚马逊等数字企业都是综合

利用平台、数据、算法、资本、技术等复合竞争优势，加速推进数字技术与实体经济深度融合，通过动态竞争、跨界融合等竞争方式在全球创新和经济版图上不断攻城略地，迅速改变市场竞争格局，创造出诸多前所未见的新业态新模式。

（二）竞争方式发生改变：逐步由产品服务竞争方式向生态系统竞争方式转变

传统市场经济下，企业之间的竞争方式相对单一，竞争手段较为简单，主要体现在产品和服务价格、质量、品牌等维度，价廉物美是企业赢得市场份额、攫取竞争收益的主要方式。美国竞争战略研究学者迈克尔·波特的《竞争战略》《竞争优势》等著作花了大量篇幅来论述传统企业的低成本和产品差异化竞争方式。进入数字经济时代，数字企业如谷歌、脸谱、苹果、亚马逊、腾讯、阿里巴巴等，作为数字经济运行的关键枢纽和"看门人"（Gatekeepers），利用其汇聚的海量数据、算法和资本力量，以核心平台为依托，通过平台包络（Platform Envelopment）、并购重组、增加协作企业和互补服务、拓展系统架构等多种方式，向金融支付、物联网、人工智能、生活服务、产业互联网等众多领域扩张，实施跨界竞争和融通合作，打造起根深叶茂的庞大"生态帝国"，数据驱动型的生态竞争成为数字企业抢占市场份额，赢得市场优势，获得超额利润的重要方式之一。

（三）竞争优势来源再造：数据和算法成为企业价值实现和竞争优势新源泉

传统经济条件下，企业基于"经济人"的利己逻辑，控制或独占各种稀缺性投入要素和生产能力，借助成本领先和差异化策略，来构筑其核心竞争优势。数字经济时代，数字企业结合"利己"和"利他"逻辑，利用其源源不断积累的数据资源、数据技术和算法能力以及独特的生态系统竞争方式，促进数字经济市场各类主体互动匹配，来不断提升价值和创造竞争优势，打造企业发展的“护城河”。一方面，数字平台企业可以利用海量的数据资源、先进的数据处理和分析能力，来增强自身学习能力、提升企业管理和决策科学性，以优化算法性能，促进供需双方精准对接，从而获取更多的用户，抢占更多的市场份额，形成“滚雪球”效应。另一方面，数字企业还可以基于数据和算法优势衍生的规模经济、范围经济，来强化成本和差异化方面的领先优势，更可以利用数据垄断和算法匹配能力，赋能平台生态系统内各类主体，促进接入平台生态体系的各方互动竞合，共同成长、共同增值，持续巩固其作为市场运行枢纽和价值创造中心的地位，进而在市场竞争中形成独特的优势。

（四）竞争格局发生嬗变：逐步由竞争性市场结构向垄断性市场结构转变

传统经济条件下，受限于成本下降速度和市场空间约束，企业规模扩张速度相对缓慢，直到规模经济和范围经济发挥作用时，企业才可逐步获得垄断或寡头地位。因此，在大部分时间内，大多数市场呈现出竞争性市场格局，但也有少部分市场，一旦领先企业取得垄断地位，这种垄断局面往往在较长一段时期内很难打破，正如标准石油、IBM、AT&T 等企业垄断石油、计算机、通信等行业的历史所显示的。相比之下，数字经济时代到来，数字企业如谷歌、苹果、亚马逊、微软、脸谱、腾讯、百度、今日头条等，突破了时间和空间约束，基于指数化的用户增长和数据积累，结合独特的平台组织模式，形成了数字经济特有的直接和间接网络效应，不断拓宽规模经济和范围经济的边界，甚至在全球范围实现扩张，由此让数字企业可以在很短的时间内，就在核心业务领域发展到难以想象的规模，并借助垄断地位向其他相关领域延伸，实现“赢者通吃”，以至市场集中化（Market Tipping）甚至“一家独大”成为数字时代市场结构的“新常态”（New Normal）。例如谷歌对全球搜索引擎、移动操作系统等多个领域垄断，脸谱对社交网络、在线广告等众多领域的高度寡占甚至垄断。

二、我国数字市场竞争治理面临的根本性挑战

垄断和不正当竞争是市场经济演进过程中常见的市场治理问题。数字经济环境下，垄断和不正当竞争问题并没有发生根本性变化，从行为基本特征及所产生的后果来看，具有共性的一面，但由于不同传统的市场运行逻辑，数字经济市场垄断和不正当竞争在甄别和判定方面更为复杂，表现方式和影响程度也存在一定差异，进而导致数字经济企业竞争行为面临更多的治理难题。总体来看，当前我国数字经济竞争治理主要面临三方面挑战。

（一）理论层面：数字市场运行与竞争规律亟须再认识

能否从理论上正确认识和把握数字市场运行规律、竞争范式及规制对象，不仅关乎各方能否形成共识和化解分歧，也关乎制度建设的进程、内容及价值取向，还事关竞争监管力度和效能，可以说是推进数字市场竞争制度创新，实现数字市场良性运行的基础性、关键性问题。然而，当前社会各界对此类问题的认识仍存在较大分歧，进而妨碍数字市场公平竞争制度建设进程。因此，亟须从理论上深化认识，以推动各方就数字市场公平竞争制度建设形成共识。具体而言，当前需重新认识和把握如下两个问题。

一是应正确认识和把握数字经济发展与监管经验教训。回顾我国数字经济成长历程，中央和地方各级政府实施了广泛且众多的市场导向型产业发展政策和创新扶持举措，同时秉持包容审慎的监管理念和价值取向，坚持发挥市场机制作用和激发创新创业精神，从而催生了如今我国活力迸发、规模庞大的数字经济新产业、新业态和新模式，成就了全球数字经济发展的“中国奇迹”。时至今日，要进一步推进数字市场公平竞争制度创新，就必须全面客观看待这些年来包容审慎监管理念和产业扶持政策，这

关系到应不应该继续实施包容审慎政策。一度有声音指出，过度强调包容审慎监管和产业政策，可能会诱发数字企业垄断、监管套利、选择性执法及监管盲区等新问题，甚至侵蚀监管权威性，妨碍数字经济健康发展，借此提倡抛弃这种柔性的监管取向，转向从严加强监管，以消除监管套利和空白。

然而，我们仍要看到的是，我国仍是发展中国家，数字经济发展和市场发育程度与欧美特别是美国仍存在较大差距。在大国战略竞争的背景下，如果在制度建设过程中，彻底放弃以往经过实践检验的、成功的经验，摒弃包容审慎，走向从严从重监管，“九龙治水”迅速转变为“九龙降水”监管模式，势必可能造成监管与发展关系失衡，甚至矫枉过正，影响市场主体预期，同时也不利于统筹用好产业政策与竞争政策来激发数字市场发展活力和潜力。

二是应正确认识和把握数字市场公平竞争规制的对象和内容。近年来，互联网、大数据、云计算、区块链、人工智能、虚拟现实等新一代数字技术加速创新，与实体经济深度融合，推动经济社会各领域发生全方位深层次变革，以平台经济、共享经济为代表的数字经济正在成为重组全球要素资源、重塑全球经济结构、改变全球竞争格局的关键力量。这个过程本身是以谷歌、脸谱、苹果、亚马逊、微软等为代表的大型数字平台为了做大做强做优，获得或巩固自身市场垄断或寡头地位，通过整合数据、资本、技术、人才等各类创新要素，持续开展技术创新、模式创新等创造性破坏，放大规模经济和网络经济，形成庞大的数字经济生态系统和垄断市场结构的过程，因此，市场垄断型市场结构和超大型数字平台，本身是技术进步和创新竞争的结果，其存在本身就是“熊彼特创新”的典型表征，并为更多数字企业开展数字创新发展提供了更强的激励，故而，数字市场公平竞争制度建设的目标应该是保护创新的过程，规制对象应聚焦垄断行为，而非垄断型市场结构或垄断状态。

我们也注意到，国内外部分学者从书本教条、贫富差距和意识形态等多维度出发，认为形成垄断型市场结构或大型平台就是危险的，大就是恶，不仅没有认识到垄断状态与垄断行为的重大区别，也没有认识到过度竞争的危害，更关键的是还忽略了数字市场动态创新、颠覆式竞争频率远超传统市场的特征，最终形成“凡是垄断，必须要反；凡是大企业，必要治理”的不良倾向，从而导致公平竞争制度建设导向都可能出现问题的风险。因此，推进数字市场公平竞争制度建设，仍然需要正确看待关于垄断与数字创新和数字经济发展之间关系的认知分歧；同时还要区分垄断状态与垄断行为、有效竞争与过度竞争等基本理论问题，明确竞争规制的重点对象不是垄断结构，而应是垄断行为和市场竞争过程；此外，还应明晰制度建设的目标是维护公平、有效且动态的竞争，而非静态竞争、过度竞争甚至恶性竞争。

（二）制度层面：数字经济市场竞争规则亟待优化

公平竞争的数字市场秩序，既需要事前、事中、事后全链条科学规范的基础性竞争规则作为制度保障，也需要可操作可执行的相关实施细则和指引来保驾护航。近年来，为完善社会主义市场经济体制，加快培育和发展数字经济新动能，我国持续推进市场准入制度、反垄断与反不正当竞争制度以及公平竞争审查制度建设，初步形成了比较完备的数字经济市场运行与发展的竞争法治框架，进而为我国数字经济快速发展奠定了基本制度框架。然而，与新时代数字经济高质量发展和构建新发展格局的要求相比，在制度层面上，我国数字市场公平竞争规则仍面临如下挑战。

一是数字经济市场数量监管制度亟待优化。以市场准入和退出监管为主的数量监管制度是市场经济公平竞争制度的重要组成部分。传统上，我国市场准入和退出监管制度主要是以行业为主，采取属地化管制的监管体制。而在这种监管制度和体制下，企业通常注册地、经营地都相对清晰，市场影响范围也通常限于局部范围，属地监管和线下监管的手段往往也能发挥实效。而数字经济具有跨界扩张、跨地域甚至全球化经营的特性，数字企业注册地、服务器所在地、竞争行为发生地等相分离，传统以分级管理、分片管理、分业管理为重的数量监管制度框架，已经很难应对垄断行为和不正当竞争行为跨区域实施等一系列问题和风险，迫切需要优化数字经济市场准入和退出监管制度。以网约车为例，国家将网约车监管列为出租车的一种，并实行准入许可管理，但考虑到客运市场监管是地方事权，进而将准入监管具体事宜交给地方来实施，有的地方不知道怎么管，有的地方简单沿用传统的准入管理办法，对于平台许可数量、驾驶员许可数量、车辆的许可数量实行严格管控，既不利于强化本地出租车市场竞争，也不利于发挥网约车新模式的创新活力，未能兼顾多方利益。

二是反垄断与反不正当竞争规则需健全完善。经过多年发展，我国已形成了《中华人民共和国反垄断法》《中华人民共和国反不正当竞争法》《中华人民共和国电子商务法》《中华人民共和国消费者权益保护法》等法律为核心，《网络交易监督管理办法》等部门规章、《国务院反垄断委员会关于平台经济领域的反垄断指南》等执法指南以及各类指导意见为补充的数字市场竞争制度体系。然而，一方面，《中华人民共和国反垄断法》《中华人民共和国反不正当竞争法》《中华人民共和国电子商务法》等法律规定偏重原则要求，缺乏可操作性的监管指南和实施细则，监管标准和尺度不一，影响监管执法效能。例如，《中华人民共和国反不正当竞争法》对违法经营额的认定不明确、处罚金额较高，实践中操作难度大。另一方面，不同于传统企业的垄断行为，数字平台企业更善于运用与算法、数据、技术、资本等相关的竞争策略和垄断行为，如算法合谋、算法操纵、数据滥用、掠夺性定价、拒绝或限定交易等，这些新型垄断行为通常更加隐蔽、更加复杂，对取证和执法能力要求也比较高，现行的《中华人民共和国反垄断法》等法律法规并没有明确的规定和清晰的判定标准，既可能造成竞争监管者执法缺乏充分的法律依据，也容易使得其自由裁量权可能较大，进而造成对数字市场竞争秩序的不当干预。

三是涉数字经济领域行政权力限制竞争行为也亟须制度规范。近年来，针对行政权力干预市场、限制市场竞争，如地区封锁和行业垄断等问题，我国探索实施了公平竞争审查制度。自2016年该制度实施以来，已经实现了对增量文件的全覆盖和存量文件的基本覆盖。尽管如此，受地方保护保护主义和部门利益驱动，地区封锁和行业垄断等妨碍统一市场建设等痼疾仍然以隐蔽的形式广泛存在。尤其是在数字经济领域，融合型新业态新模式层出不穷，部分部门和地方为促进这些新业态新模式发展，出台了一些显性或隐性的指定交易、准入限制、政府补贴等支持政策。例如，某些地方推行消费券政策，制定必须通过特定平台获取消费券领取；又如某些地方或部门在采购云服务时，要求必须是当地注册的特定企业。这些举措在支持特定行业或本地区产业发展的同时，可能产生限制经营者数量的排除限制竞争的效果。而由于负责审查的相关部门往往是酝酿政策的部门，这种自我审查模式容易出现“走形式”的情况，而其他竞争主管部门又难以准确理解政策出台的初衷、起草思路和实施重点，或因审查对象不明确、审查标准难把握、审查方法较单一、例外规定难适用以及与促进经济发展的目标相悖等原因，公平竞争审查动力不足，审查效果也大打折扣。

（三）实践层面：数字市场竞争监管工具箱亟待革新

借助于数字技术，数字平台可以更加隐蔽地实施各类垄断和不正当竞争等违法违规行为，甚至影响用户和监管机构的认知逻辑，传统监管手段在应对这些问题时较为乏力，导致很难及时辨别清楚这些行为及其产生的后果。具体表现在如下几个方面。

一是滥用市场支配力行为类型复杂多样且认定难度加大。数字经济背景下，技术、算法、数据、规则等成为数字平台谋求和巩固自身的市场支配地位、获取高额垄断利润的新型竞争手段。例如，部分垄断数字平台策略性运用倾斜式定价（Skewed Pricing）、算法操纵、算法歧视、自我优待、技术性屏蔽、拒绝交易或不兼容、独家协议等排他性行为，来排斥和限制市场竞争，以达到维持和巩固自身垄断地位的目的。然而，理论上，对于这些行为本身的性质及其竞争效果，无论是学界，还是竞争监管部门，各方分歧仍然较大。以倾斜性定价为例，传统上倾斜式定价通常被视为一种掠夺性行为，但在数字经济环境下，众多平台企业基于双边市场模式，普遍采取这种定价模式，使各方很难简单将其视为滥用市场支配地位的行为。此外，实践中，竞争监管机构单纯凭借传统的监管理念、工具和手段，很难及时对这些行为性质以及对应的竞争损害进行甄别和规制。

二是基于算法的垄断协议更加隐秘且更难以治理。垄断协议包括横向垄断协议和纵向垄断协议。其中价格合谋或卡特尔是横向垄断协议主要的类型，纵向约束则是纵向垄断协议的典型形式。与传统的价格合谋行为相比，数字经济条件下，部分数字企业可能利用大数据、人工智能等手段进行合谋，攫取垄断利润，这些合谋行为具有较强的隐蔽性，透明度更低。此外，在位垄断平台企业还可以利用其垄断势力或讨价还价能力，通过各种纵向约束方式，影响用户群体的行为，达到阻止潜在平台进入市场或延伸垄断势力的目的，这些行为也比较隐蔽且竞争损害往往难以判别，可能在极短时间内对市场竞争产生颠覆性影响，甚至永久性损害。竞争监管部门在识别和处置基于算法等技术手段的垄断协议时，面临较大的挑战。

三是并购和平台包络竞争策略的竞争效应难以有效辨别。初创企业和中小微企业是市场活力的重要源泉和就业创造的基础力量。近年来，部分超大型数字平台利用其数据、资本优势，大量并购或通过战略投资等多种方式直接或间接控制了大量的初创企业和中小微企业，形成规模堪比国家的庞大“数字经济体”。一方面，这类行为可以消灭直接或者潜在的对手，持续巩固其市场优势地位；另一方面，延伸市场势力，提高进入壁垒，对潜在或新进入者产生强的“寒蝉效应”，对竞争产生持久的损害（王磊、曾铮，2021）。此外，部分数字企业和资本还通过并购等策略向诸多关乎国家安全和社会稳定的领域野蛮扩张，引发各类金融和社会风险。然而，我们也要看到，大型平台对初创企业的并购，可以为风险资本和初创企业家退出提供重要渠道，可以激发更多风险资本投资和创新，有利于市场竞争，增进市场动态效率，促进市场动态演化，增进社会福利。因此，竞争监管机构对数字市场的并购行为及其竞争效果作出充分研判、分析和认定，全面判定并购行为的竞争效果，从而采取正确的规制策略。

四是不正当竞争形式多样且频发高发。互联网、电子商务、直播平台等数字经济新兴领域不正当竞争行为表现形式多样且呈频发高发态势，比较典型的包括恶意诱导消费、商业欺诈、虚假宣传、强制交易、不正当有奖销售、销售假冒伪劣等直接侵害消费者的不正当竞争行为，以及侵犯商业机密、商业诋毁、刷单和虚假交易、恶意爬取数据和流量劫持以及利用身份关系、技术手段来限制、干扰或者破坏其他经营者经营自由的新型不正当竞争行为。这些行为不仅直接损害了其他经营者和消费者的合法权益，也扭曲了正常的市场竞争机制，破坏数字市场营商环境。全国人大调查数据显示，2018 年至 2020 年 10 月，涉及网络不正当竞争行为的判决案件，占全部反不正当竞争法判决案件的比重尽管相当较低，为 3.6%，但鉴于网络自身传播和影响的特殊性，其社会关注度却高达 72%。

三、主要经济体数字市场竞争制度创新及对我国的启示

为应对数字市场衍生的垄断与不正当竞争问题，欧美等主要经济体作为全球主要竞争监管辖区，纷纷加快竞争制度革新步伐，力图通过制度建设，有效遏制大型数字企业限制竞争行为，维护公平竞争的数字市场秩序。

（一）主要经济体推进数字市场竞争制度建设情况

一是欧盟持续加快数字市场竞争立法。针对原有的《欧洲联盟条约》等竞争法体系难以及时有效应对数字企业限制竞争行为带来的挑战，近年来，欧盟及其部分成员国积极推进数字市场竞争立法。欧盟层面，2019 年

6 月，欧盟官方发布《关于促进在线中介服务企业用户的公平性和透明度的条例》（即《欧盟监管 2019/1150 条例》，又称《欧盟平台与商业（P2B）监管条例》），旨在加强电子商务、搜索引擎等数字平台某些不公平竞争行为监管，推动后者增强平台规则、算法推荐等的公平性和透明度。2020 年 11 月以来，欧盟委员会更是先后推出了《数据治理法》（DGA）、《数字服务法》（DSA）、《数字市场法》（DMA）、《数据法案》（Data Act）4 部法案（或草案），旨在进一步完善以《欧洲联盟条约》为主体的数字经济竞争法律体系，促进数据开放共享、高效流转及合理利用，确保数字服务和数字市场的开放性和竞争性，夯实数字市场竞争监管的法律依据和工具箱（见表 1）。其中，《数字市场法》正式引入"守门人"的概念，明确大型平台作为"守门人"的认定标准，并施加诸多公平竞争的责任和义务。成员国层面，2021 年 1 月，德国联邦议会通过《反对限制竞争法》第 10 修正案（即《数字竞争法》）。该修正案明确"具有显著跨市场竞争影响的企业所实施的滥用市场力量行为"的判定标准，拓展了滥用相对优势地位的适用范围，并将"获取竞争相关数据的能力"作为识别市场支配地位/市场相对优势地位的重要考察因素，同时引入新的"数字守门人"监管工具，并更新了合并申报规则，增设了经营者集中的申报指标。

表 1　近年来欧盟范围内数字市场竞争监管规则建设情况

法案名称	立法主体	立法目标及侧重点	通过时间
《关于促进在线中介服务业务用户的公平性和透明度条例》（欧盟监管 2019/1150 条例）	欧盟	旨在规范电子商务市场、软件应用商店、社交媒体和搜索引擎等在线平台的行为，禁止其某些不公平行为，提升平台规则的公平性、透明度，促进市场良性竞争，增加消费者对平台的信任和选择	2019 年 6 月 20 日
《数据治理法》	欧盟	旨在打破大型科技公司对数据的垄断，释放数据和人工智能等技术的经济和社会潜力，通过建立一个增强信任的保障体系来鼓励数据共享，形成以欧盟价值观为基础和原则的新型数据治理方式	2020 年 11 月 25 日提出

续表

法案名称	立法主体	立法目标及侧重点	通过时间
《数字服务法》	欧盟	对《电子商务指令》进行更新，规定了作为消费者与商品、服务和内容中介的数字服务商应承担的义务，为在线平台创设了更高的透明度要求和强有力问责机制，从而构建更加公平、开放的欧洲数字市场。适用于传输或存储第三方内容的中介服务，包括提供网络基础设施的服务（如网络接入供应商、域名注册商）、云服务和网络托管服务、在线平台（如社交网络、内容共享平台、应用商店、在线市场、在线旅游和住宿平台等）等	2020年12月15日提出，2022年1月22日正式通过
《数字市场法》	欧盟	引入“守门人”概念，明确“守门人”判定标准和责任，旨在通过加强“守门人”平台进行规制与监管，防止科技巨头对企业和消费者施加不公平条件，促进欧洲数字市场的创新、增长和竞争，帮助中小企业和初创企业发展和扩张，从而确保重要数字服务市场的公平性和开放性	2020年12月15日提出，预计2022年10月表决
《数据法案》	欧盟	旨在厘清企业、公共机构、个人用户等主体在数据流转中的权责关系，细化补充了数据可携权、企业到政府、企业与企业之间等数据流转和共享的具体规则，促进欧盟数据的访问和使用，激活数据价值	2022年2月23日提出
《反对限制竞争法》（ARC）第10修正案，即《数字竞争法》	德国	大幅提高德国合并制度的申报门槛，防止扼杀式并购；引入针对“数字守门人”的监管新工具，强化事前监管；贯彻《欧盟指令（EU）2019/1》（ECN+指令）的要求，以便更有效地调查限制竞争行为；修改垄断行为的处罚规则，引入滥用相对优势地位的概念；增加了数据竞争监管的规则条款	2021年1月14日通过

资料来源：笔者整理。

二是美国参众两院提出了系列数字经济反垄断法案。以1890年《谢尔曼法》、1914年《克莱顿法》和《联邦贸易委员会法》为基础，后经若干单行法和大量判例补充完善，美国形成了庞大的竞争法律体系。针对原有竞争法律难以适应数字市场竞争监管要求，2021年以来，美国参众两院加快了数字市场公平竞争制度建设进程。2021年2月和8月，参议院相继提出了《2021年竞争与反垄断执法改革法》和《开放应用市场法案》两部草案。同年6月23日和24日，众议院司法委员会通过了《2021年合并申报费现代化法》《2021年州反垄断执法场所法案》《2021年通过启用服务交换法增强兼容性和竞争性法》《2021年平台竞争和机会法案》《2021

年美国创新与选择在线法案》《2021 年终止平台垄断法案》6 部法案①（见表 2）。上述法案旨在增强对大型数字平台竞争监管力度和效能，促进数字经济市场有效竞争，维护数字市场公平竞争秩序，进一步健全美国公平竞争制度体系。同年 7 月 9 日，美国总统拜登签署了《关于促进美国经济竞争的行政命令》，要求司法部和联邦贸易委员会（FTC）采取法律措施限制垄断等限制竞争行为，加强对互联网企业并购审查，以及要求制定针对大公司的数据监管规定，以促进该美国各行业的竞争。

表 2　近年来美国数字市场监管规则建设进展

法案编号	法案名称	法案提出主体	立法目标及侧重点	所处流程	
S. 225	《2021 年竞争与反垄断执法改革法》	参议院	改革反垄断法以更好地保护美国经济中的竞争，修改《克莱顿法案》以调整非法并购标准，阻止损害竞争和消费者的限制竞争行为，提高司法部和联邦贸易委员会执行反垄断法能力	2021 年 2 月 4 日提出	
HR 3843	《2021 年合并申报费现代化法》	众议院司法委员会	调整并购申报费用，提高大型交易的申报费用，同时降低较小交易的申请费，为反垄断执法提供更多资源。同时，批准了在 2022 年财政年度的预算拨款中，向司法部反垄断署和联邦贸易委员会分别提供 2.52 亿美元和 4.18 亿美元的资金	2021 年 6 月 23 日：29 票赞成和 12 票反对	
HR 3460	《2021 年州反垄断执法场所法案》		确保各州将被赋予更大管辖权，在州检察长向联邦法院提起反垄断案件时，不会因案件转移到不同地点而面临延误或更高的费用	2021 年 6 月 23 日：34 票赞成和 7 票反对	

① 按照美国立法程序，这些法案成为正式法律仍还要经过多道程序。

续表

法案编号	法案名称	法案提出主体	立法目标及侧重点	所处流程	
HR 3849	《2021 年通过启用服务交换法增强兼容性和竞争性法》	众议院司法委员会	增强平台兼容性和竞争性，赋予消费者将数据从一家平台转移到另一家平台的权利，并要求处于支配地位的平台与第三方平台间具有互操作性	2021 年 6 月 23 日：25 票赞成和 19 票反对	
HR 3826	《2021 年平台竞争和机会法案》		降低平台并购行为审查门槛，将合并审查举证责任转移至并购方，确定占市场支配地位的平台的某些并购是非法	2021 年 6 月 23 日：23 票赞成、18 票反对、1 票弃权	
HR 3816	《2021 年美国创新与选择在线法案》		针对大型平台的歧视性行为，约束大型平台更新默认设置、限制用户卸载预装程序等方式来进行自我优待，确保市场公平竞争	2021 年 6 月 23 日：24 票赞成和 20 票反对	2022 年 1 月 20 日：参议院司法委员会批准，将进入投票程序
HR 3825	《2021 年终止平台垄断法案》		要求处于市场支配地位的在线平台剥离与竞争对手业务产生利益冲突的业务线，促进数字市场的竞争和经济机会	2021 年 6 月 24 日：21 票赞成和 20 票反对	
S. 2710	《开放应用市场法案》	参议院	促进应用商店平台市场发展，降低谷歌、苹果等应用商店“看门人”的市场势力，增强应用程序开发者、消费者的选择权和公平交易权，提高质量并降低成本	2021 年 8 月 11 日提出	2022 年 2 月 3 日：参议院司法委员会批准，将进入投票程序

资料来源：笔者整理。

三是英、日、韩等国则通过制度和机构建设来推进数字市场监管。2021 年 2 月，在《禁止垄断法》（全名为《关于禁止私人垄断和确保公正交易的法律》）基础上，日本国会通过了首部针对数字平台企业的竞争监管法案——《提升特定数字平台的透明度和公平性的法案》，要求特定数字平台提高规则和交易透明度，确保交易公平性，打造更加公平和透明的在线营商环境。2021 年 8 月 31 日和 9 月 7 日，在《韩国规制垄断和公平交易法》基础上，韩国国会和国务会议先后审议通过《电信业务法》的修正案（又称“反谷歌法”）。该法案禁止苹果、谷歌等手机应用商店运营商向应用开发者强加自家支付系统，禁止其不合理地拖延审核或删除应用程序，要求其向应用开发者开放其支付系统，并允许政府以防止用户遭到损失、保护用户权益等为由，对应用商店运营商进行调查。2021 年 4 月，英国则在竞争与市场管理局正式新设数字市场监管部门（Digital Market Unit，DMU），旨在全面加强对数字平台等科技巨头的监管，同时还计划出台专门法规赋予该部门众多数字市场公平竞争监管职能。

（二）主要经济体健全数字市场竞争规则的动因

之所以全球主要发达经济体以数字平台为监管重点，加快数字市场竞争规则立法进程，大体有如下几方面原因。

一是从市场格局和发展态势来看，20 世纪 70 年代放松管制浪潮以来，无论是在发达国家，还是发展中国家，包括众多传统行业和数字经济在内，几乎绝大部分行业的市场集中度都呈现出不断上升态势。对数字经济而言，一方面，集中化程度提升，市场壁垒高企，有效竞争程度不足，有损消费者和社会福利；另一方面，数字新技术以及数据、资本等力量的叠加显著增强数字平台限制竞争的能力，加剧竞争损害风险，增加界定和识别大型数字平台滥用市场支配力行为的难度，致使竞争监管面临种种困难和挑战，迫切需要更新和加强竞争立法。

二是从认识观念和思想基础来看，芝加哥学派、后芝加哥学派以及新自由主义放松对大企业监管的理念和自由放任的市场竞争观，构成了现代竞争监管的认知基础。然而，这些主流的监管价值观，可能造成静态效率与动态效率的彼此失衡，衍生一系列社会问题。以 Lina Khan、Tim Wu 为代表的“新布兰代斯学派”（Neo-Brandeisian School）对主流的反垄断理念进行了强烈批判。他们认为，早期的反垄断法如美国《谢尔曼法》，其立意不仅仅是为了保护经济价值，还旨在保护政治价值，如言论自由和经济平等。由于数字平台既掌握了经济权力，又控制了信息和传播方面的瓶颈，具有影响政治、操纵政治的能力，因此他们提议采取结构主义反垄断框架，加强立法来实现对数字市场大型企业的监管。

三是从社会呼声和政治压力来看，发达国家民众普遍对数字全球化和数字技术进步衍生的国内不平等、税收转移等问题日益不满，导致国内民粹主义与新进步运动者崛起，要求加强竞争立法、强化市场监管的呼声此起彼伏①。一方面，互联网大数据、云计算、人工智能等数字技术属于典型的技能偏向型技术进步，再加上零工经济的推行、全职工作岗位的减少，造成很多中等收入群体、低技能劳动者及弱势群体难以在劳动力市场提高其所获得的工资收入，也不可能分享与数字平台企业利润增加相关的高股价和高分红，出现收入增长停滞甚至下降，与数字平台企业员工的收入差距持续扩大，引发了各界对数字平台企业所宣扬的数字经济发展普惠理念的普遍质疑。另一方面，在收入不平等、财富不平等加剧的同时，垄断数字平台的数字技术还在一定程度助长了身份歧视、种族歧视、群体歧视等不平等行为，也加剧了相关受害者对遏制数字平台损害的监管诉求。此外，谷歌、苹果、亚马逊、脸谱等美国数字平台巨头长期以来钻避税的空子，例如将所获得利润转移到避税天堂，特别是百慕大、爱尔兰、卢森堡和荷兰等地区，造成平台注册运营地税源减少②，减少了所在国的税收收入，也进一步加剧了对数字平台企业的不满。

四是从国家安全与政治安全来看，谷歌、脸谱、推特、油管网等数字平台控制着互联网上的信息和内容通道，扮演着互联网“守门人”的角色，它们可利用自身掌握的用户数据和隐私信息，通过算法操纵信息和内容展示结果，或者放纵虚假信息泛滥，从而误导或影响人们的认知和选

① “INCOME INEQUALITY & MONOPOLY”，https：//openmarketsinstitute.org/explainer/monopoly-inequality/，2020 年 12 月 10 日访问。

② “报告：美国六大科技巨头十年来在全球避税 1000 亿美元”，https：//new.qq.com/omn/TEC20191/TEC2019120400584400.html，2020 年 12 月 10 日访问。

择，这可能对选举、社会舆论等产生重大影响，对政治民主和国家安全带来严重威胁。典型的事件有美国“通俄门”事件、脸谱剑桥分析事件等。此外，数字平台企业还花巨资来进行游说，影响政策制定，这也引起了社会各界的关注和内心反感。因此，加强数字市场竞争立法和监管，防止数字平台企业的经济权利集中引发政治权利集中，抑制其对政治民主和国家安全的威胁，也日益成为西方国家的共识。

五是从制度学习和监管示范来看，由于超大型数字平台具有全球通达性，在全球市场上运营，在诸多国家市场上处于领导地位，部分国家或地区发起针对数字平台的监管，可能在全球范围内具有监管示范效应。为了遏制垄断势力蔓延，激活经济活力，缓解经济下行压力，提升国家创新竞争力，维护国家经济安全，各国通常也会借鉴学习其他国家监管做法。就近期全球数字市场竞争监管浪潮而言，欧盟及其成员国持续加大数字经济竞争立法，以强化对数字平台竞争监管，就具有一定的示范传导效应。客观上讲，这进一步点燃了经济下行时期各国强化数字平台监管的民众情绪，引发出潜在的制度之争和安全之争，其结果是各国更有动力针对数字平台开展竞争立法和监管竞赛。

（三）对我国推进数字经济公平竞争制度创新的启示

欧美等主要经济体纷纷加强数字市场竞争监管立法，有助于我国借鉴经验，创新和完善我国数字市场公平竞争制度，提升我国数字经济市场治理效能，为争夺数字经济竞争治理的国际话语权提供了契机。但在此过程中，需把握好如下几点。

一是推进数字市场公平竞争制度建设必须立足本国国情和发展战略需要。欧美主要经济体推进数字市场竞争制度建设的初衷或出发点各有不同，使其对数字市场监管的态度、重点以及力度存在较大差异。对美国而言，其作为全球数字经济领导者，美国数字平台企业在全球绝大部分国家和地区占据着统治地位。但它们在美国国内也引发了诸如垄断、操纵政治、拉大收入差距等问题，进而招致监管部门的轮番调查。但是，需要看到的是，美国特殊的两党政治、立法进程和以司法为主导的监管体制，致使其数字市场竞争立法和监管态度存在较大不确定性，最终监管力度还有待进一步观察。对欧盟而言，其数字经济发展明显落后于美国和中国，其数字市场主要为美国企业所主导，其监管的对象主要为美国和中国的平台企业，其推进竞争立法和监管的主要初衷是为了提升欧盟数字经济竞争力，抢占数字经济全球竞争治理话语权，最大限度发挥“布鲁塞尔效应”。我国与欧美国家基础制度存在差异，数字经济发展的水平以及面临的问题也有所不同。因此，推进数字市场竞争制度建设必须立足我国实际，切记不能照抄照搬。

二是推进数字市场公平竞争制度创新可以有效借鉴欧美的经验和理念。数字市场极端的规模经济、范围经济和网络效应，叠加资本、技术、算法和数据的力量，再加上其强大的渗透融合能力和全球化运作的特点，给各国政府监管体系和监管能力都带来了严峻挑战。各国普遍面临平台垄断、不正当竞争、数据滥用、算法操纵等共性的、新兴的监管难题，这也是欧美主要经济体纷纷加快数字市场竞争立法、加大监管执法力度的重要原因。在此过程，针对竞争制度不完善、监管体系不适应等问题，它们纷纷着力完善竞争规则体系，丰富监管工具库，这些做法和手段可以为我国完善数字经济竞争立法和监管提供一定参考。

三是推进数字市场公平竞争制度建设应把握好时序、节奏和力度。从主要经济体数字市场竞争制度建设过程来看，它们普遍坚持问题导向，注意处理好监管与发展的关系，注重评估立法的成本和收益，使竞争制度建设与数字经济发展水平相适应和衔接，而且广泛征求各方意见，在兼顾各方利益的基础上，把握好立法的节奏和力度，确保最大限度达成共识，避免法律仓促出台或条款过于严苛，影响市场主体预期，妨碍数字经济健康发展。对于我国而言，也应尊重我国数字经济发展规律和特征，切实把握好竞争制度建设的时序、重点、节奏和力度，稳定好市场预期，避免对市场机制和创新的不当干预。

四、以制度创新促进数字市场公平竞争的思路及建议

数字经济具有利益多元、创新频繁、线上线下融合的突出特征，数字企业的竞争手段也不同于传统企业，具有高技术化、隐蔽化、多维化等特点，导致单靠传统的直接行政干预、命令式监管以及线下现场监管等已经难以适用。建议聚焦我国数字市场面临的突出问题和挑战，以构筑国家数字经济竞争新优势为落脚点，准确把握数字经济市场运行和竞争的本质特征和基本逻辑，健全数字市场公平竞争制度框架，进一步完善涵盖事前事中事后的全链条制度体系，全面增强数字市场治理手段，提升监管效能，着力营造高效规范、公平公正、自由开放、活力有序、预期稳定的数字经济市场环境，促进数字经济持续健康发展。具体建议如下。

（一）加强数字经济市场运行规律与竞争理论研究

首先，加强对数字市场竞争监管重大理论和实践问题研究。重点加强数字市场竞争监管的依据、内涵、理念、原则和方法等方面的研究，正确认识和把握数字经济市场运行的特征以及竞争方式变革的内在逻辑，正确认识和把握数字经济市场结构与技术创新之间、发展与监管之间、产业政策与竞争政策之间的关系，抓紧研究形成科学有效的数字经济市场与竞争理论体系。

其次，推进与第三方机构合作加强数字市场调查研究。加强数字经济发展形势研判，深化对数字经济发展规律和特点的认识，借鉴国内外学界最新研究成果，提高对新型数字经济垄断和不正当竞争行为的甄别能力，更好发挥调查研究的监管决策依据和治理工具功能。

（二）加快完善数字市场竞争监管的制度规范

首先，要持续完善数字市场竞争监管基本性法律法规。探索借鉴欧盟

《数字服务法》《数字市场法》及德国《反对限制竞争法》等相关内容，加快完善以《中华人民共和国反垄断法》《中华人民共和国反不正当竞争法》为主体的数字市场竞争监管基础性法律法规体系，进一步夯实竞争政策的基础性地位。同时结合不同的数字经济新产业新业态新模式，充分听取业界意见，坚持包容审慎的监管理念，进一步完善数字经济准入和退出监管规则，降低市场准入和退出门槛，促进市场动态竞争。

其次，要加快完善数字市场竞争监管操作指南和实施细则。针对金融、科技、内容、安全、民生等重点领域，紧扣资本、人工智能、数据、算法、技术、行为等关乎数字经济发展和竞争策略选择的关键要素，加快制定数字经济主要细分领域竞争监管的相关指南和实施细则，发挥监管指南的导向作用，增强市场主体的可预期性。

再次，要根据经济发展水平和数字经济特点，分类健全完善公平竞争审查制度。我国数字经济发展具有区域不平衡、新产业新业态新模式众多的特点，而且数字经济对传统线下产业带来了巨大冲击，“新旧摩擦”比较突出，地方政府有动力也有意愿去干预市场，这其中就可能存在保护传统产业的可能。针对地方保护、地区封锁和行业垄断等问题，要进一步分类完善公平竞争审查制度，从源头上防范排挤和限制竞争的政策出台。重点是加大对准入限制和各类支持性政策的审查力度，增强审查的制度刚性，切实提升审查效能。

最后，要完善数字经济领域相关道德伦理规范。推动经济数字企业制定数据、人工智能、算法等相关领域的道德伦理规范，形成正确的数字伦理价值观，确保技术使用应以人为本，尊重用户选择自由和基本权利，保护好用户的隐私和权益，促进市场有效竞争。

（三）加快完善数字经济竞争制度高效精准执行机制

首先，要探索建立健全跨部门、跨区域执法联动响应和高效协作的数字市场竞争监管机制，不断推进违法线索相互通报、监管力度保持一致、处理结果互享互认，消除监管盲点盲区，共同降低监管成本。

其次，要加快完善数字市场竞争监管体制，依法推动反垄断执法事权下放，构建纵向联动、横向协同的数字市场竞争监管体制。

最后，要强化多元共治，构建政府与市场、政府与社会组织多元协同、共享共治的扁平化监管体制，不断探索数字经济监管中更高效的治理架构和模式。

（四）创新科技手段监管数字经济方式

首先，要更大力度创新智慧监管手段。充分发挥新科技在市场竞争监管中的作用，可依托5G、互联网、大数据、人工智能、区块链等新一代信息技术推进监管创新手段创新，打造数字平台市场竞争监管治理大数据平台，大力推进"互联网+监管"和"大数据+监管"等智慧监管新方式新方法，增强主动发现、主动监测和过程取证等能力，提高竞争监管的针对性、科学性和时效性。

其次，要充分发挥信用新型监管功能。进一步破除社会信用体系发展障碍，健全企业信用监管机制，强化数字平台等数字经济市场主体责任意识，完善信息公示制度，提高信息透明度；同时，健全信用激励约束和失信联合惩戒机制，推动数字平台企业强化自身信用建设。

（五）加强数字市场公平竞争倡导和竞争文化培育

首先，要积极推进数字市场公平竞争倡导。在加强反垄断执法的同时，要发挥典型案件示范警示作用，加强反垄断宣传教育，增强各类市场主体的公平竞争意识，为数字经济市场主体公平竞争创造良好的制度环境。

其次，要引导企业形成竞争合规文化。支持和引导数字经济企业建立和加强竞争合规管理制度，培育竞争合规文化，增强竞争合规意识，有效防范反垄断和反不正当竞争法律风险，共同构筑守法的行业氛围，为促进数字经济持续健康规范发展贡献力量。

王　磊[①]　马　源

参考文献

[1] 马骏，马源，高太山．创新制度促进线上就业新形态健康发展［R］．国务院发展研究中心《调查研究报告》（2021 年第 172 号）

[2] 马骏，马源，高太山．优化数字经济营商环境：政策框架与重点任务［R］．国务院发展研究中心《调查研究报告》（2020 年第 165 号）

[3] 马骏，马源，袁东明．平台反垄断：市场集中监管动向、原因及建议［R］．国务院发展研究中心《调查研究报告》（2021 年第 280 号）

[4] 马源，陈红宇．引导平台企业降低商户综合费用的思路和建议［R］．国务院发展研究中心《调查研究报告》（2021 年第 201 号）

[5] 马源，路嘉明，殷戈．大型数字平台投资并购初创企业：争议与政策取向［R］．国务院发展研究中心《调查研究报告》（2022 年第 127 号）

[6] 马源．互联网企业拒绝交易行为及其监管建议［R］．国务院发展研究中心《调查研究报告》（2019 年第 205 号）

[7] 马源．优化营商环境：要把强化公平竞争审查制度刚性作为优先事项［R］．国务院发展研究中心《调查研究报告》（2021 年第 116 号）

[8] 王磊，马源．新兴互联网平台的“设施”属性及监管［J］．宏观经济管理，2019（10）：52 ~ 58

[9] 王磊，王丹，郭琎．新时期全面加强互联网平台监管的政策建议［J］．价格理论与实践，2021（2）：30 ~ 35 + 70

[10] 王磊，曾铮．把握重点突破难点有效治理数字垄断和资本无序扩张［J］．中国经贸导刊，2021（5）：39 ~ 41

[11] 王磊．大数据反垄断：反什么？怎么反？［J］．中国发展观察，2021（1）：16 ~ 19

[12] 熊鸿儒，马源．“大数据杀熟”问题的实质、治理挑战及对策［R］．国务院发展研究中心《调查研究报告》（2019 年第 138 号）

---

① 王磊，中国宏观经济研究院市场与价格研究所。

第十一章

用户权益：健全多元化的保护机制

数字经济蓬勃发展带动数字消费逐渐成为居民生活消费的潮流和重要选择。大力发展数字消费，是进一步培育和释放新型消费潜力，有效带动数字经济增长的关键因素，也是推进构建双循环新发展格局的重要支点。加强数字经济下的消费者权益保护，直面数字消费领域新问题，是让广大消费者充分共享数字经济发展成果、推动数字经济高质量发展的应有之义。为此，需要积极研判数字经济下的消费者权益保护内外部新形势、问题新表现和监管新挑战，营造数字消费良好生态，切实提高人民群众的获得感、幸福感、安全感。

一、数字经济下消费者权益保护突出问题

伴随着数字经济发展带来的消费者权益保护新问题不容忽视。一方面，传统消费领域在数字时代产生的消费者保护问题具有了新表现，或原有监管和保护的缺陷被进一步放大；另一方面，数字经济衍生的新消费领域、新技术应用和新消费形态也带来了消费侵权新问题。

（一）新商业模式带来权益受损新风险

数字技术改变了传统商业模式的价值创造、价值传递和价值获取方

式，衍生了新的平台、新的工具和新的关系，商品交付过程甚至交付内容具有虚拟性、个性化特征，服务用户具有广覆盖、易获取等特点，“前端免费、后端获利”成为众多新业态的变现选择。在这过程中，消费行为链条越来越长，消费关系更加复杂，消费者权益面临着新的受损方式和新的风险点。

一是消费者个人信息成为侵权重灾区。数字消费过程中将会产生丰富的数据信息，消费者个人信息被视为新商业模式盈利的核心价值源，企业的价值传递方式由通用型在线广告转变为基于用户数据挖掘分析的定向推送、精准营销等。为此，部分经营者以诱导、欺骗或强制的方式违法违规收集使用个人信息，或存在超范围、超频率收集使用及违规向第三方提供个人信息等滥用行为，甚至存在非法买卖个人信息的黑灰产业，由此滋生的电信、网络诈骗等违法犯罪行为已成为社会公害。

二是数字平台带来了权益保护新课题。基于平台打造产业生态成为数字经济发展主流模式，社交、电商、医疗、交通、租赁等领域结合数字平台形成了各类新业态，但也带来了新的利益冲突和消费者保护盲区。一方面，基于数字平台的侵权事件影响更为广泛，平台上商家和消费者众多，平台企业和平台内商家若采取不当经营行为，造成的损害将快速、大规模扩散，但复杂的法律关系使平台内相关主体的权责关系难以厘清。另一方面，不断衍生的新业态面临着消费者保护新问题。以电商平台为例，直播电商平台仍未完全摆脱“野蛮生长”状态，主播行为规范、供应链品控亟待加强；跨境电商商品经营者伪造、变造海关单证，产品质量无从保障等问题突出；二手电商平台以次充好、售后服务差、检测检验缺乏权威性等问题的规制路径有待探讨。此外，部分平台利用市场优势地位实施不正当竞争行为，减损消费者福利，存在强制要求平台内商家“二选一”、实施不同平台间数据链接不兼容、恶意低价倾销补贴排挤竞争对手或冲击传统经济形态、后期操纵商品价格或抽取高额佣金等问题。

三是采用新手段违规进行宣传营销和收费。相比于实体渠道，网络渠道的宣传营销发布途径更多、扩散速度更快、影响范围更广、监管难度更高，若存在虚假信息，将对消费者形成广泛误导。其一，部分经营者为加快广告变现频繁弹窗侵害消费者安宁权。例如，部分 App 或网页开启时未向用户提供弹窗信息的关闭/跳过功能，或者功能选项十分隐蔽，导致用户找不到或关不掉。其二，部分经营者滥用线上评价机制恶意刷单炒信，侵害消费者知情权和选择权。例如，一些不良卖家为吸引消费者的注意力、获取更多交易机会，寻找“刷客”进行虚假交易，失真展示商品销量、评价和店铺信誉等信息，直接影响消费者对商品服务的主观判断和决策。其三，部分经营者恶意利用网络热度流量违规宣传营销。例如，通过电商、社交和短视频平台，借助奥运会运动员热度恶意炒作、营销谋利，在不当利用他人影响力蹭热度、博流量同时，也不当消费了广大消费者的奥运热情。此外，还存在资费优惠宣传营销不实，收费标准不明确、乱收费、“砍头息”、抬高价、诱导营销等现象，严重影响消费者的使用体验。

（二）新技术应用产生权益保护新漏洞

大数据、人工智能和物联网等新技术为消费者提供了更多选择和个性化、便利化的服务，但也引发了对消费者人身、财产和信息安全等方面新的风险，并存在新技术应用不稳定、不透明、不兼容的担忧，使消费者权益保护面临新挑战。

一是新技术滥用问题。部分经营者滥用大数据分析等技术实施“大数据杀熟”歧视行为，基于消费者消费记录、消费偏好等设置不公平的交易条件，针对不同人群提供不同的商品服务价格和优惠条件，侵害消费者公平交易权，包括对新老消费者制定不同价格，对不同地区的消费者制定不同价格，以及对多次浏览页面的消费者进行价格上涨等。利用爬虫技术非法爬取公民个人信息，侵犯用户隐私权，甚至买卖隐私数据，严重扰乱市场经济秩序。

二是新技术黑箱问题。有的经营者通过不透明算法“暗箱操作”误导消费者，滥用信息不对称优势，制定热销商品排名、应用程序排名、美食餐厅排名等各类榜单，但具体如何计算和排序难以知晓。有的经营者混淆竞价排名与自然排名，未按照法律要求显著标明“广告”，左右消费者决策。有的经营者利用技术手段进行流量造假、流量劫持或虚假注册账号，不当操纵流量分配，限制普通用户知悉客观真实情况的权利。

三是新技术失灵问题。部分技术应用由于数据采集偏差、参数设置不合理、设计者主观偏见、用户误操作、人工干预不足等原因，存在服务偏差，减损服务质量，使用户选择和决策产生错误依赖。例如，某数据服务企业数据爬取技术操作不合理导致失真发布关于蚂蚁金服的信用信息等。此外，新技术应用还带来众多新风险，如人脸识别技术带来的消费者隐私泄露担忧、移动支付技术带来的用户财产安全风险等。

（三）新消费方式形成用户维权新挑战

数字服务的虚拟性、用户的分散性和非面对面交付等特征，进一步扩大了商家和消费者的信息不对称，消费者遭受侵权的可能性增加，且容易引发群体性的权益受损，对消费者维权的直接性、有效性形成了挑战。

一是维权对象难找寻。数字消费存在服务环节繁多、服务载体交织、服务内容交融等特点，牵涉的服务主体多元，新兴且交融的服务形式易使消费者在产生维权需求时，难以判断直接和具体的责任主体，导致维权工作举步维艰。

二是新消费形式维权渠道不畅通。相较于传统电商平台，逐渐发展出的通过视频直播平台、社交网络朋友圈、网站插页、第三方 SDK 以及自媒体等渠道提供的服务，部分服务提供者未向消费者提供高效、便捷的维权窗口或渠道，消费者仍面临投诉无门、无果的无奈。

三是维权取证困难。消费者在获取数字服务过程中，若未及时留痕固定证据，事后将难以有效回溯，部分中介平台配合提供证据的主动性、配合度不足。对于损害后果和违法金额的认定，也存在较大挑战，消费者处于信息不对称的弱势地位。

四是维权意愿不高。线下一对一的消费场景中，商家与消费者的纠纷在时间、地域和商品等方面均具有特定性。但数字消费场景下，线上经营者的一个侵权或违法违规行为，将产生广泛且分散的影响。由于每一受害者单独请求的利益相对较小，且侵权方所在地通常与服务行为发生地分属多地，消费者难以产生直接的维权动力。因此，消费者对于小额分散性利益的救济存在维权主动性不足的问题。

（四）新消费特点提出政府管理新要求

数字经济新的服务和消费方式，也给政府部门消费者保护工作既往所依靠的监管理论、治理方式和治理能力提出了新要求。

一是监管规则的滞后性难以应对权益保护新课题。一方面，新兴数字商品和数字技术不断涌现，形成了政府部门未能及时跟进规制的监管盲区。大数据、区块链、云计算、人工智能等新技术对产品的改造，致使政府部门对消费者权益遭受侵害的方式和维度缺乏预见性，也对一线执法人员的专业认知能力提出了高要求。另一方面，新型网络消费模式迭出，除了传统的网络商品服务销售模式外，不断涌现的新型网络中介服务、各式各样的会员制、虚拟产品销售和付费方式等，仍缺乏明确的责任规范和管理机制，导致引发侵权纠纷时责任难以认定。

二是数字经济跨地域跨领域特点带来的协同监管挑战。一方面，数字经济相关产品和服务普遍具有跨区域交易特征，给政府部门属地管辖机制造成了冲击。经营者的经营范围不再局限于某一实体的物理区域，消费者也散布在各地，甚至数字跨境贸易活动也愈加频繁，给各地乃至各国间监管协同的配合度和顺畅度提出了新要求。另一方面，众多数字经济业态涉及多领域且相互交融，给政府部门分业监管的管理框架提出了挑战。在制定消费者保护措施方面，由于各部门分工不同，监管职能难免交叉，一个部门制定保护消费者权益的制度有可能因涉及其他部门的权限而较为保守，造成消费者权益保护措施滞后。在处理消费者投诉、查处侵害消费者权益行为方面，由于法律法规对各监管部门分工不够明确，各部门管辖范围不清，影响消费者维权工作效率。

三是消费者维权意识增高提出了保障能力新期待。近年来，数字消费相关的投诉举报问题持续增加，直播电商、App 侵害用户权益等问题成为消费者新的关注点。在这过程中，如何快速响应群众诉求以及引导群众合理投诉成为政府部门的新考验，以规制不当职业投诉行为，限制投诉举报专业户撒网式地不合理发起大量投诉举报。与此同时，消费者不断产生新的服务诉求要求监管精细化。以消费者个人信息保护为例，随着《中华人民共和国民法典》对公民个人信息权益的积极肯认、《中华人民共和国个人信息保护法》的推动出台，以及网信、工信、市场监督等部门持续深入推进个人信息权益保护工作，消费者在个人信息权益认识普遍提高的同时，也在个人信息保护工作规则细化且可落地、相关标准具体可执行、企业信息处理必要且透明、救济机制丰富且高效等方面提出了新期待。

二、解决突出问题的国内外做法和经验

为适应数字经济新环境下消费者权益保护工作的发展要求，国内外政策制定者和监管部门也在积极探索消费者权益保护的制度机制，创新消费者权益保护管理实践。

（一）规范新商业模式

一是各方紧跟新业态特点及时制定管理规范。欧盟委员会早在 1997 年就率先制定了《欧洲电子商务提案》，并在《关于信息社会中与消费者有关的若干问题的决议》强调，信息社会领域的消费者权益保护水平不得低于传统消费领域。2020 年，新加坡、智利、新西兰三国签订《数字经济伙伴关系协定》（DEPA），在线消费者保护成为该数字经济领域首个专门国

际协定的重要板块。我国有关部门和地方政府也及时探索制定针对性的管理规范，积极应对新商业模式带来的消费者权益保护挑战，如《网络交易监督管理办法》《网络直播营销管理办法（试行）》《医疗器械网络销售监督管理办法》《网络预约出租汽车经营服务管理暂行办法》《广州市互联网租赁自行车管理办法》等，2016 年国家工商总局出台《关于加强互联网领域消费者权益保护工作的意见》，推进网络消费维权重点领域监管执法，遏制互联网领域侵权假冒行为，进一步提升网络消费维权工作水平，促进网络经济在发展中逐步规范、在规范中健康有序发展。

二是各方积极应对新模式带来的个人信息保护挑战。欧盟于 2018 年 5 月正式实施了具有全球广泛影响力的《通用数据保护条例》（GDPR），旨在统一欧盟成员国的数据隐私法律，保护并授予所有欧盟公民广泛的数据权利，规定了个人数据处理的原则和全生命周期流程的管理要求，试图打造隐私保护的全球样板和标杆。美国积极发展新经济的隐私保护认证机制，通过网络隐私认证组织 TRUSTe、BBBOnline、WebTrust 等积极推出面向全球的隐私认证服务，成立“在线隐私联盟”指导网络和电子行业推进隐私保护，美国互联网协会推出个人隐私选择平台（Platform for Privacy Preference Project），帮助企业搭建在充分尊重用户选择权基础上的个人数据使用框架。我国在 2021 年取得了个人信息保护立法领域的重大突破，《中华人民共和国数据安全法》《中华人民共和国个人信息保护法》等适应数字经济发展需要的法律制度先后颁布实施，《深圳经济特区数据条例》《上海市数据条例》等地方性法规陆续颁行。

三是各方充分关注平台失序和恶性营销问题。欧洲议会 2019 年通过了《关于提高在线平台交易的公平性和透明度规则》，要求平台经营者规范排序透明度、终止服务通知义务、区别对待服务的说明义务等，旨在提升在线商业环境的可信度、可预测性和确定性。欧盟议会 2022 年 1 月表决通过的《数字服务法》将大型互联网平台作为规制重心，要求平台对其算法负责，改进内容审核，删除非法内容和防止虚假信息的传播。我国在 2021 年年底由国家发展改革委等九部门联合发布了《关于推动平台经济规范健康持续发展的若干意见》，提升平台消费创造能力和平台消费者保护水平是其中的重要主题。上海市市场监管局于 2021 年 11 月制定发布了《上海市网络交易平台网络营销活动算法应用指引（试行）》，规范网络交易平台网络营销活动算法应用行为，为平台经营者划出合规底线，加强消费者权益保护。

（二）引导新技术向善

为应对新技术应用给消费者保护带来的不确定性，各地从政策跟进和监管机制创新等方面积极研判对策。

一是国内外新技术新应用领域立法政策快速推进。算法规制层面，2017 年 12 月，美国纽约率先发布了《算法问责法案》，以解决算法歧视问题。2021 年 5 月，美国提出《算法正义和互联网平台透明度法案》草案，针对用户、监管机构、公众三方主体界定了不同的透明度要求，明确了算法应用的部分禁止性场景。中国网信办等九部门 2021 年联合发布了《关于加强互联网信息服务算法综合治理的指导意见》（国信办发文〔2021〕7 号），要求健全算法安全治理机制和监管体系，开启算法综合治理元年。2022 年 3 月 1 日，中国网信办等四部门联合制定的《互联网信息服务算法推荐管理规定》正式实施，单独设立了“用户权益保护”章节，从算法透明度、算法解释、退出个性化推送、用户标签自主选择等多维度丰富、细化了用户权利，促进算法技术创新与用户权益保障之间的良性动态平衡。

人工智能规制层面，2021 年 4 月 21 日，欧盟委员会发布了《人工智能法案》的提案，在尽可能遵循“技术中立”和“面向未来”原则的基础上，以风险为路径对人工智能应用进行分类规制。中国最高人民法院 2021 年 7 月发布了《关于审理使用人脸识别技术处理个人信息相关民事案件适用法律若干问题的规定》，直面部分经营者滥用人脸识别技术侵害自然人合法权益的问题。2022 年 1 月，中国网信办就《互联网信息服务深度合成管理规定（征求意见稿）》向社会公开征求意见，规范应用深度合成技术提供互联网信息服务的活动，包括利用以深度学习、虚拟现实为代表的生成合成类算法制作文本、图像、音频、视频、虚拟场景等信息的技术，对火热“元宇宙”业态予以监管回应。深圳市人大常委会于2021年7月公开征求对《深圳经济特区人工智能产业促进条例（草案）》的意见，强调保护隐私安全，着力推动人工智能创新应用和风险控制双向治理。

二是国内外积极探索对新技术新应用的创新监管方式，寻找技术创新和消费者保护之间的监管平衡点。2016年5月，英国金融行为监管局在全球范围内率先启动“监管沙盒”机制，通过“监管沙盒”为新技术新应用提供一个“缩小版”的真实市场和“宽松版”的监管环境，在确保消费者权益的前提下，允许金融机构和金融科技企业对创新的金融产品、服务及模式进行测试。

近年来，我国各地各部门也在积极探索中国版的“监管沙盒”机制。2019年8月，中国人民银行印发《金融科技（FinTech）发展规划（2019—2021年）》，为中国版“监管沙盒”提供详细可落地的政策支持和操作指引，并于2019年12月正式启动金融科技创新监管试点工作，涉及大数据、人工智能、云计算、区块链、物联网、知识图谱、虚拟/强化现实等底层技术在各金融业务领域的融合运用。《北京市促进金融科技发展规划（2018—2022年）》提出，在北京金融科技与专业服务创新示范区探索推动以“监管沙盒”为核心的金融科技监管创新试点落地。北京市海淀区提出，开展面向新技术、新经济、新业态、新模式等领域的“沙盒监管”试点，聚焦人工智能、智能网联、自动驾驶、直播和短视频购物、数字经济以及金融科技等优势领域，探索建立可推广的新经济监管制度框架。《中国人民银行上海总部关于促进金融科技发展　支持上海建设金融科技中心的指导意见》提出，允许获得授权的企业在风险可控和有效保护消费者权益的前提下，在一定范围的实景环境中向客户提供产品和服务，让消费者参与到金融科技的产品创新中，探索金融科技监管沙箱机制。

（三）提升用户维权能力

一是各方加强新业态消费者保护的指导。例如，经合组织积极制定并及时修订《关于电子商务中消费者保护指南的建议》，作为数字经济消费者保护最重要的综合性指导文件，树立消费者对数字经济市场的信心。该指南基于网络交易的特殊性，结合网络交易消费者保护在法律适用和管辖规则、扩大网络消费透明度、预防欺诈与误导、跨国合作及国际救助体系等方面面临的新问题，构筑了庞大的消费者保护体系。同时，各方关注并强化特殊消费群体的保护水平，例如，美国正在积极推进《儿童在线安全法案》的立法进程。

二是各方努力减少消费者在新业态中面临的信息不对称障碍。美国2000年发布的《在线交易指导准则》便建立了完善的在线交易经营者告知义务体系，要求交易过程的相关信息必须以适当的语言进行充分披露，并使消费者可以随时查询，包括交易条件、交易流程、价格信息、物流信息、退换货条件等，并告知消费者在何种状况下可以取消交易。日本《电子消费者契约法》要求网络商家必须做到在消费者购买前提醒、购买时再确认、购买后通知的全流程告知义务，电子契约方可正式生效，防止消费者在误操作的情况下通过错误意思表示的方式签订不公平契约。

三是各方积极完善消费者侵权救济途径。在司法层面，日本早在20世纪60年代就设立受理消费者侵权案件的专门法院机构，并实行消费者纠纷案件诉讼费用救济制度。德国在民法典中明确了消费者的撤回权制度，构建了消费者维权咨询机制，并率先探索消费者团体诉讼制度。2021年9月26日，广州互联网法院挂牌成立了我国首个涉数据纠纷专业合议庭，直面网络虚拟财产、数据资产产权界定、人工智能技术等司法前沿问题，回应数字经济时代消费者的司法诉求。广州还持续优化在线纠纷多元化解（ODR）平台，推动消费纠纷转入线上调解程序，构建网络平台、网络用户与法院诉调对接“直通车”，依托司法机构、行业协会、互联网企业等“1＋N”共治联盟，线上共享开放专业解纷资源。

四是各方发挥多元力量积极助力消费者维权。我国2013年修订的《中华人民共和国消费者权益保护法》新增了消费者权益保护公益诉讼制度，消费者协会等社会组织可以就损害消费者合法权益的行为，支持受损害的消费者提起公益诉讼。2021年6月1日，北京青少年法律援助与研究中心就腾讯运营的“王者荣耀”手游侵害未成年人权益一案，向北京中院提起了全国首例由社会组织提起的未成年人保护民事公益诉讼。《中华人民共和国个人信息保护法》正式发布后，中国最高人民检察院随即下发了《关于贯彻执行个人信息保护法推进个人信息保护公益诉讼检察工作的通知》。为充分释放律师群体在保护消费者合法权益中的能量，2020年9月，河北省消费者权益保护委员会第一届律师团成立，为消费者提供消费维权法律信息和咨询服务，代理或协助省消费者权益保护委员会开展公益诉讼，支持消费者诉讼、集体诉讼等。

（四）应对新监管挑战

一是各方及时回应新制度、新规则的制定需求。2022年1月，欧洲议会正式表决通过《数字服务法》，其本质上是一部数字经济领域消费者权益保护的法案，规定了数字平台与用户之间的服务关系，增加了作为弱势一方用户的权利，多维度明确在线平台的责任和义务，积极打击非法内容、保护用户隐私安全、规范在线广告，使用户免受非法商品、内容或服务侵害。此外，欧盟《数字市场法》（建议案）也在2021年11月获得欧洲议会内部市场和消费者保护委员会通过，旨在限制国际互联网巨头不正当竞争行为。2021年，日本立法通过《关于数字平台交易消费者权益保护法》，重点规制互联网交易场景的消费者保护问题，要求网络平台供应商针对消费者对平台上经营者的投诉，有义务积极配合调查，受到侵害的消费者可以要求网络平台供应商公开销售者的联系方式等信息。与此同时，2022年日本重新修订了《特定商业交易法》，以适应新业态的变化。

我国在国家和地方层面也高度重视新经济立法工作。2019年1月1日起，《中华人民共和国电子商务法》正式生效施行，明确了电子商务场景下经营者和消费者的权利、义务及争议解决机制。2021 年 3 月 15 日，国家市场监督管理总局专门发布了《网络交易监督管理办法》，积极维护网络交易秩序，保障网络交易各方主体合法权益。2022 年 1 月，最高人民法院公开就《关于审理网络消费纠纷案件适用法律若干问题的规定（一）（征求意见稿）》向社会征求意见，其中还对网络消费欺诈、网络直播带货、外卖餐饮等进行了专节规定。2015 年，杭州市发布了《杭州市网络交易管理暂行办法》，成为我国第一部关于网络交易的地方政府规章。宁波市面对团购纠纷调解难问题，专门制定了《宁波市网络团购消费争议处理（暂行）办法》。上海市在线新经济标准化联盟积极制定“在线消费维权的企业联合标准”。

二是各方探索跨地区、跨领域的监管合作。例如，在消费者个人数据保护方面，欧盟通过构建多途径的数据跨境流动管理机制，维护欧盟公民跨境数据安全，并通过数据保护能力的充分性认定，力争让各国积极衔接欧盟数据保护规则，目前已有 10 多个国家和地区通过了欧盟的充分性认定，如欧—日数据保护能力充分性认定机制等。2020 年 7 月 1 日正式生效的《美墨加三国协议》（USMCA）在数字贸易章节中，充分强调各方合作推进网上消费者保护的重要性，要求各自国家消费者保护机构之间需要就跨境数字贸易相关活动开展合作以增进消费者福利。我国在区域协同方面，2018 年粤港澳大湾区内 11 个城市共同签署了《粤港澳大湾区消费维权合作备忘录》，探索建立大湾区消费投诉异地处理一体化机制，推动信息共享、区域互动，互补互惠。北京、天津、河北三地消协组织成立了京津冀消费维权联盟，开通了网上消费教育平台，定期组织开展数字消费专题教育。日本为了打破部门纵向壁垒、实现消费者一元化管理体制、提升消费者保护能力，2009 年专门成立了消费者厅，作为专门保护消费者权益的最高行政机构，直接隶属内阁府。另外，日本还成立了内阁府消费者委员会，下设数字化消费者问题工作组，作为第三方机构专门负责向内阁府和消费者厅提供相关政策建议。我国建立了消费者权益保护工作部际联席会议制度，联席会议由国家市场监管总局、中央网信办、国家发展改革委等26个部门和单位组成，统筹协调全国消费者权益保护工作，积极协调各方资源齐抓共管，构建消费者权益保护新机制。

三是各方积极响应群众新期待。针对移动应用程序（App）侵害用户权益问题，工业和信息化部通过互联网信息服务投诉平台，及时收集群众反映的重点、热点问题，并借助技术检测能力，开展了多期专项整治行动。北京市市场监督管理局结合各类新兴网络消费形式的用户体验调研，针对互联网消费“砍单”、生鲜电商服务质量、互联网消费捆绑搭售等数字消费问题分别开展了专项治理活动。广州互联网法院积极就未成年人沉迷游戏和大额充值、加强网约车监管、防范互联网金融P2P网络借贷纠纷等问题向有关管理部门发出司法建议书。

三、进一步完善我国消费者权益制度建议

消费已经成为我国经济增长的主要动力，不断改善消费环境，不仅涉及每一个消费者的权益，也事关经济社会长远发展。为更加有力地应对数字经济领域消费者保护新问题，高效回应人民群众新诉求和新期盼，我国需要以提高消费环境安全度、经营者诚信度和消费者满意度为目标，持续优化数字经济消费环境，从规则体系、管理机制、支撑能力等方面全面提升数字经济下的消费者权益保护水平。

（一）全方位推进规则体系完善

消费者保护制度规范是数字经济领域立法的重要内容，也是满足人民日益增长的美好生活需要必备的法律制度。

1. 适时出台数字经济消费者保护综合性规范

借鉴欧盟制定《数字服务法》《数字市场法》的经验，制定完善我国

数字经济消费者保护的顶层架构。一方面，基于消费者权益保护规范补充数字业态消费者保护内容，适时完善将近10年未新修订的《中华人民共和国消费者权益保护法》，加快《消费者权益保护法实施条例》的制定进程，在其中设置数字消费者权益保护专门章节。另一方面，基于数字经济促进规范强调消费者保护要求，结合国家和地方数字经济促进发展的相关立法，突出维护数字经济消费者权益保护的立法原则，明确数字消费者保护的具体制度举措。此外，为更好回应新形势下数字经济领域消费者的特殊保护需求，建议市场监督管理等部门加快组织制定数字消费者保护的专门规章或规范性文件，也建议司法机关出台数字消费纠纷相关司法解释。

在具体内容方面，健全的数字经济消费者权益保护规则体系应包括四方面内容：一是明确数字经济消费者权益保护的基本原则，需在消费者权益保护原则的基础上，强调线上线下服务质量的一致性、数字消费者保护等级的更高标准、数字服务和产品宣传的真实性、服务过程的公平性和透明性、消费者救济机制的有效性；二是明确数字经济业态中消费者享有的特别权利，例如更加广泛的知情权、更加充分的自主选择权、更加强调实质平等的公平交易权，以及数据可携带权、删除权等新兴权利或权益；三是明确数字产品和服务提供者的特别义务，例如不得侵害用户个人信息权益、不得滥用市场地位破坏市场秩序、不得虚假宣传营销、不得利用技术手段提出歧视性差别服务等，明确平台方、服务方、广告方、技术方等不同主体在不同商业模式中的权责义务；四是明确数字经济背景下消费者权益保护的管理机制，既包括各地各部门间的监管合作，也包括防止他国滥用管辖权实施“长臂管辖”，既包括加强企业合规和消费者维权能力的引导机制，也包括规范市场主体经营行为的标准示范和违规惩戒机制等。

2. 加快制定专门领域消费者保护制度

数字技术正与各行业领域快速融合催生新消费新业态，有必要针对典型业态出台相应的消费者权益保护管理制度和规范，推动共性与个性保护需求同步呼应。

一是电子商务领域，组织针对直播电商、社交电商、二手电商和跨境电商等新业态进行专题研究，厘清社交电商与传销区别，关注直播电商的不当宣传和质量把控问题，填补法规制定空白，通过修订《中华人民共和国电子商务法》等相关法律法规，在保持监管可控的前提下，为新业态的发展创造宽松有序、鼓励创新的发展环境。

二是平台经济领域，结合网约车平台、网络销售平台、信息资讯平台、生活服务平台、金融服务平台、招聘平台等不同类型平台的连接属性，落实平台主体责任，加快推进《互联网平台落实主体责任指南》制定进程，要求平台经营者规范有序经营，构建开放包容的平台生态，建立内部监督检查制度，探索质量担保机制，建立便捷有效的投诉、举报和争议在线解决机制，协助消费者维护权益。

三是新技术应用领域，紧跟区块链、人工智能、物联网、大数据算法、车联网、深度合成、虚拟/强化现实等不断涌现的新技术的应用特点，关注其可能对消费者个人信息、技术伦理、实质公平等带来的挑战，落实《区块链信息服务管理规定》《互联网信息服务算法推荐管理规定》，推动《互联网信息服务深度合成管理规定》顺利出台，探索促进新技术创新应用和用户权益保护有效平衡的规制路径。

四是在新兴数字消费领域探索使用“沙盒监管”机制，针对富有创新性但风险相对不明的数字经济业态，允许其在监管部门的控制下进行小范围的真实环境运营，及时发现存在的问题并有针对性地制定调整监管策略。此外，还需要为不断衍生的数字经济新业态、新服务、新问题留足规制空间，为消费者新的权利保护需求提供灵活的制度框架，避免疲于出台各类零碎的应对政策举措，陷入“头痛医头，脚痛医脚”的困境。

3. 积极针对专项问题出台应对规则

一是持续完善消费者个人信息保护规则。推动出台《中华人民共和国个人信息保护法》的配套法规和规章，为相关制度的落地提供遵循，包括制定个人信息处理“告知同意”和“单独同意”的具体规则、标准，厘清各部门在消费者个人信息保护方面的职责定位，细化个人信息保护公益诉讼制度，明确个人信息出境安全评估、保护认证和标准合同等实施办法，以及完善个人信息保护投诉、举报工作机制等。

二是规范新型广告宣传营销问题。适时修订《中华人民共和国广告法》《互联网广告管理暂行办法》等相关法律法规，针对新型广告宣传形式、新兴传播载体和营销方式进行规制，如网页广告和App开屏广告无法关闭或关闭按钮过小、个性化推荐商品广告未向用户提供取消功能、竞价排名搜索结果未标明“广告”字样等问题。同时，严厉打击虚假宣传、恶意误导、欺诈等行为。

三是规制新型垄断和歧视性服务问题。强化数字经济领域反垄断是保障消费者权益的基础，要对强制“二选一”、恶意低价倾销、违规搭售等行为予以规制，营造良好的竞争秩序，避免经营者滥用市场优势地位损害消费者福利。同时，积极应对“大数据杀熟”、强制个性化推荐、不合理差异化服务等问题。

（二）各环节推进管理机制建设

健全的管理机制是保障消费者权益保护各项工作顺利推进的基础，包括高效协同的组织机制，以及引导、惩戒等多样化的管理手段。

1. 健全完善消费者权益保护的组织机制

一是深化各领域管理部门协同机制，形成协同监管合力。引导各部门在消费者权益保护工作部际联席会议制度基础上，构建无缝隙、动态化的协同管理机制和工作平台，强化数字消费领域的监管信息共享；设置数字消费者保护专项议题，发挥市场监管、网信、工信、公安、司法以及各行业主管部门优势，联合开展数字消费领域侵害消费者权益问题专项整治，协同推进消费维权、质量抽检、定向监测等工作，对侵害消费者权益的普遍性或突发性问题迅速反应、及时处理。

二是健全完善跨地域协同监管机制。结合数字经济跨地域服务特点，在传统属地化管理基础上探索异地协同监管机制。既要推动各领域“央地协同”格局加速形成，加强中央部门对地方消费者权益保护工作的指导，也要引导各地方建立消费者权益保护的联动机制，在推进消费纠纷案件协同处理、共建跨区域在线投诉调解平台、提升数字监管和信息共享能力、加强各地消费者保护组织沟通协作等方面，破除区域壁垒，进一步提高政策协同性，形成数字经济治理和消费者保护联防联控、共治共享的局面。

三是探索多元主体共建共治的消费者保护新机制。政府部门的单方监管可能存在难以直接触及的规制缝隙，需要推动政府部门、行业组织、消费者权益保护组织各方力量有机结合。相关领域的社会组织等在行业认知上更具专业性，更能把握行业发展特点，且对该领域的市场主体能够产生一定的影响力，可以通过组织行业沟通交流、制定行业标准规范等方式对经营者的经营行为进行有效引导，倡导经营者落实消费者权益保护义务。同时，更好发挥公众、舆论和各类媒体监督功能，加大对侵害消费者合法权益违法行为的曝光力度。

2. 加强企业合规和消费者维权的引导机制

一方面，多途径引导企业合规经营。充分发挥企业24小时无缝隙自我规制的作用，引导经营者签订自律承诺。推广《良好企业保护消费者利益社会责任导则》，鼓励广大企业努力做到诚实守信依法经营、信息披露真实充分、价格表示清晰明确、合同规范公平竞争、产品可靠使用安全、售后服务方便快捷、化解纠纷及时公正、尊重人格保护隐私、开展教育引导消费等。同时，推动合规标准化建设，支持相关行业组织探索制定行业合规和消费者权益保护标准，为企业完善消费者权益保护机制提供标准参考。

另一方面，引导消费者有效维权。一是畅通消费者维权渠道，加强

12315 行政执法体系和消费者维权信息化建设，扩大互联网信息服务投诉平台影响力，探索建设全国统一的网上投诉渠道，提升消费者维权的便捷度和对维权渠道的信任度。二是健全消费纠纷解决机制，探索简易司法程序处理简单消费纠纷，完善在线纠纷多元化解（ODR）机制，建立电子商务模式下的举证责任倒置规则。三是提升消费者维权能力，针对广范围、大规模，但消费者相对分散的数字消费侵权事件，支持公益维权组织积极展开维权援助，克服单个消费者对抗能力不足的问题。四是提升消费者风险防范能力，面向消费者定期发布数字消费提示、提醒，提供新型消费的风险防范要点指南，编制《数字消费教育指导手册》，提供数字消费基本知识，发布常见数字消费陷阱及相关案例，推进消费投诉公示制度，引导消费者理性消费。

3. 完善消费者权益保护的奖惩机制

一方面，建立消费者权益保护奖励示范机制。在全国范围内定期对数字经济领域的消费者保护先进案例进行宣传，遴选消费维权宣传突出贡献单位进行表彰，评比消费维权优秀宣传作品进行推广。全面铺开“互联网＋放心消费双承诺”活动，积极引导企业承诺诚信经营，争创放心消费示范单位。

另一方面，推进数字消费领域信用体系建设。发挥失信惩戒机制对数字消费领域的激励约束作用，结合企业信用信息公示系统建设，强化网络经营企业信息公示责任，落实网络经营企业信用信息公示、经营异常名录、严重违法企业名单等制度，为公众提供信用信息一站式查询和消费预警提示服务，推动数字消费领域的信用建设全面纳入法治化规范化轨道。开展消费投诉信息公示，利用网络、广播电视、维权服务点电子公示牌等多种形式公开投诉产品和服务信息，针对典型消费者侵权事件进行有效曝光。

（三）多方面提升管理支撑能力

提升数字经济消费者权益保护领域的治理能力现代化水平，离不开高质量监管技术应用和高素质人才队伍的支撑。

1. 夯实技术监管支撑能力

我国应强化监管科技的应用实践，积极运用大数据、人工智能、云计算、区块链等技术，创新技术监管模式，支撑数字经济领域消费者保护的事前、事中、事后监管工作朝着专业性、针对性和高效性推进。

一是运用技术手段提升发现和研判问题的能力，进一步完善网络经营主体数据库，运用数字技术及时发现违法线索，形成消费者侵权行为和相关舆情热点信息的获取、分析、研判、预警能力，提高监测监管的前瞻性、实效性。例如，依托全国12315互联网平台，通过大数据分析技术手段，将消费投诉举报作为网络案件线索的重要来源。二是提升消费纠纷电子数据取证能力，对消费纠纷事件进行精准、有效追踪，对数字产品和服务进行质量溯源、全过程监管，提升消费者维权和监管工作的抗抵赖性。三是完善数字消费领域的多元解纷信息化水平，在推广并持续优化在线纠纷多元化解（ODR）平台基础上，通过互联网平台直接布设消费纠纷在线解纷站点，建设数字消费领域的专业调解平台。

2. 强化数字监管人才队伍支撑

数字经济背景下消费者权益保护涉及的监管业务点多、线长、面广，专业性较强，对基础执法队伍能力素质要求较高。为增进数字经济领域的监管质量，提升消费者权益保护实效，有必要加强监管队伍建设。

一是推进行政执法标准化规范化建设，在《关于规范市场监督管理行政处罚裁量权的指导意见》等执法标准制度的基础上，结合数字经济特点，补充规范数字消费领域市场监管行政执法程序、执法文书、执法监督制度和行政处罚裁量权等方面的统一适用规则。二是定期开展数字消费监管执法专业教育培训，将数字经济领域监管和消费者保护作为监管队伍专业化能力培训重点项目之一，同时依托网络教育培训机制，开展数字消费市场监管执法稽查典型事例线上巡讲活动。三是为监管执法人员编制数字经济监管和消费者保护领域的工作辅导材料，依托市场监管总局网络学院，开发面向基层一线监管执法人员的数字消费执法要点网络课程，组织编写并持续完善数字监管领域的学习培训材料和执法工具用书，增加涉及数字经济下消费者权益保护的高发和疑难问题，面向基层执法人员组织全国性的知识竞赛，以赛促训提升监管能力。

马淑萍　吕富生①

参考文献

［1］陈兵．数据时代开启消费者保护多元共治新格局［J］．东北师大学报（哲学社会科学版），2022（2）：89～96

［2］陈兵．有序升级消费者权益保护系统新发展格局下扩大消费需求的关键路径［J］．人民论坛，2021（4）：42～45

［3］胡晓霞．消费纠纷的在线解决：国外典型经验与中国方案［J］．法学论坛，2019，34（4）：106～115

［4］刘鹏，廖倩倩，刘高宁．数字经济背景下消费者权益保护组织发展及其挑战［J］．中国市场监管研究，2021（11）：74～77

［5］刘水林．数字经济领域消费者保护新问题［N］．上海法治报．2021－04－07（B06）

［6］刘欣然．数字经济条件下消费者权益保护法律范式［J］．社会科学家，2021（11）：105～110

［7］潘灵翼．社交网络交易下消费者权益保护问题研究［J］．市场周刊（理论研究），2015（5）：82～84

［8］吴景明，雅客．我国新消费形式下消费者权益保护法律问题研究［M］．北京：中国法制出版社，2013

［9］肖翔，丁洋洋，王龙．数字金融消费者保护的国际经验与中国实践［J］．金融与经济，2021（5）：92～96

［10］杨东，顾雷．数字经济时代金融消费者信息保护的核心要素［J］．清华金融评论，2021（2）：44～47

［11］杨涛．多措并举　保护数字金融领域消费者权益［N］．中国证券报，2021－08－16（A03）

［12］云薇笑．我国数字内容产品消费者权益保护研究［J］．兰州学刊，2022（4）：95～107

［13］张俊英，韩佳凝．网络交易消费者权益保护机制构建及优化路径［J］．消费经济，2021，37（4）：45～52

［14］中国互联网金融协会金融消费权益保护与教育培训专委会．数字金融消费者权益保护实践与探索2020［M］．北京：中国金融出版社，2021

［15］中国消费者协会．2021年网络消费领域消费者权益保护报告［EB/OL］．https：//www.cca.org.cn/zxsd/detail/30365.html，2022－03－11/2022－05－16

［16］中国消费者协会编著．中国消费者权益保护年鉴2020［M］．北京：中国法制出版社，2022

① 吕富生，中国信息通信研究院。

第十二章

网络安全：为数字经济健康发展保驾护航

网络安全是指通过采取必要措施，防范对网络的攻击、侵入、干扰、破坏和非法使用以及意外事故，使网络处于稳定可靠运行的状态，以及保障网络数据的完整性、保密性、可用性的能力。[①] 网络安全涵盖网络基础设施运行安全、数据安全、个人信息安全等多个方面，是数字经济发展的前提条件和重要保障。我国历来重视网络安全监管工作，习近平总书记在全国网络安全和信息化工作会议上强调“没有网络安全就没有国家安全，就没有经济社会稳定运行，广大人民群众利益也难以得到保障”[②]。近年来，我国不断强化网络安全顶层制度设计，持续推进网络安全相关政策法规制定工作，建立完善相关监管制度，为数字经济发展保驾护航。

一、我国网络安全监管制度创新取得积极成效

党中央高度重视网络安全问题，习近平总书记在网络安全和信息化工作座谈会上的讲话指出“要加快网络立法进程，完善依法监管措施，化解

---

① 参见《中华人民共和国网络安全法》第七十六条第（二）款。

② “习近平：敏锐抓住信息化发展历史机遇　自主创新推进网络强国建设”，人民网 2018 年 4 月 22 日，http：//jhsjk. people. cn/article/29941696。

网络风险”①。2016年，全国人大常委会审议通过《中华人民共和国网络安全法》（以下简称《网络安全法》），并于2017年6月1日正式施行，全面系统地确立了我国保障网络运行安全、网络信息安全等各方面的基本监管制度。2021年6月以来，《中华人民共和国数据安全法》（以下简称《数据安全法》）、《关键信息基础设施安全保护条例》、《中华人民共和国个人信息保护法》（以下简称《个人信息保护法》）先后出台，进一步完善了我国网络和数据安全监管制度体系。同时，为落实《网络安全法》等法律法规相关要求，地方政府结合本地实际情况，先后制定出台了一系列配套制度规则，强化网络安全监管要求，切实保障本地区网络安全。

（一）我国网络安全法律体系持续完善

我国已初步形成了以《网络安全法》《数据安全法》《个人信息保护法》为核心，以《中华人民共和国国家安全法》（以下简称《国家安全法》）、《中华人民共和国反恐怖主义法》（以下简称《反恐怖主义法》）等相关立法为补充，以《关键信息基础设施安全保护条例》《网络安全审查办法》等行政法规和部门规章为配套，涵盖地方性法规在内的网络安全监管法律制度体系。

一是制定了网络安全基础性法律《网络安全法》。作为我国第一部全面规范网络空间安全管理的基础性法律，《网络安全法》全面系统地确立了国家、主管部门、网络运营者、网络使用者的网络安全责任，确立了保障网络产品和服务安全、网络运行安全、网络信息安全等各方面的基本制度。在此基础上，先后制定了数据安全、个人信息保护领域的专门立法。

二是网络安全相关立法相继推进。2015年7月，《国家安全法》正式

---

① “习近平：在网络安全和信息化工作座谈会上的讲话”，人民网2016年4月25日，http://jhsjk.people.cn/article/28303260。

公布实施，要求维护国家网络空间主权安全和发展利益，加强网络管理，防范、惩治网络违法；2015 年 8 月，全国人大常委会通过《中华人民共和国刑法修正案（九）》，明确网络服务提供者履行网络安全管理的义务，完善了网络犯罪规定；2015 年 12 月，《反恐怖主义法》公布实施，规定了网络安全管理措施和相关主体的义务。

三是网络安全配套立法相继出台。落实《网络安全法》等法律要求，国务院及有关部门制定发布了《关键信息基础设施安全保护条例》《通信网络安全防护管理办法》《网络安全审查办法》《互联网新闻信息服务新技术新应用安全评估管理规定》等配套行政法规、部门规章和管理规定，进一步完善细化了关键信息基础设施安全保护、网络安全审查、新技术新应用安全评估等各方面的制度规则。

表 1　我国网络安全法律体系

代表性法律、法规	网络安全相关内容
《网络安全法》	明确了各主体网络安全责任，全面系统确立了保障网络产品和服务安全、网络运行安全、网络信息安全等各方面的基本制度
《数据安全法》	界定了数据及数据安全的内涵和外延，明确了数据安全治理重点制度规则
《个人信息保护法》	明确了个人信息处理基本原则和主要规则，对公民在处理个人信息活动中的权利、个人信息处理者的义务、个人信息跨境传输、监管部门职责及法律责任等作出了全面规定
《国家安全法》	要求维护国家网络空间主权安全和发展利益，加强网络管理，防范、惩治网络违法活动等
《反恐怖主义法》	规定了电信业务经营者、互联网服务提供者落实网络安全管理措施等相关义务和要求
《刑法》及修正案	明确网络服务提供者履行网络安全管理的义务，完善了网络犯罪相关规定
《关键信息基础设施安全保护条例》	明确了关键信息基础设施范围和保护工作原则，规定了监督管理体制，完善了关键信息基础设施认定机制，明确各方责任，并提出了促进措施
《网络安全审查办法》	系统确立了我国网络安全审查的主要制度和框架，明确建立了国家网络安全审查工作机制
《通信网络安全防护管理办法》	对公用通信网和互联网网络安全防护工作提出了管理要求
《互联网新闻信息服务新技术新应用安全评估管理规定》	指导服务提供者建立健全信息安全管理制度和安全可控的技术保障措施，发挥新技术新应用安全评估风险防范预警作用，维护国家安全和公共利益等

（二）发挥地方能动性强化网络安全监管

网络安全监管是一项涉及跨层级协调、跨部门协商、跨领域协作的系统工作，需要国家层面和地方部门共同推进。近年来，越来越多的地方在推动本地区数字经济发展的同时积极发挥主观能动性，结合本地实际情况建章立制，围绕信息安全、数据安全等网络安全重点领域完善监管制度、创新监管手段。

一是积极制定出台网络安全相关地方性法规。一方面，部分地方制定出台专门性的地方性法规，强化网络安全领域监管。例如，贵阳市2018年制定出台《贵阳市大数据安全管理条例》，对本行政区域内大数据发展应用中的安全保护、监督管理以及相关活动进行了专门规定，明确了本市数据安全管理的制度要求。另一方面，越来越多的地方政府部门和立法机构制定出台网络安全相关地方性立法，专章对安全问题作出规定。例如，安徽省2021年3月通过《安徽省大数据发展条例》，在发展数字经济、创新社会治理的同时，强调保障数据安全，提出实行数据安全责任制，保障数据全生命周期安全；再如，深圳市2021年6月出台《深圳经济特区数据条例》，提出坚持安全和发展并重，鼓励研发数据安全技术，保障数据全生命周期安全。

二是按照国家层面的有关规定，建立健全本级政府部门网络安全监管体制，同时创新机制设置。目前，全国各省（自治区、直辖市）均成立了本级网络安全和信息化委员会并设立办公室，统筹协调本级网络安全保护和监督管理职责，并明确相关部门在网络安全监管中的具体职责。例如，《内蒙古自治区政务信息资源共享管理暂行办法》明确自治区党委网信办负责制定自治区政务信息资源共享网络安全保密管理制度、风险评估制度，实施分级分类管理，指导推进政务信息资源共享风险评估和安全审查。[①] 与此同时，部分地区大胆探索，积极创新机制。例如，《深圳经济特

---

① 参见《内蒙古自治区政务信息资源共享管理暂行办法》第22条。

区数据条例》在规定“市网信部门负责统筹协调本市个人数据保护、网络数据安全、跨境数据流通等相关监督管理工作”的同时，明确规定“市人民政府设立市数据工作委员会，负责研究、协调本市数据管理工作中的重大事项”。

（三）不断加强数据安全治理

我国高度重视数据安全治理工作，在明确数据作为关键生产要素的同时，统筹推进数据发展和安全治理工作。随着《数据安全法》生效施行，完善了我国数据治理基本制度框架和重点制度规则，为我国数据安全治理工作指明了方向，加速推动我国数据安全治理进程。①

一是逐步建立数据泄露通知制度。我国在 2012 年通过的《全国人民代表大会常务委员会关于加强网络信息保护的决定》中首次从法律层面对信息泄露进行了规定，要求网络服务提供者等主体采取措施防止公民个人电子信息泄露、毁损、丢失，在发生或者可能发生信息泄露、毁损、丢失的情况时，应当立即采取补救措施。② 此后，《网络安全法》明确了网络运营者的数据泄露通知义务，要求按照规定及时告知用户并向有关主管部门报告。③ 2021 年通过的《个人信息保护法》进一步明确并细化了个人信息泄露通知的具体要求，规定了个人信息处理者的义务。④

二是积极推进数据分级分类管理。我国高度关注数据分级分类问题，提出要“推动完善适用于大数据环境下的数据分类分级安全保护制度”⑤。2021 年《数据安全法》首次在法律中明确了国家建立数据分类分级保护制

① 何波、谢祎：“我国数据治理的最新进展与发展趋势”，《中国电信业》2021 年第 10 期，第 63～67 页。

② 参见《全国人民代表大会常务委员会关于加强网络信息保护的决定》第 4 条。

③ 参见《网络安全法》第 42 条。

④ 参见《个人信息保护法》第 57 条。

⑤ “中共中央国务院关于构建更加完善的要素市场化配置体制机制的意见”，中国政府网 2020 年 3 月 30 日，http：//www. gov. cn/zhengce/2020－04/09/content_ 5500622. htm。

度，提出了“重要数据”和“国家核心数据”的概念，对于“重要数据”，采用目录管理的方式，明确将“确定重要数据目录”纳入国家层面管理事项，国家数据安全工作协调机制统筹协调有关部门制定重要数据目录；对于关系国家安全、国民经济命脉、重要民生、重大公共利益等的国家核心数据，实行更加严格的管理制度。[①]

三是持续开展政务数据信息安全监管。据不完全统计，全国31个省、自治区和直辖市出台的地方性数据立法目前已经超过150部，[②] 重点围绕政务数据管理出台了专门制度规定，如《北京市政务信息资源管理办法（试行）》《福建省政务数据管理办法》《上海市政务数据资源共享管理办法》《浙江省公共数据和电子政务管理办法》《广州市政务信息共享管理规定》等。在各地政务数据管理法规中，均对政务数据安全保障作了重点规定，例如《福建省政务数据管理办法》专章规定“安全保障”，要求建立政务数据安全保障体系，实施分级分类管理，定期进行安全评估，建立安全报告和应急处置机制。

此外，我国还建立了国家网络安全审查制度，形成了网络安全审查工作机制，对关键信息基础设施运营者采购网络产品和服务，网络平台运营者开展数据处理活动，影响或可能影响国家安全的，适时开展网络安全审查。[③] 同时，相关监管部门不断加大网络安全执法力度，积极开展个人信息保护专项治理，有效维护数据安全和个人信息权益。

二、国外网络安全监管制度创新的主要经验

联合国数字合作高级别小组指出，全球的安全性和稳定性越来越依赖

---

① 参见《数据安全法》第21条。

② 朱开鑫：“当下地方数据立法热潮应当秉持的四维意识——基于地方数据立法基本特征和面临问题的思考”，《中国信息安全》2020年第12期，第70~73页。

③ 参见《网络安全审查办法》第2条。

于数字领域的安全性和稳定性，而随着网络能力的发展，安全威胁的范围正在扩大。[①] 当前，网络安全监管已经成为全球数字经济发展中高度关注的重要内容，主要国家和地区持续完善相关政策法规，建立健全网络安全监管体制，围绕数据安全、个人信息保护等重点领域强化监管制度。

（一）法律法规及时响应网络安全监管需要

法治手段作为网络空间规范化、制度化的有效方式，是世界主要国家和地区的普遍做法。随着各类网络安全事件频发，各国对网络安全立法给予前所未有的重视。近年来，为有效应对数字经济发展中的网络安全风险，越来越多的国家和地区开始制定网络安全政策和法律法规来加强网络安全保护。根据国际电信联盟（ITU）的数据，全球 58% 的国家和地区发布了网络安全相关的战略和法律法规[②]，并且持续完善相关管理措施。

全球主要国家和地区先后出台了网络安全法律法规。日本于 2014 年出台了《网络安全基本法》，提出了网络安全政策的基本理念，明确了国家和地方政府的职责和保障网络安全的措施。美国于 2015 年发布《网络安全法案》，将“网络安全”内容调整为“信息系统安全和网络数据安全”两大部分；2018 年 9 月，特朗普政府发布《国家网络战略》，概述了美国网络安全的 4 项支柱、10 项目标与 42 项优先行动。欧盟于 2016 年 7 月通过了《网络与信息系统安全指令》，以增进欧盟层面网络安全治理的整体能力，为欧盟数字经济的发展保驾护航；2019 年 4 月，欧盟又通过了《网络安全法》[③]，希望通过扩充欧洲网络与信息安全管理局的职责来提高欧盟内部网络安全的弹性和响应能力。

---

① Secretary-General's High-level Panel on Digital Cooperation, The Age of Digital Interdependence, 11 June 2019, available at: https://digitalcooperation. org/wp-content/uploads/2019/06/DigitalCooperation-report-web-FINAL – 1. pdf.

② ITU, Global Cybersecurity Index 2018, Published in Switzerland Geneva, 2019.

③ 即《关于欧盟网络安全局和信息通信技术网络安全认证的第 2019/881 号条例》。

（二）健全网络安全监管机构强化保障能力

网络安全监管以及相关制度需要具体监管部门来贯彻落实，随着各国网络安全法律体系基本框架和制度要求逐渐明确，越来越多的国家建立了高级别的网络安全管理专门机构，以加强对网络安全工作的统筹协调和监督管理。

日本根据2014年出台的《网络安全基本法》设立以内阁官房长官为首的“网络安全战略本部”，作为日本网络领域的最高领导机构，协调各政府部门的网络安全对策。2018年10月，印度批准组建国防网络局、国防航天局和特种作战司令部，以应对太空、网络空间和特种作战等“新兴三位一体”的威胁。美国于2018年11月颁布《网络安全和基础设施安全局法》，根据该法成立了网络和基础设施安全局，与联邦政府合作提供网络安全工具，负责网络安全和关键基础设施项目的安全管理。① 2019年6月，欧盟《网络安全法》正式生效，将欧盟网络和信息安全署（ENISA）定位成欧盟永久性机构，进一步强化其网络安全管理职能。值得注意的是，在建立网络安全部门的同时，越来越多的国家和地区开始吸纳社会力量参与其中。例如，美国在网络安全保障中强调与私营部门合作，重视民间“白帽子”在网络安全防御体系中的辅助性作用，形成对公共职能部门和私营部门的双重保护机制。

（三）高度重视关键信息基础设施安全保护

关键信息基础设施是网络空间和传统物理世界的融合体，是经济社会运行的神经中枢，也是网络安全的重中之重。各国普遍意识到，保障关键信息基础设施安全，对于维护国家网络空间主权和国家安全、保障经济社会健康发展、维护公共利益和公民合法权益具有重大意义。②

① 115th Congress，Cybersecurity and Infrastructure Security Agency Act of 2018，Public Law No：115 - 278（11/16/2018）.

② 张璁：“加强关键信息基础设施安全保护”，《人民日报》2021年8月25日，第6版。

鉴于关键信息基础设施安全的极端重要性，全球主要国家和地区将关键基础设施保护作为网络安全监管的核心环节。美欧在关键基础设施立法方面起步较早，美国在2001年就颁布了《关键基础设施保护法》，并相继出台《提高关键基础设施网络安全行政令》《增强联邦政府网络与关键性基础设施网络安全行政令》等相关立法。随着网络安全形势的日益严峻，美国积极调整网络安全保护战略，2021年以来又发布《2021年临时国家安全战略方针》《2021年关于加强国家网络安全的行政命令》等相关监管政策。欧盟也先后出台了《2008年欧盟关键基础设施认定和安全评估指令》《2016年网络与信息安全指令》等多部关键基础设施保护相关立法，强调欧盟亟须提高应对关键信息基础设施安全挑战的技术能力。①

（四）突出强化个人信息安全保护

个人信息保护在一些国家和地区也称为个人数据保护或者隐私保护，是网络信息安全监管的核心内容。从全球范围来看，在数字经济快速发展的推动下，各国个人信息保护工作持续升温，并将其作为网络安全监管的重中之重。据联合国贸发会议统计，截至2022年4月，全球已经有138个国家和地区制定了个人信息和隐私保护法律法规。②

随着数字经济的持续发展，发达经济体在原有个人信息保护法律制度基础上继续进行强化和完善。例如，韩国、日本近期纷纷启动对个人信息保护立法的修订，欧盟在《通用数据保护条例》基础上还制定了《非个人数据在欧盟境内自由流动框架条例》以及一系列个人数据保护适用指南。与此同时，新兴经济体也表现出对个人信息保护立法的极大热情。例如，印度2019年12月批准通过了首部专门数据保护法案《2019年个人数据保

① 余晓晖：“开启关键信息基础设施安全保护新阶段”，《网络传播》2021年第8期，第32～35页。

② UNCTAD, Data Protection and Privacy Legislation Worldwid, available at: https://unctad.org/page/data-protection-and-privacy-legislation-worldwide.

护法案》，确立强有力的数据保护框架，设立数据保护局，赋予印度公民相关个人数据权利。再如，2020 年 1 月，印度尼西亚向众议院提交了《个人数据保护法（草案）》，2020 年 6 月牙买加参议院通过《数据保护法》。[①]

（五）全面推进数据安全治理工作

为有效保护数据安全，主要国家和地区积极采取措施，重点围绕数据泄露通知、重要数据分级分类、跨境数据流动监管等领域全面推进数据安全治理工作。一是广泛采纳数据泄露通知制度。数据泄露通知制度是指在用户个人数据丢失、被盗以及以其他方式泄露后，数据控制者应当以适当形式及时通知主管机构及当事用户。泄露通知制度为美国隐私保护立法首创，近年来被各国数据保护立法广泛采纳。2002 年美国加利福尼亚州制定了第一部数据泄露通知法案——《加州数据安全泄露通知法案》。目前，美国绝大多数州都已经建立了数据泄露通知制度。[②] 在美国立法的影响下，欧盟、澳大利亚等国家和地区也纷纷引入该项制度。欧盟 2011 年修订《电子通信行业隐私保护指令》时确立了数据泄露通知制度，2013 年欧委会制定了更加详细具体的《个人数据泄露通知条例》，2016 年欧盟通过的《通用数据保护条例》进一步从立法上确立了数据泄露通知制度，将数据泄露通知制度适用范围扩展到所有数据控制者。澳大利亚于 2017 年正式通过《数据泄露通知法案》，明确了数据泄露通知制度适用主体、评估流程、通知对象等内容。

二是重要数据分级分类监管成为趋势。分级分类是数据安全监管的一个重要手段。实践中，政府、企业等不同主体收集使用的数据在类型、数量、敏感程度、应用场景等方面差异较大，保护要求和保护手段也应有差异。美国较早就开始对重要数据安全进行立法监管，专门出台相关规定对

---

① 中国信息通信研究院：《互联网法律白皮书（2020 年）》，2020 年 12 月。

② 何波："数据泄露通知法律制度研究"，《中国信息安全》2017 年第 12 期，第 40 ~ 43 页。

"受控非密信息"进行管理。2010 年，奥巴马政府发布第 13556 号行政命令《受控非密信息》，确定了"受控非密信息"的管理机构、统一名称、具体范围，明确了管理机构的责任和权限，规定了确定"受控非密信息"类别的期限、流程，并详细列出了农业、受控技术信息、关键基础设施、应急管理、出口控制、统计、税收等具体门类。

（六）不断加强网络安全审查制度

网络安全审查制度是提升国家网络安全保障能力的一项重要创新制度，是指对关系国家安全和社会稳定的信息系统中所使用的信息技术产品与服务进行测试评估、监测分析、持续监督的过程。① 网络安全审查作为国家安全审查的基本内容被各国广泛采纳和使用。以美国为例，其网络安全审查制度设立较早，目前形成了以外国投资审查、关键基础设施保护、供应链安全管理三大制度为支柱的现代网络安全审查政策体系。美国 2018 年修订《外国投资风险审查现代化法》，进一步强化了针对外国投资的国家安全审查制度，并将审查范围扩大到涉及关键技术、关键基础设施以及美国公民个人信息等领域的企业。② 此外，2020 年 4 月，特朗普政府发布《关于建立评估外国参与美国电信服务业审查委员会的行政命令》，成立"评估外国参与美国电信服务业委员会"，以协助联邦通信委员会对由外国参与引起的涉及公众利益的国家安全和执法问题进行公共利益审查。③

（七）同步防范新技术新应用安全风险

随着数字经济持续快速发展，新技术新应用不断涌现，并呈现出高速

---

① 张臻、刘晶莹："美国国家安全系统中的网络安全审查制度及其启示"，《北京电子科技学院学报》2017 年第 3 期，第 20～28 页。

② CFIUS, The Foreign Investment Risk Review Modernization Act of 2018, H. R. 5515—538, August 13, 2018.

③ THE WHITE HOUSE, Executive Order on Establishing the Committee for the Assessment of Foreign Participation in the United States Telecommunications Services Sector, April 4, 2020.

增长态势。为应对新技术新应用带来的安全风险，各国监管部门在制定出台法律政策的同时，不断完善监管手段措施，创新具体制度内容。从国际社会来看，全球主要发达国家和地区积极推动制度创新与技术创新同步发展。例如，英国提出“涉盒监管”制度，在鼓励技术创新的同时确保安全风险；2020 年 1 月，英国政府宣布将制定新法令来改进物联网设备的安全标准，以应对日益突出的物联网安全问题。又如，随着数字支付模式渐趋成熟，为保障数字支付的安全性与可靠性，日本先后制定修订《支付服务法》和《金融工具与交易法》，对加密资产交换服务提供商的行为提出了管理要求，还规定了禁止利用区块链从事欺诈和欺骗、市场操纵和其他与加密资产有关的不当行为。①

三、进一步推进我国网络安全监管制度创新的建议

进入数字经济时代，随着新一代信息通信技术在新经济领域的广泛应用，网络安全与数字经济的联系日益密切，网络安全保护重要性日益突出，完善网络安全监管及相关制度成为数字经济发展不可忽视的命题。

一是把握发展规律，处理好安全和发展的关系。习近平总书记指出，网络安全和信息化发展是相辅相成的，安全是发展的前提，发展是安全的保障，安全和发展要同步推进。② 数字经济的发展得益于数字技术的快速创新和应用，同时也不可避免地带来了诸多网络安全风险和威胁。一方面，网络安全是新经济发展的基石，没有安全屏障，发展就容易成为“空中楼阁”，更不可持续，针对数字经济发展中的网络安全问题和风险要及时出政策、立规矩；另一方面，发展是安全的前提，没有发展作支撑，已有的网络安全也会丧失，完善网络安全监管是为了适应新经济高质量发

① 中国信息通信研究院：《互联网法律白皮书（2020 年）》，2020 年 12 月。

② 中共中央党史和文献研究室编：《习近平关于网络强国论述摘编》，中央文献出版社 2021 年版，第 90 页。

展，要坚持兴利除弊、包容审慎，在发展中解决网络安全问题。

二是坚持问题导向，处理好强化监管和鼓励创新的关系。目前，互联网医疗、自动驾驶、金融科技、人工智能等新技术新业务正在快速发展，在发展初期，大多数企业的现状是重视技术创新、服务模式创新，但并未将网络安全放在同等重要的位置。政府要同步完善制度创新，有效应对新兴领域的监管空白，防范新技术新应用可能引发的安全风险。要主动顺应和引领新一轮数字技术革命浪潮，及时跟踪了解当前数字经济技术和产业发展的最新动向，坚持鼓励支持和规范发展并行，政策引导和依法管理并举，本着急用先行的立法原则，及时制定出台人工智能、金融科技、自动驾驶等领域的安全监管政策，确保新技术新应用在正确的轨道上运行，实现良法促进发展、保障善治。① 鼓励和支持企业布局新业态前沿科技，用新技术对传统产业赋能，释放更多应用场景，积极研判场景风险，针对性采取安全保护措施。创新政府网络安全监管的技术手段，把大数据、区块链等技术作为提升政府对新经济监管能力和水平的重要工具和新途径，充分运用大数据，建立起“用数据说话、用数据决策、用数据管理、用数据创新”的监管新机制。

三是坚持重点突出，强化关键基础设施安全保障。关键信息基础设施是网络安全保护的重中之重，要贯彻落实《关键信息基础设施安全保护条例》相关要求，加强关键信息基础设施安全防护，提升安全监管等级。深入实施网络安全等级保护制度，深化网络等级备案工作，加强对网络安全等级测评机构的监督管理和工作指导。统筹推进关键信息基础设施保护，建立完善属地化保护与监管的体系，深入开展网络安全大检查；建设地方网络安全综合监管平台，加强金融、能源、电信、交通运输、水利、医疗、卫生健康等重点行业和领域网络安全监管和综合防护技术手段建设，

① 何波：“中国数字经济的法律监管与完善”，《国际经济合作》2020 年第 5 期，第 80 ~ 95 页。

为网络安全风险监测预警、应急处置、预防和打击网络违法犯罪等提供技术支撑。加强供应链安全管理，加强关键信息基础设施运营者采购网络产品和服务安全审查。强化基础设施支撑，推进国家超级计算中心升级，积极构建自主可控算力集群。

四是坚持统筹推进，处理好中央整体要求和地方能动性的关系。网络安全监管是中央和地方政府在数字时代经济发展过程中面临的共性问题。一方面，国家层面通过《网络安全法》《数据安全法》《个人信息保护法》《关键信息基础设施安全保护条例》等法律法规，确立了我国网络安全监管的主要制度和基本原则；另一方面，地方政府部门也需要结合自身具体情况制定本地区网络安全监管相关的制度规则。新经济的发展具有极大的融合性，由于立法权限等相关因素的限制，对于数据权属、跨境流动等重大问题，只能由国家层面的法律来规定。因此，在新经济发展过程中，包括网络安全监管在内的诸多制度都需要中央和地方统筹规划、一体推进。与此同时，也要鼓励和发挥地方政府的主观能动性，在不违反国家法律规定的前提下，就相关问题先行先试。

五是坚持综合治理，处理好政府主导和多方参与的关系。党的十九大报告提出建立网络综合治理体系的要求，全国网络安全和信息工作会议进一步强调“要提高网络综合治理能力，形成党委领导、政府管理、企业履责、社会监督、网民自律等多主体参与，经济、法律、技术等多种手段相结合的综合治网格局”，明确了网络空间多主体共同参与的治理理念。① 网络安全监管工作情况复杂多变、涉及主体众多，是一项系统工程，需要政府、行业、企业、个人等不同主体积极参与，发挥各自重要作用。一方面，网络安全保障需要公权力发挥主导作用，政府监管是最主要的推动力量，监管部门需要进一步创新监管手段、完善监管措施，实现监管创新和

---

① “习近平出席全国网络安全和信息化工作会议并发表重要讲话”，中国政府网 2018 年 4 月 21 日，http：//www. gov. cn/xinwen/2018 -04/21/content_ 5284783. htm。

技术创新同步发展；另一方面，也要充分发挥相关行业协会等主体的辅助监管作用，充分调动各类媒体资源，统筹运用各种传播手段，加强《网络安全法》《数据安全法》《个人信息保护法》等网络安全保护相关法律知识的宣传普及，增强公民的自我防范意识，为网络安全监管工作的贯彻实施营造良好的社会氛围。

六是加大执法力度，积极开展网络安全监督执法工作。从国际社会的监管经验来看，加强执法频率、加大执法力度是保护网络安全的重要举措。要强化跨部门、跨区域执法联动响应和协作，实现违法线索互联、监管标准互通、处理结果互认，消除监管盲点，降低监管成本。坚持问题导向，针对新经济发展面临的突出问题、薄弱环节开展专项治理和执法检查活动，督促相关主体积极履行网络安全保护义务。用好用足现有处罚措施，适时提高罚款额度，必要时还可对直接负责的主管人员和其他直接责任人员予以处罚。及时公布典型处罚案例，提高治理震慑性，加大对于违法行为惩戒曝光力度，以“案”为基础，建立典型处罚案例“素材库”，充分发挥反面案例的警示和教育作用。

何　波① 袁东明

① 何波，中国信息通信研究院。

第十三章

数字营商环境：稳定、公平、透明、可预期

数字经济遵循不同于传统经济的发展规律，需要配套的数字营商环境予以保障。世界银行、联合国、经合组织等国际机构都在积极开展数字营商环境研究和评估。我国高度重视数字经济发展，正全力推动数字化转型，新冠肺炎疫情加速了这一进程，2022 年 1 月发布的《“十四五”数字经济发展规划》也明确提出，要更加优化数字营商环境、加速弥合数字鸿沟，建议加快构建符合国情的数字营商环境评价体系，从简化市场准入入手开展“放管服”改革，优先从短板环节切入，加快制度调整和政策供给。

一、从传统营商环境到数字营商环境

近年来，随着数字经济的迅猛发展，数字营商环境的热度与日俱增。近年来，国际组织在开展国别评价时，也将数字经济相关指标纳入评价体系，大致可分为三类（见图 1）。

第一类是针对数字营商环境的试评价。以世界银行“数字营商指标”（Digital Business Indicators）项目为代表，旨在研究各国促进数字经济的最佳监管实践（见图 2），鼓励国家间的良性竞争，建立更加高效的数字经济制度框架。该项目源于 2017 年，指标体系包含网络连接度、数据隐私和安

全、物流、支付以及数字市场监管等5个方面，下设12个二级指标，以问卷形式采集数据。2018年，世界银行对韩国、法国、印度尼西亚、越南、阿联酋、肯尼亚等21个国家进行了试评价，我国不在其中；2019年世界银行对方法论作了进一步完善，2020年对全球100个经济体开展评价。

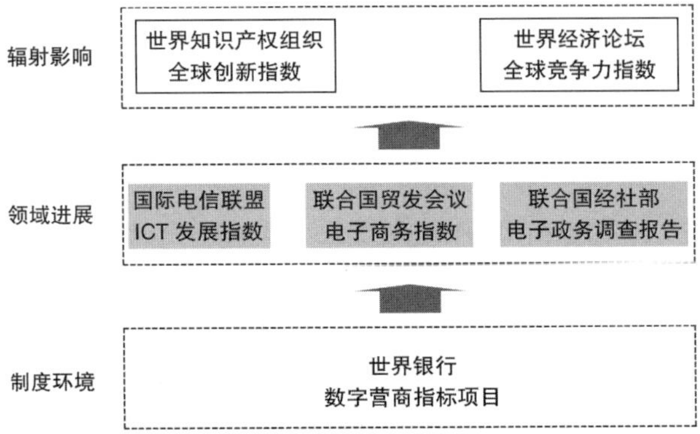

图1　六个国际组织评价体系的逻辑关系

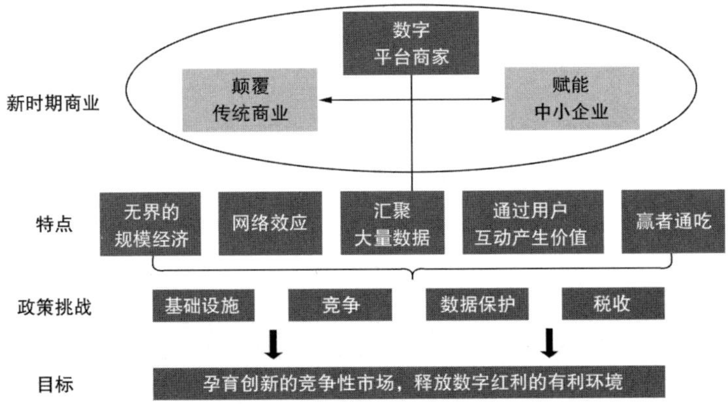

图2　世界银行数字营商指标项目

第二类是针对数字经济具体领域的专题评价。国际上广为关注的指数有3个。一是信息通信技术发展指数（ICT Development Index），由国际电信联盟2009年推出，包括ICT接入、ICT使用和ICT用户技能共3类指标，2017年我国排第80位（176国）。近两年国际电信联盟拟将固定宽带速率、移动流量使用等指标纳入，目前尚在修订中。二是电子商务指数（E－Commerce Index），由联合国贸易和发展会议2014年推出。该指数包括互联网个人普及率、金融账号或移动钱包个人持有率、安全服务器占比、万国邮联可靠性4个指标。2020年我国排第55位（152国）。三是电子政务发展指数（EGDI），由联合国经济和社会事务部2011年推出，包括在线服务指数、通信基础设施指数、人力资本指数3类指数，旨在衡量各国利用数字技术提供公共服务的水平。2020年，我国排名第45位，较2018年提升20个位次。

第三类是将数字经济指标作为构成要素的综合评价。有2个指数受到关注：一是全球创新指数（GII），由世界知识产权组织（WIPO）于2007年推出，该指数包括5个创新投入指标（制度、人力资本与研究、基础设施、市场成熟度和商业成熟度），2个创新产出指标（知识与技术产出、创意产出），旨在为各国衡量创新活动和制定创新政策提供参考。2021年我国排第12位（132国）。二是全球竞争力指数（GCI），由世界经济论坛2004年推出，旨在衡量一国经济持续增长的能力。该指数包括制度、基础设施、信息通信技术的应用、宏观经济稳定性、医疗卫生、技能、产品市场、劳动力市场、金融制度、市场规模、商业活力、创新活力等12类指标。2019年我国排第28位（141国），其中数字基础设施、人口数字技能、服务业竞争程度等是薄弱环节。

二、从国际评价体系看数字营商环境的关键构成

提取6个国际组织评价体系中与数字营商环境相关的指标（见表1），发现主要包括5类环境。

（一）数字基础设施

数字时代，信息流、资金流和物资流在加速重构，衍生出以宽带网络、金融支付和数字物流为载体的数字基础设施。一是宽带网络基础设施。国际组织首先关注的是域名指标，如通用顶级域数量（TLD）、国家代

码顶级域数量以及“获取和保护域名”制度。其次是网络接入指标，如固定宽带接入、移动宽带接入率、网络速率等。最后是用户普及指标，如个人互联网普及率、ICT 使用率指标。二是金融支付设施。国际组织关注的是个人拥有金融机构账户或移动钱包的比率，以及与支付设施相关“支付许可”“支付鉴权与处理”“支付安全”等指标。三是物流设施。国际组织关注物流绩效指数（含通关、海运、竞争力、追溯、时长等）、物流可靠性（如万国邮联可靠性），以及跨境交易的物流包裹监管制度。这 3 类设施是发展数字经济的基本前提。

（二）创新发展

数字经济离不开孕育创新、包容创新的外部制度环境。在创新环境营造方面，国际组织关注 4 类指标。一是人口数字素养。例如就业人口或者全国人口中拥有数字技能的人员比率，再或者国民平均受教育年限、入学率等，反映出对数字化人才供给的重视。二是对创业风险的态度。创业文化是孕育创新的温床，世界经济论坛就将“创业风险的态度”列为评价指标，通过调查全球企业高管来获取数据。三是金融制度。例如风投资金可得性、市场资本化程度、给私人部门的信贷比重、中小企业融资等。四是创意产出。例如世界知识产权组织将 ICT 与商业模式融合创新 ICT 与组织模式融合创新以及移动应用程序的产出 3 个指标纳入全球创新指数评价中。

（三）竞争与消费者保护

数字经济具有显著的网络效应、规模经济和赢者通吃特征，平台企业围绕用户注意力展开竞争，并基于大数据分析提供服务。围绕数字市场监管，国际组织关注两大类问题：一类是市场公平竞争。除了服务业竞争程度、市场集中程度以及竞争中立（如税收和补贴对竞争的扭曲）外，还有国际社会热议的数字平台垄断问题。另一类是消费者权益保护。世界银行单独将“数字市场管理”作为数字营商环境的评价指标，凸显其重要性，包括权益保护（如信息披露、赔偿规则、纠纷解决等）、平台责任（如入驻店家侵犯第三方商标时，平台担负何种责任等）、电子签名（如签名的法律地位、证据有效性、签名认证）等。

（四）数据与安全

数字技术伴生的安全问题日益尖锐，影响人们对数字经济的信任程度。国际上关注4个方面。一是服务器安全。联合国贸发会将具有安全加密的互联网服务器数量占比，作为4个核心指标之一，彰显安全底线原则。二是个人数据保护。网络数据包含了海量个人数据，世界银行设置了合法采集、知情同意、用于特定目的、删除个人数据等细化指标。三是数据跨境流动。数据安全关乎国家安全，中心议题是数据跨境流动，如是否允许将个人数据转移至第三国、前提条件是什么以及满足什么条件。四是数据安全与执法。重点关注数据处理、内部控制、数据加密、数据安全培训、数据泄露等。

（五）监管与服务

支持数字经济发展的关键是给新模式萌发的机会，为创业创新提供更大空间。国际组织关注3个方面。一是监管包容性。新事物往往具有不同于旧业态的发展特点，要求新业态“削足适履”只会限制其发展。世界经济论坛的评估框架从“法律框架对数字商务模式的适应性”“政府监管负担”两个指标来了解制度的包容性。二是监管质量。主要从推动监管程序的公开透明和依法实施的角度，了解“监管质量”和“法治程度”。三是在线服务。在线服务拓展了政务服务边界、方便了企业和群众。联合国、世界经济论坛、世界知识产权组织均将在线服务指数（HCI）作为关键构成之一。

表1　6个国际组织评价体系中涉及数字经济的5类指标

国际组织	世界银行	国际电信联盟	联合国贸易和发展会议	联合国经济和社会事务部	世界知识产权组织	世界经济论坛
指标名称	数字营商指标	ICT 发展指数	电子商务指数	电子政务发展指数	全球创新指数	全球竞争力指数
首发年份	2018 年	2009 年	2014 年	2011 年	2007 年	2004 年
我国最新排名	—	80 位/176 国	56 位/152 国	65 位/193 国	14 位/129 国	28 位/141 国
1. 数字基础设施环境	－网络连接程度（普遍接入、域名获取和保护） －金融支付 －物流	－ICT 接入（电脑家庭比重、接入互联网家庭比重、国际互联网带宽、移动网络覆盖人口） －ICT 使用（移动宽带普及率、移动流量）	－互联网个人普及率 －万国邮联可靠性分数	通信基础设施指数（TII）	－通用顶级域数量（TLD） －国家代码顶级域名数量 信息通信基础设施	－信息通信技术应用（移动电话、移动宽带、固定宽带、光线入户率）
2. 创新环境		－ICT 技能（平均受教育年限、总入学率、具有 ICT 技能人群占比）	－金融机构账号或移动钱包个人持有率	人力资本指数（HCI）	－ICT 和商业模式创造 －ICT 和组织模式创造	－职业人口数字技能创业风险的态度 －金融制度
3. 竞争和消费者保护环境	－数字市场监管（消费者保护、平台责任、电子签名）					－税收和补贴对竞争扭曲 －市场主导程度 －服务竞争性
4. 数据与安全环境	－数据隐私和安全（个人权利、跨境数据流动、数据安全与执法）		－安全加密互联网服务器占比			
5. 监管与服务环境	－数字市场监管			在线服务指数（OSI）	－监管质量 －法治	－法律框架对数字商务模式的适应性 －政府监管负担 －数字参与程度

三、优化数字营商环境的政策框架与重点任务

结合我国现实情况，从中小企业数字化转型视角，我们提出全面优化数字营商环境的政策框架，包括 5 个方面的 18 项工作。

（一）加快数字基础设施建设

数字基础设施是信息流、资金流和物资流高效运转的基本条件，是新一轮扩大投资的新增长点，将为新旧动能转换提供强大支撑。

部署先进信息基础设施。我国已经建成全球规模最大、性能优越的固定宽带网络和移动通信网络，2021 年我国互联网普及率 73%，但与发达国家比，相差近 20 个百分点，网络资费还有降低空间，5G 网络、云计算、卫星互联网等领域面临激烈竞争。充分发挥先进信息基础设施的基础作用，关键是提高网络基础设施的可达性和可用性。一是推进光纤宽带网络、5G 网络、卫星互联网加快部署，消除信号盲区。二是统筹工业互联网、数据中心、云计算、智能计算平台等应用设施建设，支持中小企业“上云用数赋智”。三是以市场化方式推进网络提速降费，着重降低中小企业用网成本。四是超前规划铁塔、基站、管路等，为设施部署提供便利条件。

强化网络支付基础设施。我国网络支付业务量、处理效率、覆盖面均居全球领先地位，2019 年移动支付普及率达 86%，为数字经济发展奠定坚实基础。进一步推动网络支付创新发展，需要健全管理制度。一是完善支付领域基础性制度，加强实名制、消费者权益、个人信息保护与资金流通安全管理，防范金融风险。二是践行数字普惠金融，深化网络支付在政务服务、公共服务及惠民信息工程等领域应用。三是鼓励生物识别等新技术应用。

建设现代化物流基础设施。2021 年我国社会物流总费用与 GDP 的比

率为 14.6%，物流“成本高、效率低”问题仍较为突出。建设现代化物流基础设施，重点是推进物流业的数字化升级。一是构建多层次物流覆盖网络，推动国家物流枢纽网络建设，完善城乡配送网络，提升乡镇快递网点覆盖率和服务效率。二是实施物流智能化改造，提高供需调度和配送效率。三是进一步降低物流成本，压减车辆通行费、港口费，规范收费行为。四是简化物流企业开展业务所需车辆、司机、运输等行政审批手续，支持地方在物流领域开展“一照多址”改革，精简分支机构办理手续，全面实施快递末端网点备案管理。

（二）提高市场准入便利性

数字经济具有跨行业、跨地域、业态多变等特点，提高市场准入便利性，有利于加快中小企业数字化转型步伐，更大激发市场活力。

拓宽数字服务准入门槛。设置市场准入门槛，对防范潜在风险、维护社会公共利益有其必要性，但容易出现准入层层加码、自由裁量权过大情况。实际上，数字经济全过程留痕、可追溯强的特点反而为简政放权创造了条件。提高市场准入便利性，一要尽快厘清数字经济主要领域经营资质类许可事项，制定准入事项清单，规范准入要件，力避套用传统线下业务准入要求。二要守住监管底线，对于涉及人身财产安全、社会稳定、系统性经济金融风险以及非法或不良内容传播等问题，要从严管理，但也要避免“有底线无刻度”的泛化现象。三要坚持分级分类监管，针对不同业态、不同发展阶段的业态及问题，采取弹性监管方式。

提升行政审批服务效能。数字经济具有小额、分散、高频以及“一点运营、服务全国”的特点，照搬线下商事登记办法，加大了合规成本。建议优化数字经济领域行政审批流程，降低企业制度性成本。一是对于入驻电商平台的店家，结合《中华人民共和国电子商务法》，细化“零星小额”内涵，出台量化标准；明确“网络经营场所”的概念。二是简化登记注册流程，联合数字平台企业探索全程网上登记；全面推进“一照多址”改革，不强制要求数字平台企业在多地设立线下分支机构。三是减少中小企业线上经营的办证数量和难度，实行“一业一证”“证照联办”“容新容缺”改革，破解“准入不准营”难题。

规范数字平台服务。数字平台企业连接中小企业和最终用户，提供了注册审核、信息搜索与展示、交易撮合、投诉与争议处理等服务。但限制平台滥用谈判优势，对于维护中小企业权益至关重要。建议从两方面着手：一是加强对平台设定的“准入权”监管，严禁数字平台企业利用服务协议、交易规则以及技术手段，对中小企业附加不合理条件、收取不合理费用或限制交易活动；二是相关政府部门应为数字平台提供必要的数据服务，包括法人登记信息、资质信息、许可审批信息、诉讼信息、知识产权信息、个人诚信记录等，为平台核验各类入驻主体提供支持。

（三）建立公平竞争的市场秩序

数字经济由于互操作性强、边际成本低、时空分离、赢者通吃、跨界融合等特点，市场竞争更加激烈，也更容易出现不正当竞争乃至垄断行为。

完善网络平台治理。数字平台吸引了跨区域、跨时空的海量交易群体，依靠技术创新、规模效应、网络效应等形成强大的生态体系，为参与者在更大范围交易，更大程度降低交易成本创造了市场机会。完善网络平台治理，一是加强对网络平台监管，不宜简单限制数字平台的市场份额，但必须严格监管平台滥用市场地位的行为，比如单边要求签订排他性服务协议；二是发挥数字平台的第三方作用，落实平台在交易者信息核验、信用管理、产品和服务质量监督、网络和数据安全等方面的主体责任。应制定平台尽职免责的具体法规，避免将本该由政府承担的监管责任转嫁给平台，或者将平台内交易者的过失简单归咎于平台。

强化对恶意软件的监管。恶意软件在网上比较普遍，所实施的恶意行为有很多种，包括：秘密安装、强制捆绑和抵制卸载；干扰、阻碍竞争对手软件正常运行；强行修改用户软件设置；强行弹出广告；利用病毒控制计算机或网络；不当收集用户信息；秘密或强制扣费等。数据显示，2020年奇安信情报中心累计截获 Android 平台新增恶意程序样本 230 万个，平均每天截获新增恶意程序样本 6301 个，主要为资费消耗、隐私窃取、远程控制、流氓行为、恶意扣费、欺诈软件等。治理恶意软件，要靠法规、技术、行业自律等多个手段并用。根据恶意软件快速迭代不断翻新的特点，及时完善法规、加强监测、及时治理；鼓励智能化工具的创新，做到“魔高一尺、道高一丈”；加强行业自律，倡导“公平竞争、技术向善”理念，引导企业守法经营和肩负社会责任。

加强数字知识产权保护。数字化转型对传统的知识产权保护制度带来了巨大挑战，一方面知识产权的形成过程更加复杂，网络版权往往是多方协同参与的结果，权责有时难以清晰界定；另一方面制度维护成本高，侵权者可能掩盖其真实身份，导致侵权追溯难、查控难。我国越来越重视数字知识产权保护，“剑网 2021”专项行动删除侵权盗版链接 119.7 万条，关闭侵权盗版网站、App 1066 个，查办网络侵权盗版案件 1031 件。加强面向数字经济的知识产权保护，需要加快司法转型。一是根据技术创新特点，加快完善法律法规。二是充分利用先进技术加强能力建设，包括建立电子诉讼平台实现线上立案，利用区块链和人工智能技术解决网络侵权的取证、存证和认证难题，探索互联网审判模式等。三是加强国际合作，应对数字经济日益全球的趋势。

保障线上线下公平竞争。我国长期鼓励数字经济发展，对线上业务给予不同程度的相对优惠；同时，面对线上业务对线下业务的冲击，有些地方或部门对线下业务给予一定的保护。随着数字化转型的深入，线上线下公平竞争的矛盾日益突出。促进线上线下公平竞争，需要优先解决好两个矛盾：一是完善数字经济的税收制度。建立在传统工业经济基础之上的现行税收制度面临巨大挑战，需要跟随数字化转型而加快调整。二是加快建立线上线下公平监管制度。可以给线下业务的数字化转型提供必要的过渡期，但是要避免部门保护举措的长期化，阻碍融合进程。

打击网络欺诈等犯罪行为。网络犯罪是新的犯罪形态，对网络环境带来较大危害。2021 年全国各级网络举报部门受理举报 1.66 亿件，同比增长 1.8%。其中，中央网信办违法和不良信息举报中心受理举报 357.6 万件，涉及网络赌博、淫秽色情、网络诈骗等多种形式。治理网络假冒伪劣和欺诈行为，需要采用数字化、网络化的思路。一方面应针对网络全域性、传播快的特点加强国家层面的监管力量，另一方面利用新技术建立网上投诉举报、网上取证、跨区协作执法办案等制度，提升执法效率。

（四）加强网络安全与用户权益保护

网络安全是数字经济的基础，建议重视三方面工作。

强化网络系统和数据安全。数据是开展网络经营的核心竞争优势，关乎中小企业商业秘密及市场地位。其中，数字平台连接着供需双方，获得了大量的用户数据和交易数据，是数据安全体系的核心所在。加强网络安全，一是进一步健全网络安全管理制度；二是推动网络安全技术创新。

加大个人信息保护力度。个人信息保护是当前急迫需要解决的问题，包括：过度收集个人信息、强制授权、过度索权、数据泄露、数据非法交易等。加强个人信息保护，需要平衡好保护与合理应用的关系，重在完善相关法规，加大执法检查力度。一是进一步完善规则，加快个人信息保护立法，完善个人信息保护标准体系。二是完善投诉机制，严惩窃取、泄露、篡改个人信息等各类不法行为，加大案件查处和警示力度。

加强用户合法权益保护。权益保护涉及信息真实、交易安全、消费执法、滥用评价权、消费维权等多个方面。侵权行为隐蔽、责任认定困难加大了用户维权难度。有调查显示，22.5% 的用户由于维权成本过高而放弃维权。加强合法权益保护，应进一步明确平台的履责范围及追责标准。一是推动平台健全交易规则、服务协议和争议解决机制，进一步明确侵权行为。二是加大平台算法及用户权益保护规则审查，完善投诉处理机制，堵住用户权益受损的制度漏洞。

（五）提升政府监管与服务能力

数字经济的经营理念、运作模式和发展路径与传统业务所有不同，需要重塑监管体系，重构政府服务能力。

建立面向数字经济的监管体制。数字经济具有“一点接入、全网服务”特性，跨越了属地经营的限制，尤其与线下业务深度融合的领域兼具多重产业特征，要求加快监管体制改革。一是改进属地监管的模式，加强央地联动与异地协作，减少地方之间的政策差异性，降低全国一体化运营壁垒。二是研究出台针对融合型业态的监管指引，明确牵头部门，统筹各相关部门的资源，减少重复监管和多头监管。三是促进协同治理，深化政企合作，发挥数字平台的技术优势、人才优势和数据优势，优先以政府购买服务等方式提升监管能力。

深化公共数据开放共享。公共数据共享难、开放难的痼疾长期存在，严重制约了数字经济的创新发展。推进公共数据开放共享，让“死数据”变成“活水之源”，是加快培育数据要素市场、壮大数字经济新动能的关键举措。建议立足公共数据开发应用：一是健全政务数据开放共享制度体系，推动各级各部门全面梳理数据集，摸清数据家底；二是按照“整合是原则、孤网是例外”的要求，推动政务信息系统整合共享；三是全面推进政务数据开放，释放数据价值。

增强法规和标准的适应性。数字经济创新活跃，需要同提升法规和标准的适应性。建议加强动态监测评估，及时修订法律法规和标准要求，为产业发展提供指引。一方面，要做好法规的“立改废释”工作，评估行业准入制度，增强政策的包容性和灵活性；健全数据要素配套立法，推进国内规则和国际规则有机对接；加强算法、人工智能等新技术治理，防范负面影响。另一方面，要加快制定标准和认证体系，对于数字技术与传统产业融合的新产品新业态，如智能汽车、智能医疗器械等，支持企业参与制定技术标准、测试规范及认证要求等。

全面提高政府在线服务能力。我国“互联网＋政务”“一网通办”已取得显著成效，但进一步提高在线办事便捷度还有空间。实现从“群众多跑腿”到“数据多跑路”的根本性转变，关键在于加快转变政府职能，建设数字政府。一是精简审批事项目录，优化在线办理流程，特别是要实现部门间数据互联互通，实现“分头办”向“协同办”转变。二是加快建成全国一体化政务服务平台，明确政务服务办理规范，推动跨地区、跨部门、跨层级协同办理，全城通办、就近能办、异地可办。三是扩大在线办事事项范围，推动政务服务事项应上平台，尽上平台，推广“一次认证全网通办”，基于在线服务大数据，不断优化提高在线服务能力。

四、构建一流数字营商环境，支撑数字经济高质量发展

全面推进数字化转型宜尽快将数字营商环境纳入决策议程。建议借鉴国际经验，加快构建评价体系，为数字经济高质量发展夯实根基。

（一）建立稳定可预期的法治化发展环境

互联网创新活跃，平台投资的商业风险极高，如果再叠加不可预期的政策环境，必然导致投资者望而却步。建议在数字经济领域加大“放管服”改革力度，尽量减少不必要的干预，科学界定平台责任，按照产业发展规律完善平台竞争政策，探索数据使用规则，尤其要完善融合程度深、潜在空间大的领域（如互联网医疗、智能交通等）的监管，进一步激发市场主体活力。政策出台要坚持科学化、民主化原则，出台前充分听取企业和专家意见，开展影响预评估研究、合理引导市场预期。出台后加强内容解读，执行前给予必要过渡期，着力构建稳定、公平、透明、可预期的数字营商环境，提升投资者和创新者信心。

（二）加快构建符合国情的数字营商环境评价体系

国际评价体系以各国可获取的共性指标为主，侧重于对发展状况的评价，对于背后的制度环境关注不够。与国外相比，我国数字经济发展走在前列，但制度建设稍显滞后，事前准入制度亟待优化、公平竞争规则及信息保护制度有待完善等。建议以问题为导向，结合《优化营商环境条例》，推出我国数字营商环境评价体系，至少应涵盖数字基础设施、市场准入制度、公平竞争和消费者保护、个人信息保护和数据安全、政府监管和服务等要素，建立定期评估机制，为持续深化改革指明方向。

（三）将优化数字营商环境纳入国家“放管服”改革体系，并作为重点任务加以推进

数字经济发展离不开优良的营商环境。建议立足数字经济发展全周期，优化数字营商环境，包括以下内容。在事前准入方面，进一步简政放权，实行准入负面清单制度，优化准入条件。引入“监管沙盒”理念，摸索数字经济发展规律和监管框架。落实平台主体责任，发挥技术优势和数据优势，履行协同治理义务，规范入驻商家经营行为；强化数字平台反垄断和反不正当竞争监管，保护个人数据，维护用户合法权益。加快数字政府建设，运用新技术提升监管能力，在更大范围提供便捷服务。

（四）从数字营商环境的短板切入，加快对应的制度调整和政策供给

从国际组织关注的评价指标来看，我国数字经济还存在不少短板，亟须加快政策供给。一是提升网络接入和使用率。我国移动电话普及率、互联网普及率都低于发达国家水平，主要是发展不均衡，区域和城乡差别大，亟须进一步做好普遍服务，降低使用成本，让全民用得上、用得起。二是优化创新环境。目前数字技能人才占比不高，亟须增加数字化人才供给，提高国民数字素养，防范数字化转型引发的结构性转岗潮、失业潮；

健全小微企业融资政策体系，为创新创业提供更大支持。三是提升监管质量和法治化水平，进一步提高监管政策制定、实施和评估的程序公开性。四是构筑安全链条，完善安全监管，提升安全防御能力。

五、从简化市场准入入手开展“放管服”改革

依托国家政务服务平台和地方政务服务网，我们详细梳理了15类常见的数字经济业态市场准入要求①，在线调研了腾讯、京东、滴滴、美团等企业，发现数字经济市场准入数量多、条件严、手续繁等问题突出，压缩了数字经济创新空间。建议深化数字经济领域“放管服”改革，以推进市场准入改革为抓手，优化数字经济营商环境。

（一）初步形成的市场准入体系

我们整理了数字经济市场准入事项的设立时间、办理条件、申请材料、承诺用时等信息，发现至少涉及许可、备案、认证等不同形式的66类准入事项（简称“证”）（见表2）。

从证的覆盖范畴看，大致可分为3类：第一类是基础业务准入事项，涉及9类证，主要与通信、互联网、信息安全等信息通信技术相关，绝大部分数字经济业态均需办理；第二类是线上业务准入事项，主要与数字经济平台提供的线上服务相关，涵盖24类证；第三类是从传统业态延伸至数字经济领域的准入事项，主要针对网络零售、互联网医疗、在线教育等涉及实物产品交易和线下服务的融合类业态，至少涉及33类证。

---

① 根据中国互联网络信息中心（CNNIC）2020年4月发布的第45次《中国互联网络发展状况统计报告》，网民渗透率最高的15类业态是：即时通信、搜索引擎、网络新闻、网络支付、网络购物、网上外卖、旅行预订、网约车、在线教育、网络音乐、网络文学、网络游戏、网络视频、网络直播和互联网理财。

表 2　我国数字经济市场准入体系基本情况

序号	设立年份	市场准入事项	申请材料数量	承诺用时（工作日）
基础业务准入事项				
1	1994	信息系统安全等级保护备案证明	7	15
2	1994	国家信息安全等级保护三级认证	—	—
3	1999	互联网信息服务安全检查	—	3
4	2000	网站备案（ICP）	5	5
5	2000	省内增值电信业务经营许可证（EDI）	11	180
6	2000	基础电信业务经营许可证（EDI）	11	180
7	2000	非经营性互联网信息服务备案	4	20
8	2005	互联网新闻信息服务许可证	7	—
9	2005	跨地区增值电信业务经营许可证（EDI）	11	180
从传统业态延伸至数字经济领域的准入事项				
1	1984	药品经营许可证	12	21
2	1985	特种行业许可证	10	19
3	1987	公共场所卫生许可证	15	1
4	1987	排放污染物许可证	5	8
5	1994	医疗机构执业许可证	7	15
6	1994	设置医疗机构批准书	9	15
7	1997	农药经营许可证	8	1
8	1997	农药登记证	13	10
9	1997	动物诊疗许可证	11	10
10	1998	消防安全检查合格证	5	3
11	1998	办学许可证	7	5
12	1999	单一饲料生产许可证	10	5
13	1999	宠物饲料生产许可证	9	8
14	1999	浓缩饲料生产许可证	8	5
15	2000	医疗器械经营许可证	14	20
16	2000	药品经营质量管理规范认证	10	30
17	2001	人才中介服务许可证	9	20
18	2001	无公害农产品认证	13	15
19	2002	出版物经营许可证	7	15
20	2004	广播电视节目制作经营许可证	10	7
21	2004	绿色食品认证	8	100
22	2004	有机食品认证	13	10
23	2004	兽药经营许可证	14	15
24	2004	兽药生产许可证	20	40

续表

序号	设立年份	市场准入事项	申请材料数量	承诺用时（工作日）
25	2004	兽药 GMP 证书	6	10
26	2005	工业产品生产许可证	3	1
27	2005	化妆品生产许可证	12	30
28	2008	农产品地理标志登记证书	6	85
29	2009	消毒商品生产企业卫生许可证	15	8
30	2009	食品生产许可证	4	10
31	2014	第二类医疗器械备案凭证	22	1
32	2015	小餐饮登记证	5	1
33	2015	食品经营许可证	17	10
线上业务准入事项				
1	2004	信息网络传播视听节目许可证	12	7
2	2009	互联网医疗保健信息服务许可证	10	20
3	2010	互联网支付业务许可证	13	30
4	2015	互联网银行牌照	15	120
5	2015	互联网保险牌照	24	180
6	2015	互联网基金牌照	13	20
7	2015	互联网证券牌照	12	180
8	2015	互联网消费金融牌照	14	180
9	2015	互联网小额贷款牌照	15	120
10	2015	互联网股权众筹牌照	12	180
11	2015	互联网信托牌照	14	120
12	2016	互联网出版服务许可证	7	10
13	2016	网络游戏上网出版审批	4	15
14	2016	网络食品交易第三方平台备案	5	7
15	2017	互联网药品信息服务许可证	9	10
16	2017	网络文化经营许可证	7	10
17	2017	非经营性互联网文化活动备案	5	10
18	2017	网络预约出租汽车经营许可证	11	9
19	2017	网络预约出租汽车驾驶员证	6	8
20	2017	网络预约出租汽车运输（运营）证	12	10
21	2018	互联网医院设置审批书	4	30
22	2018	医疗器械网络销售备案	8	7
23	2018	医疗器械网络交易服务第三方平台备案	11	1
24	2019	区块链信息服务备案	5	20

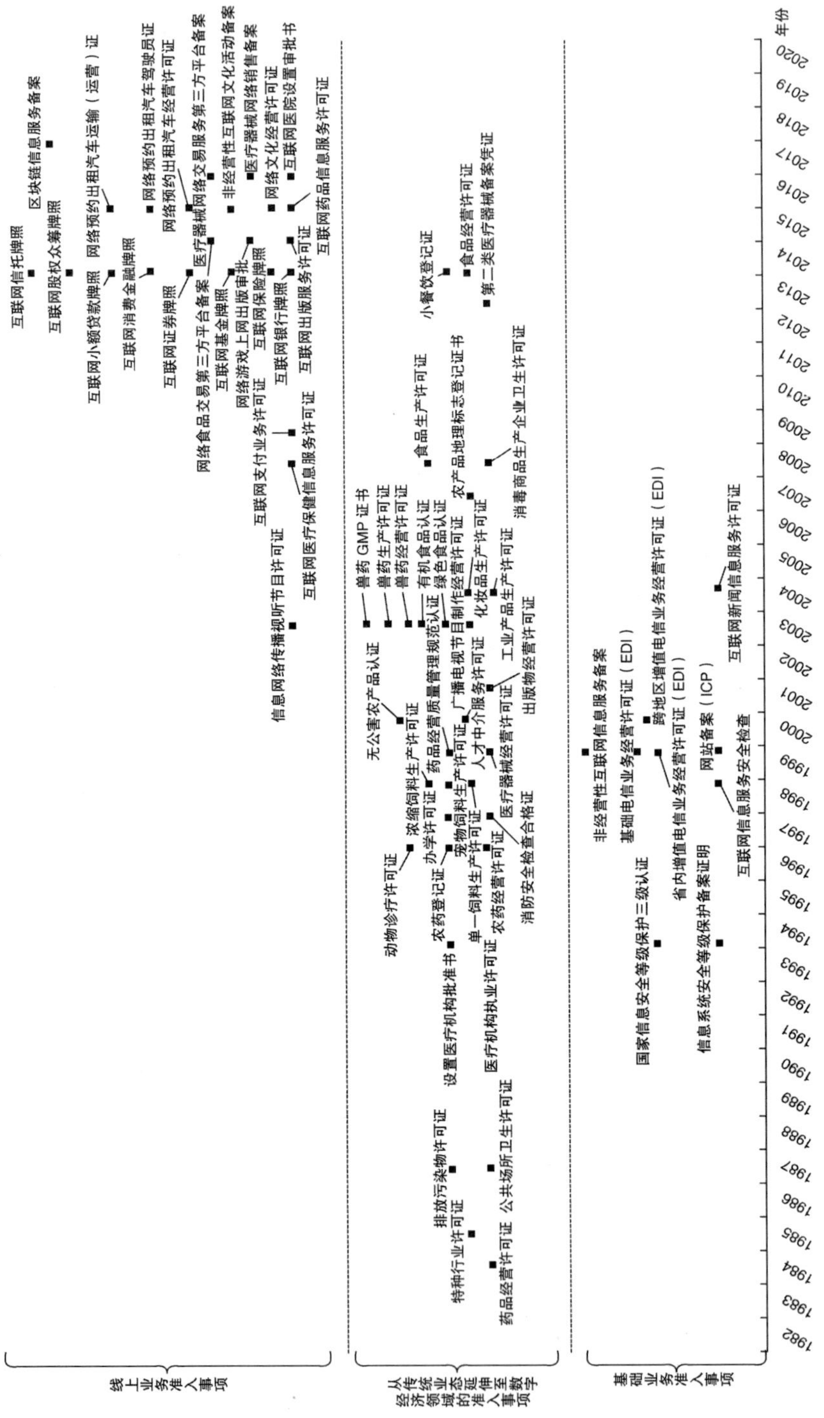

图3 我国数字经济市场准入体系

从证的规制对象看，66 类准入事项主要瞄准经营主体、从业人员、产品服务、经营行为 4 个方面：一是对经营主体的限制，一般要求企业具备与其业务相适应的信用资质、技术能力、网络资源、安全管理制度与保护措施等；二是对从业人员的要求，一般应具备相适应的专业技术能力，有些证还对从业人员户籍、年龄、学历等作出详细规定；三是对实物产品的要求，要符合相应的产品标准；四是对经营行为的要求，尤其是与生产、经营、服务等许可事项都划定了明确的经营范围，不得超范围经营。

上述许可是在我国数字经济发展过程中逐步积累形成的。以时间轴方式呈现（见图 3），发现基础业务准入事项数量保持稳定，大多是在1994 ~ 2004 年设立的；最近 10 年线上业务准入事项持续增长，与我国新业态新模式创新活跃直接相关，也是新设准入事项的主要领域；从传统业态延伸至数字经济领域的准入事项，贯穿过去数字化转型全过程，反映了我国行业监管体制的特点。总体上看，按照目前数字经济与实体经济融合发展趋势，我国数字经济的市场准入类型还将进一步增加，形成越来越复杂的监管体系。

（二）当前的准入体系存在较大改革空间

准入体系对规范市场行为、维护用户权益、防范潜在风险发挥了积极作用，但也要看到多部门、多层级、属地化审批体系带来准入数量多、条件严、手续繁等问题，存在较大改革空间。

一是准入事项数量较多，多头管理引发“一业多证”现象突出。我们发现，数字经济企业大多需要办理多个“证”才能合法经营。即便是简单业态，比如经营一个网站也需要办理 3 个证。线上线下融合类业态往往涉及多个部门，多头管理进一步增加企业办证数量。比如互联网医院至少要办 9 个证，“互联网 +”民宿要办 6 个证，在线教育涉及 5 个证，网约车涉及 3 个证。远程办公、社交媒体、共享单车等都存在“一业多证”问题。相比于国外“一业一证”的做法，如日本民宿只需 1 个宿泊证，欧美国家网约车大多只要 1 个平台证，我国数字经济领域“证”的数量总体偏多。

二是多层级、属地化审批不符合数字经济规律，“一城一策”加大企业合规成本。在现有的税收体制下，一些地市甚至区县“画地为牢”，要求企业在本地注册公司并取得准入许可，否则禁止开展经营活动，这与数字经济“一点运营、服务全国”的规律相悖。有企业表示，不少城市尚不具备“一网通办”能力，经办人需要携带申请材料来回跑，取得全国 300 多个地级市的准入许可至少需要 3 年时间。属地化审批进一步加大地方自由裁量权，各地办理条件千差万别，一些地方偏向从严监管、层层加码，“一城一策”现象突出，进一步推高了企业成本。

三是有些证的办理条件严、环节多、手续繁。从办理 66 类“证”的申请材料看，最少的需要 4 项，最多的需要 22 项，平均需要 10 项。从办证时长看，在材料齐全前提下，最少需要 1 天，最多的需要 180 天，平均承诺用时 22 天。关键是，一些“证”的办理条件过严，前置要求苛刻。以网约车为例，我们重点分析了全国 140 个城市网约车管理办法，发现部分城市套用出租车管理办法，要求私家车主先提交车辆购置发票和年检证明，再安装定位设备和发票机，并变更营运性质，才能申办网约车运输证，一些城市还对车辆轴距、价格、排量提出具体要求（见图 4），不少车主对此“敬而远之”。在申请网约车驾驶证时，司机应有本地户籍或居住证，还要参加从业资格考试。调查显示①，超过 70% 的司机认为考试内容过偏过难。

四是办理条件模糊、不合理加大办证难度。有些“证”的条件模糊不清，比如要求平台企业具备线上服务能力并提交认定结果，但没有给出具体的审核部门、办理流程和申请材料，企业认定无处着手。还有一些

① 2018 年 7 月第三方研究机构对国内近 300 个城市的网约车司机和乘客随机发送了 80 万份问卷，最终司机端收回 38110 份问卷，乘客端收回 7956 份问卷，回收率分别为 4.8% 和 1%。

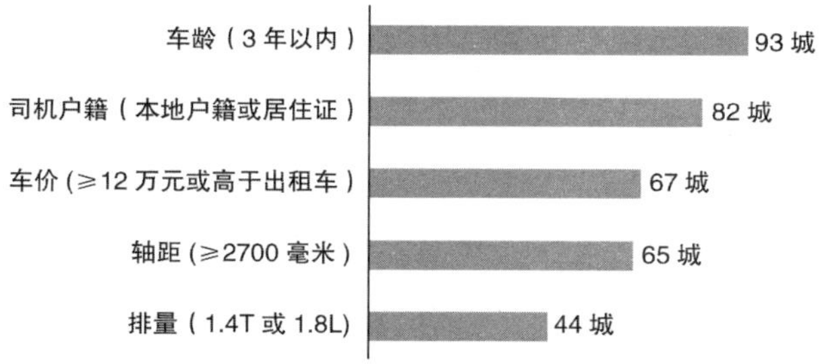

图 4　全国 140 个城市网约车资质申请条件

资料来源：根据滴滴研究院提供的素材整理。

"证"的申请条件虽很明确，但几乎无法办理。比如，有的城市参照旅馆业要求民宿经营者办理特种行业许可证、消防安全验收合格证明、建筑物结构质量安全鉴定证明等。但上述许可互为前置，且消防安全验收合格证明主要针对商业建筑，民宿经营者申请该证明普遍不予受理，"证"的办理陷入死循环，造成"难产"。类似要求客观上加大了合规难度，改进空间还很大。

（三）深化市场准入"放管服"改革的建议

建议将数字经济纳入"放管服"改革的优先领域，由综合管理部门牵头，对过去分部门、分层级管理形成的复杂准入体系进行全盘梳理，按照"减数量、减材料、减手续、减时间、减成本"的思路，改革市场准入制度，进一步优化数字经济营商环境。

一是做好准入事项的"减法"，推动"一业一证、证照互认、一证准营"改革。重新审视市场准入的必要性，坚持"应减尽减"原则，凡是事中事后监管可以解决的，应尽量取消事前准入管制；对新兴业态的规制应多方征求意见，尽量以事中事后监管代替事前准入许可。建议从两个维度推动减证：一是将"一业多证"转变为"一业一证"，全面梳理各部门准入事项，该取消的取消，能合并的合并；二是推动地方"证照互认"，统一审批标准和流程。通过这两个维度的减证，力争实现"一证准营"。

二是推进"四个一"审批制度改革，提高准入办理便利性。借鉴"放管服”改革经验，推进数字经济市场准入“一套表单、一次提交、一窗受理、一网通办”改革。建议进一步明确审批条件，消除模糊条款，提高审批透明度。整合申请要件、减少申请材料，推行申报信息和材料共享共用，企业一表填报、一次性提交办理要件，降低企业办事成本。着力优化审批流程，推动“一窗受理”“一网通办”，实行在线申请、在线受理和不见面审批，推动联办联审改革。

三是探索触发式监管机制，实行“宽进严管”“靶向追踪”“信用监管”等协同监管机制。“放宽不等于放手”，降低事前准入要求加强事中事后监管，探索触发式监管机制，在生产经营环节落实监管责任。在守住用户安全底线前提下，充分考虑数字经济特点，利用信用大数据开展分级分类监管，区别对待线上线下经营活动以及专职兼职人员，采取分业态、分阶段弹性管理模式。

四是加快法律法规的清理和修订，完善鼓励创新的试错容错机制。改革创新是摸着石头过河的渐进性过程，不可能一蹴而就。建议各地清理于法无据、擅自扩权的规章和文件，禁止对原有法律法规进行扩大化解释以覆盖数字经济活动，为深化“放管服”改革扫清障碍。对于明显不适应数字经济特点或与改革措施有所抵触的法律条款，应尽快启动修订程序。考虑到数字经济发展变化快的特点，建议在出台相关管理办法时施行试验性规制，设定有效期并不断修正，建立健全容错纠错机制。

马　骏　马　源　高太山

参考文献

[1] The World Bank. Digital Business Indicators Methodology notes [R], 2020. https://www.worldbank.org/en/research/brief/digital-business-indicators.

[2] 高太山，马骏，马源. 数字经济营商环境：市场准入改革 [R]. 国务院发展研究中心《调查研究报告》(2020 年第 190 号)

[3] 高太山，马源. 数字经济发展的制度支撑体系亟待完善 [N]. 中国经济时报，2020-03-23 (4). DOI: 10.28427/n.cnki.njjsb.2020.000579

［4］马骏，马源，高太山．优化数字经济营商环境：政策框架与重点任务［J］．发展研究，2020（10）：47～51

［5］马骏，马源．“互联网＋”新模式监管制度创新的建议［J］．行政管理改革，2019（3）：50～59. DOI：10. 14150/j. cnki. 1674－7453. 2019. 03. 007

［6］马源，高太山．数字经济营商环境：国际指标框架及政策指向［J］．发展研究，2020（11）：45～50

［7］马源．优化营商环境：要把强化公平竞争审查制度刚性作为优先事项［J］．中国经济报告，2021（3）：27～31

［8］孙源，章昌平，商容轩，米加宁．数字营商环境：从世界银行评价标准到中国方案［J］．学海，2021（4）：151～159. DOI：10. 16091/j. cnki. cn32－1308/c. 2021. 04. 019

［9］王磊，马源．新兴互联网平台的“设施”属性及监管［J］．宏观经济管理，2019（10）：52～58. DOI：10. 19709/j. cnki. 11－3199/f. 2019. 10. 010

［10］熊鸿儒，马源，陈红娜，田杰棠．数字贸易规则：关键议题、现实挑战与构建策略［J］．改革，2021（1）：65～73

第十四章

数字贸易：共商共建的规则与路径

数字化转型和数字贸易快速发展，引发经贸格局变革、全球产业链供应链深刻调整，赋予全球化新内涵，为世界经济发展注入新动力。各国为抢抓数字技术变革新机遇、加强知识产权与隐私保护，不断强化自身监管，对数字贸易开放发展的制度环境与监管协调提出更高要求。“数字全球化”背景下，各国政策调整叠加全球秩序重塑，数字贸易规则已成为国际经贸规则重构和各方博弈的焦点。

一、全球数字贸易快速发展，开放合作意义重大

（一）数字化转型推动全球数字贸易快速发展

数字服务贸易在服务贸易中的主导地位逐步显现。全球数字经济蓬勃发展，基于数字技术开展的线上研发、设计、生产、交易等活动日益频繁，极大促进了数字服务贸易的发展。2020 年全球数字服务贸易规模达 3.13 万亿美元，在服务贸易中占比从 2011 年的 48.1% 稳步提升至 2020 年的 62.8%（见图 1）。

数字服务贸易在疫情面前展现出较强韧性。2020 年，全球数字服务贸易规模虽同比下降 1.9%，但远低于服务贸易（-20.0%）和货物贸易（-7.5%）的降幅（见图 2）。一方面，相比于旅行等高度依赖面对面接

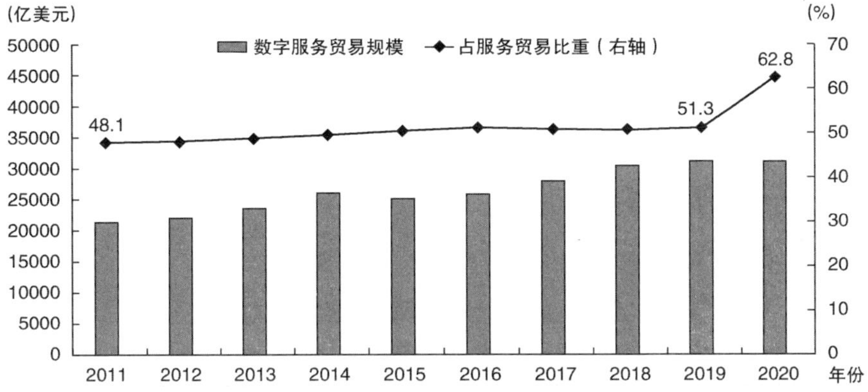

图 1　2011～2020 年全球数字服务贸易规模和占比

资料来源：UNCTAD 数据库和课题组计算。

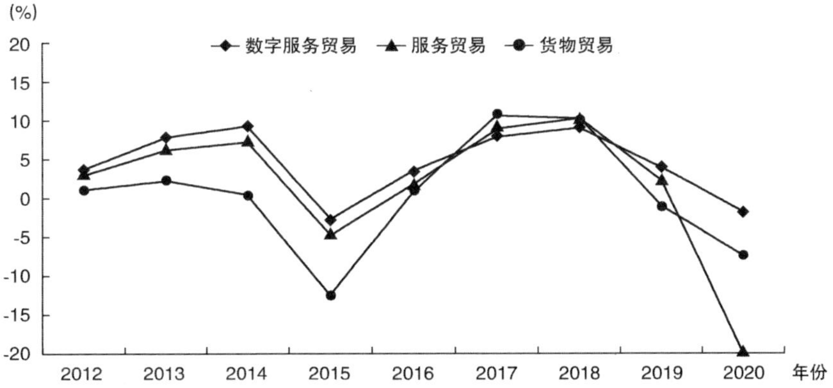

图 2　2012～2020 年全球数字服务贸易、服务贸易和货物贸易增速

资料来源：UNCTAD 基础数据和课题组计算。

触的服务贸易，疫情对通过数字手段交付的服务贸易冲击非常有限，影响主要源自市场需求的乏力。另一方面，疫情加速传统服务贸易的数字化转型和新兴数字服务产业发展，在线办公、短视频、云计算等新兴数字服务产业获得了难得的发展机遇。

（二）推动数字贸易开放发展与合作意义重大

一是数字贸易是国际贸易创新发展上的一次巨大飞跃，为贸易和经济增长注入新动能。数字转型极大地拓展了贸易的广度和深度，助力贸易各环节降本增效提质，创新了服务提供方式，催生了新的数字服务，在全球经济复苏不及预期背景下，电子商务、数字贸易已成为全球贸易和经济增长的突出亮点。根据联合国贸易和发展会议（UNCTAD）报告估计，电子商务的急剧增长使在线零售额在全球零售总额中的份额从2019年的16%增加到2020年的19%。在疫情和后疫情时代，加强数字贸易合作、推动数字贸易快速健康发展将成为各国促进经济恢复、推动世界经济持续增长的重要引擎。

二是数字贸易将推动全球价值链发生深刻变革，为全球数字经济发展和供应链稳定提供有力支撑。疫情期间，生产运输受到较大影响，人员往来受到极大限制，威胁到全球产业链、供应链的稳定安全。贸易数字化提供了很好的替代方式，只有各经济体间持续加强合作，才能有效应对疫情冲击，维护国际市场稳定，降低全球供应链上各类企业的运营成本，对全球经济复苏发挥促进、支撑作用。

三是数字贸易促进全球数字化转型和市场空间拓展，是发展机遇的蓝海。在产业链、供应链高度全球化的背景下，降低跨境壁垒、打破地域边界，加强数字基础设施联通，实现跨境数据自由有序流动、集成开发利用，有利于促进各国产业链供应链的平稳衔接，并创造出巨大增值空间。一国数字市场的爆发式增长是暂时的，只有加强数字贸易合作，充分释放数字贸易及跨境投资的巨大潜力，才能持续激发数字化变革活力，才能形成全球数字经济的蓝海，创造出数字化转型发展的机遇。

四是数字贸易为包容性发展创造了有利条件，促进可持续平衡发展。数字贸易有利于发挥中小企业和初创企业独特优势，带动发展中国家和农村地区融入数字全球化发展。

五是数字贸易助力全球协同抗疫与物资供给，有效应对疫情挑战。2020年以来，联合国相关机构和主要国家发起了多项数字技术抗疫倡议，对推进数字抗疫国际合作平台建设、助力抗疫和复工复产起到了积极作用。在疫情不断反复背景下，加强数字贸易合作，有助于减少人员流动接触感染，保障基础药品、食品、原料、设备等生产生活物资稳定供应，促进携手应对疫情对经济社会带来的冲击。

二、各国数字贸易政策与全球数字贸易政策趋势

（一）各国高度重视数字贸易发展

美国：将引领全球数字贸易发展和规则制定作为政策优先方向。在自身发展方面，2013 年美国国际贸易委员会发布《美国和全球经济中的数字贸易》报告，提出数字贸易概念。2017 年美国“国会研究服务局”（CRS）发布《数字贸易与美国的贸易政策》报告，全面阐述美国数字贸易政策体系，包括美国国内立法和政策推动、别国“贸易壁垒”与规则议题、数字贸易国际政策协调机制等内容。2021 年 2 月，美国贸易代表办公室发布最新《2021 年贸易政策议程》，提出要制定新的数字标准。在国际规则方面，美国已在多个自贸协定中加入数字贸易相关章节。美国早在 2015 年就出台了数字贸易议程（“数字十二条”），2016 年扩充为“数字二十四条”，包括禁止数字关税、促进互联网免费开放、非歧视原则、跨境数据流动、禁止本地化要求与强制技术转让等基本原则，明确将数字贸易纳入美国对外谈判的核心内容。随后，美国在《跨太平洋伙伴关系协定》（TPP）、《美墨加三国协议》（USMCA）等自贸安排中均设立了较高标准的电子商务甚至数字贸易章节，与日本专门签署了双边数字贸易协定，在 WTO、OECD、G7 和 G20 等国际组织及对话机制中积极推动，力求主导国际数字贸易规则制定，并在印太地区引领构建更加紧密的数字经济合作框架。

欧盟：高度重视内部数字单一市场建设，积极在全球数字贸易技术与规则制定中发挥引领作用。在自身发展方面，2015 年欧盟委员会发布《欧洲数字单一市场战略》，启动欧盟内部数字贸易市场一体化的进程。2016 年欧洲议会和理事会通过《通用数据保护条例》（GDPR），确立了跨境数据流动领域监管规则。2017 年欧洲议会通过《迈向数字贸易战略》愿景文件，推动欧盟数字贸易规则制定。2020 年 12 月，欧盟委员会向欧洲议会

和理事会提交《数字服务法》（DSA）和《数字市场法》（DMA）草案，旨在推动“创造一个更安全、更开放的数字空间”。2021 年 2 月，在欧盟委员会向欧洲议会、欧盟理事会提交的贸易政策审查文件中提出，“支持欧洲的数字议程是欧盟贸易政策的优先事项”“目标是确保欧盟在数字贸易和技术领域的领先地位”。在国际规则方面，欧盟在与加勒比地区国家、印度尼西亚、英国等国的贸易协定中纳入了数字贸易或电子商务相关章节，并在 WTO 电子商务磋商、OECD 内部规则制定中积极发挥引领作用。欧盟在上述政策审查文件中提出，将寻求迅速达成一项雄心勃勃、全面的 WTO 数字贸易协议，包括与欧盟数据保护框架一致的数据流动规则、高水平消费者保护等条款。

英国：在脱欧背景下寻求建立广泛联系的数字贸易网络。在自身发展方面，2017 年 3 月，英国政府发布《英国数字化战略》，对英国脱欧后推进数字转型、打造世界一流的数字经济作出全面部署，涵盖数字技能与包容性战略、数字转型战略、网络空间战略、数字政府战略等七大战略。2021 年 6 月底，下议院国际贸易委员会发布《数字贸易和数据》报告，阐述数字贸易战略目标，即“让英国成为数字贸易领域的全球领导者，并通过国际协议网络推动全国生产力、就业增长”。在国际规则方面，目前英国与欧盟、日本等签订了相关贸易协定，并寻求加入《全面与进步跨太平洋伙伴关系协定》（CPTPP）。

日本：重视数字贸易开放，依托区域贸易协定参与构建国际规则。在自身发展方面，2018 年日本经产省开始探讨数字贸易影响，并积极参与规则制定。菅义伟就任首相以来，高度重视数字贸易发展，强调利用信息技术推动行政改革和社会发展。在国际规则方面，日本积极推动数字贸易开放，政策主张主要体现在 G20《大阪数字经济宣言》、CPTPP、《美日数字贸易协定》和《区域全面经济伙伴关系协定》（RCEP）中。《日美数字贸易协定》相关规则，可能作为日本未来参与 WTO 谈判和其他贸易协定谈判的主要立场。此外作为日欧经济伙伴关系协定的重要补充，2018 年日欧就相互认可数据保护的充分性达成一致，进一步提升相互间个人数据流动的自由化便利化水平。

新加坡：利用灵活高效的自贸协定磋商机制，参与推动数字贸易规则的制定。新加坡作为自由贸易港，在数据流动、数字贸易领域践行高度自由的开放政策，也是TPP/CPTPP谈判的主要推动国家之一。2020年6月新加坡与智利、新西兰签订《数字经济伙伴关系协议》（DEPA），在加强跨境数据流动承诺、扩大隐私制度互补及制定新网络安全规范等方面提出进一步要求，以体现数字贸易规则的高标准、谈判机制的灵活性。2020年8月，新加坡和澳大利亚签署《数字经济协定》（SADEA），升级了之前双边自贸协定中的数字贸易安排，签署了包括人工智能、数据创新和数字身份等内容的多份谅解备忘录。此外，新加坡还启动了与韩国、英国、越南等国的数字贸易谈判（见表1）。

表1　主要经济体关于数字贸易发展的政策文件与制度性安排

国家	国内政策/报告	参与的国际协定
美国	《美国与全球经济中的数字贸易Ⅰ》（2013） 《2021年数字贸易议程》	《美墨加三国协定》（USMCA） 《美日数字贸易协定》（UJDTA）
欧盟	《通用数据保护协定》（GDPR） 《迈向数字贸易战略》（2017）	《欧盟—日本经济伙伴关系协定》 《欧盟—英国贸易与合作协定》 《欧盟—墨西哥贸易协定》（新版）
英国	《贸易白皮书：我们未来的英国贸易政策》（2017） 《数字贸易和数据》（2021）	《欧盟—英国贸易与合作协定》 《英国—日本全面经济合作伙伴关系协议》
日本	《通商白皮书》（2018）	《日美数字贸易协定》 《全面与进步跨太平洋伙伴关系协定》（CPTPP） 《区域全面经济伙伴关系协定》（RCEP） 《日本—英国全面经济合作伙伴关系协议》
新加坡	《数字经济行动框架》（2018）	《数字经济伙伴关系协议》（DEPA） 《新加坡—澳大利亚数字经济协定》（SADEA） 《全面与进步跨太平洋伙伴关系协定》（CPTPP） 《区域全面经济伙伴关系协定》（RCEP）
中国	商务部《全面深化服务贸易创新发展试点总体方案》、商务部等20部门《关于推进海南自由贸易港贸易自由化便利化若干措施的通知》等	《区域全面经济伙伴关系协定》（RCEP）

资料来源：根据各国政府官方网站信息整理。

（二）全球数字贸易政策发展的新趋势

从关注内容、内外协调和治理能力三个维度看，全球数字贸易政策展现出以下新趋势。

在政策关注上，从单一性问题不断拓展为复杂化和综合性政策问题。互联网兴起、国际移动漫游和跨国投资快速发展，各国主要关注网络跨境互通、服务和投资市场准入等问题。近 10 年数字贸易蓬勃发展，使全球经济实现了更广泛的互联和深度互融，更多地体现为数据流动管理、数据保护、税收调节、网络主权维护、跨境支付交易等相互交织的新型复杂问题。发达国家和发展中国家因所处发展阶段和国际竞争力不同，对数字贸易发展与监管的关注重点存在差异，不过，各国越来越倾向将各类数字贸易政策看作一个整体，研究系统策略、制定一揽子规则、推动形成较为完整的政策体系。

在政策协调上，国内政策监管框架与国际规则体系相互影响。部分先发国家基于其国内立法和监管框架，制定国际规则并不断推广，发展中国家在参与数字贸易过程中，需依据高水平国际规则，调整国内监管框架，如多国关于跨境数据流动规则方面的立法参照欧盟 GDPR，导致发达国家政策实施的外溢效应不断拓展，进而影响国际规则的制定。

在数字经济治理上，各国对数字贸易开放与规则制定的意愿与能力呈现不平衡性。发达国家数字经济先行发展，在数字产业和数字贸易领域具有较强竞争力，凭借其议题设置、规则谈判等能力，成为数字贸易国际规则的强力推动者、建构者及主导者。相比之下，众多发展中国家数字经济和数字贸易发展相对滞后，国内法规与监管政策亟待完善，在规则制定和合作机制建设对话中处于被动、跟随地位，“数字鸿沟”有持续扩大的可能。

三、数字贸易规则制定涉及的主要内容

信息通信技术的快速进步和数字经济的广泛渗透，推动数字贸易的交

易内容和业务模式加速创新。未来贸易格局的变化、利益的分配，取决于系统性规则制定与制度构建，是“数字全球化”背景下各方关注的重点。目前，数字贸易发展涉及的规则领域日益广泛，有些规则是与数字贸易直接相关的显性议题，有些则是与数字治理环境密不可分的隐性议题，议题范围持续拓展且复杂交叉（见表2）。

表2　数字贸易涉及的主要规则议题

大类	分类	议题	焦点
显性的数字贸易规则议题	当前议题	贸易便利化	通关便利化、无纸化贸易、电子认证和签名、电子发票等
		市场准入	服务市场开放承诺、更新《服务贸易总协定》（GATS）电信附件等
		关税与数字税	电子传输关税、跨境电商最低免征税额、数字（服务）税等
		跨境数据流动	通过电子方式跨境传输信息、设施本地化等
		知识产权保护	源代码、商业秘密、数字内容版权、“强制技术转让”等问题
		网络安全和消费者保护	非应邀商业电子信息、在线消费者保护、个人信息保护等
	未来议题	数字货币规则	国际结算权利，数字货币的互操作、协调和透明度机制，相关安全机制等
		人工智能治理标准规则	价值观伦理、治理规则、国际国内治理标准规范等
隐性的数字贸易规则议题	传统贸易投资保护问题	数字领域投资壁垒	外资安全审查、投资额外条件等
		传统贸易保护措施	补贴、政府采购、出口管制、技术性贸易壁垒、自然人流动等
		跨境司法管辖	跨境平台的协同监管、对本国境外平台的监管、对平台在境外侵犯本国权益或法律的监管等
	数字治理问题	数字技术标准的非歧视性及科技合作交流	标准组织及标准合作机制的开放性和非歧视性、国际技术标准的公益性和非歧视性等
		网络执法与网络主权	数据安全，内容审查，全球互联网的去中心化、分布式管理、避免恶意网络攻击等
		打造公平竞争的市场环境	反垄断、平台责任豁免、政务数据公开、对新兴技术的包容性、“数字鸿沟”等相关问题

注：显性规则指在当前或未来多双边数字贸易、服务贸易投资谈判或非正式磋商中涉及的议题；隐性规则指不直接相关，但对数字贸易发展具有重要影响的议题。

资料来源：笔者整理。

目前已开展的数字贸易规则谈判，主要集中于贸易便利化、市场准入、关税与数字税、跨境数据流动、网络安全和消费者保护、数字知识产权保护、打造公平竞争的市场环境等七大主题。

一是贸易便利化。随着贸易方式和贸易对象的数字化转型不断深化，尤其是以“即时性、小规模、大批次、无纸化”为特征的跨境电商迅速发展，对贸易便利化的需求显著提升。目前规则谈判主要涉及支持使用电子认证、电子签名、电子合同、电子支付、电子发票等规制。

二是市场准入。数字贸易所涉商品或服务的市场准入，取决于成员在《服务贸易总协定》（GATS）和区域及双边协定下作出的承诺。目前，数字产品非歧视待遇、服务市场准入承诺、第三轮信息技术协定扩围谈判、更新 GATS 电信附件等，是自由化与市场准入谈判重点。

三是关税及数字税。在数字经济发展初期，各大经济体给予大量税收优惠政策。近年来，跨境数字贸易快速增长、对传统贸易替代及跨国公司避税导致税源流失，各国趋于强化管辖权要求，对税收利益分配提出更高期待；在国际协调尚未达成共识前，一些国家选择开征数字服务税（已实施开征的国家 9 个，有意向实施的国家 6 个，且范围正由欧洲向亚非拓展），作为缓解税收损失的重要手段，一度引发贸易摩擦，成为各方争议焦点。2021 年，G7 就跨国公司最低税率达成一致意见，可能影响各方在数字税上的政策选择。此外，对跨境电商最低免征税额和电子传输免关税政策，也是规则探讨的重要内容。

四是跨境数据流动。作为新的生产要素和可交易的重要资产，数据及其流动是智能制造发展的关键，是云计算等新兴服务快速增长的核心，是实现全球生产经营与供应链管理的重要依托。无论是货物贸易业态和模式变化，还是服务贸易数字化转型，抑或是平台企业发展、跨国公司内部治理与全球化布局，都对数据跨境自由流动提出巨大需求。但与此同时，数据的跨境流动也对隐私与商业秘密保护、网络安全等提出较高要求。因此，如何促进数据跨境自由安全有序流动，就成为当前数字贸易规则谈判的核心议题，其中跨境信息传输、计算设施位置（即“本地存储要求”）是各方关注的焦点。

五是网络安全和消费者保护。互联网环境下，为营造安全可靠、可信赖的网络环境，提高交易双方开展数字贸易的积极性，需要对个人信息保护、在线消费者保护、垃圾邮件和网络安全事务合作等给予必要保障，以通过适当保护和有效追责，规范数据贸易的交易流程。

六是数字知识产权保护。数字经济时代，知识产权保护是数字贸易的重要保障，如何确定保护与监管的边界，是数字贸易规则建设的重要议题。主要涉及数字内容版权、源代码等数字资产的保护。关于数字内容版权，主要包含“版权保护期延长”“电子复制纳入复制权范畴”“承诺政府仅使用正版软件”3 项。关于源代码保护，现有自由贸易协定规则均采用“原则 + 例外”结构，原则性规定基本相同，谈判焦点在于确定禁止强制披露源代码的范围。

七是打造公平竞争的市场环境。数字贸易因其平台属性容易形成高度集中的市场结构，通过反垄断维护公平竞争的市场环境尤为重要。当前，规则谈判既包括对电信通道、互联网、大型互联网平台等数字基础设施的公平使用，又包含平台责任、打击市场垄断、建立包容性的技术创新环境等内容。未来，数字基础设施的技术标准等也将成为国际合作的重要内容。

四、规则制定的主要平台及路径

各国数字经济发展水平和竞争力不同，对构建数字贸易国际规则体系的目标诉求各异、利益复杂交织，参与规则制定的路径选择也呈现多元化趋势（见表3）。

表 3　WTO 规则与数字贸易

<table>
<tr><th></th><th>组　成</th><th colspan="2">WTO 相关规则</th></tr>
<tr><td rowspan="4">数字贸易内容</td><td>跨境电商</td><td>GATT/ TFA/ ITA</td><td rowspan="4">GATS/《全球电子商务宣言》</td></tr>
<tr><td>数字内容贸易</td><td>TRIPS</td></tr>
<tr><td>电信服务</td><td>GATS 电信附件</td></tr>
<tr><td>金融服务</td><td>GATS 金融附件</td></tr>
<tr><td rowspan="4">技术支撑</td><td>域名</td><td colspan="2" rowspan="4">TRIPS/TBT</td></tr>
<tr><td>IP 地址</td></tr>
<tr><td>软件</td></tr>
<tr><td>互联网协议</td></tr>
<tr><td rowspan="4">基础设施支撑</td><td>海底和地面电缆</td><td rowspan="2">GATT/ ITA/ GATS 电信附件</td><td rowspan="4">TBT</td></tr>
<tr><td>卫星和无线网络</td></tr>
<tr><td>互联网交换点</td><td></td></tr>
<tr><td>设备（电脑、手机等）</td><td>TRIPS/ GATT/ TFA/ ITA</td></tr>
</table>

资料来源：根据网络公开信息整理。

一是多边谈判：各方对多边谈判和针对 WTO 现有规则的修订抱有期待，但议题设置、立场协调困难，寻求以电子商务谈判取得突破。数字贸易在交易对象、交付方式、生产组织方式上不断创新，现有多边贸易规则难以覆盖新业态新模式的规制与监管需要。2019 年 1 月，在世界经济论坛电子商务非正式部长级会议上，包括中国在内的 76 个世贸组织成员发表《电子商务共同声明》（JSI），宣布愿共同推进多边谈判。为降低谈判难度，各成员同意在现有 WTO 框架基础上仅就与贸易有关的电子商务问题进行谈判，但实际上探讨的议题超出电子商务范畴，主要涵盖促进电子交易、开放与电子商务、信任与电子商务、交叉问题、电信附件和市场准入等六大方面。

二是诸边谈判：存在共识的部分国家先行达成高水平的协定，再寻求谈判成果的多边化。为促进服务贸易高水平开放、弥补现行《服务贸易总协定》（GATS）的不足，2013 年美欧发起全球服务贸易协定谈判（TISA），参与成员覆盖全球服务贸易的 70% 以上，中国、印度、巴西等发展中国家尚未加入谈判。TISA 谈判采取非公开形式，开创性地采用市场准入“正面清单”与“负面清单”的混合模式，并引入冻结条款和“棘轮机制”，以保证自由化水平不出现逆转。数字贸易规则是 TISA 核心议题之一，但主要成员在跨境数据流动、隐私保护、文化例外等议题上存在较大分歧，随着特朗普宣布退出，谈判陷入搁置状态。

三是区域或双边自贸安排（RTAs）：引领全球规则制定走向的新平台。在多边谈判难以取得突破性进展的情况下，各国转而通过在区域或双边 RTAs 中设立专门的电子商务章节，将数字贸易议题纳入规则制定范畴，其影响力不断提升，正在成为推进和引领全球数字贸易规则制定的重要平台。截至 2021 年 4 月，全球有 109 个区域或双边 RTAs 包含数字贸易相关条款，涉及世贸组织 2/3 的成员。谈判议题根据是否被纳入 JSI 成员已签署的区域或双边 RTAs，可大致分为三类。第一类有较强谈判意向的议题，即超过 75% 的成员在其参与的 RTAs 中包含该议题，主要为消费者保护、电子传输免关税、电子认证和电子签名、未经请求的电子商业信息、无纸化贸易和电子商务框架等。第二类是近期部分成员关注的议题，涉及接入和使用互联网、以电子方式传输信息、源代码和网络安全事务合作等。第三类是因开放难度大或分歧较大导致谈判意向较弱的议题，不足 50% 的 JSI 成员在 RTAs 中纳入该议题，如设施本地化、政务数据公开、交互式计算机服务和数字产品非歧视性待遇等（见图 3）。

其中，基于美国推动达成 TPP 文本的《全面与进步跨太平洋伙伴关系协定》（CPTPP），以及《美墨加三国协定》（USMCA），体现了美国推动数字贸易规则构建的核心诉求，代表了当前区域自贸安排中数字贸易规则的最高标准。USMCA 更是首次以“数字贸易”为章节名称，涵盖领域更为广泛、规制更加严格，如禁止公开“源代码中表达的算法”、禁止包括金融服务在内的数据本地化等。中国推动签署的《区域全面经济伙伴关系协定》（RCEP），电子商务章节包含数字贸易规则多数议题，是发展中国家参与高水平数字贸易规则建设上的重要一步。

四是数字贸易协定：专门就数字贸易作出制度性安排。近两年，一些国家以专门商签数字贸易协定的方式，推动市场开放与规则制定，如《美日

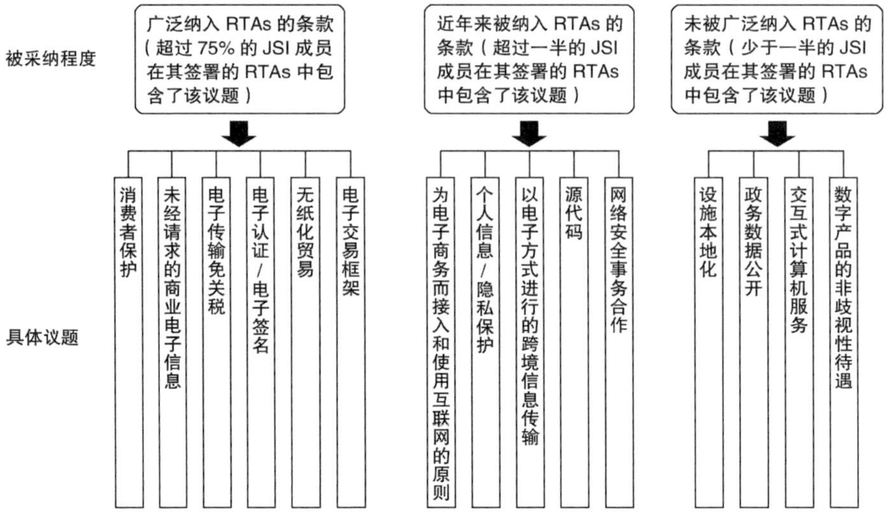

图 3　数字贸易主要议题被纳入 RTAs 谈判的情况

资料来源：根据 TakuNemoto and Javier López González，Digital Trade Inventory：Rules，Standards and Principles 整理。

数字贸易协定》（UJDTA）、《新加坡—澳大利亚数字经济协定》（SADEA）、《新加坡—新西兰—智利数字经济合作伙伴协定》（DEPA），规则条款体现了全面性、高水平和灵活性。UJDTA 借鉴了 USMCA 数字贸易章节，增加了数字服务税、金融服务计算设施位置等规定，更加强调知识产权保护。DEPA 虽未涉及上述条款及源代码问题，但其三大特征值得关注：第一是开放性，欢迎其他成员加入；第二是全面性，将协议内容从数字贸易拓展到数字经济；第三是强调包容性，特别是以“模块化、宽覆盖、重合作”的模式设置议题，允许参与方选择不同水平的议题模块进行谈判，有助于在议题设置和吸纳新成员上更加灵活，大大降低了谈判难度、提高了协定可参与性，为更多国家参与提供了新的谈判架构与路径选择。

此外，不少政府间对话平台或专业性组织在专项领域规则和技术标准规范上更具影响力，对数字贸易国际规则体系发挥着重要作用，也可被视为规则制定的“第五大路径或平台”。主要包含四类：一是当前依旧发挥重要作用的早期国际公约或规范，如 CPTPP 和 RCEP 等协定制定监管框架和国际标准的重要参考；二是国际机构或治理平台，如 G20 和 OECD 在数字税探索上发挥引领作用；三是成员方国内单边规制外部化。如欧盟出台的《通用数据保护条例》（GDPR）所带来的“布鲁塞尔效应”；四是影响基础设施的技术标准与商业规范。处于市场领先地位的跨国公司确立的标准或规范会使后来者不得不遵守，成为实际意义上的国际规则。

五、主要议题的谈判进展

（一）基本形成共识且推进较快的议题

全球电子商务谈判（JSI），是在WTO框架下进行的最主要数字贸易规则谈判。目前，谈判方已增至86个世贸成员，涵盖主要经济体和不同发展水平的国家和地区，贸易规模合计占全球90%以上；谈判各方已在垃圾邮件、电子认证/电子签名、电子合同等多项议题上取得实质性进展或基本共识。虽然部分发展中国家由于缺乏电子商务监管框架与隐私保护等国内法规，相关条款的落地适用仍面临不小挑战，但在WTO改革迟迟未真正启动情况下，这些谈判成果可能成为多边框架下数字贸易规则制定的早期收获和最大亮点。

（二）存在较大分歧的议题

一是跨境数据流动。各方高度关注跨境数据流动所蕴藏的巨大发展潜力，但为防范信息泄露和网络安全威胁，许多国家不断强化监管限制。

针对跨境数据流动，目前主要存在四种模式或方案：第一是美国方案，强调跨境数据自由流动、禁止本地存储要求，但为国家安全和关键领域设置“例外条款”；第二是欧盟方案，在支持数据跨境自由流动的同时，更加注重隐私保护，在确保公民隐私权得到同等保护的前提下，通常不会设置其他“例外条款”；第三是中国方案，支持与贸易有关的跨境数据流动，对个人信息和重要数据给予特殊保护，倡导兼顾发达国家关注的数字贸易利益、尊重发展中国家关注的数据安全与产业发展利益，支持采取相应的本地化管制措施；第四是日本方案，提出了“基于信任的数据自由流动倡议”的G20“大阪方案”，严格保护个人信息与涉及知识产权和国家安全的数据，鼓励工业和商业数据自由流动。

就设施本地化而言，GATS没有对设施/数据本地化作明确规定，诸多RTAs原则上禁止计算设施的本地化要求，但为满足特殊监管需要，允许设置“例外条款”，尤其在金融服务及关键基础设施等领域。目前，各方对“例外条款”设置不存在太大争议，但博弈焦点和规则制定难点在于确定适度的例外范围。

二是电子传输免关税和数字税。主要涉及两大议题。一是关于电子传输免关税，美、欧均支持免关税，包括电子方式传输的内容。大多数发展中国家提议维持现行做法，印度、南非等则认为免关税将严重侵蚀成员财政收入。各国僵持不下，目前仅通过连续更新“暂停对电子传输征收关税”决议保持其法律效力，最新效力将延长至2021年年底贸易部长级会议。二是关于数字（服务）税（DST），数字贸易蓬勃兴起带来跨国间税权划分与收益归属之争。一些国际组织相继发起经济数字化的国际税收改革研究，如OECD的“双支柱”计划、联合国的双边协调方案，在多边方案尚未达成广泛共识的情况下，部分国家宣布或实施数字（服务）税作为临时性补偿措施，引发广泛争议甚至贸易摩擦。

三是数字知识产权保护。谈判焦点集中在源代码保护上。大多数成员方原则上同意“不要求披露与保护知识产权有关的源代码”，分歧在于如何确定源代码例外情况的范围等，其根本在于平衡商业利益与公共政策目标之间的矛盾。美国认为，金融交易的源代码需要向财政部披露，以便防止洗钱或逃避经济制裁；欧盟认为，禁止披露源代码规定“不妨碍”违反竞争法、保护知识产权和维护国家安全利益等方面的执法；日本给予政府控制的网络和执法事项例外处理。此外，TRIPS规定数字内容版权的保护期限为50年，美国则进一步延长至70年。

四是数字产品的非歧视待遇。非歧视待遇是WTO的基本原则之一，美、日等发达国家主张对“对数字产品及其提供者的待遇不低于其他同类产品的待遇”。但绝大部分发展中国家对此持反对态度，原因在于，作为数字贸易净进口国，这项规则一旦实施，就意味着，即使一国在WTO框架下没有作出具有约束力的开放承诺，也必须适用非歧视原则、允许数字产品或服务自由进入本国市场，国内企业将面临较大竞争压力。

五是平台责任。相关条款首次出现在USMCA数字贸易章节，美、日等为支持本国互联网企业全球拓展，积极推行网络服务提供者（ISP）“安全港”制度，避免互联网中介服务者承担额外责任，以降低平台运营成本，促进互联网平台发展。其他大多数国家则主张，平台应承担公共管理责任与用户权益保护双重义务。

（三）谈判存在分歧的原因

一是数字贸易涉及领域广、内容新、复杂性强，达成共识的难度较大。数字贸易业态发展快、模式差异明显、更新迭代迅速，大大提升监管要求与创新难度，难以就数字贸易、数字产品、数据流动和电子传输等基础概念达成共识，范围界定也因动态发展而难以明确，规则谈判缺乏必要的前提。同时，数字化转型对经济社会全面快速渗透，带来隐私泄露、道德伦理等新问题，各方理念上的差异和认知上的不同，进一步加大达成共识的难度，多边谈判进展缓慢。

二是主要经济体核心关注不同，利益分歧难以弥合。发达国家数字经济先进，产业发展起步早、企业国际竞争力较强，更强调扩大市场准入、减少贸易壁垒，以服务其企业全球扩张的发展需要。绝大多数发展中国家面临“数字鸿沟”，在监管能力、产业基础、规则话语权上存在较大差距，不但面临安全监管问题，还面临贸易权益和发展权保护问题，参与高水平规则谈判的积极性受挫，更关注贸易便利化层面的开放发展、中小微企业的权益保护等议题。

三是谈判议题相互交织，单点突破的可能性较小。随着贸易数字化转型的深入推进，数字贸易议题不断拓展，利益复杂交织、谈判错综复杂。例如，跨境数据流动与隐私保护、设施本地化、服务市场准入、数字产品的非歧视待遇、信息技术协定扩围等都存在相关性，在任何议题上达成全球共识，都需要多个领域的国内配套改革和国际广泛协调，单一谈判取得实质性突破的难度较大。

六、求同存异，共商共促数字贸易开放发展与互利合作

面对数字经济时代全球化发展新趋势和疫情挑战，各国需顺应信息化、数字化、智能化发展要求，及时抓住新一轮信息技术革命和产业变革新机遇：要坚持开放包容、平等合作、互利共赢原则，以共商、共建、共享汇聚合力；要增强数字基础设施联通，缩小全球“数字鸿沟”；要优化数字贸易发展环境、推动数字化转型，进一步挖掘增长潜力，共同促进数字贸易创新发展与开放合作。

（一）强化数字基础设施合作，筑牢硬能力

数字基础设施是数字经济和数字贸易发展的前提，也是数字贸易发展最为突出的短板，应集中资源，加快基础设施建设与联通，突破制约数字技术应用推广和数字贸易发展的关键瓶颈。一是加强设施互联。鼓励设立相关数字基础设施建设基金，撬动商业金融机构投融资，支持发展中国家网络建设和普及，完善公共服务数字化平台，加强跨境海底光缆建设合作，推动各类数字基础设施互联互通。二是推动标准互通互认。支持联合国标准化机构在数字基础设施标准领域发挥关键作用，围绕提升联通水平，推动各方平等磋商和立场协调，避免将技术标准政治化，推动数字支付、通关等基础设施标准的合作及兼容。三是加强对发展中国家和最不发达国家的综合援助。发挥 WTO、G20 等多边平台机制的协调作用，在设备、资金、人才等方面加大对数字经济发展滞后国家的能力建设支持力

度，加强数字使用技能培训，支持云计算、物联网、工业互联网领域的中小企业发展，推动电子商务、数字支付等业务模式的本地化普及，尽快弥合“数字鸿沟”。

（二）推动规则合作，完善数字贸易发展的制度环境

为营造开放包容、平等合作、高效监管、风险可控的市场与制度环境，推进数字贸易规则制定应遵循以下原则。一是坚持平等协商。利用多双边、诸边及区域等合作平台，就数字贸易治理开展平等对话和充分沟通，尊重不同发展阶段国家的利益诉求，协调各国立场与政策，加快构建符合数字贸易发展需要的国际规则制度体系。二是践行开放合作。支持WTO等多边机制在国际规则谈判中的主导地位，鼓励在自贸协定中纳入电子商务或数字贸易章节，通过开放合作充分挖掘数字贸易、数字经济发展潜力。三是务实提升谈判效率。在数据流动、市场准入、数字产品服务税收等重点议题谈判上，采取灵活、循序渐进的机制安排，持续推动削减数字贸易壁垒，降低跨境交易成本，增强精准监管能力，提升网络安全等例外监管措施对数据流动的包容性，为数字贸易发展营造良好的制度环境。

（三）促进数字贸易企业合作，增强商业源动力

企业是数字经济和数字贸易发展的主体，数字贸易的蓬勃发展归根结底依赖于贸易企业和平台的创新发展。一是搭建企业国际交流平台。鼓励数字化领军企业牵头建设国际性伙伴关系网络，借助论坛、组织等加强产业链、供应链上下游企业交流，分享发展经验，促进跨国合作。二是共筑基础设施和公共服务平台。鼓励跨境电商、云服务等平台企业协同构建数字贸易发展生态，协力打造跨国供需对接的服务网络，支持中小企业开展在线交易，促进数字技术创新与应用。三是加强协同创新。鼓励数字贸易企业加强全球供应链合作，协同提升数字产品、解决方案、运营服务、安

全保障等关键能力，分享平台抗疫、云端应用、直播带货、数字化转产等方面的数字创新创业经验。

（四）加强智库交流合作，发挥智慧引领作用

加强智库在数字贸易领域开展研究与交流，为促进政府间规划对接、企业跨国业务拓展、国际规则磋商提供强有力的智力支撑。一是加强研究合作。利用联合研究、多双边论坛，针对数字贸易概念、统计等基础性问题，就数据跨境流动与隐私保护协调等前沿问题，进行动态跟踪与交流研讨，促进宏观政策协调。二是建立信息共享机制。分享政策变化与实际进展，就数字贸易发展的基础设施、制度与市场环境进行更为客观全面的评估，提出建设性解决方案和政策建议。三是分享发展经验。总结各国数字贸易发展经验，梳理成功案例，通过经验分享推动全球数字贸易快速健康发展。

张　琦　罗雨泽　陈红娜

参考文献

[1] Burri, M. and R. Polanco Lazo (2019), Digital Trade Provisions in Preferential Trade Agreements: Introducing a New Dataset, *SSRN Electronic Journal.*

[2] OECD, WTO and IMF. Handbook on Measuring Digital Trade, Version 1. 2020.

[3] UNCTAD. Digital Economy Report 2019.

[4] USITC. Global Digital Trade 1: Market Opportunities and Key Foreign Trade Restrictions, 2017.

[5] WTO. World Trade Report 2020: Government policies to promote innovation in the digital age.

[6] 陈红娜．全球数字贸易规则制定路径发生变化我国须积极妥善应对［R］．国务院发展研究中心《调查研究报告》(2021 年第 234 号)

[7] 马骏，司晓，袁东明，马源，闫德利．数字化转型与制度变革［M］．北京：中国发展出版社，2020

[8] 熊鸿儒，马源，陈红娜，田杰棠．数字贸易规则：关键议题、现实挑战与构建策略［J］．改革，2021 (1)：65～73

[9] 张琦，陈红娜，罗雨泽．数字贸易国际规则：构建路径与规则走向［R］．国务院发展研究中心《调查研究报告》(2021 年第 305 号)

[10] 张琦，罗雨泽，陈红娜．准确把握各国政策走势，积极推进数字贸易国际合作［R］．国务

院发展研究中心《调查研究报告》（2021 年第 306 号）

［11］赵瑾．数字贸易壁垒与数字化转型的政策走势——基于欧洲和 OECD 数字贸易限制指数的分析［J］．国际贸易，2021（2）：72～81

［12］中国信息通信研究院．数字贸易发展白皮书（2020）［R］．2020

［13］中国信息通信研究院．数字贸易发展与影响白皮书（2019）［R］．2019

［14］周念利，陈寰琦．RTAs 框架下美式数字贸易规则的数字贸易效应研究［J］．世界经济，2020，43（10）：28～51

［15］周念利，陈寰琦．数字贸易规则“欧式模板”的典型特征及发展趋向［J］．国际经贸探索，2018，34（3）：96～106

第十五章

数字税：系统性挑战与我国改革

数字经济的快速发展正在深刻改变人类生产生活方式，新冠肺炎疫情大流行更是为全社会数字化转型按下了“加速键”。数据成为最活跃的生产要素，并加快重塑价值创造过程、商业模式、产业组织和分配格局。税收作为政府、企业、个人之间最基础的制度安排，是最能感受到数字经济新挑战的前沿地带。本文我们对数字经济对现行税收体系的挑战、国际动向和中国可行的改革方向进行了讨论。

一、数字经济发展对传统税收体系的系统性挑战

与传统的工业经济相比，数字经济具有边际成本低、网络效应大、无形资产占比高、虚拟性隐蔽性强、反馈迭代及时、可贸易程度高等鲜明的特点，使现行主流税收体系对数字经济中纳税人、课税对象、税率、纳税地点、纳税环节等基本税制要素的认定明显不适应。数字经济的快速发展已经对现行税收制度形成系统性的挑战。

挑战国家税收管辖权。数字经济网络化数字化特性，使数据要素、商品和服务的跨境流动十分容易，传统的海关、国境的物理边界被打破，企业和个人无须借助物理场所即可在不同国家开展经营活动，跨国利润转移和避税非常便利。比如谷歌、苹果、脸谱等跨国企业轻易将大量收入和利

润转移到避税天堂。围绕数字经济活动的征税管辖权和收入分配，国家间的争夺和冲突将比以往任何时候都激烈。对跨境数字经济活动征税对象能否有效认定，能否及时征到税，能否保障国际分配中的国家税收利益，直接关系国家税收管辖权，甚至国家主权。

挑战税源税基确认。数字技术与经济活动的深度融合催生了许多新模式、新业态，而现行税制滞后于数字经济发展，新业态能否有效转化为新税源面临考验，原有课税对象的判定标准与新业态之间的衔接存在矛盾。例如共享经济，个人通过互联网平台出租闲置车辆或提供顺风车服务，是适用于交通运输服务、租赁业务进行课税，还是应课征个人所得税。同时，数字经济下，个人与企业的边界变得模糊。数字经济使商业经营门槛大幅降低，尤其是随着微商、直播带货等 C2C 经营模式的兴起，大量自然人借助互联网成为商业经营主体，税收主体呈现分散化个人化趋势。个人经营者没有工商登记、税务登记，税务部门难以监控交易情况。这些都对税源税基确认带来巨大挑战，面临严重的税基侵蚀与流失的问题。

挑战税制税种适应性。数字经济下产业平台化、生态化、扁平化发展趋势明显，传统产业边界被打破。制造即服务，软件即服务，数据即服务，用户在企业生产经营中的参与度不断提高，用户成为价值创造新主体，产业链和价值创造链条被重构。我国的增值税和所得税双主体税，都面临严重的不适应问题。比如，增值税以“环环征收，增值征税”为基础、按商品与服务类别分别征收的方式，从根子上难以适应数字经济下产业融合的大趋势，而增值税占我国全部税收收入的 40% 左右，我国整个财政制度都将带来巨大考验。企业所得税征管中面临的首要挑战是在数字经济领域确定企业收入的分类变得越来越困难。比如特许权使用费、服务费和商业利润常常难以区分，一个典型例子是 3D 打印，如果买方获得许可在当地使用设计并打印产品，则不能区分买方支付的全部费用多大比例是特许权使用费、多大比例是服务费和商业利润。

挑战税负公平性。数字经济的发展引发了新的税收负担不公平问题。

首先是数字经济与传统产业税负不公平。对数字经济征税能力不足，事实上造成数字经济税负轻于传统产业。比如欧洲委员会评估，传统行业平均税率为23.2%，而数字行业有效平均税率仅为9.5%。其次是线上与线下业务税负不公平。随着平台经济、共享经济、各类零工经济的崛起，即便是大量个体工商户，从事线下生产经营活动的税负，总体高于线上经营的，这不仅造成国家税收流失，也伤及税收公平原则。最后，境内企业与境外企业，经营与劳务所得，不同经营模式收入之间的税负公平问题，在数字经济下都面临新的问题。

挑战国家征税能力。征税能力是国家能力的基础之一。政府能否有效从经济体系中征收到合理的税收，直接关系政权运行保障、公共服务提供、经济社会可持续发展。数字经济发展对征税体系的数字化智能化要求提出紧迫要求。一方面是平台化，在传统的经济模式中，企业是整个经济运行的核心，在数字经济领域，交易平台具有的“虚拟性”和强大的聚集力、消费者进入成本几乎为零等特征，使网络交易平台的重要性与日俱增，交易平台上聚集着数以亿计的参与者，打破了交易的时空与地域限制，如何在平台化生态体系有效征税面临挑战。另一方面是去中心化，使互联网交易的无住地、无纸化、无痕化，经济交易活动具有较强的隐蔽性和虚拟性，通过区块链、暗网交易的便利度很高，难以获取企业和个人经营者真实的交易资料，更无法将交易流、货币流完全匹配，使现有的税收征管与稽查更加困难。

挑战税收分享分配。数字经济的业务拓展，无须设立分支机构或任何物理存在，即可实现跨地区跨国境进行商品和服务交易，经营地与消费地之间可完全脱离。加之平台化、头部企业垄断化、人才集聚化等因素，数字经济下以经营主体衡量的经济集中度会进一步提高，平台收入会高度集中在少数地区，但这些收入其实来自全国各地遍布的用户。例如，我国目前90%以上的网络直播收入集中在北京，82.4%的共享单车收入集中在成都，71.1%的就业中介招聘收入集中在北京。如果继续采取企业注册地或生产地征税，则这种供需主体地理错位带来的增值税、所得税等税种的缴纳，将明显集中到少数数字经济发达地区，必将进一步加大地区发展差距，加剧地区间财力不平衡程度。

二、全球主要经济体和国际组织应对数字税挑战的动向与特征

为简化和清晰表示，假设世界上有4类代表性国家或管辖区（见图1），分别代表数字经济发展的4种类型，分别为A类、B类、C类和D类，其中白色部分代表本土数字经济（产品和服务），黑色部分代表外部输入的数字经济。即A类属于数字经济大国或管辖区（白色加黑色面积大），且本土数字经济规模明显大于输入性数字经济（白色部分大于黑色部分）；B类属于数字经济小国或管辖区（白色加黑色面积偏小），且本土数字经济规模小于输入性数字经济（白色部分小于黑色部分）；C类则没有自己的数字经济，只是享受少量输入性数字经济产品和服务；D类是避税天堂或投资中心，主要是靠税收优惠吸引跨国数字企业的国家或地区。

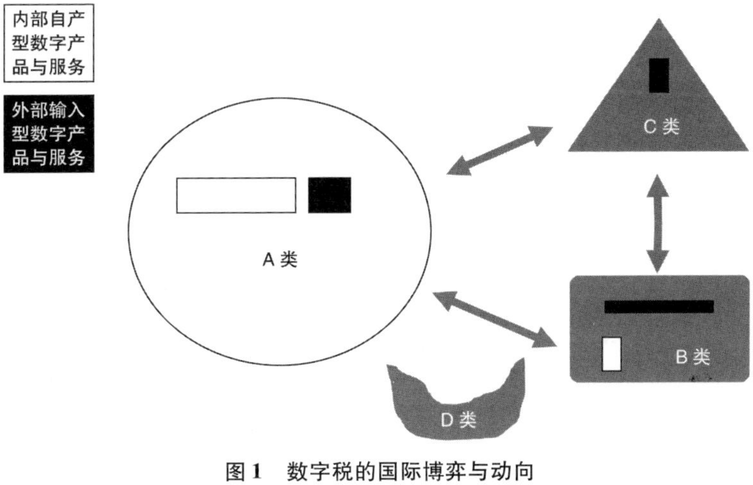

图1　数字税的国际博弈与动向

大体上看，C类属于国际数字税改的受益者，D类在道义和话语上都

不太有发言权。目前140个参与经济合作与发展组织（OECD）多边协议的成员中，大部分都属于C类这种搭便车的情况，它们并不是国际税改博弈的重点，因为数字税的边际改善对它们来说都是有益处的。真正博弈的重点是A类和B类国家之间，而核心就是自身数字经济发展的强与弱。美国和中国等数字经济发展较快的国家可以划为A类，而欧洲和其他一些发达国家可以划为B类。当然，同类国家其实还有具体差别，比如同属于A类的中国和美国，二者的区别是美国属于全球性数字经济市场，其服务对象覆盖广大的本土以外市场，而中国的国际化步伐明显不足，属于本土型大规模市场。

在此基础上，关于数字税会演化出两种行动，一种是对国内自身数字经济征税问题，可称为国内行动；另一种就是对来自外部的数字经济征税问题，可称为国际行动。全球主要经济体和国际组织正在积极应对数字经济对税收的挑战。国内税收方面，主要经济体逐步由税收优惠过渡到中性立场，陆续将数字经济产品和服务纳入本国流转税体系。国际税收方面，围绕跨境数字经济尚未形成国际统一税收规则，国际组织正在推动相关工作，在尚未形成多边国际方案的情况下，一些国家已对外开征单边数字服务税。数字税争论焦点在于跨国税收分配问题，数字经济时代国际税收规则面临重构。

（一）代表性国家将国内数字经济纳入流转税体系

主要经济体普遍将数字经济纳入现有税收体系。美国各州对经济联结的定义进行扩展，以增强州对远程销售的税收征管。法国是世界上最早开征增值税的国家，针对电子商务提出一系列在线市场缴纳增值税的措施，加大对电子商务增值税缴纳的监督和审查力度。英国、加拿大、日本、澳大利亚等国家也都加强了对数字经济的税收征管。

课税对象以电子商务为主并有所扩展。目前，各国一般都将电子商务纳入征税范围，部分国家还将纳税范围进一步扩大。例如，美国、加拿大、法国、澳大利亚等国家主要对电子商务征税，英国对广播、电信或电子服务等征税，日本对电子书籍、音乐、广告发布等通过电信线路提供服务征税。

税种上以现有流转税体系为基础。美国对远程销售征收销售税，在未缴纳销售税的情况下，商品购买者应该缴纳使用税，但使用税的遵从性相对较弱。加拿大对电子商务征收商品及服务税和合并销售税，采取供应地原则。英国对电子商务征收增值税，采取消费地原则。法国对电子商务征收增值税和电商配送税。日本针对电信利用服务征收消费税。澳大利亚对电子商务征收商品及服务税（见表1）。

表1　代表性国家国内数字经济税收政策

国家	课税对象	税种
美国	远程销售	销售税、使用税
加拿大	电子商务交易	商品及服务税、合并销售税
英国	广播、电信或电子服务	增值税
法国	电子商务	增值税、电商配送税
日本	电子书籍、音乐、广告发布等通过电信线路提供的劳务	消费税
澳大利亚	电子商务	商品及服务税

（二）国际组织对跨境数字经济税收的态度与动向

国际数字经济税收改革涉及各国各地区的税收主权和切身利益，达成全面共识难度较大。目前，OECD 提出的数字经济税改方案影响最大，但较为复杂、操作难度大，正在推动各国达成共识。同时，联合国提出的双边税收协定谈判更容易操作，或许更有利于相关国际税收改革措施的落地实施。

OECD 提出多边强制性的“双支柱”方案。经过长达数年的研究，OECD 于 2019 年提出“双支柱”改革方案，已完成数轮公开征询意见。“支柱一”的主要目的是对跨国企业全球剩余利润在各税收管辖区之间重新划分征税权。方案吸收了用户参与、营销型无形资产和显著经济存在 3 个方案的利润分配及联结度规则，包括跨国集团的部分剩余利润分配给市场管辖区（A 类金额），市场管辖区内基本营销和分销活动的固定水平回报（B 类金额），以及争议解决机制。“支柱二”的主要目的是设定全球最低税率，使大型跨国集团的总部无论设在何处，都要承担最低限度的税负，“支柱二”的适用范围并不局限于高度数字化的企业。该框架得到了国际社会的总体支持，于 2021 年 10 月 8 日达成协议，发表了《关于应对经济数字化税收挑战双支柱方案的申明》，在 140 个参与的成员中有 137 个成员同意该申明，在履行有关法律程序后将于 2023 年开始执行。

联合国提出双边自愿性的协调方案。联合国发布的 2017 年版的《联合国关于发达国家与发展中国家间避免双重征税的协定范本》新增第 12A 条，允许来源国通过预提税的形式对数字服务进行征税。2020 年 8 月 6 日，联合国进一步发布税收协定范本的第 12B 条讨论稿，允许对自动化数字服务的所得进行源泉课税，预提税税率上限由缔约国双方通过谈判进行确定。课税对象自动化数字服务所得是指对仅需服务提供方有限人员参与、通过互联网或类似电子网络形式提供的服务所支付的款项。联合国给予各国双边税收协定谈判的选择权，各国可以通过双边或多边税收协定谈判形成相互可以接受的方案，这或许更有利于相关国际税收改革措施的落地实施。

世界贸易组织（WTO）实施数字贸易关税禁令。WTO 部长级会议于 1998 年通过的《全球电子商务宣言》，提出对数字贸易加征关税的禁令，该项禁令到期后得以继续延期，但由于主要成员国对数字贸易征税存在较大分歧，WTO 一直未能对其形成正式永久的决议。2021 年第 12 届 WTO 部长级会议将作出是否继续实施禁止对电子商务征税的决定。其中，美国一贯主张对数字贸易永久性免关税，欧盟对数字贸易征关税问题持温和的“中间派”态度，处于数字贸易输入国的发展中国家对数字贸易持征税意见。

（三）部分国家实施单边数字服务税

针对跨境数字经济单边开征数字服务税。随着跨境数字经济规模日益扩大，各国税收主权和利益受到较大影响，特别是净进口国维护税收利益的意愿愈发强烈，单边开征数字服务税的国家逐步增多。据统计，全球已实施数字服务税的国家（地区）共9个，提案或有意向实施数字服务税共6个，还有些国家表态若OECD不能达成改革共识则单独实施数字服务税（见表2）。

表2　主要国家（地区）制定数字服务税的情况

国家/地区	状况	生效日期	全球收入门槛	国内收入门槛	税率	适用的税基
匈牙利	已实施	2017年7月1日	1亿匈牙利福林	—	7.5%，暂降至0%	在匈牙利广播或刊登广告产生的财政年度净营业额
法国	已实施	2019年1月1日	7.5亿欧元	2500万欧元	3%	中介服务和基于用户数据的广告服务
奥地利	已实施	2020年1月1日	7.5亿欧元	2500万欧元	5%	在奥地利提供的数字接口或任何类型的软件或网站上的广告服务收入
意大利	已实施	2020年1月1日	7.5亿欧元	550万欧元	3%	在数字接口上投放广告，多边数字接口允许用户购买/出售商品和服务，传输通过使用数字接口生成的用户数据
突尼斯	已实施	2020年1月1日	—	—	3%	详细要求由法令确定
土耳其	已实施	2020年3月1日	7.5亿欧元	2000万里拉	1%～15%	数字广告服务，任何听觉视觉或数字内容的销售，用于提供和操作用户可以彼此交互的数字平台的服务
英国	已实施	2020年4月1日	5亿英镑	2500万英镑	2%	社交媒体平台，互联网搜索引擎，在线市场
波兰	已实施	2020年7月1日	—	—	1.5%	获得视听媒体服务，视听商业交流

续表

国家/地区	状况	生效日期	全球收入门槛	国内收入门槛	税率	适用的税基
西班牙	已实施	2021 年 1 月 16 日	7.5 亿欧元	300 万欧元	3%	在线中介服务，在线广告服务，跳过数字接口收集的用户数据的销售
巴西	提议	—	30 亿巴西雷亚尔	1 亿巴西雷亚尔	1% ~5%	在数字平台上为巴西用户提供广告，提供销售商品或提供服务的数字平台，来自巴西用户的数据传输
捷克	提议	—	7.5 亿欧元	1 亿克朗	5%	在数字界面上进行有针对性的广告，在数字接口上传输有关用户的数据以及用户活动产生的数据，向用户提供一个多面的数字接口以促进用户之间商品和服务的提供
肯尼亚	提议	预计 2021 年	—	—	1.5%	数字市场总收入
挪威	公告	—	—	—	—	待定
以色列	意向	—	—	—	3%或 5%	待定
拉脱维亚	意向	—	—	—	3%	待定
比利时	寻求全球性解决方案	预计 2023 年	7.5 亿欧元	5000 万欧元	3%	针对其用户在数字平台上销售广告位，在数字平台销售来自用户活动的用户数据，通过促进数字平台用户之间的商品或服务供应的交换，为这些用户提供数字中介服务
加拿大	寻求全球性解决方案	—	10 亿加元	4000 万加元	3%	广告服务和数字中介服务

资料来源：KPMG，Taxation of the digitalized economy：Developments summary，October 27，2020。

数字服务税一般设置起征门槛以抓大放小。已开征数字服务税的国家（地区）一般都对纳税主体的收入规模设定起征门槛，门槛值相对较高，适用于规模较大的跨国企业（见表2）。例如，开征数字服务税的欧洲国家一般将全球收入门槛设置为 7.5 亿欧元，而国内收入门槛差异较大，法国、奥地利等设为 2500 万欧元，意大利为 550 万欧元，西班牙为 300 万欧元，英国、加拿大、巴西等也都设置了规模相当的收入门槛。

征税范围按宽窄口径计大致可分为三类。一是以欧盟版数字服务税提案为主，主张对在线广告、在线中介与数据销售的收入课税。目前，意大利、西班牙等国都按此范围设计。二是以英国提案为主，主张对搜索引擎（广告）、社交媒体平台（广告）和在线市场（中介）的收入课税。目前，参照英国立场设计征税范围的国家有以色列、土耳其等国。三是仅针对在线广告收入课税的国家，目前有奥地利、匈牙利等国。

三、我国应对数字税挑战的思路与方案

（一）构建我国数字税框架的基本思路

税收制度属于上层建筑，既要及时回应经济基础层面的变化与新需求，也要发挥主观能动性，将新发展理念融入税制设计，引领数字经济的健康发展。作为数字经济大国，我国既从数字经济的发展中受益，也较早面临数字经济带来的挑战。要借鉴国际数字经济税收的新理念，基于我国的实际发展情况，提前谋划新型税制，先行一步推动改革。同时也必须看到，构建与数字经济相适应的税收制度是一个渐进的长期过程，必须立足数字经济治理的相关基础制度、立足产业融合的进度、立足我国企业“走出去”的步伐，坚持改革方向，坚持问题导向，对内突出“适应、改革、重塑”三阶段，分步骤构建数字时代的税收制度；对外积极主动参与国际税收规则重塑，为我国数字经济发展营造良好外部环境；构建“智慧税收”体系，推动国家征税能力从工业时代向数字时代转变。

维护主权。我国作为世界上主要的数字经济大国，要积极参与新一轮国际税收规则的讨论和制定，形塑数字经济国际税收新规则，为我国企业“走出去”争取最大利益。

促进发展。我国数字经济尚处于发展初期，很多方面还需要政策支持，以鼓励发展、抢占数字经济制高点。同时也要“边发展、边规范”，防止其野蛮生长，给经济社会带来不良影响。科学、合理、公平、法治的税收制度有利于促进数字经济与传统经济加快融合、协同发展。

先立后破。要与党的十八大以来确立的税制改革计划相衔接，适应建设现代化经济体系的需要，更好地支撑国家治理体系和治理能力现代化。与数字经济发展趋势相符合的方面，要始终坚持，持续推进；反之，要逐步弱化、适时取消。通过动态调整，不断增强数字经济和税收制度之间的适配程度。

抓大放小。要重点研究对平台企业的税收政策，发挥好税收的调节功能。重点研究“走出去”的互联网企业的税收政策，支持企业做大做强。重点研究双边、多边和区域性税收协定中的数字税政策，提高规则制定权。实际操作中，重点抓交易规模较大的企业，抓大放小，提高效率。

公平均衡。促进税收的横向公平，传统业务与数字业务、线上线下经济之间要一视同仁，平等对待。促进税收纵向公平，对一些已明显表现出自然垄断特征的平台企业，通过税收对其进行合理调节。促进地区间分享均衡，对因数字经济发展而带来的税收转移，要进行合理调整。

（二）积极参与和推动国际规则制定

联合国、WTO、联合国贸易和发展会议、OECD 等国际组织都对数字经济税收改革提出了方案，但综合而言，OECD 提出的数字经济税改方案是当前质量最高、影响最大，也最有希望得到各国领导人同意的共识性行动方案。我国应高度重视 OECD 税改进展，不仅要积极参与谈判，争取最大利益，而且要适时提出中国方案，主动形塑未来国际税收新格局。

OECD 数字经济税改方案，一方面创新性地承认了市场国、用户在价值创造方面的作用，另一方面也继承了生产国优先、企业主要创造价值的传统。从生产者的角度看，我国现在已经是数字经济大国，现在正在全面布局5G技术，未来数字经济具有广阔的成长空间，一大批企业将从中脱颖而出。因此，协调好各国在数字经济方面的立场，为今后更多企业“走出去”扫清障碍，可以避免各国独自行动导致重复征税问题，长远而言对我国是有利的。从消费者的角度看，我国是世界上最大、成长最快的单一市场，也是互联网用户最多的国家，OECD税改方案对我国总体是有利的，应当予以认可。

OECD税改方案主要包括两部分，支柱一主要针对跨国数字企业所得税的重新分配，支柱二则是为跨国企业设定最低税率。在相关谈判中，应充分考虑中国数字经济的发展阶段和中国企业的诉求，努力为中国企业争取最大利益。比如，在确定A类金额的适用范围、全球收入门槛、常规利润率、联结度规则等技术细节上，要提出对中国数字化企业更为灵活有利的机制。在全球最低税率的确定上，一方面要高度关注拜登政府和OECD在全球最低税率方面的动作；另一方面基于充分调研、模型构建等来测算我国企业税收的“盈亏平衡点”，提出对我国有利的方案。

（三）稳步推进国内税制引领性改革

1. 短期突出“适应”：完善现行税制，提高对数字经济的包容程度

不急于开征数字服务税。2019年以来各国推出的数字服务税，实质上是一些欧洲国家参与OECD谈判、力图推动OECD税收改革方案尽快落地的一种策略，能在多大程度上真正付诸实施是一个很大的疑问。即使真的开征，这类数字服务税也主要针对美国公司，对我国企业影响有限。从国内的情况看，一方面国外互联网企业在华的业务和市场很小，尚不构成对我国的税收损失；另一方面我国数字经济正处于成长裂变期，还需要政府“放水养鱼”。因此，国内目前暂时没有开征数字服务税的必要，但应提前布局国内数字经济税收的相关研究。

进一步完善增值税制。不断完善增值税制，既是我国近年来税收改革的既定工作，也符合数字经济发展大方向，应当继续坚持、持续推进。一

是可重新界定“劳务”“无形资产”的内涵，凡现行税制未覆盖的数字产品和服务，理论上都要纳入增值税的课征范围，如音乐、电影、游戏、电子图书、在线会议、远程教学、远程医疗等。二是扩大增值税纳税人范围，将进口数字产品和服务的单位，以及向我国境内个人消费者提供数字化产品和服务的境外供应商，明确为我国增值税纳税人。三是优化征收方式。可引入对跨境进口服务“目的地原则”，区分 B2B 和 B2C，分别制定不同的征税规则。对 B2B 的跨境服务，可采用“逆向征收”机制，即规定服务接受方为纳税人，其具有申报纳税义务，其缴纳的服务进口环节增值税，可在后续环节全额抵扣。对 B2C 的跨境服务，其服务人群或销售数量达到一定门槛值的，也要就其向我国境内消费者提供的服务施加增值税的纳税义务。服务提供方应在我国进行纳税登记，并就其向我国境内消费者提供的服务承担增值税纳税义务。四是适时推动增值税税率简并，实行一档标准税率和一档优惠税率。标准税率适用于绝大部分产品和服务，优惠税率仅限于正面列举的部分生活必需品、药品和特殊服务，这可以在相当大程度上应对数字经济条件下产业融合的新变化。

进一步扩大综合所得的范围。近期，重点是扩大征收范围，加快将各类新的个人收入形式——网络直播、主播、打赏，以及从事各类共享经济、分享经济、零工经济等取得的收入——纳入个人所得税的征收范围。为此，需要补充出台对以上收入性质进行认定的新规定。建议按照鼓励发展的原则，税率方面就低不就高，根据从业时长、收入金额、收入连续性等标准，分别归入生产经营所得、工资薪金所得、劳务报酬所得等。长期而言，根本之道是将所有收入全部纳入综合所得的计算范围，实行逐笔完税、年终汇算、统一清缴。

进一步完善税收征管。进一步健全税务登记制度，完善个人增值税登记制度，将个人经营的网店、微商、网络直播、主播、带货等新业态，纳入管理范围。进一步完善互联网平台在税收征管中的地位与作用，对标“数字平台增值税完全责任模式”“共享与零工经济中平台运营商对相关销售方信息报告义务”等新政新规，适时出台实施方案。秉持“多元共治”理念，审慎推进政府和平台之间的数据共享工作，进一步完善社会信用体系。

优化对数字经济的税收优惠政策。要适应数字技术扩散的新形势，放开研发费用加计扣除政策的行业范围限制，将住宿和餐饮业、批发和零售业、商务服务业、娱乐业等行业纳入政策享受范围。要响应加快我国新型基础设施建设的要求，扩大基础设施税收优惠目录适用范围，将符合条件的5G网络、数据中心、工业互联网、物联网等与数字经济领域相关的公共基础设施项目，纳入企业所得税公共基础设施优惠目录，享受“三免三减半”的优惠政策。

2. 中期突出“改革”：改革区域税收分享制度，促进均衡发展

改革增值税分享制度。增值税是我国主要税种，目前主要是按生产地原则在地区之间进行分割。随着数字经济快速发展，商品和服务的销售额快速向大型平台企业所在地集中，在一定程度上加剧了区域收入分配和经济社会发展差距。可适应数字经济时代“用户创造价值”的理念，适时将增值税分享的基础由现有的生产地原则改为消费地原则，即按消费行为发生地或消费者所在地，作为各地获得增值税收入的主要计算依据，以此协调各地增值税分配关系。

改革企业所得税分享制度。重点解决数字企业税源跨省市转移问题，进一步完善总分机构的地区间税收分配规则。按现行规定，企业所得税款在总分机构所在地之间的分摊，主要依据经营收入、职工工资和资产总额等因素调整权重。可根据数字企业的特点，引入“用户创造价值”理念，新增“用户数量”这一因素，适当提高经营收入的权重，降低职工工资与资产总额的权重，使税收分享地与其实际来源地更加匹配。

3. 长期突出“重塑”：重塑数字经济税收制度新框架

重塑流转税制，构建新型销售税。在数字经济时代，随着产业融合程度加深，增值税很可能将不再适合需要，销售税可能成为主角。一个与数字经济更相适应的销售税，应当具备以下三个方面的特征：一是以销售总收入作为税基，这能更好地适应制造业服务化、服务业大幅度提升的发展趋势；二是税率从“较低”转向更低，这更能适应和促进数字时代经济活动频次大大增加、经济更加繁荣的新特征；三是自然纳税人将倍增，以适应数字时代大量个体从事生产经营活动的需要。

重塑所得税制，增强对收入分配的调节功能。在数字经济时代，要大力增强所得税的调节功能，维护社会稳定。企业所得税方面，针对那些具有垄断效应的“超级平台”，一般企业所得税对此难以调节的情况，可在适当的时候专门出台针对超级平台的所得税，以调节其过高的垄断利润。个人所得税方面，更要担负起调节居民收入分配的主要责任，在实行收入全面综合计税同时，一方面要将最高边际税率保持在较高水平，保持对高收入和超高收入的调节力度；另一方面要进一步提高起征点，将个体的生产成本与生活费用同时考虑进去，必要时还可引入“负所得税”制度，对低于基本收入的群体进行扶持。

（四）数字时代国家征税能力提升行动

加快推进税收大数据建设。数字经济时代，数据是政府管理的基础。要加快推进数据时代统计体系改革，完善数字经济统计更好服务宏观决策。要加快税收大数据建设工作，力争掌握规模尽可能大、类型尽可能多、颗粒度尽可能细的各类数据。要坚定不移地推进政府部门之间数据的共享开放，形成税务部门与相关部门之间常态化、制度化数据共享协调融合机制。要加强数字交易监测和数据核查，不仅包括平台类和分享类交易数据，也要加强针对区块链、暗网、分中心等特殊形式的监管。要研究政府合理分享平台数据的体制机制，形成税收大数据的“源头活水”。

加强税收征管的新型基础设施建设。要加快我国“智慧税务”建设，充分运用区块链、大数据、云计算、人工智能等现代信息技术，完善税收征管的新型基础设施。要不断完善税收大数据云平台建设工作，加强信息的互联互通。要加快推进电子发票改革，早日实现“以票管税”到“以数据管税”。要全面升级税务执法、服务、监管与大数据智能化的应用深度融合、高效联动、全面升级。

加强税收征管的多元共治。要从现在的政府监管为主，过渡到数字时代的税收多元共治。除了政府部门之间、行业协会与中介组织之间进一步加强协作之外，要特别注意将平台企业一起纳入税收征管体系，发挥好平台企业在税收征管中的作用。平台企业和政府分享在平台上经营的企业的相关数据、共建社会信用系统，对在平台上经营的小微企业、个人履行代行监管与规范之责、代扣代缴税收、进行税法宣传，形成多元共治、协同并进的税收征管新格局。

陈昌盛　冯俏彬　李承健

参考文献

[1] OECD (2020), Statement by the OECD/G20 Inclusive Framework on BEPS on the Two-Pillar Approach to Address the Tax Challenges Arising from the Digitalisation of the Economy-January 2020, OECD/G20 InclusiveFramework on BEPS, OECD, Paris.

[2] Hanappi, T. and A. González Cabral (2020), The impact of the pillar one and pillar two proposals on MNE's investment costs: An analysis using forward-looking effective tax rates, *OECD Taxation Working Papers*, No. 50, OECD Publishing, Paris.

[3] OECD (2021), Statement on a Two-Pillar Solution to Address the Tax Challenges Arising from the Digitalisation of the Economy – 8 October 2021, OECD, Paris, www. oecd. org/tax/beps/statement-on-a-twopillar-solution-to-address-the-tax-challengesarising-from-the-digitalisation-of-the-economyoctober – 2021. htm.

[4] 安永．数字经济国际税改峰回路转——联合国发布自动化数字服务所得征税方案草案．搜狐号，2020 – 08 – 19

[5] 陈昌盛，李承健，江宇．面向国家治理体系和治理能力现代化的财税改革框架研究［J］．管理世界，2019（7）：8 ~ 14

[6] 陈昌盛，许伟，李承健．数字经济发展究竟有多集中？［J］．发展研究，2021（8）：35 ~ 39

[7] 冯俏彬，张琦，李承健．全球数字经济税收制度的走向与影响［R］．国务院发展研究中心《调查研究报告》（2020 年第 166 号）

[8] 冯俏彬．“十四五”：建立现代财政制度的重点领域与关键环节［N］．中国经济时报，2021 – 04 – 01

[9] 何杨，陈琍．经济数字化的税收挑战［J］．中国财政，2019（18）：16～19
[10] 何杨．推动数字服务贸易需加强国际税收协调［N］．中国税务报，2020－09－30
[11] 刘怡，耿纯，张宁川．电子商务下的销售新格局与增值税地区间分享［J］．税务研究，2019（9）：25～34
[12] 刘元春．网络零售征税的中外比较研究［J］．经济论坛，2017（1）：94～98
[13] 习近平．国家中长期经济社会发展战略若干重大问题［J］．求是，2020（21）：4～10
[14] 朱青．数字服务税对于我国是一把“双刃剑”［N］．经济观察报，2021－01－23